新编21世纪财税系列教材

预算会计教程

第四版

贺蕊莉 编著

Budget Accounting

中国人民大学出版社
·北京·

图书在版编目（CIP）数据

预算会计教程/贺蕊莉编著.--4版.--北京：中国人民大学出版社，2021.10
新编21世纪财税系列教材
ISBN 978-7-300-29805-4

Ⅰ.①预… Ⅱ.①贺… Ⅲ.①预算会计-高等学校-教材 Ⅳ.①F810.6

中国版本图书馆CIP数据核字（2021）第174152号

新编21世纪财税系列教材
预算会计教程（第四版）
贺蕊莉　编著
Yusuan Kuaiji Jiaocheng

出版发行	中国人民大学出版社		
社　址	北京中关村大街31号	**邮政编码**	100080
电　话	010－62511242（总编室）		010－62511770（质管部）
	010－82501766（邮购部）		010－62514148（门市部）
	010－62515195（发行公司）		010－62515275（盗版举报）
网　址	http://www.crup.com.cn		
经　销	新华书店		
印　刷	运河（唐山）印务有限公司	**版　次**	2015年7月第1版
开　本	787 mm×1092 mm　1/16		2021年10月第4版
印　张	24.25　插页1	**印　次**	2024年6月第5次印刷
字　数	547 000	**定　价**	56.00元

内容简介

预算会计是具有中国社会主义特色的专业会计，是习近平总书记提出的中国特色社会主义道路自信、理论自信、制度自信、文化自信在会计制度上的体现。本书共分三篇十五章。第一篇是预算会计概述，主要介绍预算会计体系的基本情况和预算会计核算的基础知识；第二篇是行政事业单位会计，主要介绍行政事业单位财务会计的核算和预算会计的核算；第三篇是财政总预算会计，主要介绍财政总预算的资产、负债、净资产、收入和支出的会计核算。

作者简介

贺蕊莉 东北财经大学财政税务学院教授、博士生导师。辽宁省财政学会理事；辽宁省教育会计学会常务理事；辽宁省人大代表；辽宁省人大财经委委员；中国民主同盟辽宁省委员会委员、大连市委员会委员。主要研究方向：极化及治理、财政理论与制度、财政社会学和福利经济理论等。近年来，在《农业经济问题》《财政研究》《财经问题研究》等杂志发表论文60余篇；主持国家和省级课题10余项；出版专著3部，主编教材3部。

第四版前言

预算会计是具有中国社会主义特色的专业会计，是习近平总书记提出的中国特色社会主义道路自信、理论自信、制度自信、文化自信在会计制度上的体现。为加强中华优秀传统文化教育、大力弘扬以爱国主义为核心的民族精神和以改革创新为核心的时代精神，我们组织修订了本书，以满足预算会计教学中培育和践行社会主义核心价值观的需要。

本次修订依据如下制度文件：《财政总预算会计制度》（2015 年）、《政府会计准则——基本准则》（2015 年）、《政府会计准则第 1 号——存货》（2016 年）、《政府会计准则第 2 号——投资》（2016 年）、《政府会计准则第 3 号——固定资产》（2016 年）、《政府会计准则第 4 号——无形资产》（2016 年）、《政府会计准则第 5 号——公共基础设施》（2017 年）、《政府会计准则第 6 号——政府储备物资》（2017 年）、《政府会计制度——行政事业单位会计科目和报表》（2017 年）、《政府会计准则第 7 号——会计调整》（2018 年）、《政府会计准则第 8 号——负债》（2018 年）、《政府会计准则第 9 号——财务报表编制和列报》（2018 年）、《政府会计准则第 10 号——政府和社会资本合作项目合同》（2019 年）、《事业单位成本核算基本指引》（2019 年）、《政府会计准则制度解释第 1 号》（2019 年）、《政府会计准则制度解释第 2 号》（2019 年）、《政府会计准则制度解释第 3 号》（2020 年）、《民间非营利组织会计制度》（2004 年）和《〈民间非营利组织会计制度〉若干问题的解释》（2020 年）等。

全书共分三篇十五章。第一篇是预算会计概述，主要介绍预算会计体系的基本情况和预算会计核算的基础知识；第二篇是行政事业单位会计，主要介绍行政事业单位财务会计的核算和预算会计的核算；第三篇是财政总预算会计，主要介绍财政总预算的资产、负债、净资产、收入和支出的会计核算。本书的两个附录参见 www. crup. com. cn，这两个附录分别为行政事业单位主要业务和事项账务处理举例以及课后习题参考答案。

本书具有三个特点：一是综合性强。由于预算会计是以政府预算资金核算为核心任务的专业会计，涉及多个会计主体，与政府预算管理改革关系密切，因此在本书的编撰过程中，非常注重多个会计主体之间的会计核算联系。二是核算实例多，便于理解。会计是一门实务性极强的课程，案例教学是讲授实务性课程的最有效方式。本书有意识地安排了大量类型多样的核算实例，并力求覆盖面广、经济业务切合实际，以利于学生学习理解。三是形象生动，画面感强。本书的编写力求语言简洁生动，并绘制了大量图表，把复杂的会计核算程序以图示的方式表达出来，简单明了，易于理解和掌握。本书的修订得到了马毅华老师以及陈传明、李婉婧、马萩莎、郭海彧等同学在资料、数据和媒体等方面的协助，在这里表示衷心的感谢！

由于时间仓促，书中难免有不当之处，恳请读者批评指正。

编著者

目录

第一篇 预算会计概述

第一章 预算会计体系与核算基础知识

第二篇 行政事业单位会计

第二章 行政事业单位会计概述

第三章 行政事业单位财务会计资产的管理与核算

PART ONE

1

|第一篇|

预算会计概述

第一章

预算会计体系与核算基础知识

第一节　预算会计体系

一、什么是预算会计

预算会计（budget accounting）一词在中国与西方有不同的定义。在中国，预算会计是以政府预算资金管理为中心，以经济和社会事业发展为目的，以预算收支核算为重点，用于核算财政资金分配领域的各级政府部门、行政单位、非营利组织预算资金运动过程和结果的会计体系。在西方，预算会计则是以政府预算指标批复、资金拨付和待支付预算等情况为核心进行核算的，即以会计的方法记录管理预算指标及其变化情况的专业会计，维护了政府预算的法律性和权威性。可见，我国的预算会计与西方的预算会计有很大的差别。西方的预算会计在我国叫作预算指标管理。在我国，预算追加追减的情况较多，实际结果与年初确定的预算相差甚远，因而，许多人认为中国不需要对法定预算做正式的会计记录。

预算会计概念的一般表述为：预算会计是以预算管理为中心的宏观管理信息系统和管理手段，是核算、反映和监督中央与地方预算以及行政事业单位收支预算执行情况的会计。理解预算会计的属性，要从如下方面入手：

（1）预算会计是以政府预算管理为中心的专业会计。它是以预算管理为中心的宏观管理信息系统和管理手段，为政府预算管理服务是其主要目的，因此体现出非常明显的财政中心性，即使是独立性较强的单位预算会计，如事业单位会计，其会计核算主体也体现出很强的财政倾向。

(2) 预算会计是核算、反映和监督中央与地方预算以及事业行政单位收支预算执行情况的会计，其核算对象是政府预算的执行情况。与预算执行相关的单位除政府财政机关外，还有税务、国库、海关、行政单位和事业单位，其中，财政机关最为关键，行政单位和事业单位的数量最多。财政机关是专事政府财政收支活动的部门，是代表同级政府执行预算的具体部门，因此，财政总预算会计的核算对象是财政总预算资金的集中、分配及执行情况，反映为各级财政总预算的收入、费用、资产、负债与净资产的情况。行政单位是指各级各类国家机关。在我国，政党组织和按行政管理的社会组织也由政府预算拨款，实行行政单位会计制度。因此，行政单位的会计核算对象以预算拨款和预算资金支出为主，全面核算、反映和监督行政机关、政党组织和按行政管理的社会组织等单位的经济业务活动。事业单位是完成国家规定的各项事业计划、实现政府公益性目标或职能的非营利组织，事业单位会计核算的对象，不仅是预算资金的领拨、使用情况，而且扩展为事业单位实际发生的各项经济业务，对事业单位预算（年度财务收支计划）执行过程及其结果进行记录、反映和监督。

(3) 预算会计是以会计学原理为基础，同其他会计一样都是以货币为主要计量单位，对会计主体的经济业务进行连续、系统、完整的反映和监督的经济管理活动，是规范组织行为、提高组织活动效益的重要管理活动。随着市场经济的建立与完善，经济领域中的活动主体越来越多，经济利益关系日益复杂，预算会计在国家政治和社会经济生活等领域中发挥的作用也越来越重要。

(4) 预算会计的政策性强，具有广泛性的特点。预算会计是以政府预算资金管理为核心的，高度依赖于政府政策，政策性强。参与预算管理的主体多，包括财政总预算会计、事业单位会计、行政单位会计、国库会计、税务会计、关税会计等，非常广泛，尤其是事业单位会计，行业类型多、资金来源渠道多元化，核算对象具有广泛性和复杂性。

(5) 预算会计是非营利组织会计的重要组成部分。

二、预算会计是非营利组织会计的重要组成部分

营利组织会计和非营利组织会计是会计体系的两大组成部分，前者的会计主体是以营利为目的的组织，后者的会计主体则是那些不以营利为目的，而是致力于社会与经济、文化事业发展或改进的社会团体组织。因为非营利组织除政府外，还有形式众多、宗旨各异的民间团体，亦称民间非营利组织，它们为各种政治与社会目标而努力，参与到社会公共治理当中。比如，各种慈善组织致力于对困难人群进行救助，例如，救助艾滋病病人、自闭症患者、遭遇特殊灾害的人群等；各种争取某种权利的组织争取例如性别平等、同性恋合法、选举、堕胎合法及反堕胎等权利；各种宗教团体传授佛教、基督教、伊斯兰教等宗教教义；各种文化团体宣传各种文化理念等。民间非营利组织是政府组织的重要伙伴，是现代国家实现公共治理的重要力量。与民间非营利组织相比，政府具有公共性、影响力大等特点，许多学者愿意将政府部门从一般的非营利组织中剥离出来研究，将原来的“非营利组织”概念扩展为“政府与非营利组织”，因而，狭义上的非营利组织是指民间非营利

组织。

在我国，非营利组织会计主要包括四个部分：核算政府预算资金管理情况的财政总预算会计，核算以财政预算资金为主要来源、以实现政府职能为主要目的的行政单位会计，核算为满足公共事业需要而设置、由政府提供资金支持的事业单位会计，以及核算各种社会团体、民间非企业单位、宗教团体等不以营利为目的的民间非营利组织会计。此外，还有核算财政预算收入的政府收入征解会计，如税务会计、关税会计等，以及核算国库资金流向与管理的国库会计（见图 1-1）。预算会计属于非营利组织会计中的一个重要组成部分。

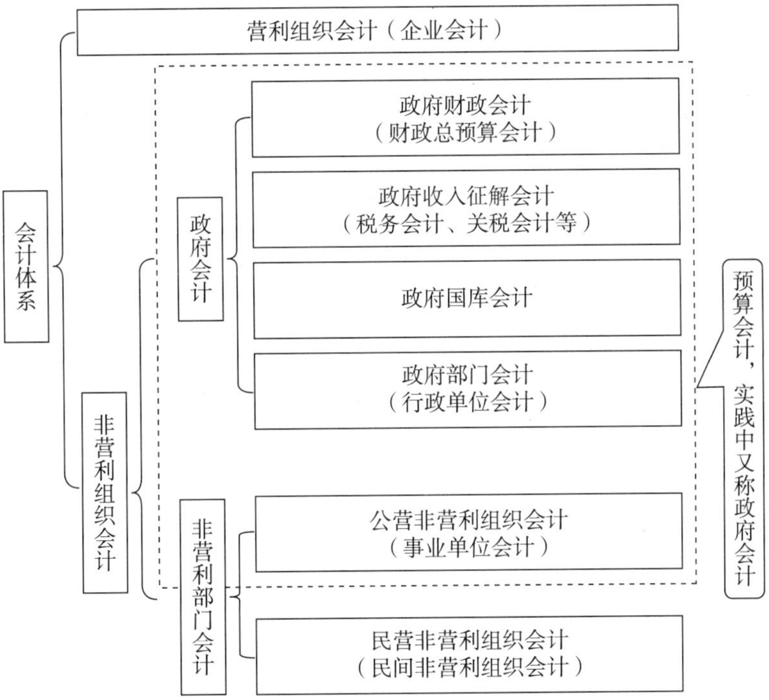

图 1-1 我国会计体系学术分类概述

财政总预算会计、行政单位会计、事业单位会计、税务会计、关税会计以及国库会计都是围绕着预算管理而进行的，被合称为预算会计。在教学中，由于税务会计、关税会计和国库会计的使用面较窄，出于教学安排和知识结构等方面的考虑，仅介绍财政总预算会计、行政单位会计和事业单位会计三个部分。

三、相关概念比较

与预算会计相关的概念还有政府会计、政府与非营利组织会计、西方国家的预算会计，其各自的含义和相互的关系如下：

1. 我国的预算会计是围绕政府预算资金运动而进行会计核算的专业会计。预算会计是一个比较“古老”的会计术语，与企业会计并行，是我国的两大会计体系之一，即我国关于会计体系的最早表述是“企业会计与预算会计共同构成了我国的两大会计体系”。

2. 政府会计有狭义和广义之分。狭义的政府会计是指政府及其部门的会计，如图 1-1 所示，政府会计仅包括财政总预算会计、行政单位会计，以及与财政总预算会计相关的业务引起的会计核算，如税务会计、关税会计和国库会计等。

广义的政府会计则把事业单位会计也纳入其中，事实上也是依据政府预算资金核算进行的，是事实上的预算会计。如我国《政府会计准则——基本准则》规定，政府会计准则适用于各级政府、各部门、各单位，它们统称为政府会计主体。其中，各部门、各单位是指与本级政府财政部门直接或者间接发生预算拨款关系的国家机关、军队、政党组织、社会团体、事业单位和其他单位。

3. 政府与非营利组织会计是在政府会计的基础上增加了非营利部门会计。在我国，主要包括财政总预算会计、行政单位会计、事业单位会计和民间非营利组织会计。在西方国家，如美国，非营利组织会计由两个部分构成——政府会计和非政府支配的非营利组织会计。其中，政府会计包括联邦政府会计和州与地方政府会计以及公立大学医院会计等。非政府支配的非营利组织会计包括私立大学及院校会计、与教会有关的医院会计、自愿性保健与福利组织会计等。

4. 西方国家的预算会计是专门核算政府预算指标及其变化情况的专业会计，即记录经过议会审批的政府预算指标及其变化情况，类似于我国的预算指标管理。在我国，经人大批准的政府预算指标、预算资金拨付、预算追加追减等预算指标变化情况的管理，是在财政部门内部由有关人员通过管理软件或简易账簿进行记录管理的，类似于会计上的备查簿，没能像西方国家的预算会计那样进行严密的会计核算，严肃性不足，亟须改进。

第二节　预算会计核算的基础知识

预算会计核算是完成政府与非营利组织会计任务的基本手段，包括设置会计科目、确定记账方法、填制并审核会计凭证、登记会计账簿和编制会计报表等。它们相互联系、相互补充、相互制约，各自独立发挥不同的作用，从而构成一个完整的会计核算体系。

一、会计要素

会计要素又称会计报表要素，是对会计对象的基本分类。

（一）政府预算会计要素

政府预算会计要素包括预算收入、预算支出与预算结余。

1. 预算收入。预算收入是指政府会计主体在预算年度内依法取得的并纳入预算管理的现金流入。预算收入一般在实际收到时予以确认，以实际收到的金额计量。

2. 预算支出。预算支出是指政府会计主体在预算年度内依法发生并纳入预算管理的现金流出。预算支出一般在实际支付时予以确认，以实际支付的金额计量。

3. 预算结余。预算结余是指政府会计主体预算年度内预算收入扣除预算支出后的资金余额，以及历年滚存的资金余额。预算结余包括结余资金和结转资金。结余资金是指年度预算执行终了，预算收入实际完成数扣除预算支出和结转资金后剩余的资金。结转资金是指预算安排项目的支出年终尚未执行完毕或者因故未执行，且下年需要按原用途继续使用的资金。

（二）政府财务会计要素

政府财务会计要素包括资产、负债、净资产、收入和费用。

1. 资产。资产是指政府会计主体过去的经济业务或者事项形成的，由政府会计主体控制的，预期能够产生服务潜力或者带来经济利益流入的经济资源。服务潜力是指政府会计主体利用资产提供公共产品和服务以履行政府职能的潜在能力。经济利益流入表现为现金及现金等价物的流入，或者现金及现金等价物流出的减少。符合资产定义的经济资源，在同时满足以下条件时，确认为资产：（1）与该经济资源相关的服务潜力很可能实现或者经济利益很可能流入政府会计主体；（2）该经济资源的成本或者价值能够可靠地计量。

2. 负债。负债是指政府会计主体过去的经济业务或者事项形成的，预期会导致经济资源流出政府会计主体的现时义务。现时义务是指政府会计主体在现行条件下已承担的义务。未来发生的经济业务或者事项形成的义务不属于现时义务，不应当确认为负债。符合负债定义的义务，在同时满足以下条件时，确认为负债：（1）履行该义务很可能导致含有服务潜力或者经济利益的经济资源流出政府会计主体；（2）该义务的金额能够可靠地计量。

3. 净资产。净资产是指政府会计主体资产扣除负债后的净额。净资产金额取决于资产和负债的计量。

4. 收入。收入是指报告期内导致政府会计主体净资产增加的、含有服务潜力或者经济利益的经济资源的流入。收入的确认应当同时满足以下条件：（1）与收入相关的含有服务潜力或者经济利益的经济资源很可能流入政府会计主体；（2）含有服务潜力或者经济利益的经济资源流入会导致政府会计主体资产增加或者负债减少；（3）流入金额能够可靠地计量。

5. 费用。费用是指报告期内导致政府会计主体净资产减少的、含有服务潜力或者经济利益的经济资源的流出。费用的确认应当同时满足以下条件：（1）与费用相关的含有服务潜力或者经济利益的经济资源很可能流出政府会计主体；（2）含有服务潜力或者经济利益的经济资源流出会导致政府会计主体资产减少或者负债增加；（3）流出金额能够可靠地计量。

（三）会计科目

对会计要素进行细化，则是会计科目。会计科目通过对各项具体经济业务按其特征和经济管理要求进行归集并按分类的类别进行命名，有利于正确系统地核算和监督各项经济业务所引起的资金运动，是会计记录的依据。

依据会计科目设置的会计账户，是提供各类会计核算资料的工具，反映和监督会计对象。为了正确地记录和反映各项经济业务所引起的资金收付结存情况，账户不但要有明确的核算内容，而且要有一定的结构。在借贷记账法下，每个账户必须设置“借方”“贷方”“余额”三栏来分别记录资产、负债、净资产、收入和费用的增减变化情况和结果，而“借方”“贷方”“余额”就构成了账户的基本结构。

二、记账方法

在开设会计账户后，需要通过一定的记录方法来记录和反映资金的运行情况。记账方法就是运用一定的记账符号、记账方向、记账规则来编制会计分录和登记账簿的方法。预算会计采用借贷记账法。

（一）以“借”“贷”为记账符号

借贷记账法是目前被普遍采用的一种复式记账方法，它以“借”和“贷”作为记账符号，对每一项经济业务都采用方向相反、金额相等的方式，在有关的两个或两个以上账户中，全面地、相互联系地记录经济业务。

借贷记账法以“借”和“贷”作为记账符号，表示记账方向。账户的左方称为“借方”，右方称为“贷方”。账户的借方用来登记资产和费用的增加，同时用来登记负债、净资产和收入的减少；而账户的贷方用来登记负债、净资产和收入的增加，同时用来登记资产和费用的减少。

在一定时期内，账户的借方或贷方的合计数称为“发生额”，借方和贷方之间的差额称为“余额”。当借方大于贷方时，余额在借方；反之余额在贷方。通常情况下，资产部类账户的余额在借方，负债部类账户的余额在贷方。

每个账户在一定时期开始时的余额称为“期初余额”，在一定时期终了时的余额称为“期末余额”。期末余额的计算方法如下：

资产部类期末借方余额＝期初借方余额＋本期借方发生额－本期贷方发生额 （1－1）

负债部类期末贷方余额＝期初贷方余额＋本期贷方发生额－本期借方发生额 （1－2）

在借贷记账法下，各类账户的记账方向如表 1－1 所示。

表 1－1 各类账户的记账方向

账户类别	借方	贷方	余额方向
资产	＋	－	借方
负债	－	＋	贷方

续表

账户类别	借方	贷方	余额方向
净资产	－	＋	贷方
收入	－	＋	平时余额在贷方，年终结账后一般无余额
费用	＋	－	平时余额在借方，年终结账后一般无余额

（二）遵循“有借必有贷，借贷必相等”的记账基本原则

依据复式记账原理和借贷记账法下的账户结构，对于任何一项经济业务，都可以按照资金运动的方向，一方面记入一个或几个账户的借方，另一方面也必然要记入一个或几个账户的贷方，而且记入借方和贷方的数额必然相等。简而言之，就是“有借必有贷，借贷必相等”。无论是资金进入单位的业务，还是退出单位的业务，抑或是资金在单位内部循环与周转的业务，都是一方面记入相关账户的借方，另一方面记入相关账户的贷方，借方与贷方的数额必然相等。

（三）定期试算平衡

在每期业务终了后，都要检验账户记录是否正确，结出的账户余额有无差错。检验账户余额正确与否的试算平衡公式有两个：

一是发生额平衡法。当我们要检验所有账户在某一期间内对各项业务的记录是否正确时，可采用这种方法：

全部账户本期借方发生额合计＝全部账户本期贷方发生额合计　　(1－3)

二是余额平衡法。当我们要检验所有账户记录的内容是否正确时，可采用这种方法：

全部账户借方余额合计＝全部账户贷方余额合计　　(1－4)

用账户类别反映为：

资产＋费用＝负债＋净资产＋收入

运用以上两种方法试算之后，如果达到平衡，说明账簿记录基本正确。

三、会计凭证

在设置会计账户、采用一定的记账方法之后，要进行会计记录和处理，必须通过会计凭证完成。会计凭证是记录经济业务、明确经济责任、作为记账依据的书面证明，是单位发生经济业务并据以登记账簿的凭据。单位的任何一项经济业务，如收到拨款、支出经费、往来结算等，都应取得或填制合法的会计凭证，即要“收有凭、付有据”，登记账簿也必须根据审核后的会计凭证。因此，正确严格地填制和审核会计凭证是会计工作中不可缺少的制度和手续，也是监督政府预算执行的重要环节。

合法、正确的会计凭证为登记账簿提供了可靠的依据，可以及时、准确地反映预算

执行情况；可以明确经济责任；检查和监督经济业务的合法性，从而发挥会计的监督作用，保护国家财产的安全与完整。

会计凭证按其填制程序和用途的不同，可以分为原始凭证和记账凭证两种。

（一）原始凭证

原始凭证是在发生或完成经济业务时取得和填制的、载明经济业务具体内容和完成情况的书面证明。原始凭证是进行会计核算的原始资料，只有经过严格审核无误的原始凭证，才能作为编制记账凭证的依据。

1. 原始凭证的填制与审核。

填制和审核原始凭证有如下要求：

(1) 认真地记录各项经济业务的真实情况，数字要准确，大写与小写金额必须相符。原始凭证要以实际发生的经济业务为凭据，不得虚构；对于银行支票、收货票、收据等，必须按其连续编号顺序填写使用，当写错作废时应加盖作废戳记，连同存根全部保存，不得撕毁；支付款项的原始凭证要有收款单位和收款人签单的收款证明；购买实物的原始凭证要有验收证明。

(2) 从外单位取得的原始凭证必须盖有填制单位的公章。从个人取得的原始凭证必须有填制人员的签章；自制原始凭证必须有经办单位负责人或指定人员的签章。

(3) 填制原始凭证要及时、清晰、完整。在经济业务发生后，要及时、正确地按规定的凭证格式和内容逐项填写原始凭证，同时要有经办部门和人员的签章；原始凭证上的数字和文字都要填写得清晰、工整，不得潦草涂改，如发生错误，应按规定手续作废，重新填制；经过上级批准的经济业务，应将批准文件作为原始凭证附件，如果批准文件需另行单独归档，应在凭证上注明批准机关名称、日期和文件字号。

原始凭证的审核是一项严肃细致的工作，只有经过严格审核无误的原始凭证，才能作为编制记账凭证的依据。对于违反财经纪律和制度的情况，会计人员有权拒绝付款、报销或执行；对于内容填列不全、数字计算有误、手续不完备、书写不清楚的原始凭证，应退回补办手续或更正；对于弄虚作假、营私舞弊、伪造涂改凭证等违法乱纪行为，应扣留凭证，及时向领导汇报，以便进行严肃处理。

2. 原始凭证的种类。

从原始凭证的种类来看，财政总预算会计、事业单位会计和行政单位会计有所不同。总预算会计由于一般不直接办理预算收支，其原始凭证大部分是国库和单位预算会计及基建财务管理部门报送的会计报表。而事业、行政单位预算会计是直接办理预算支出的，其原始凭证大部分是外来单据，如发货票、收款收据等。

各级财政总预算会计的原始凭证包括：国库报来的各种收入日报表及其附件，如各种缴款书、收入退还书、更正通知书等；各种拨款和转账收款凭证，如预算拨款凭证、各种银行汇款凭证等；其他足以证明会计事项发生经过的凭证和文件等。

事业行政单位预算会计的原始凭证包括：收款收据、借款凭证、预算拨款凭证、各种税票、材料出入库单、固定资产出入库单、开户银行转来的收付款凭证、资金到账通知、往来结算凭证以及其他足以证明会计事项发生经过的凭证和文件等。其格式是多种多样的，反映的经济业务也是千差万别的，但它必须具备如下基本内容：①凭证的名称；②填制日期；③接受凭证单位的名称；④经济业务摘要；⑤经济业务的实物数量、单价和金额；⑥填制凭证的单位、人员及经办人员的签章。

（二）记账凭证

记账凭证是由会计人员根据审核后的原始凭证，按照会计核算要求加以归类而填制的，用以简单记载经济业务、确定会计分录并据以记账的会计凭证，记账凭证参考格式见表1-2。对一定数目的记账凭证进行汇总，编制会计科目汇总表（又称记账凭证汇总表），其格式见表1-3。将一定数目的会计凭证装订成册，以便于保管查阅，需要填制记账凭证封面，其格式见表1-4。

表1-2　记账凭证

年　　月　　日

摘要	结算方式	票号	借方		贷方		金额	记账符号
			总账科目	明细科目	总账科目	明细科目		
附单据　　张			合　　　计					

会计主管　　记账　　稽核　　制单　　出纳　　缴领款人

表1-3　会计科目汇总表

年　　月　　日

会计科目	金额		总账页次
	借方	贷方	
附记账凭证　　张			

会计主管　　记账　　稽核　　制单

表1-4　记账凭证封面

（单位名称）

时间	年　　月
册数	本月共　　册　　本册是第　　册
张数	本册自第　　号至第　　号

记账凭证的编制方法如下：

（1）记账凭证应该根据审核无误的原始凭证归类整理编制。记账凭证的各项内容必须填列齐全，经复核后凭以记账。制证人必须签名或盖章。

（2）记账凭证一般根据每项经济业务的原始凭证编制。当天发生的同类会计事项可以适当归并后编制；不同会计事项的原始凭证不得合并编制成一张记账凭证；不得把几天的会计事项加在一起编制成一张记账凭证。

（3）除结转外，记账凭证必须附有原始凭证。一张原始凭证涉及几张记账凭证的，可以把原始凭证附在主要的一张记账凭证后面，在其他记账凭证上注明附有原始凭证的记账凭证的编号。期末结转、更正错误等业务的记账凭证可以不附原始凭证，但应经主管会计人员签章。

（4）记账凭证必须清晰、工整，不得潦草。记账凭证由指定人员复核，并经主管会计人员签章后凭以记账。

（5）记账凭证应按照会计事项发生的先后顺序整理制证记账。按照制证的顺序，每月从第1号起编排连续号码，连同所附的原始凭证加上封面，装订成册保管，加盖单位公章。

（6）记账凭证汇总表要准确、完整，借方发生额合计和贷方发生额合计相等。记账凭证要定期汇总，作为登记总账的依据。会计账簿要平行登记，明细账的登记依据是每一个记账凭证，总账的登记依据则是记账凭证汇总表。

四、会计账簿

会计账簿是根据会计科目设置的，以会计核算过程中的会计凭证为依据，运用账户全面、系统、连续地记录预算资金和其他资金活动及结果的簿证。设置和登记会计账簿是正确组织会计核算的一个重要环节。

任何一个单位在经济业务发生后，都要首先取得原始凭证和填制记账凭证。会计凭证所提供的只是具体的、详细的资料，而且凭证数量很多，比较分散，不能系统地反映一定时期内经济业务的情况。因此就有必要设置账簿，对会计凭证所提供的分散资料进行科学归类和整理，及时地按顺序登记到各类不同的账簿和有关的账户中去。会计账簿是反映和监督各项收支、往来款项和库存资金物资的核算手段及监督手段，并为办理结算和清理债权债务及时提供信息，为编制会计报表提供数据。

（一）会计账簿的种类与格式

预算会计账簿分为总账、明细账两种。总账是按照制度规定的会计科目设置的，它是用来记录资产、负债、净资产、收入和费用各类所属科目增减和结存情况的账簿。总账能全面、系统和综合地反映组织资金的活动情况，是编制资产负债表的主要依据；总账要与明细账平行登记，明细账是按照规定的明细科目和核算需要而设置的，它是对总账科目进行明细核算的账簿。每种会计要素都有相关的明细账簿。涉及现金和银行存款的明细账，又称日记账，为现金日记账和银行存款日记账。它是按照业务发生的顺序一笔一笔地进行连续登记的，又被称为序时账。

会计账簿的格式有三栏式和多栏式两种，三栏式账簿又有金额三栏式和数量金额三栏式之分。一般来说，普通的明细账和总账都采用金额三栏式账簿（见表1-5）；材料、固定资产类明细账采用数量金额三栏式账簿（见表1-6）；费用类明细账采用多栏式账簿（见表1-7）。

表1-5　金额三栏式账簿

科目编号＿＿＿＿＿＿科目名称＿＿＿＿＿＿＿＿＿＿　　　　第　　页

年		凭证号	摘要	借方余额	贷方余额	余额	
月	日					借或贷	金额

表1-6　数量金额三栏式账簿

科目编号＿＿＿＿＿＿科目名称＿＿＿＿＿＿＿＿＿＿　　　　第　　页

年		凭证号	摘要	借方			贷方			核对号	余额		
月	日			数量	单价	金额	数量	单价	金额		数量	单价	金额

表1-7　多栏式账簿

科目编号＿＿＿＿＿＿科目名称＿＿＿＿＿＿＿＿＿＿　　　　第　　页

年		凭证号	摘要	借方发生额				贷方发生额	余额	
月	日			××××	××××	××××	××××		借或贷	金额

（二）会计账簿的平行登记

对经济业务在会计账簿上进行平行登记是会计核算的基本规则，是明晰经济业务内容、保证账簿记录准确的重要方法。

所谓平行登记是指将会计凭证所反映的经济内容，如凭单的日期、编号、业务内容摘要、金额等逐项记入有关的总账账户和其所属的明细账户。总账和明细账平行登记的要点是：（1）凡在总账账户中进行总括登记的，也要在它所属的明细账户中进行明细登记；（2）总账账户和它所属明细账户中登记的借方或贷方的方向、时间必须一致；（3）记入总账账户的金额必须与记入其所属各明细账户的金额之和相等。图1-2为会计信息系统示意图。

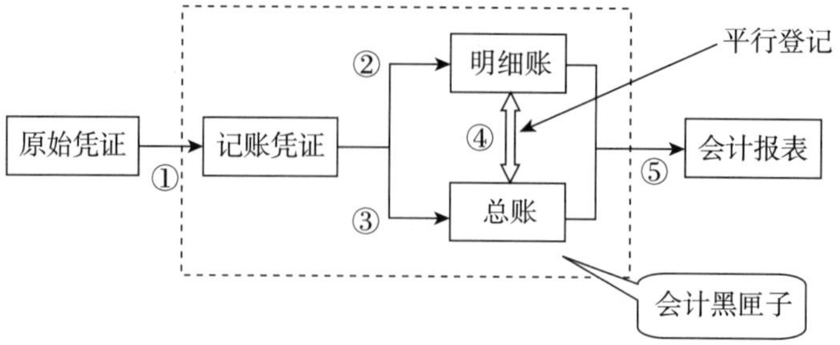

图 1-2　会计信息系统

注：①审核原始凭证，并制作记账凭证；
②依据会计凭证登记明细账；
③依据会计科目汇总表登记总账；
④明细账和总账相核对，这是平行登记的核心；
⑤依据总账和明细账编制会计报表，这也是会计黑匣子对外输出会计信息的最终环节。

（三）账簿的记账结账及错账更正

1. 账簿的记账结账。

会计人员在记账时要做到以下几点：

（1）根据审核无误的会计凭证登记账簿。记账时应将会计凭证的日期、编号、业务内容摘要、金额和其他有关资料逐项记入账内，做到数字准确、摘要清楚、登记及时。

（2）记账完毕后要在记账凭单上签名或盖章，并注明已经登记入账的符号“√”，表示已经记账。

（3）记账时必须使用蓝黑墨水书写，不能使用圆珠笔或铅笔书写。但发生下列情况时可以用红墨水记录：①记账凭单按照红字冲账，冲销错误的金额记录；②在不设多栏式账户的余额栏前，如未印明余额的方向（如借、贷），在余额栏内登记负数余额；③会计制度中规定的用红字登记的其他记录。

（4）账簿中书写的文字和数字在格内要留有适当空间，不要写满格，一般应占格宽的 1/2，以便发生错误时更正。

（5）各种账簿按页次顺序连续登记，不能跳行、隔页。如果发生跳行、隔页，应将空行、空页划线注销，或在空行、空页的摘要栏内注明“此行空白”或“此页空白”字样，并由记账人员签名或盖章。

（6）在每一张账页登记完毕结转下页时，应结出本页合计数及余额，写在本页最后一行和下页第一行的有关栏内，并在摘要栏中注明“过次页”和“承前页”字样。

（7）当账簿记录发生错误时，不能涂改、挖补、刮擦或用化学药水消除字迹，应按正规方法更正。

（8）会计人员应按照规定定期（按月、年）将各种会计账簿记录进行结账：①结转前必须将本期内发生的各项经济业务全部登记入账。②结账时应结出每个账户的期末余额。结出余额后，应在账户的“借或贷”栏内写明“借”或“贷”的字样，以表示本账户的余额方向。没有余额的账户，应在“借或贷”栏内写明“平”的字样，并在余额栏内用“0”表示。③当年度终了时，要把各账户的余额结转下年，并在摘要栏中注明“结转下年”；在下年新账第一行余额栏内填写上年结转的余额，并在摘要栏中注明“上年结转”字样。

2. 错账更正。

错账更正的方法有划线更正法、红字更正法和补记登记法三种：

（1）划线更正法。在月份结账前，发现账簿中文字或数字书写有错误的，或者数字计算有错误，而记账凭单没有错误的，一般可以用划线更正法进行更正。更正时应先在错误的文字或数字上画一条红线而加以注销，但必须使原有的数字仍可辨认，然后在红线上方填写正确的文字或数字，并由记账人员在更正处盖章。

（2）红字更正法。①不论是月份结账前还是结账后，如果发现由于记账凭证中科目对应关系或金额有错误而使账簿错记的账，可以用红字更正法更正。更正时须填制两张记账凭证，其中一张记账凭证用红笔填写会计分录，冲销原账户的错误（采用计算机做记账凭证的，以负数表示）。另一张记账凭证用蓝笔填写正确的会计分录，重新记账。②如果发现原记账凭证中会计分录没有错，只是所记金额大于应记金额，可以按照正确数与错误数之间的差额，用红字填写一张记账凭证，据以冲销多记的金额。

（3）补记登记法。如果记账凭证所记金额小于应记金额，也可用补记登记法将少记金额补足。

在会计电算化情况下，发生错误的环节通常是记账凭证环节。对于错误记账凭证的更正，已经审核的记账凭证在取消记账、审核后方可更正，有出纳签字的凭证还需要取消出纳签字，才可以进入更正凭证状态。另一种做法是填制一张与错误凭证借贷方向相反但金额相同的凭证（或者是一张借贷方向相同但金额为负的凭证），并在摘要栏内注明要冲销凭证的编号、业务发生日期、主要业务活动等内容，从而进行冲账。然后再填制一张正确的记账凭证对经济业务作出正确的会计记录。

五、会计报表

向外界提供会计信息是会计信息处理系统的基本职责，会计报表是会计信息的主要载体，是会计黑匣子通过会计记录输出的核算结果。它是会计主体在一定期间内价值运动的过程及其结果的反映，也是反映会计主体在一定期间的财务状况的书面文件。因此，会计报表必须准确、及时和完整。预算会计报表按时间可划分为旬报、月报和年报（即决算）；按编报单位可划分为财政总预算会计报表、行政单位会计报表、事业单位会计报表、税务会计报表、国库会计报表、关税会计报表等，在本教材中，我们将介绍财政总预算会计报表、行政单位会计报表和事业单位会计报表；按内容可划分为资产负债表、收入费用表、收入明细表、费用明细表以及专项资金表等。

要保证会计报表的质量，编制时必须遵循“正确性、及时性、完整性”的原则：

（1）正确性原则。会计报表的数字必须真实可靠，必须根据核对无误的账簿记录和所属单位的报表编制、汇总，要做到账表相符。

（2）及时性原则。会计报表的上报有很强的时间性，如果拖延了时间，就失去了利用的价值。所以会计人员既要及时记账和结账，也要及时编制报表，并且在规定时间内上报，才能有效地发挥报表的作用。

（3）完整性原则。会计报表必须做到内容完整。要按照规定的报表种类、格式和指标认真填报，不能漏报、漏填，规定的栏目或行次不能任意取舍。要注意各种报表之间、各项目之间，凡有对应关系的数字，应该相互一致和相互衔接，以保证会计报表的逐级统一汇总。对有些项目和数据还应该以附注加以说明。

概念题

1. 预算会计
2. 平行登记
3. 会计要素
4. 会计凭证
5. 会计账簿

简述题

1. 简述我国政府与非营利组织会计的组成体系。
2. 我国的预算会计与西方国家的预算会计有何不同?
3. 简述错账的更正方法及其相应的适用情况。
4. 简述总账和明细账平行登记的要点。
5. 简述借贷记账法的基本特征。

PART TWO

2

|第二篇|

行政事业单位会计

第二章

行政事业单位会计概述

第一节　行政事业单位会计基本规定

一、什么是行政事业单位会计

行政事业单位会计是行政单位会计和事业单位会计的合称。行政事业单位会计又简称单位会计，是政府会计的重要组成部分。现行的行政事业单位会计由预算会计和财务会计组成。预算会计实行收付实现制，财务会计实行权责发生制。

行政事业单位应当对其自身发生的经济业务或者事项进行会计核算。会计核算应当以会计主体持续运行为前提；应当划分会计期间，分期结算账目，按规定编制决算报告和财务报告；会计期间至少分为年度和月度。会计年度、月度等会计期间的起讫日期采用公历日期；会计核算应当以人民币作为记账本位币。当发生外币业务时，应当将有关外币金额折算为人民币金额计量，同时登记外币金额；会计核算应当采用借贷记账法记账。

我国政府会计核算标准体系形成于 1998 年前后，主要涵盖财政总预算会计、行政单位会计与事业单位会计。其中，事业单位会计包括医院、基层医疗卫生机构、高等学校、中小学校、科学事业单位、彩票机构等行业事业单位会计，以及国有建设单位会计等。2010 年以来，财政部适应公共财政管理的需要，先后对上述部分会计标准进行了修正，基本满足了现行部门预算管理的需要。党的十八届三中全会提出了建立权责发生制的政府综合财务报告制度，2014 年修正的《中华人民共和国预算法》对各级政府提出按年度编制以权责发生制为基础的政府综合财务报告的新要求，为此，根据《中华人民共和国会计法》《中华人民共和国预算法》《政府会计准则——基本准则》《政府会计准则第 1 号——存货 》《政府会计准则第 2 号——投资》《政府会计准则第 3 号——固定资产》《政府会计准则第 4 号——无形资产》《政府会计准则第 5 号——公共基础设施》《政府会计准则第 6 号——政府储备物资》等，财政部制发了《政府会计制度——行政事业单位会计科目和报表》，自 2019 年 1 月 1 日起施行。

（1）适用范围。行政事业单位制度适用于各级各类行政单位和事业单位，纳入企业财务管理体系执行企业会计准则或小企业会计准则的单位除外。

（2）基本建设投资。单位对基本建设投资应当按照《政府会计制度——行政事业单位会计科目和报表》的规定统一进行会计核算，不再单独建账，但是应当按项目单独核算，并保证项目资料完整。

（3）会计功能。单位会计核算应当具备财务会计与预算会计双重功能，实现财务会计与预算会计适度分离并相互衔接，全面、清晰地反映单位财务信息和预算执行信息。

（4）会计核算基础。政府会计由预算会计和财务会计构成。单位财务会计核算实行权责发生制；单位预算会计核算实行收付实现制，国务院另有规定的，依照其规定。

（5）现金收支业务。单位对于纳入部门预算管理的现金收支业务，在采用财务会计核算的同时应当进行预算会计核算；对于其他业务，仅需进行财务会计核算。

（6）会计要素。单位会计要素包括财务会计要素和预算会计要素。财务会计要素包括资产、负债、净资产、收入和费用；预算会计要素包括预算收入、预算支出和预算结余。

二、行政事业单位会计信息质量要求

行政事业单位要做到如下几点，保证信息质量要求：

（1）应当以实际发生的经济业务或者事项为依据进行会计核算，如实反映各项会计要素的情况和结果，保证会计信息真实可靠。

（2）应当将发生的各项经济业务或者事项统一纳入会计核算，确保会计信息能够全面反映单位预算执行情况和财务状况、运行情况、现金流量等。

（3）提供的会计信息应当与反映政府单位公共受托责任履行情况以及报告使用者决策、监督、管理的需要相关，有助于报告使用者对单位过去、现在或者未来的情况作出评价或者预测。

（4）对已经发生的经济业务或者事项，应当及时进行会计核算，不得提前或者延后。

（5）单位提供的会计信息应当具有可比性。

①同一单位不同时期发生的相同或者相似的经济业务或者事项，应当采用一致的会计政策，不得随意变更。确需变更的，应当将变更的内容、理由及其影响在附注中予以说明。

②不同单位发生的相同或者相似的经济业务或者事项，应当采用一致的会计政策，确保政府会计信息口径一致，相互可比。

（6）提供的会计信息应当清晰明了，便于报告使用者理解和使用。

（7）应当按照经济业务或者事项的经济实质进行会计核算，不限于以经济业务或者事项的法律形式为依据。

第二节　行政事业单位会计科目设置情况

一、行政事业单位会计科目使用规则

（1）单位应当按照《政府会计制度——行政事业单位会计科目和报表》的规定设置和使用会计科目。在不影响会计处理和编制报表的前提下，单位可以根据实际情况自行增设或减少某些会计科目。

（2）单位应当执行制度统一规定的会计科目编号，以便填制会计凭证、登记账簿、查阅账目，实行会计信息化管理。

（3）单位在填制会计凭证、登记会计账簿时，应当填列会计科目的名称，或者同时填列会计科目的名称和编号，不得只填列会计科目编号、不填列会计科目名称。

（4）单位设置明细科目或进行明细核算，除遵循《政府会计制度——行政事业单位会计科目和报表》的规定外，还应当满足权责发生制政府部门财务报告和政府综合财务报告编制的其他需要。

二、行政事业单位会计科目简介

行政事业单位会计分为财务会计和预算会计，共计 103 个科目。财务会计设有 77 个科目，分别是资产类 35 个，负债类 16 个，净资产类 7 个，收入类 11 个，费用类 8 个；预算会计设有 26 个科目，分别是预算收入类 9 个，预算支出类 8 个，预算结余类 9 个。参见表 2－1。

表 2－1　行政事业单位会计科目及核算内容

序号	科目编号	科目名称	核算内容
一、财务会计科目			
（一）资产类			
1	1001	库存现金◊*	本科目核算单位的库存现金。
2	1002	银行存款◊*	本科目核算单位存入银行或者其他金融机构的各种存款。
3	1011	零余额账户用款额度◊*	本科目核算实行国库集中支付的单位根据财政部门批复的用款计划收到和支用的零余额账户用款额度。
4	1021	其他货币资金◊*	本科目核算单位的外埠存款、银行本票存款、银行汇票存款、信用卡存款等各种其他货币资金。
5	1101	短期投资*	本科目核算事业单位按照规定取得的，持有时间不超过 1 年（含 1 年）的投资。

续表

序号	科目编号	科目名称	核算内容
6	1201	财政应返还额度◊*	本科目核算实行国库集中支付的单位应收财政返还的资金额度，包括可以使用的以前年度财政直接支付资金额度和财政应返还的财政授权支付资金额度。
7	1211	应收票据*	本科目核算事业单位因开展经营活动销售产品、提供有偿服务等而收到的商业汇票，包括银行承兑汇票和商业承兑汇票。
8	1212	应收账款*	本科目核算事业单位提供服务、销售产品等应收取的款项，以及单位因出租资产、出售物资等应收取的款项。
9	1214	预付账款◊*	本科目核算单位按照购货、服务合同或协议规定预付给供应单位（或个人）的款项，以及按照合同规定向承包工程的施工企业预付的备料款和工程款。
10	1215	应收股利*	本科目核算事业单位持有长期股权投资应当收取的现金股利或应当分得的利润。
11	1216	应收利息*	本科目核算事业单位长期债券投资应当收取的利息。
12	1218	其他应收款◊*	本科目核算单位除财政应返还额度、应收票据、应收账款、预付账款、应收股利、应收利息以外的其他各项应收及暂付款项，如职工预借的差旅费、已经偿还银行尚未报销的本单位公务卡欠款、拨付给内部有关部门的备用金、应向职工收取的各种垫付款项、支付的可以收回的订金或押金、应收的上级补助和附属单位上缴款项等。
13	1219	坏账准备*	本科目核算事业单位对收回后不需上缴财政的应收账款和其他应收款提取的坏账准备。
14	1301	在途物品◊*	本科目核算单位采购材料等物资时货款已付或已开出商业汇票但尚未验收入库的在途物品的采购成本。
15	1302	库存物品◊*	本科目核算单位在开展业务活动及其他活动中为耗用或出售而储存的各种材料、产品、包装物、低值易耗品，以及达不到固定资产标准的用具、装具、动植物等的成本。已完成的测绘、地质勘查、设计成果等的成本，也通过本科目核算。单位随买随用的零星办公用品，可以在购进时直接列作费用，不通过本科目核算。单位控制的政府储备物资，应当通过“政府储备物资”科目核算，不通过本科目核算。单位受托存储保管的物资和受托转赠的物资，应当通过“受托代理资产”科目核算，不通过本科目核算。单位为在建工程购买和使用的材料物资，应当通过“工程物资”科目核算，不通过本科目核算。
16	1303	加工物品◊*	本科目核算单位自制或委托外单位加工的各种物品的实际成本；未完成的测绘、地质勘查、设计成果的实际成本，也通过本科目核算。
17	1401	待摊费用◊*	本科目核算单位已经支付，但应当由本期和以后各期分别负担的分摊期在1年以内（含1年）的各项费用，如预付航空保险费、预付租金等。

续表

序号	科目编号	科目名称	核算内容
18	1501	长期股权投资*	本科目核算事业单位按照规定取得的，持有时间超过 1 年（不含 1 年）的股权性质的投资。
19	1502	长期债券投资*	本科目核算事业单位按照规定取得的，持有时间超过 1 年（不含 1 年）的债券投资。
20	1601	固定资产◊*	本科目核算单位固定资产的原值。
21	1602	固定资产累计折旧◊*	本科目核算单位计提的固定资产累计折旧。公共基础设施和保障性住房计提的累计折旧，应当分别通过“公共基础设施累计折旧（摊销）”科目和“保障性住房累计折旧”科目核算，不通过本科目核算。
22	1611	工程物资◊*	本科目核算单位为在建工程准备的各种物资的成本，包括工程用材料、设备等。
23	1613	在建工程◊*	本科目核算单位在建的建设项目工程的实际成本。单位在建的信息系统项目工程、公共基础设施项目工程、保障性住房项目工程的实际成本，也通过本科目核算。
24	1701	无形资产◊*	本科目核算单位无形资产的原值。非大批量购入、单价小于 1 000 元的无形资产，可以于购买的当期将其成本直接计入当期费用。
25	1702	无形资产累计摊销◊*	本科目核算单位对使用年限有限的无形资产计提的累计摊销。
26	1703	研发支出◊*	本科目核算单位自行研究开发项目研究阶段和开发阶段发生的各项支出。建设项目中的软件研发支出，应当通过“在建工程”科目核算，不通过本科目核算。
27	1801	公共基础设施◊*	本科目核算单位控制的公共基础设施的原值。
28	1802	公共基础设施累计折旧（摊销）◊*	本科目核算单位计提的公共基础设施累计折旧和累计摊销。
29	1811	政府储备物资◊*	本科目核算单位控制的政府储备物资的成本。对政府储备物资不负有行政管理职责但接受委托具体负责执行其存储保管等工作的单位，其受托代储的政府储备物资应当通过“受托代理资产”科目核算，不通过本科目核算。
30	1821	文物文化资产◊*	本科目核算单位为满足社会公共需求而控制的文物文化资产的成本。单位为满足自身开展业务活动或其他活动需要而控制的文物和陈列品，应当通过“固定资产”科目核算，不通过本科目核算。
31	1831	保障性住房◊*	本科目核算单位为满足社会公共需求而控制的保障性住房的原值。
32	1832	保障性住房累计折旧◊*	本科目核算单位计提的保障性住房的累计折旧。

续表

序号	科目编号	科目名称	核算内容
33	1891	受托代理资产◊*	本科目核算单位接受委托方委托管理的各项资产，包括受托指定转赠的物资、受托存储保管的物资等的成本。单位管理的罚没物资也应当通过本科目核算。单位收到的受托代理资产为现金和银行存款的，不通过本科目核算，应当通过“库存现金”“银行存款”科目进行核算。
34	1901	长期待摊费用◊*	本科目核算单位已经支出，但应由本期和以后各期负担的分摊期限在 1 年以上（不含 1 年）的各项费用，如以经营租赁方式租入的固定资产发生的改良支出等。
35	1902	待处理财产损溢◊*	本科目核算单位在资产清查过程中查明的各种资产盘盈、盘亏和报废、毁损的价值。
（二）负债类			
36	2001	短期借款*	本科目核算事业单位经批准向银行或其他金融机构等借入的期限在 1 年内（含 1 年）的各种借款。
37	2101	应交增值税◊*	本科目核算单位按照税法规定计算应交纳的增值税。
38	2102	其他应交税费◊*	本科目核算单位按照税法等规定计算应交纳的除增值税以外的各种税费，包括城市维护建设税、教育费附加、地方教育费附加、车船税、房产税、城镇土地使用税和企业所得税等。单位代扣代缴的个人所得税，也通过本科目核算。单位应交纳的印花税不需要预提应交税费，直接通过“业务活动费用”“单位管理费用”“经营费用”等科目核算，不通过本科目核算。
39	2103	应缴财政款◊*	本科目核算单位取得或应收的按照规定应当上缴财政的款项，包括应缴国库的款项和应缴财政专户的款项。单位按照国家税法等有关规定应当缴纳的各种税费，通过“应交增值税”“其他应交税费”科目核算，不通过本科目核算。
40	2201	应付职工薪酬◊*	本科目核算单位按照有关规定应付给职工（含长期聘用人员）及为职工支付的各种薪酬，包括基本工资、国家统一规定的津贴补贴、规范津贴补贴（绩效工资）、改革性补贴、社会保险费（如职工基本养老保险费、职业年金、基本医疗保险费等）、住房公积金等。
41	2301	应付票据*	本科目核算事业单位因购买材料、物资等而开出、承兑的商业汇票，包括银行承兑汇票和商业承兑汇票。
42	2302	应付账款◊*	本科目核算单位因购买物资、接受服务、开展工程建设等而应付的偿还期限在 1 年以内（含 1 年）的款项。
43	2303	应付政府补贴款◊*	本科目核算负责发放政府补贴的行政单位，按照规定应当支付给政府补贴接受者的各种政府补贴款。
44	2304	应付利息*	本科目核算事业单位按照合同约定应支付的借款利息，包括短期借款、分期付息到期还本的长期借款等应支付的利息。
45	2305	预收账款*	本科目核算事业单位预先收取但尚未结算的款项。

续表

序号	科目编号	科目名称	核算内容
46	2307	其他应付款◊*	本科目核算单位除应交增值税、其他应交税费、应缴财政款、应付职工薪酬、应付票据、应付账款、应付政府补贴款、应付利息、预收账款以外，其他各项偿还期限在 1 年内（含 1 年）的应付及暂收款项，如收取的押金、存入保证金、已经报销但尚未偿还银行的本单位公务卡欠款等。同级政府财政部门预拨的下期预算款和没有纳入预算的暂付款项，以及采用实拨资金方式通过本单位转拨给下属单位的财政拨款，也通过本科目核算。
47	2401	预提费用◊*	本科目核算单位预先提取的已经发生但尚未支付的费用，如预提租金费用等。事业单位按规定从科研项目收入中提取的项目间接费用或管理费，也通过本科目核算；事业单位计提的借款利息费用，通过“应付利息”“长期借款”科目核算，不通过本科目核算。
48	2501	长期借款*	本科目核算事业单位经批准向银行或其他金融机构等借入的期限超过 1 年（不含 1 年）的各种借款本息。
49	2502	长期应付款◊*	本科目核算单位发生的偿还期限超过 1 年（不含 1 年）的应付款项，如以融资租赁方式取得固定资产应付的租赁费等。
50	2601	预计负债◊*	本科目核算单位对因或有事项所产生的现时义务而确认的负债，如对未决诉讼等确认的负债。
51	2901	受托代理负债◊*	本科目核算单位接受委托取得受托代理资产时形成的负债。
（三）净资产类			
52	3001	累计盈余◊*	本科目核算单位历年实现的盈余扣除盈余分配后滚存的金额，以及因无偿调入调出资产产生的净资产变动额。按照规定上缴、缴回、单位间调剂结转结余资金产生的净资产变动额，以及对以前年度盈余的调整金额，也通过本科目核算。
53	3101	专用基金*	本科目核算事业单位按照规定提取或设置的具有专门用途的净资产，主要包括职工福利基金、科技成果转换基金等。
54	3201	权益法调整*	本科目核算事业单位持有的长期股权投资采用权益法核算时，按照被投资单位除净损益和利润分配以外的所有者权益变动份额调整长期股权投资账面余额而计入净资产的金额。
55	3301	本期盈余◊*	本科目核算单位本期各项收入、费用相抵后的余额。
56	3302	本年盈余分配◊*	本科目核算单位本年度盈余分配的情况和结果。
57	3401	无偿调拨净资产◊*	本科目核算单位无偿调入或调出非现金资产所引起的净资产变动金额。
58	3501	以前年度盈余调整◊*	本科目核算单位本年度发生的调整以前年度盈余的事项，包括本年度发生的重要前期差错更正涉及调整以前年度盈余的事项。

续表

序号	科目编号	科目名称	核算内容
（四）收入类			
59	4001	财政拨款收入◊*	本科目核算单位从同级政府财政部门取得的各类财政拨款。同级政府财政部门预拨的下期预算款和没有纳入预算的暂付款项，以及采用实拨资金方式通过本单位转拨给下属单位的财政拨款，通过“其他应付款”科目核算，不通过本科目核算。
60	4101	事业收入*	本科目核算事业单位开展专业业务活动及其辅助活动实现的收入，不包括从同级政府财政部门取得的各类财政拨款。
61	4201	上级补助收入*	本科目核算事业单位从主管部门和上级单位取得的非财政拨款收入。
62	4301	附属单位上缴收入*	本科目核算事业单位取得的附属独立核算单位按照有关规定上缴的收入。
63	4401	经营收入*	本科目核算事业单位在专业业务活动及其辅助活动之外开展非独立核算经营活动取得的收入。
64	4601	非同级财政拨款收入◊*	本科目核算单位从非同级政府财政部门取得的经费拨款，包括从同级政府其他部门取得的横向转拨财政款、从上级或下级政府财政部门取得的经费拨款等。事业单位因开展科研及其辅助活动从非同级政府财政部门取得的经费拨款，应当通过“事业收入——非同级财政拨款”科目核算，不通过本科目核算。
65	4602	投资收益*	本科目核算事业单位股权投资和债券投资所实现的收益或发生的损失。
66	4603	捐赠收入◊*	本科目核算单位接受其他单位或者个人捐赠取得的收入。
67	4604	利息收入◊*	本科目核算单位取得的银行存款利息收入。
68	4605	租金收入◊*	本科目核算单位经批准利用国有资产出租取得并按照规定纳入本单位预算管理的租金收入。
69	4609	其他收入◊*	本科目核算单位取得的除财政拨款收入、事业收入、上级补助收入、附属单位上缴收入、经营收入、非同级财政拨款收入、投资收益、捐赠收入、利息收入、租金收入以外的各项收入，包括现金盘盈收入、按照规定纳入单位预算管理的科技成果转化收入、行政单位收回已核销的其他应收款、无法偿付的应付及预收款项、置换换出资产评估增值等。
（五）费用类			
70	5001	业务活动费用◊*	本科目核算单位为实现其职能目标，依法履职或开展专业业务活动及其辅助活动所发生的各项费用。
71	5101	单位管理费用*	本科目核算事业单位本级行政及后勤管理部门开展管理活动发生的各项费用，包括单位行政及后勤管理部门发生的人员经费、公用经费、资产折旧（摊销）等费用，以及由单位统一负担的离退休人员经费、工会经费、诉讼费、中介费等。

续表

序号	科目编号	科目名称	核算内容
72	5201	经营费用*	本科目核算事业单位在专业业务活动及其辅助活动之外开展非独立核算经营活动发生的各项费用。
73	5301	资产处置费用◊*	本科目核算单位经批准处置资产时发生的费用，包括转销的被处置资产价值，以及在处置过程中发生的相关费用或者处置收入小于相关费用形成的净支出。资产处置的形式按照规定包括无偿调拨、出售、出让、转让、置换、对外捐赠、报废、毁损以及货币性资产损失核销等。单位在资产清查中查明的资产盘亏、毁损以及资产报废等，应当先通过“待处理财产损溢”科目进行核算，再将处理资产价值和处理净支出计入本科目。短期投资、长期股权投资、长期债券投资的处置，按照相关资产科目的规定进行账务处理。
74	5401	上缴上级费用*	本科目核算事业单位按照财政部门和主管部门的规定上缴上级单位款项发生的费用。
75	5501	对附属单位补助费用*	本科目核算事业单位用财政拨款收入之外的收入对附属单位补助发生的费用。
76	5801	所得税费用*	本科目核算有企业所得税缴纳义务的事业单位按规定缴纳企业所得税所形成的费用。
77	5901	其他费用◊*	本科目核算单位发生的除业务活动费用、单位管理费用、经营费用、资产处置费用、上缴上级费用、附属单位补助费用、所得税费用以外的各项费用，包括利息费用、坏账损失、罚没支出、现金资产捐赠支出以及相关税费、运输费等。
二、预算会计科目			
（一）预算收入类			
1	6001	财政拨款预算收入◊*	本科目核算单位从同级政府财政部门取得的各类财政拨款。
2	6101	事业预算收入*	本科目核算事业单位开展专业业务活动及其辅助活动取得的现金流入。事业单位因开展科研及其辅助活动从非同级政府财政部门取得的经费拨款，也通过本科目核算。
3	6201	上级补助预算收入*	本科目核算事业单位从主管部门和上级单位取得的非财政补助现金流入。
4	6301	附属单位上缴预算收入*	本科目核算事业单位取得附属独立核算单位根据有关规定上缴的现金流入。
5	6401	经营预算收入*	本科目核算事业单位在专业业务活动及其辅助活动之外开展非独立核算经营活动取得的现金流入。
6	6501	债务预算收入*	本科目核算事业单位按照规定从银行和其他金融机构等借入的、纳入部门预算管理的、不以财政资金作为偿还来源的债务本金。

续表

序号	科目编号	科目名称	核算内容
7	6601	非同级财政拨款预算收入◊*	本科目核算单位从非同级政府财政部门取得的财政拨款，包括本级横向转拨财政款和非本级财政拨款。对于因开展科研及其辅助活动从非同级政府财政部门取得的经费拨款，应当通过“事业预算收入——非同级财政拨款”科目进行核算，不通过本科目核算。
8	6602	投资预算收益*	本科目核算事业单位取得的按照规定纳入部门预算管理的属于投资收益性质的现金流入，包括股权投资收益、出售或收回债券投资所取得的收益和债券投资利息收入。
9	6609	其他预算收入◊*	本科目核算单位除财政拨款预算收入、事业预算收入、上级补助预算收入、附属单位上缴预算收入、经营预算收入、债务预算收入、非同级财政拨款预算收入、投资预算收益之外的纳入部门预算管理的现金流入，包括捐赠预算收入、利息预算收入、租金预算收入、现金盘盈收入等。
（二）预算支出类			
10	7101	行政支出◊	本科目核算行政单位履行其职责实际发生的各项现金流出。
11	7201	事业支出*	本科目核算事业单位开展专业业务活动及其辅助活动实际发生的各项现金流出。
12	7301	经营支出*	本科目核算事业单位在专业业务活动及其辅助活动之外开展非独立核算经营活动实际发生的各项现金流出。
13	7401	上缴上级支出*	本科目核算事业单位按照财政部门和主管部门的规定上缴上级单位款项发生的现金流出。
14	7501	对附属单位补助支出*	本科目核算事业单位用财政拨款预算收入之外的收入对附属单位补助发生的现金流出。
15	7601	投资支出*	本科目核算事业单位以货币资金对外投资发生的现金流出。
16	7701	债务还本支出*	本科目核算事业单位偿还自身承担的纳入预算管理的从金融机构举借的债务本金的现金流出。
17	7901	其他支出◊*	本科目核算单位除行政支出、事业支出、经营支出、上缴上级支出、对附属单位补助支出、投资支出、债务还本支出以外的各项现金流出，包括利息支出、对外捐赠现金支出、现金盘亏损失、接受捐赠（调入）和对外捐赠（调出）非现金资产发生的税费支出、资产置换过程中发生的相关税费支出、罚没支出等。
（三）预算结余类			
18	8001	资金结存◊*	本科目核算单位纳入部门预算管理的资金的流入、流出、调整和滚存等情况。
19	8101	财政拨款结转◊*	本科目核算单位取得的同级财政拨款结转资金的调整、结转和滚存情况。
20	8102	财政拨款结余◊*	本科目核算单位取得的同级财政拨款项目支出结余资金的调整、结转和滚存情况。

续表

序号	科目编号	科目名称	核算内容
21	8201	非财政拨款结转◊*	本科目核算单位除财政拨款收支、经营收支以外各非同级财政拨款专项资金的调整、结转和滚存情况。
22	8202	非财政拨款结余◊*	本科目核算单位历年滚存的非限定用途的非同级财政拨款结余资金，主要为非财政拨款结余扣除结余分配后滚存的金额。
23	8301	专用结余*	本科目核算事业单位按照规定从非财政拨款结余中提取的具有专门用途的资金的变动和滚存情况。
24	8401	经营结余*	本科目核算事业单位本年度经营活动收支相抵后余额弥补以前年度经营亏损后的余额。
25	8501	其他结余◊*	本科目核算单位本年度除财政拨款收支、非同级财政专项资金收支和经营收支以外各项收支相抵后的余额。
26	8701	非财政拨款结余分配*	本科目核算事业单位本年度非财政拨款结余分配的情况和结果。

说明：表中“◊”符号代表行政单位使用的会计科目，“*”符号代表事业单位使用的会计科目。

概念题

1. 行政事业单位会计
2. 财务会计要素
3. 预算会计要素

简述题

1. 简述行政事业单位会计信息质量要求。
2. 单位提供的会计信息如何能具有可比性？
3. 简述行政事业单位会计科目使用规则。

第三章

行政事业单位财务会计资产的管理与核算

第一节　行政事业单位资产的分类与计量

一、行政事业单位的资产与分类

资产是指单位过去的经济业务或者事项形成的，由单位控制的，预期能够产生服务潜力或者带来经济利益流入的经济资源。服务潜力是指单位利用资产提供公共产品和服务以履行政府职能的潜在能力；经济利益流入表现为现金及现金等价物的流入，或者现金及现金等价物流出的减少。

单位的资产按照流动性分为流动资产、非流动资产、经管资产及其他资产。流动资产是指预计在1年内（含1年）耗用或者可以变现的资产，包括货币资金、短期投资、应收及预付款项、存货等；非流动资产是指流动资产以外的资产，包括固定资产、在建工程、无形资产、长期投资等；经管资产是行政事业单位代表政府经营管理的公共资产，包括公共基础设施、政府储备资产、文物文化资产、保障性住房和自然资源资产等；其他资产是指除流动资产、非流动资产、经管资产之外的行政事业单位资产，包括待摊费用、受托代理资产、长期待摊费用、待处理财产损溢等。具体参见表3-1。

表 3－1　行政事业单位资产的分类与会计科目设置

资产分类		会计科目设置
流动资产	货币资金	库存现金、银行存款、零余额账户用款额度、其他货币资金
	短期投资	短期投资
	应收及预付款项	财政应返还额度、应收票据、应收账款、预付账款、应收股利、应收利息、其他应收款、坏账准备
	存货	在途物品、库存物品、加工物品
非流动资产	固定资产	固定资产、固定资产累计折旧
	在建工程	工程物资、在建工程
	无形资产	无形资产、无形资产累计摊销、研发支出
	长期投资	长期股权投资、长期债券投资
经管资产	公共基础设施	公共基础设施、公共基础设施累计折旧（摊销）
	政府储备资产	政府储备物资
	文物文化资产	文物文化资产
	保障性住房	保障性住房、保障性住房累计折旧
	自然资源资产	—
其他资产		待摊费用、受托代理资产、长期待摊费用、待处理财产损溢

二、行政事业单位资产的计量

（一）资产的确认

符合《政府会计准则——基本准则》规定的资产定义的经济资源，在同时满足以下条件时，确认为资产：（1）与该经济资源相关的服务潜力很可能实现或者经济利益很可能流入单位；（2）该经济资源的成本或者价值能够可靠地计量。

符合资产定义和资产确认条件的项目应当列入资产负债表。

（二）资产的计量

资产的计量属性主要包括历史成本、重置成本、现值、公允价值和名义金额。

（1）在历史成本计量下，资产按照取得时支付的现金金额或者支付对价的公允价值计量。

（2）在重置成本计量下，资产按照现在购买相同或者相似资产所需支付的现金金额计量。

（3）在现值计量下，资产按照预计从其持续使用和最终处置中所产生的未来净现金流入量的折现金额计量。

（4）在公允价值计量下，资产按照市场参与者在计量日发生的有序交易中出售资产所能收到的价格计量。

（5）无法采用上述计量属性的，采用名义金额（即人民币1元）计量。

单位在对资产进行计量时，一般应当采用历史成本。采用重置成本、现值、公允价值计量的，应当保证所确定的资产金额能够持续、可靠计量。

第二节 货币资金的管理与核算

行政事业单位的货币资金有库存现金、银行存款、零余额账户用款额度、其他货币资金等形式。

一、库存现金的管理与核算

为核算单位的库存现金，设置"库存现金"（1001）科目。本科目期末借方余额，反映单位实际持有的库存现金。单位应当严格按照国家有关现金管理的规定收支现金，并按照《政府会计制度——行政事业单位会计科目和报表》的规定核算现金的各项收支业务。本科目应当设置"受托代理资产"明细科目，核算单位受托代理、代管的现金。单位有外币现金的，应当分别按照人民币、外币种类设置"库存现金日记账"进行明细核算。有关外币现金业务的账务处理参见"银行存款"科目的相关规定。

单位应当设置"库存现金日记账"，由出纳人员根据收付款凭证，按照业务发生顺序逐笔登记。每日终了，应当计算当日的现金收入合计数、现金支出合计数和结余数，并将结余数与实际库存数相核对，做到账款相符。现金收入业务繁多、单独设有收款部门的单位，收款部门的收款员应当将每天所收现金连同收款凭据一并交财务部门核收记账，或者将每天所收现金直接送存开户银行后，将收款凭据及向银行送存现金的凭证等一并交财务部门核收记账。库存现金的主要账务处理如下所示。

（一）库存现金增加的核算

1. 从银行等金融机构提取现金，按照实际提取的金额，借记本科目，贷记"银行存款"科目。

【例3-1】 县农业局从银行提取现金30 000元。

借：库存现金　　30 000

　贷：银行存款　　30 000

2. 根据规定从单位零余额账户提取现金，按照实际提取的金额，借记本科目，贷记"零余额账户用款额度"科目。

【例3-2】 某市实行国库集中支付制度，市直属中学根据规定从单位零余额账户提取现金50 000元。

借：库存现金　　50 000

　贷：零余额账户用款额度　　50 000

3. 因内部职工出差等原因借出的现金，按照实际借出的现金金额，借记“其他应收款”科目，贷记本科目。出差人员报销差旅费时，按照实际报销的金额，借记“业务活动费用”“单位管理费用”等科目，按照实际借出的现金金额，贷记“其他应收款”科目，按照其差额，借记或贷记本科目。

【例 3-3】市文化局王军出差，预借差旅费 10 000 元。

借：其他应收款——王军　　10 000

　贷：库存现金　　10 000

【例 3-4】接例 3-3，王军出差归来，报销差旅费 9 300 元，余款 700 元交回。

借：业务活动费用　　9 300

　　库存现金　　700

　贷：其他应收款——王军　　10 000

4. 因提供服务、物品或者其他事项收到现金，按照实际收到的金额，借记本科目，贷记“事业收入”“应收账款”等相关科目。涉及增值税业务的，相关账务处理参见“应交增值税”科目。

（二）库存现金减少的核算

1. 将现金存入银行等金融机构，按照实际存入金额，借记“银行存款”科目，贷记本科目。

【例 3-5】省建筑大学将 5 万元库存现金存入开户银行。

借：银行存款　　50 000

　贷：库存现金　　50 000

2. 将现金退回单位零余额账户，按照实际退回的金额，借记“零余额账户用款额度”科目，贷记本科目。

【例 3-6】县农业局实行国库集中支付制度，现将库存现金 35 000 元退回零余额账户。

借：零余额账户用款额度　　35 000

　贷：库存现金　　35 000

3. 因购买服务、物品或者其他事项支付现金，按照实际支付的金额，借记“业务活动费用”“单位管理费用”“库存物品”等相关科目，贷记本科目。涉及增值税业务的，相关账务处理参见“应交增值税”科目。

4. 以库存现金对外捐赠，按照实际捐出的金额，借记“其他费用”科目，贷记本科目。

【例 3-7】市房管事业单位以自有资金向某非政府组织捐赠 100 000 元，用作新入职人员的住房救助，以库存现金支付。

借：其他费用　　100 000

　贷：库存现金　　100 000

（三）代管现金的核算

收到受托代理、代管的现金，按照实际收到的金额，借记本科目（受托代理资产），贷记“受托代理负债”科目；支付受托代理、代管的现金，按照实际支付的金额，借记“受托代理负债”科目，贷记本科目（受托代理资产）。

【例 3-8】某县发生地震，县民政局收到公益慈善促进会委托代理资金现金 260 000 元，收款入库。

借：库存现金——受托代理资产　　260 000

　贷：受托代理负债　　260 000

【例 3-9】接例 3-8，县民政局将受托代理资金 260 000 元发放给灾民。

借：受托代理负债　　260 000

　贷：库存现金——受托代理资产　　260 000

二、银行存款的核算

为核算单位存入银行或者其他金融机构的各种存款，设置“银行存款”（1002）科目。本科目期末借方余额，反映单位实际存放在银行或其他金融机构的款项。

单位应当按照开户银行或其他金融机构、存款种类及币种等，分别设置“银行存款日记账”，由出纳人员根据收付款凭证，按照业务的发生顺序逐笔登记，每日终了应结出余额。“银行存款日记账”应定期与“银行对账单”核对，至少每月核对一次。月度终了，单位银行存款日记账账面余额与银行对账单余额之间如有差额，应当逐笔查明原因并进行处理，按月编制“银行存款余额调节表”，调节相符。

单位应当严格按照国家有关支付结算办法的规定办理银行存款收支业务，并按照《政府会计制度——行政事业单位会计科目和报表》的规定核算银行存款的各项收支业务。本科目应当设置“受托代理资产”明细科目，核算单位受托代理、代管的银行存款。

银行存款的主要账务处理如下所示。

（一）人民币业务的账务处理

1. 将款项存入银行或者其他金融机构，按照实际存入的金额，借记本科目，贷记“库存现金”“应收账款”“事业收入”“经营收入”“其他收入”等相关科目。涉及增值税业务的，相关账务处理参见“应交增值税”科目。

【例 3-10】某大学对外提供职业教育培训服务，现收到培训收入 210 000 元，款项存入银行（该收入免税）。

借：银行存款　　210 000

　贷：事业收入　　210 000

2. 收到银行存款利息，按照实际收到的金额，借记本科目，贷记“利息收入”科目。

【例 3-11】市教育局收到银行存款利息 1 309 元。

借：银行存款　　1 309

　贷：利息收入　　1 309

3. 从银行等金融机构提取现金，按照实际提取的金额，借记“库存现金”科目，贷记本科目。

【例 3－12】县科技局从银行提取现金 20 000 元用于日常业务支出。

借：库存现金　　　　　　　　　　　　20 000

　贷：银行存款　　　　　　　　　　　　20 000

4. 以银行存款支付相关费用，按照实际支付的金额，借记“业务活动费用”“单位管理费用”“其他费用”等相关科目，贷记本科目。涉及增值税业务的，相关账务处理参见“应交增值税”科目。

【例 3－13】市中心小学支付本月电费 3 465 元，以银行存款支付。

借：业务活动费用　　　　　　　　　　3 465

　贷：银行存款　　　　　　　　　　　　3 465

5. 以银行存款对外捐赠，按照实际捐出的金额，借记“其他费用”科目，贷记本科目。

【例 3－14】市中心医院向郊区农民工小学捐款 100 000 元，以银行存款支付。

借：其他费用　　　　　　　　　　　　100 000

　贷：银行存款　　　　　　　　　　　　100 000

6. 收到受托代理、代管的银行存款，按照实际收到的金额，借记本科目（受托代理资产），贷记“受托代理负债”科目；支付受托代理、代管的银行存款，按照实际支付的金额，借记“受托代理负债”科目，贷记本科目（受托代理资产）。

【例 3－15】市疾病预防控制中心收到某慈善机构委托代管资金 500 000 元，用于为困难家庭儿童免费接种流行性脑脊髓膜炎疫苗，款项存入银行。

借：银行存款　　　　　　　　　　　　500 000

　贷：受托代理负债　　　　　　　　　　500 000

【例 3－16】接例 3－15，市疾病预防控制中心购买疫苗支出 80 000 元，并为困难家庭儿童免费接种，以银行存款支付。

借：受托代理负债　　　　　　　　　　80 000

　贷：银行存款　　　　　　　　　　　　80 000

（二）外币业务的账务处理

单位发生外币业务的，应当按照业务发生当日的即期汇率，将外币金额折算为人民币金额记账，并登记外币金额和汇率。期末，各种外币账户的期末余额，应当按照期末的即期汇率折算为人民币，作为外币账户期末人民币余额。调整后的各种外币账户人民币余额与原账面余额的差额，作为汇兑损益计入当期费用。

1. 以外币购买物资、设备等，按照购入当日的即期汇率将支付的外币或应支付的外币折算为人民币金额，借记“库存物品”等科目，贷记本科目、“应付账款”等科目的外币账户。涉及增值税业务的，相关账务处理参见“应交增值税”科目。

【例 3－17】市生物研究所以美元购入甲材料 100 盒，每盒售价（不含税）120 美元，共计 12 000 美元，应交增值税 1 560 美元，共计 13 560 美元。当日的即期汇率为 1 美元兑换人民币 6.3 元。材料验收入库。

13 560×6.3＝85 428（元）

12 000×6.3=75 600（元）

1 560×6.3=9 828（元）

借：库存物品　　　　　　　　　　　　　　75 600

　　应交增值税——进项税额　　　　　　　　9 828

　贷：银行存款——美元　　　　　　　　　　　85 428

2. 销售物品、提供服务以外币收取相关款项等，按照收入确认当日的即期汇率将收取的外币或应收取的外币折算为人民币金额，借记本科目、“应收账款”等科目的外币账户，贷记“事业收入”等相关科目。

【例 3-18】市生物研究所收回以前年度销售给 A 公司的产品货款 600 美元，收款当日的即期汇率为 1 美元兑换人民币 6.25 元。

600×6.25=3 750（元）

借：银行存款——美元　　　　　　　　　　3 750

　贷：应收账款　　　　　　　　　　　　　　3 750

3. 期末，根据各外币银行存款账户按照期末汇率调整后的人民币余额与原账面人民币余额的差额，作为汇兑损益，借记或贷记本科目，贷记或借记“业务活动费用”“单位管理费用”等科目。

【例 3-19】年末，市生物研究所的美元账户存款共计 14 640 美元，原账面人民币余额 92 202 元。12 月 31 日的即期汇率为 1 美元兑换人民币 6.35 元。

14 640×6.35=92 964（元）

92 964－92 202=762（元）

借：银行存款——美元　　　　　　　　　　762

　贷：业务活动费用　　　　　　　　　　　　762

4. “应收账款”“应付账款”等科目有关外币账户期末汇率调整业务的账务处理参照本科目。

三、零余额账户用款额度的核算

为核算实行国库集中支付的单位根据财政部门批复的用款计划收到和支用的零余额账户用款额度，设置“零余额账户用款额度”（1011）科目。本科目期末借方余额，反映单位尚未支用的零余额账户用款额度。年末注销单位零余额账户用款额度后，本科目应无余额。零余额账户用款额度的主要账务处理如下所示。

（一）收到额度

单位收到“财政授权支付到账通知书”时，根据通知书所列金额，借记本科目，贷记“财政拨款收入”科目。

【例 3-20】县海洋与渔业局收到代理银行转来的“财政授权支付到账通知书”，通知书所列金额为 300 000 元。

借：零余额账户用款额度　　　　　　300 000

　贷：财政拨款收入　　　　　　　　　300 000

（二）支用额度

1. 支付日常活动费用时，按照支付的金额，借记“业务活动费用”“单位管理费用”等科目，贷记本科目。

【例 3-21】 县海洋与渔业局开出转账支票，购买打印纸 5 箱，每箱 600 元，共计 3 000 元。

借：业务活动费用　　　　　　3 000

　贷：零余额账户用款额度　　　　　3 000

2. 购买库存物品或购建固定资产，按照实际发生的成本，借记“库存物品”“固定资产”“在建工程”等科目，按照实际支付或应付的金额，贷记本科目、“应付账款”等科目。涉及增值税业务的，相关账务处理参见“应交增值税”科目。

【例 3-22】 某大学建设一栋教学楼，发生工程款 310 000 元，以零余额账户用款额度支付。

借：在建工程　　　　　　310 000

　贷：零余额账户用款额度　　　　　310 000

3. 从零余额账户提取现金时，按照实际提取的金额，借记“库存现金”科目，贷记本科目。

【例 3-23】 省检察院从零余额账户提取现金 150 000 元。

借：库存现金　　　　　　150 000

　贷：零余额账户用款额度　　　　　150 000

（三）购货退回的核算

因购货退回等发生财政授权支付额度退回的，按照退回的金额，借记本科目，贷记“库存物品”等科目。

【例 3-24】 市中心医院上月所购的注射器存在质量问题，予以退货，货款 165 000 元退回到零余额账户。

借：零余额账户用款额度　　　　　　165 000

　贷：库存物品　　　　　　　　　　165 000

（四）年末处理

1. 年末，根据代理银行提供的对账单作注销额度的相关账务处理，借记“财政应返还额度——财政授权支付”科目，贷记本科目。

【例 3-25】 年末，县科技局根据代理银行提供的对账单注销其用款额度 163 215 元。

借：财政应返还额度——财政授权支付　　163 215

　贷：零余额账户用款额度　　　　　　　163 215

2. 年末，单位本年度财政授权支付预算指标数大于零余额账户用款额度下达数的，根据未下达的用款额度，借记“财政应返还额度——财政授权支付”科目，贷记“财政拨款收入”科目。

【例 3-26】年末，县科技局本年度财政授权支付预算指标数大于零余额账户用款额度下达数。尚有 210 000 元未下达用款额度。

借：财政应返还额度——财政授权支付　　210 000

　贷：财政拨款收入　　210 000

3. 下年初，单位根据代理银行提供的上年度注销额度恢复到账通知书作恢复额度的相关账务处理，借记本科目，贷记“财政应返还额度 ——财政授权支付”科目。

【例 3-27】接例 3-25，县科技局根据代理银行提供的上年度注销额度恢复到账通知书，恢复上年度注销额度 163 215 元。

借：零余额账户用款额度　　163 215

　贷：财政应返还额度 ——财政授权支付　　163 215

4. 单位收到财政部门批复的上年末下达零余额账户用款额度，借记本科目，贷记“财政应返还额度——财政授权支付”科目。

【例 3-28】接例 3-26，下年初，县科技局收到财政部门批复的上年末下达零余额账户用款额度 210 000 元。

借：零余额账户用款额度　　210 000

　贷：财政应返还额度——财政授权支付　　210 000

四、其他货币资金的核算

为核算单位的外埠存款、银行本票存款、银行汇票存款、信用卡存款等各种其他货币资金，设置“其他货币资金”（1021）科目。本科目期末借方余额，反映单位实际持有的其他货币资金。

单位应当加强对其他货币资金的管理，及时办理结算，对于逾期尚未办理结算的银行汇票、银行本票等，应当按照规定及时转回，并按照上述规定进行相应账务处理。本科目应当设置“外埠存款”“银行本票存款”“银行汇票存款”“信用卡存款”等明细科目，进行明细核算，主要账务处理如下所示。

（一）在异地开立银行账户的核算

单位按照有关规定需要在异地开立银行账户，将款项委托本地银行汇往异地开立账户时，借记本科目，贷记“银行存款”科目。收到采购员交来供应单位发票账单等报销凭证时，借记“库存物品”等科目，贷记本科目。将多余的外埠存款转回本地银行时，根据银行的收账通知，借记“银行存款”科目，贷记本科目。

【例 3-29】某大学在上海采购教学物资一批，现将 5 000 000 元委托本地银行汇往上海开立账户。

借：其他货币资金　　5 000 000

贷：银行存款　　　　　　　　　　5 000 000

【例 3-30】 接例 3-29，采购物资到货，收到的采购员交来的供应单位发票账单显示，物资总价款为 4 247 788 元，应交增值税 552 212 元，共计 4 800 000 元，由异地存款支付，物资已验收入库。

借：库存物品　　　　　　　　　　4 800 000

贷：其他货币资金　　　　　　　　4 800 000

【例 3-31】 接例 3-29 和例 3-30，采购结束，将剩余的异地存款 200 000 元转回本地银行。

借：银行存款　　　　　　　　　　200 000

贷：其他货币资金　　　　　　　　200 000

（二）取得银行本票、银行汇票的核算

将款项交存银行取得银行本票、银行汇票，按照取得的银行本票、银行汇票金额，借记本科目，贷记“银行存款”科目。使用银行本票、银行汇票购买库存物品等资产时，按照实际支付金额，借记“库存物品”等科目，贷记本科目。如有余款或因本票、汇票超过付款期等原因而退回款项，按照退款金额，借记“银行存款”科目，贷记本科目。

【例 3-32】 市肿瘤医院因要异地采购医疗设备而办理银行本票，现将 15 000 000 元存入银行，取得同等面额的银行本票。

借：其他货币资金　　　　　　　　15 000 000

贷：银行存款　　　　　　　　　　15 000 000

【例 3-33】 接例 3-32，市肿瘤医院使用银行本票购买医疗设备（不需安装）10 台，每台 1 463 000 元，共计 14 630 000 元。设备验收后投入使用。

借：固定资产　　　　　　　　　　14 630 000

贷：其他货币资金　　　　　　　　14 630 000

【例 3-34】 接例 3-32 和例 3-33，购买设备后退回余款 370 000 元。

借：银行存款　　　　　　　　　　370 000

贷：其他货币资金　　　　　　　　370 000

（三）取得信用卡的核算

将款项交存银行取得信用卡，按照交存金额，借记本科目，贷记“银行存款”科目。用信用卡购物或支付有关费用，按照实际支付金额，借记“单位管理费用”“库存物品”等科目，贷记本科目。单位信用卡在使用过程中，需向其账户续存资金的，按照续存金额，借记本科目，贷记“银行存款”科目。

【例 3-35】 市建委办理信用卡用于单位在国外购买专业资料，现将 100 000 元存款转存到办卡银行。

借：其他货币资金　　　　　　　　1 000 000

贷：银行存款　　　　　　　　　　1 000 000

【例 3-36】 接例 3-35，市建委所购买的一份本市地下管网设施历史档案资料价格为 54 000 元，用信用卡支付。

借：单位管理费用　　54 000
　贷：其他货币资金　　54 000

【例 3-37】 市建委向其信用卡账户续存资金 600 000 元。

借：其他货币资金　　600 000
　贷：银行存款　　600 000

第三节　应收及预付款项的管理与核算

一、财政应返还额度的核算

为核算实行国库集中支付的单位应收财政返还的资金额度，包括可以使用的以前年度财政直接支付资金额度和财政应返还的财政授权支付资金额度，设置“财政应返还额度”（1201）科目。本科目期末借方余额，反映单位应收财政返还的资金额度。

本科目应当设置“财政直接支付”“财政授权支付”两个明细科目进行明细核算，财政应返还额度的主要账务处理如下所示。

（一）财政直接支付

1. 年末，单位根据本年度财政直接支付预算指标数大于当年财政直接支付实际发生数的差额，借记本科目（财政直接支付），贷记“财政拨款收入”科目。

【例 3-38】 年末，省教育厅本年度的财政直接支付预算指标数为 9 450 000 元，当年财政直接支付实际发生额为 9 300 000 元，尚有 150 000 元的指标没有使用。

借：财政应返还额度——财政直接支付　　150 000
　贷：财政拨款收入　　150 000

2. 单位使用以前年度财政直接支付额度支付款项时，借记“业务活动费用”“单位管理费用”等科目，贷记本科目（财政直接支付）。

【例 3-39】 接例 3-38，省教育厅用上年财政直接支付额度购买电脑 10 台，每台价格为 5 400 元，共计 54 000 元，由财政直接支付。

借：固定资产　　54 000
　贷：财政应返还额度——财政直接支付　　54 000

（二）财政授权支付

1. 年末，根据代理银行提供的对账单作注销额度的相关账务处理，借记本科目（财政授权支付），贷记“零余额账户用款额度”科目。

【例 3-40】 年末，省教育厅依据代理银行提供的对账单注销尚未使用的零余额账户用款额度 184 356 元。

借：财政应返还额度——财政授权支付　　184 356

　　贷：零余额账户用款额度　　　　　　　184 356

2. 年末，单位本年度财政授权支付预算指标数大于零余额账户用款额度下达数的，根据未下达的用款额度，借记本科目（财政授权支付），贷记“财政拨款收入”科目。

【例 3-41】 年末，省教育厅与省财政厅核对确认本年度尚未下达的财政授权支付用款额度，本年度财政授权支付预算指标数为 8 000 000 元，已经下达指标数为 7 800 000 元，差额为 200 000 元。

借：财政应返还额度——财政授权支付　　200 000

　　贷：财政拨款收入　　　　　　　　　　200 000

3. 下年初，单位根据代理银行提供的上年度注销额度恢复到账通知书作恢复额度的相关账务处理，借记“零余额账户用款额度”科目，贷记本科目（财政授权支付）。单位收到财政部门批复的上年未下达零余额账户用款额度，借记“零余额账户用款额度”科目，贷记本科目（财政授权支付）。

【例 3-42】 下年初，省教育厅收到上年度注销额度恢复到账通知书，恢复额度为 184 356 元。

借：零余额账户用款额度　　　　　　　184 356

　　贷：财政应返还额度——财政授权支付　　184 356

【例 3-43】 下年初，省教育厅收到财政部门批复的上年未下达零余额账户用款额度 200 000 元。

借：零余额账户用款额度　　　　　　　200 000

　　贷：财政应返还额度——财政授权支付　　200 000

二、应收票据的核算

为核算事业单位因开展经营活动销售产品、提供有偿服务等而收到的商业汇票，包括银行承兑汇票和商业承兑汇票，设置“应收票据”（1211）科目。本科目期末借方余额，反映事业单位持有的商业汇票票面金额。

事业单位应当设置“应收票据备查簿”，逐笔登记每一应收票据的种类、号数、出票日期、到期日、票面金额、交易合同号和付款人、承兑人、背书人姓名或单位名称、背书转让日、贴现日期、贴现率和贴现净额、收款日期、收回金额和退票情况等。应收票据到期结清票款或退票后，应当在备查簿内逐笔注销。

本科目应当按照开出、承兑商业汇票的单位等进行明细核算。应收票据的主要账务处理如下所示。

（一）收到商业汇票的核算

因销售产品、提供服务等收到商业汇票，按照商业汇票的票面金额，借记本科目，按照确认的收入金额，贷记“经营收入”等科目。涉及增值税业务的，相关账务处理参见“应交增值税”科目。

【例 3－44】市疾病预防控制中心向 A 公司提供禽流感疾病防治服务，服务收入为 21 200 元（该收入免税），收到 A 公司开出的商业承兑汇票一张，票面金额为 21 200 元，期限为 6 个月，没有利息。

借：应收票据——A 公司　　21 200
　贷：事业收入　　21 200

（二）贴现商业汇票的核算

持未到期的商业汇票向银行贴现，按照实际收到的金额（即扣除贴现息后的净额），借记“银行存款”科目，按照贴现息金额，借记“经营费用”等科目，按照商业汇票的票面金额，贷记本科目（无追索权）或“短期借款”科目（有追索权）。附追索权的商业汇票到期未发生追索事项的，按照商业汇票的票面金额，借记“短期借款”科目，贷记本科目。

【例 3－45】接例 3－44，因资金短缺，市疾病预防控制中心持未到期的 A 公司的商业承兑汇票向银行贴现，扣除贴现息 800 元后，实际收到款项 20 400 元，票据贴现为有追索权贴现。

借：银行存款　　20 400
　　经营费用　　800
　贷：短期借款　　21 200

【例 3－46】接例 3－44，A 公司的商业承兑汇票到期，未发生追索事项。

借：短期借款　　21 200
　贷：应收票据——A 公司　　21 200

（三）背书转让商业汇票的核算

将持有的商业汇票背书转让以取得所需物资时，按照取得物资的成本，借记“库存物品”等科目，按照商业汇票的票面金额，贷记本科目，如有差额，借记或贷记“银行存款”等科目。涉及增值税业务的，相关账务处理参见“应交增值税”科目。

【例 3－47】接例 3－44，市疾病预防控制中心向 L 公司购买医用材料一批，价款为 33 500 元，应交增值税 4 355 元，共计 37 855 元。因资金短缺，将未到期的 A 公司商业承兑汇票进行背书转让，抵值 21 200 元，余款 16 655 元以银行存款支付。材料已验收入库。

借：库存物品　　33 500
　　应交增值税——进项税额　　4 355
　贷：应收票据——A 公司　　21 200
　　　银行存款　　16 655

（四）商业汇票到期的核算

商业汇票到期时，应当分别按以下情况处理：

1. 收回票款时，按照实际收到的商业汇票票面金额，借记“银行存款”科目，贷记本科目。

【**例 3-48**】接例 3-44，商业汇票到期，市疾病预防控制中心收到 21 200 元，款项存入银行。

借：银行存款　　　　　　　　　　　　　21 200

　贷：应收票据——A 公司　　　　　　　　　21 200

2. 因付款人无力支付票款，收到银行退回的商业承兑汇票、委托收款凭证、未付票款通知书或拒付款证明等，按照商业汇票的票面金额，借记“应收账款”科目，贷记本科目。

【**例 3-49**】接例 3-44，商业汇票到期，A 公司因经营困难无力支付票款，转为应收账款。

借：应收账款　　　　　　　　　　　　　21 200

　贷：应收票据——A 公司　　　　　　　　　21 200

三、应收账款的核算

为核算事业单位提供服务、销售产品等应收取的款项，以及单位因出租资产、出售物资等应收取的款项，设置“应收账款”（1212）科目。本科目期末借方余额，反映单位尚未收回的应收账款。

本科目应当按照债务单位（或个人）进行明细核算，主要账务处理如下所示。

（一）应收账款收回后不需上缴财政

1. 单位发生应收账款时，按照应收未收金额，借记本科目，贷记“事业收入”“经营收入”“租金收入”“其他收入”等科目。涉及增值税业务的，相关账务处理参见“应交增值税”科目。

【**例 3-50**】市职业技术学院为工人养老院提供老年护理培训服务，培训收入 40 000 元，款项尚未收回，培训收入免税。

借：应收账款——工人养老院　　　　　　　40 000

　贷：事业收入　　　　　　　　　　　　　　40 000

2. 收回应收账款时，按照实际收到的金额，借记“银行存款”等科目，贷记本科目。

【**例 3-51**】接例 3-50，市职业技术学院收到工人养老院支付的培训服务款项 40 000 元，存入银行。

借：银行存款　　　　　　　　　　　　　40 000

　贷：应收账款——工人养老院　　　　　　　40 000

（二）应收账款收回后需上缴财政

1. 单位出租资产发生应收未收租金款项时，按照应收未收金额，借记本科目，贷记“应缴财政款”科目。收回应收账款时，按照实际收到的金额，借记“银行存款”等科目，贷记本科目。

【例 3-52】 市工人文化宫对外出租剧场，M 演艺公司租用剧场 3 天，租金共计 30 000 元，市工人文化宫预收账款 5 000 元存入银行，剩余租金 25 000 元尚未收回。按照规定，租金收入上缴财政。

借：应收账款——M 演艺公司　　25 000
　　预收账款　　5 000
　贷：应缴财政款　　30 000

【例 3-53】 接例 3-52，市工人文化宫收到 M 演艺公司租用剧场剩余租金 25 000 元，存入银行。

借：银行存款　　25 000
　贷：应收账款——M 演艺公司　　25 000

2. 单位出售物资发生应收未收款项时，按照应收未收金额，借记本科目，贷记“应缴财政款”科目。收回应收账款时，按照实际收到的金额，借记“银行存款”等科目，贷记本科目。涉及增值税业务的，相关账务处理参见“应交增值税”科目。

【例 3-54】 市卫生学校向 C 公司出售一批专用物资，价款为 50 000 元，款项尚未收到。按规定，该款项应上缴财政。

借：应收账款——C 公司　　50 000
　贷：应缴财政款　　50 000

【例 3-55】 接例 3-54，市卫生学校收到 C 公司的物资款 50 000 元，存入银行。

借：银行存款　　50 000
　贷：应收账款——C 公司　　50 000

（三）不需上缴财政的应收账款的核销

事业单位应当于每年年末，对收回后不需上缴财政的应收账款进行全面检查，如发生不能收回的迹象，应当计提坏账准备。

1. 对于账龄超过规定年限、确认无法收回的应收账款，按照规定报经批准后予以核销。按照核销金额，借记“坏账准备”科目，贷记本科目。核销的应收账款应在备查簿中保留登记。

【例 3-56】 接例 3-50，市职业技术学院为工人养老院提供培训的服务收入 40 000 元欠款无法收回，按照规定报经批准后予以核销。

借：坏账准备　　40 000
　贷：应收账款——工人养老院　　40 000

2. 已核销的应收账款在以后期间又收回的，按照实际收回金额，借记本科目，贷记“坏账准备”科目；同时，借记“银行存款”等科目，贷记本科目。

【例 3-57】 接例 3-56，收回市职业技术学院已核销的工人养老院欠款 40 000 元并存入银行。

借：应收账款——工人养老院　　40 000
　贷：坏账准备　　40 000

借：银行存款　　40 000
　贷：应收账款——工人养老院　　40 000

（四）需上缴财政的应收账款的核销

单位应当于每年年末，对收回后应当上缴财政的应收账款进行全面检查。

1. 对于账龄超过规定年限、确认无法收回的应收账款，按照规定报经批准后予以核销。按照核销金额，借记“应缴财政款”科目，贷记本科目。核销的应收账款应当在备查簿中保留登记。

【例 3－58】接例 3－54，市卫生学校向 C 公司出售的专用物资款 50 000 元无法收回，按照规定报经批准后予以核销。按规定该款项为应上缴财政款。

借：应缴财政款　　50 000
　贷：应收账款——C 公司　　50 000

2. 已核销的应收账款在以后期间又收回的，按照实际收回金额，借记“银行存款”等科目，贷记“应缴财政款”科目。

【例 3－59】接例 3－58，市卫生学校已核销的 C 公司欠款 50 000 元被收回并存入银行，按规定该款项为应上缴财政款。

借：银行存款　　50 000
　贷：应缴财政款　　50 000

四、预付账款的核算

为核算单位按照购货、服务合同或协议规定预付给供应单位（或个人）的款项，以及按照合同规定向承包工程的施工企业预付的备料款和工程款，设置“预付账款”（1214）科目。本科目期末借方余额，反映单位实际预付但尚未结算的款项。

本科目应当按照供应单位（或个人）及具体项目进行明细核算；对于基本建设项目发生的预付账款，还应当在本科目所属基建项目明细科目下设置“预付备料款”“预付工程款”“其他预付款”等明细科目，进行明细核算。

预付账款的主要账务处理如下所示。

（一）预付款项时的核算

根据购货、服务合同或协议规定预付款项时，按照预付金额，借记本科目，贷记“财政拨款收入”“零余额账户用款额度”“银行存款”等科目。

【例 3－60】省民族事务委员会（以下简称省民委）从 K 公司订购一台专用设备，按合同预付定金 10 000 元，以零余额账户用款额度支付。

借：预付账款——K 公司　　10 000
　贷：零余额账户用款额度　　10 000

（二）收到所购资产或服务时的核算

收到所购资产或服务时，按照购入资产或服务的成本，借记“库存物品”“固定资产”“无形资产”“业务活动费用”等相关科目，按照相关预付账款的账面余额，贷记本科目，按照实际补付的金额，贷记“财政拨款收入”“零余额账户用款额度”“银行存款”等科目。涉及增值税业务的，相关账务处理参见“应交增值税”科目。

【例 3-61】 接例 3-60，省民委收到从 K 公司订购的专用设备，设备价款为 36 000 元，应交增值税为 4 680 元，对方垫付运杂费 300 元，共计 40 980 元。预付款 10 000 元，余款 30 980 元以零余额账户用款额度支付。

借：固定资产　　　　　　　　　　　　40 980

　贷：预付账款——K 公司　　　　　　　　10 000

　　　零余额账户用款额度　　　　　　　　30 980

（三）结算工程价款及备料款时的核算

根据工程进度结算工程价款及备料款时，按照结算金额，借记“在建工程”科目，按照相关预付账款的账面余额，贷记本科目，按照实际补付的金额，贷记“财政拨款收入”“零余额账户用款额度”“银行存款”等科目。

【例 3-62】 省民委自建一栋办公楼，依据建造合同和工程进度与建设单位 A 公司结算工程总价款 34 850 000 元，预付账款 120 000 元，余款 34 730 000 元以财政直接支付方式付款。

借：在建工程　　　　　　　　　　　　34 850 000

　贷：预付账款——A 公司　　　　　　　　120 000

　　　财政拨款收入　　　　　　　　　34 730 000

（四）预付账款退回的核算

发生预付账款退回的，按照实际退回金额，借记“财政拨款收入”[本年直接支付]、“财政应返还额度”[以前年度直接支付]、“零余额账户用款额度”、“银行存款”等科目，贷记本科目。

【例 3-63】 接例 3-60，省民委向 K 公司订购专用设备，因 K 公司无法履行合同，预付定金 10 000 元退回到零余额账户。

借：零余额账户用款额度　　　　　　　10 000

　贷：预付账款——K 公司　　　　　　　　10 000

（五）无法收到所购货物或服务的核算

单位应当于每年年末，对预付账款进行全面检查。如果有确凿证据表明预付账款不再符合预付款项性质，或者因供应单位破产、撤销等原因可能无法收到所购货物、服务的，应当先将其转入其他应收款，再按照规定进行处理。将预付账款账面余额转入其他应收款时，借记“其他应收款”科目，贷记本科目。

【例 3-64】 接例 3-60，省民委向 K 公司订购专用设备，因 K 公司无法履行合同，10 000 元的预付定金转入“其他应收款”账户。

借：其他应收款——K 公司　　　　　　10 000

贷：预付账款——K 公司　　　　　　　　　　10 000

五、应收股利的核算

为核算事业单位持有长期股权投资应当收取的现金股利或应当分得的利润，设置"应收股利"（1215）科目。本科目期末借方余额，反映事业单位应当收取但尚未收到的现金股利或利润。

本科目应当按照被投资单位等进行明细核算，主要账务处理如下所示。

（一）投资价款中所包含的已宣告但尚未发放现金股利的核算

1. 取得长期股权投资，按照支付的价款中所包含的已宣告但尚未发放的现金股利，借记本科目，按照确定的长期股权投资成本，借记"长期股权投资"科目，按照实际支付的金额，贷记"银行存款"等科目。

【例 3－65】 省工业大学购买 M 公司的长期股权 100 股，每股 1 000 元，共计 100 000 元，以银行存款支付。其中，每股股价中包含已宣告但尚未发放的现金股利 50 元，共计 5 000 元。

借：长期股权投资——M 公司　　　　　　95 000
　　应收股利——M 公司　　　　　　　　5 000
　贷：银行存款　　　　　　　　　　　　　100 000

2. 收到取得投资时实际支付价款中所包含的已宣告但尚未发放的现金股利时，按照收到的金额，借记"银行存款"科目，贷记本科目。

【例 3－66】 接例 3－65，省工业大学收到购买 M 公司长期股权投资时实际支付价款中所包含的已宣告但尚未发放的现金股利 5 000 元，款项存入银行。

借：银行存款　　　　　　　　　　　　　5 000
　贷：应收股利——M 公司　　　　　　　　　5 000

（二）被投资单位宣告发放现金股利或利润的核算

长期股权投资持有期间，被投资单位宣告发放现金股利或利润的，按照应享有的份额，借记本科目，贷记"投资收益"（成本法下）或"长期股权投资"（权益法下）科目。

【例 3－67】 接例 3－65 和例 3－66，省工业大学对长期投资收益实行成本法核算，现 M 公司宣告发放现金股利，每股 100 元，大学应获得股利 10 000 元。

借：应收股利——M 公司　　　　　　　　10 000
　贷：投资收益　　　　　　　　　　　　　10 000

（三）实际收到现金股利或利润时的核算

实际收到现金股利或利润时，按照收到的金额，借记"银行存款"等科目，贷记本科目。

【例 3－68】 接例 3－67，省工业大学收到 M 公司发放的现金股利 10 000 元，存入银行。

借：银行存款　　10 000
　贷：应收股利——M公司　　10 000

六、应收利息的核算

为核算事业单位长期债券投资应当收取的利息，设置“应收利息”（1216）科目。本科目期末借方余额，反映事业单位应收未收的长期债券投资利息。事业单位购入的到期一次还本付息的长期债券投资持有期间的利息，应当通过“长期债券投资——应计利息”科目核算，不通过本科目核算。

本科目应当按照被投资单位等进行明细核算，主要账务处理如下所示。

（一）取得长期债券投资的核算

取得长期债券投资，按照确定的投资成本，借记“长期债券投资”科目，按照支付的价款中包含的已到付息期但尚未领取的利息，借记本科目，按照实际支付的金额，贷记“银行存款”等科目。收到取得投资时实际支付价款中所包含的已到付息期但尚未领取的利息时，按照收到的金额，借记“银行存款”等科目，贷记本科目。

【例3-69】县卫生防疫站购买长期债券，按面额购入债券150 000元，已到付息期但尚未领取的利息有6 000元，共计156 000元，以银行存款支付。

借：长期债券投资　　150 000
　　应收利息　　6 000
　贷：银行存款　　156 000

【例3-70】接例3-69，县卫生防疫站收到取得投资时实际支付价款中所包含的已到付息期但尚未领取的利息6 000元，存入银行。

借：银行存款　　6 000
　贷：应收利息　　6 000

（二）确认长期债券投资利息收入的核算

按期计算确认长期债券投资利息收入时，对于分期付息、一次还本的长期债券投资，按照以票面金额和票面利率计算确定的应收未收利息金额，借记本科目，贷记“投资收益”科目。

【例3-71】接例3-69，年末，确认县卫生防疫站购入的长期债券本年度利息收入为8 300元。

借：应收利息　　8 300
　贷：投资收益　　8 300

（三）实际收到应收利息的核算

实际收到应收利息时，按照收到的金额，借记“银行存款”等科目，贷记本科目。

【例3-72】接例3-69和例3-71，县卫生防疫站收到长期债券投资利息8 300元并存入银行。

借：银行存款 8 300

　贷：应收利息 8 300

七、其他应收款的核算

为核算单位除财政应返还额度、应收票据、应收账款、预付账款、应收股利、应收利息以外的其他各项应收及暂付款项，如职工预借的差旅费、已经偿还银行尚未报销的本单位公务卡欠款、拨付给内部有关部门的备用金、应向职工收取的各种垫付款项、支付的可以收回的订金或押金、应收的上级补助和附属单位上缴款项等，设置“其他应收款”（1218）科目。本科目期末借方余额，反映单位尚未收回的其他应收款。

本科目应当按照其他应收款的类别以及债务单位（或个人）进行明细核算，主要账务处理如下所示。

（一）发生其他各种应收及暂付款项的核算

发生其他各种应收及暂付款项时，按照实际发生金额，借记本科目，贷记“零余额账户用款额度”“银行存款”“库存现金”“上级补助收入”“附属单位上缴收入”等科目。涉及增值税业务的，相关账务处理参见“应交增值税”科目。

【例 3－73】市第一医院临时工张强损坏一件库存物品，价值 1 500 元，经确认应由张强赔偿 1 500 元。

借：其他应收款——张强 1 500

　贷：库存物品 1 500

（二）收回其他各种应收及暂付款项的核算

收回其他各种应收及暂付款项时，按照收回的金额，借记“库存现金”“银行存款”等科目，贷记本科目。

【例 3－74】接例 3－73，市第一医院收到临时工张强的损坏物品赔款 1 500 元。

借：库存现金 1 500

　贷：其他应收款——张强 1 500

（三）单位内部备用金的核算

单位内部实行备用金制度的，有关部门使用备用金以后应当及时到财务部门报销并补足备用金。财务部门核定并发放备用金时，按照实际发放金额，借记本科目，贷记“库存现金”等科目。根据报销金额用现金补足备用金定额时，借记“业务活动费用”“单位管理费用”等科目，贷记“库存现金”等科目，报销数和拨补数都不再通过本科目核算。

【例 3－75】某科技大学内部实行备用金制度，财务部门核定并向材料学院发放备用金 50 000 元。

借：其他应收款——材料学院　　50 000
　贷：库存现金　　50 000

【例 3－76】接例 3－75，某科技大学财务部门报销材料学院购买文件夹款项 760 元。

借：业务活动费用　　760
　贷：库存现金　　760

（四）偿还尚未报销的本单位公务卡欠款的核算

偿还尚未报销的本单位公务卡欠款时，按照偿还的款项，借记本科目，贷记“零余额账户用款额度”“银行存款”等科目；持卡人报销时，按照报销金额，借记“业务活动费用”“单位管理费用”等科目，贷记本科目。

【例 3－77】省第一中学偿还资产部尚未报销的本单位公务卡欠款 65 230 元，以零余额账户用款额度支付。

借：其他应收款——资产部　　65 230
　贷：零余额账户用款额度　　65 230

【例 3－78】省第一中学资产部报销采购设备款 65 230 元，设备已验收并投入使用。

借：固定资产　　65 230
　贷：其他应收款——资产部　　65 230

（五）将预付账款账面余额转入其他应收款的核算

将预付账款账面余额转入其他应收款时，借记本科目，贷记“预付账款”科目。具体说明参见“预付账款”科目。

【例 3－79】中央党校向 J 公司预订的设备因对方的原因无法完成购买合同，将预付账款 200 000 元转入其他应收款。

借：其他应收款——J 公司　　200 000
　贷：预付账款——J 公司　　200 000

（六）事业单位核销其他应收款的核算

事业单位应当于每年年末，对其他应收款进行全面检查，如发生不能收回的迹象，应当计提坏账准备。

1. 对于账龄超过规定年限、确认无法收回的其他应收款，按照规定报经批准后予以核销。按照核销金额，借记“坏账准备”科目，贷记本科目。核销的其他应收款应当在备查簿中保留登记。

【例 3－80】接例 3－79，年末，中央党校对其他应收款进行全面检查，确认由向 J 公司预订设备款转入的其他应收款 200 000 元无法收回，按照规定报经批准后予以核销。

借：坏账准备　　200 000
　贷：其他应收款——J 公司　　200 000

2. 已核销的其他应收款在以后期间又收回的，按照实际收回金额，借记本科目，贷记“坏账准备”科目；同时，借记“银行存款”等科目，贷记本科目。

【例 3 – 81】接例 3 – 79 和例 3 – 80，中央党校收到已经核销的 J 公司应收款 200 000 元，存入银行。

借：其他应收款——J 公司　　200 000

　贷：坏账准备　　200 000

借：银行存款　　200 000

　贷：其他应收款——J 公司　　200 000

（七）行政单位核销其他应收款的核算

行政单位应当于每年年末，对其他应收款进行全面检查。对于超过规定年限、确认无法收回的其他应收款，应当按照有关规定报经批准后予以核销。核销的其他应收款应在备查簿中保留登记。

1. 经批准核销其他应收款时，按照核销金额，借记“资产处置费用”科目，贷记本科目。

【例 3 – 82】年末，县文化局对其他应收款进行全面检查，确认其原下属文化馆所欠的100 000 元因文化馆改制无法收回，经批准予以核销。

借：资产处置费用　　100 000

　贷：其他应收款——文化馆　　100 000

2. 已核销的其他应收款在以后期间又收回的，按照收回金额，借记“银行存款”等科目，贷记“其他收入”科目。

【例 3 – 83】接例 3 – 82，县文化局收到其原下属文化馆偿还的 100 000 元，存入银行。

借：银行存款　　100 000

　贷：其他收入　　100 000

八、坏账准备的核算

（一）事业单位坏账准备的管理要求

1. 事业单位应当于每年年末，对收回后不需上缴财政的应收账款和其他应收款进行全面检查，分析其可收回性，对预计可能产生的坏账损失计提坏账准备、确认坏账损失。

2. 事业单位可以采用应收款项余额百分比法、账龄分析法、个别认定法等方法计提坏账准备。坏账准备计提方法一经确定，不得随意变更。如需变更，应当按照规定报经批准，并在财务报表附注中予以说明。

3. 当期应补提或冲减的坏账准备的计算公式如下：

$$\text{当期应补提或冲减的坏账准备}=\text{按照期末应收账款和其他应收款计算应计提的坏账准备金额}-\text{本科目期末贷方余额（或＋本科目期末借方余额）}$$

（二）坏账准备的账务处理

为核算事业单位对收回后不需上缴财政的应收账款和其他应收款提取的坏账准备，

设置“坏账准备”（1219）科目。本科目期末贷方余额，反映事业单位提取的坏账准备金额。

本科目应当分别按应收账款和其他应收款进行明细核算，主要账务处理如下所示。

1. 提取坏账准备时，借记“其他费用”科目，贷记本科目；冲减坏账准备时，借记本科目，贷记“其他费用”科目。

【例 3-84】 年末，省水文局对收回后不需上缴财政的应收账款和其他应收款提取坏账准备 15 420 元。

借：其他费用　　15 420

　贷：坏账准备　　15 420

2. 对于账龄超过规定年限并确认无法收回的应收账款、其他应收款，应当按照有关规定报经批准后，按照无法收回的金额，借记本科目，贷记“应收账款”“其他应收款”科目。

【例 3-85】 省水文局有一笔账龄为 5 年的 N 中心所欠应收账款 50 000 元，确认无法收回，报经批准后予以核销。

借：坏账准备　　50 000

　贷：应收账款——N 中心　　50 000

3. 已核销的应收账款、其他应收款在以后期间又收回的，按照实际收回金额，借记“应收账款”“其他应收款”科目，贷记本科目；同时，借记“银行存款”等科目，贷记“应收账款”“其他应收款”科目。

【例 3-86】 接例 3-85，省水文局收到已经核销的 N 中心所欠应收账款 50 000 元，存入银行。

借：应收账款——N 中心　　50 000

　贷：坏账准备　　50 000

借：银行存款　　50 000

　贷：应收账款——N 中心　　50 000

第四节　存货的管理与核算

一、存货的确认与计量

（一）存货的确认

存货是指单位在开展业务活动及其他活动中为耗用或出售而储存的资产，如材料、产品、包装物和低值易耗品等，以及未达到固定资产标准的用具、装具、动植物等。行政事业单位的存货有在途物品、库存物品和加工物品等。

存货同时满足下列条件的，应当予以确认：（1）与该存货相关的服务潜力很可能实现或者经济利益很可能流入单位；（2）该存货的成本或者价值能够可靠地计量。

（二）存货的初始计量

1. 存货在取得时应当按照成本进行初始计量。

2. 单位购入的存货，其成本包括购买价款、相关税费、运输费、装卸费、保险费以及使得存货达到目前场所和状态所发生的归属于存货成本的其他支出。

3. 单位自行加工的存货，其成本包括耗用的直接材料费用、发生的直接人工费用和按照一定方法分配的与存货加工有关的间接费用。

4. 单位委托加工的存货，其成本包括委托加工前存货成本、委托加工的成本（如委托加工费以及按规定应计入委托加工存货成本的相关税费等）以及使存货达到目前场所和状态所发生的归属于存货成本的其他支出。

5. 下列各项应当在发生时确认为当期费用，不计入存货成本：

（1）非正常消耗的直接材料、直接人工和间接费用。

（2）仓储费用（不包括在加工过程中为达到下一个加工阶段所必需的费用）。

（3）不能归属于使存货达到目前场所和状态所发生的其他支出。

6. 单位通过置换取得的存货，其成本按照换出资产的评估价值，加上支付的补价或减去收到的补价，加上为换入存货发生的其他相关支出确定。

7. 单位接受捐赠的存货，其成本按照有关凭据注明的金额加上相关税费、运输费等确定；没有相关凭据可供取得，但按规定经过资产评估的，其成本按照评估价值加上相关税费、运输费等确定；没有相关凭据可供取得、也未经资产评估的，其成本比照同类或类似资产的市场价格加上相关税费、运输费等确定；没有相关凭据且未经资产评估、同类或类似资产的市场价格也无法可靠取得的，按照名义金额入账，相关税费、运输费等计入当期费用。

8. 单位无偿调入的存货，其成本按照调出方账面价值加上相关税费、运输费等确定。

9. 单位盘盈的存货，按规定经过资产评估的，其成本按照评估价值确定；未经资产评估的，其成本按照重置成本确定。

（三）存货的后续计量

1. 应当根据实际情况采用先进先出法、加权平均法或者个别计价法确定发出存货的实际成本。计价方法一经确定，不得随意变更。

对于性质和用途相似的存货，应当采用相同的成本计价方法确定发出存货的成本。对于不能替代使用的存货、为特定项目专门购入或加工的存货，通常采用个别计价法确定发出存货的成本。

2. 对于已发出的存货，应当将其成本结转为当期费用或者计入相关资产成本。

按规定报经批准对外捐赠、无偿调出的存货，应当将其账面余额予以转销，对外捐赠、无偿调出中发生的归属于捐出方、调出方的相关费用应当计入当期费用。

3. 单位应当采用一次转销法或者五五摊销法对低值易耗品、包装物进行摊销，将其成本计入当期费用或者相关资产成本。

4. 对于发生的存货毁损，应当将存货账面余额转销计入当期费用，并将毁损存货处置收入扣除相关处置税费后的差额按规定作应缴款项处理（差额为净收益时）或计入当期费用（差额为净损失时）。

5. 存货盘亏造成的损失，按规定报经批准后应当计入当期费用。

（四）存货的披露

单位应当在附注中披露与存货有关的下列信息：

1. 各类存货的期初和期末账面余额。
2. 确定发出存货成本所采用的方法。
3. 以名义金额计量的存货名称、数量，以及以名义金额计量的理由。
4. 其他有关存货变动的重要信息。

二、在途物品的核算

为核算单位采购材料等物资时货款已付或已开出商业汇票但尚未验收入库的在途物品的采购成本，设置“在途物品”（1301）科目。本科目期末借方余额，反映单位在途物品的采购成本。

本科目可按照供应单位和物品种类进行明细核算，主要账务处理如下所示。

（一）单位购入材料等物品的核算

单位购入材料等物品，按照确定的物品采购成本的金额，借记本科目，按照实际支付的金额，贷记“财政拨款收入”“零余额账户用款额度”“银行存款”等科目。涉及增值税业务的，相关账务处理参见“应交增值税”科目。

【例 3-87】市地震局购买一批防震物资，物资采购成本为 62 000 元，应交增值税为 8 060 元，共计 70 060 元，由财政直接支付。

借：在途物品　　　　70 060
　贷：财政拨款收入　　　　70 060

（二）所购材料等物品到达验收入库的核算

所购材料等物品到达验收入库，按照确定的库存物品成本金额，借记“库存物品”科目，按照物品采购成本金额，贷记本科目，按照使得入库物品达到目前场所和状态所发生的其他支出，贷记“银行存款”等科目。

【例 3-88】接例 3-87，市地震局所购防震物资到货，发生运输费用 3 100 元，经银行存款支付。

借：库存物品　　　　73 160
　贷：在途物品　　　　70 060
　　　银行存款　　　　3 100

三、库存物品的核算

为核算单位在开展业务活动及其他活动中为耗用或出售而储存的各种材料、产品、包装物、低值易耗品，以及达不到固定资产标准的用具、装具、动植物等的成本，设置“库存物品”（1302）科目。本科目期末借方余额，反映单位库存物品的实际成本。已完成的测绘、地质勘查、设计成果等的成本，也通过本科目核算。

单位随买随用的零星办公用品，可以在购进时直接列作费用，不通过本科目核算。单位控制的政府储备物资，应当通过“政府储备物资”科目核算，不通过本科目核算。单位受托存储保管的物资和受托转赠的物资，应当通过“受托代理资产”科目核算，不通过本科目核算。单位为在建工程购买和使用的材料物资，应当通过“工程物资”科目核算，不通过本科目核算。

本科目应当按照库存物品的种类、规格、保管地点等进行明细核算。单位储存的低值易耗品、包装物较多的，可以在本科目（低值易耗品、包装物）下按照“在库”“在用”“摊销”等进行明细核算。

库存物品的主要账务处理如下所示。

（一）取得的库存物品的核算

取得的库存物品，应当按照其取得时的成本入账。

1. 外购的库存物品验收入库，按照确定的成本，借记本科目，贷记“财政拨款收入”“零余额账户用款额度”“银行存款”“应付账款”“在途物品”等科目。涉及增值税业务的，相关账务处理参见“应交增值税”科目。

【例 3-89】市职业技术学院外购 10 箱教学用具，每箱 850 元（含税），共计 8 500 元，以零余额账户用款额度支付，货物已验收入库。

借：库存物品　　　　8 500

　贷：零余额账户用款额度　　　　8 500

2. 自制的库存物品加工完成并验收入库，按照确定的成本，借记本科目，贷记“加工物品——自制物品”科目。

【例 3-90】市职业技术学院自制一批教学用具，加工完成并验收入库，加工成本共计 13 150 元，物品验收入库。

借：库存物品　　　　13 150

　贷：加工物品——自制物品　　　　13 150

3. 委托外单位加工收回的库存物品验收入库，按照确定的成本，借记本科目，贷记“加工物品——委托加工物品”等科目。

【例 3-91】市职业技术学院委托某公司加工 10 辆特制轮椅用于教学，经计算每辆轮椅的加工成本为 1 620 元，共计 16 200 元，物品验收入库。

借：库存物品　　　　16 200

　贷：加工物品——委托加工物品　　　　16 200

4. 接受捐赠的库存物品验收入库，按照确定的成本，借记本科目，按照发生的相关税费、运输费等，贷记“银行存款”等科目，按照其差额，贷记“捐赠收入”科目。接受捐赠的库存物品按照名义金额入账的，按照名义金额，借记本科目，贷记“捐赠收入”科目；同时，按照发生的相关税费、运输费等，借记“其他费用”科目，贷记“银行存款”等科目。

【例 3-92】 市职业技术学院接受某基金会捐赠试验器材一批，对方提供的发票显示器材价款为 72 300 元，应交增值税为 9 399 元，合计 81 699 元，器材已验收入库。发生运输费 600 元，以现金支付。

借：库存物品　　81 699

　贷：捐赠收入　　81 099

　　　库存现金　　600

【例 3-93】 市职业技术学院接受校友捐赠的一批自制教学用具，因无可参照的市场价格，所以以名义金额入账，发生运转费用 1 000 元，以库存现金支付，物品已验收入库。

借：库存物品　　1

　贷：捐赠收入　　1

借：其他费用　　1 000

　贷：库存现金　　1 000

5. 无偿调入的库存物品验收入库，按照确定的成本，借记本科目，按照发生的相关税费、运输费等，贷记“银行存款”等科目，按照其差额，贷记“无偿调拨净资产”科目。

【例 3-94】 市职业技术学院无偿调入一批办公用品，比照市场价格估值为 7 460 元，发生运费 300 元，以库存现金支付，办公用品已验收入库。

借：库存物品　　7 460

　贷：库存现金　　300

　　　无偿调拨净资产　　7 160

6. 置换换入的库存物品验收入库，按照确定的成本，借记本科目，按照换出资产的账面余额，贷记相关资产科目（换出资产为固定资产、无形资产的，还应当借记“固定资产累计折旧”“无形资产累计摊销”科目），按照置换过程中发生的其他相关支出，贷记“银行存款”等科目，按照借贷方差额，借记“资产处置费用”科目或贷记“其他收入”科目。涉及补价的，分别按以下情况处理：

（1）支付补价的，按照确定的成本，借记本科目，按照换出资产的账面余额，贷记相关资产科目（换出资产为固定资产、无形资产的，还应当借记“固定资产累计折旧”“无形资产累计摊销”科目），按照支付的补价和置换过程中发生的其他相关支出，贷记“银行存款”等科目，按照借贷方差额，借记“资产处置费用”科目或贷记“其他收入”科目。

【例 3-95】 市职业技术学院以一台不需用的设备置换一批教学用材料，换入的教学用材料价值 13 500 元，换出的设备的账面余额为 21 000 元，已计提折旧 9 843 元，向对方补价 1 500 元，以银行存款支付，材料已验收入库。

借：库存物品　　13 500

固定资产累计折旧　　9 843
　贷：固定资产　　21 000
　　银行存款　　1 500
　　其他收入　　843

（2）收到补价的，按照确定的成本，借记本科目，按照收到的补价，借记“银行存款”等科目，按照换出资产的账面余额，贷记相关资产科目（换出资产为固定资产、无形资产的，还应当借记“固定资产累计折旧”“无形资产累计摊销”科目），按照置换过程中发生的其他相关支出，贷记“银行存款”等科目，按照补价扣减其他相关支出后的净收入，贷记“应缴财政款”科目，按照借贷方差额，借记“资产处置费用”科目或贷记“其他收入”科目。

【例 3－96】市职业技术学院以一项专利技术置换一批办公用耗材，换入的耗材价值 12 450 元，对方补价 1 000 元存入银行。换出的专利的账面余额是 61 000 元，已摊销 45 430 元，材料已验收入库，在置换过程中发生运输费用 200 元，以现金支付。

借：库存物品　　12 450
　无形资产累计摊销　　45 430
　银行存款　　1 000
　资产处置费用　　3 120
　贷：无形资产　　61 000
　　库存现金　　200
　　应缴财政款　　800

（二）库存物品在发出时的核算

库存物品在发出时，分别按以下情况处理：

1. 领用。

（1）单位开展业务活动等领用、按照规定自主出售发出或加工发出库存物品，按照领用、出售等发出物品的实际成本，借记“业务活动费用”“单位管理费用”“经营费用”“加工物品”等科目，贷记本科目。

【例 3－97】市职业技术学院党委办公室领用文件夹 20 个、签字笔 2 盒，实际成本共计 315 元。

借：单位管理费用　　315
　贷：库存物品　　315

（2）采用一次转销法摊销低值易耗品、包装物的，在首次领用时将其账面余额一次性摊销计入有关成本费用，借记有关科目，贷记本科目。

【例 3－98】市职业技术学院对一批自制教学用具采用一次转销法摊销，该学院的社会保障系第一次领用该教学用具，将其账面余额 1 001 元一次性摊销计入“业务活动费用”科目。

借：业务活动费用　　1 001
　贷：库存物品　　1 001

（3）采用五五摊销法摊销低值易耗品、包装物的，首次领用时，将其账面余额的50%摊销计入有关成本费用，借记有关科目，贷记本科目；使用完时，将剩余的账面余额转销计入有关成本费用，借记有关科目，贷记本科目。

【例 3－99】 市职业技术学院的一批材料采用五五摊销法摊销，材料的账面余额为10 000 元，该学院的社会保障系第一次领用该教学用具，将其账面余额的 50%即 5 000元摊销计入“业务活动费用”科目。

借：业务活动费用　　　　　　　　　　5 000
　贷：库存物品　　　　　　　　　　　　5 000

2. 对外出售。经批准对外出售的库存物品（不含可自主出售的库存物品）发出时，按照库存物品的账面余额，借记“资产处置费用”科目，贷记本科目；同时，按照收到的价款，借记“银行存款”等科目，按照处置过程中发生的相关费用，贷记“银行存款”等科目，按照其差额，贷记“应缴财政款”科目。

【例 3－100】 接例 3－94，经批准，市职业技术学院将无偿调入的办公用品对外出售，库存物品账面余额为 7 460 元，收到价款 7 700 元存入银行，发生搬运费 200 元，以现金支付，余款上缴财政。

借：资产处置费用　　　　　　　　　　7 460
　贷：库存物品　　　　　　　　　　　　7 460
借：银行存款　　　　　　　　　　　　7 700
　贷：库存现金　　　　　　　　　　　　　200
　　　应缴财政款　　　　　　　　　　　7 500

3. 对外捐赠。经批准对外捐赠的库存物品发出时，按照库存物品的账面余额和对外捐赠过程中发生的归属于捐出方的相关费用合计数，借记“资产处置费用”科目，按照库存物品账面余额，贷记本科目，按照对外捐赠过程中发生的归属于捐出方的相关费用，贷记“银行存款”等科目。

【例 3－101】 市职业技术学院对外捐赠一批教学用具，其账面余额为 9 550 元，支付运输费用 330 元，以现金支付。

借：资产处置费用　　　　　　　　　　9 880
　贷：库存物品　　　　　　　　　　　　9 550
　　　库存现金　　　　　　　　　　　　　330

4. 无偿调出。经批准无偿调出的库存物品发出时，按照库存物品的账面余额，借记“无偿调拨净资产”科目，贷记本科目；同时，按照无偿调出过程中发生的归属于调出方的相关费用，借记“资产处置费用”科目，贷记“银行存款”等科目。

【例 3－102】 经批准，市职业技术学院无偿调出一批库存物资，物资的账面余额为16 400 元，发生搬运费 500 元，以现金支付。

借：无偿调拨净资产　　　　　　　　16 400
　贷：库存物品　　　　　　　　　　　16 400
借：资产处置费用　　　　　　　　　　　500
　贷：库存现金　　　　　　　　　　　　　500

5. 置换换出。经批准置换换出的库存物品，参照本科目有关置换换入库存物品的规定进行账务处理。

【例 3-103】 市职业技术学院以一批库存教学用具置换设备一台，设备价值 11 500 元，库存物品账面余额为 9 500 元，向对方补价 2 000 元，以银行存款支付。

借：固定资产　　11 500
　贷：库存物品　　9 500
　　　银行存款　　2 000

（三）清查盘点的核算

单位应当定期对库存物品进行清查盘点，每年至少盘点一次。对于发生的库存物品盘盈、盘亏或者报废、毁损，应当先计入“待处理财产损溢”科目，按照规定报经批准后及时进行后续账务处理。

1. 盘盈的库存物品，其成本按照有关凭据注明的金额确定；没有相关凭据但按照规定经过资产评估的，其成本按照评估价值确定；没有相关凭据也未经过评估的，其成本按照重置成本确定。无法采用上述方法确定盘盈的库存物品成本的，按照名义金额入账。盘盈的库存物品，按照确定的入账成本，借记本科目，贷记“待处理财产损溢”科目。

【例 3-104】 年末，市职业技术学院对库存物品进行盘点，盘盈 12 件教学用具，同类物品的市场价格为每件 110 元，共计 1 320 元。

借：库存物品　　1 320
　贷：待处理财产损溢　　1 320

2. 盘亏或者毁损、报废的库存物品，按照待处理库存物品的账面余额，借记“待处理财产损溢”科目，贷记本科目。属于增值税一般纳税人的单位，若因非正常原因导致的库存物品盘亏或毁损，还应当将与该库存物品相关的增值税进项税额转出，按照其增值税进项税额，借记“待处理财产损溢”科目，贷记“应交增值税——应交税金（进项税额转出）”科目。

【例 3-105】 年末，市职业技术学院对库存物品进行盘点，盘亏笔记本 50 本，账面余额为 600 元，转入“待处理财产损溢”科目。

借：待处理财产损溢　　600
　贷：库存物品　　600

四、加工物品的核算

为核算单位自制或委托外单位加工的各种物品的实际成本，设置“加工物品”（1303）科目。本科目期末借方余额，反映单位自制或委托外单位加工但尚未完工的各种物品的实际成本。未完成的测绘、地质勘查、设计成果的实际成本，也通过本科目核算。

本科目应当设置“自制物品”“委托加工物品”两个一级明细科目，并按照物品类别、品种、项目等设置明细账，进行明细核算。本科目“自制物品”一级明细科目下应当设置“直接材料”“直接人工”“其他直接费用”等二级明细科目归集自制物品发生的直接材料、直接人工（专门从事物品制造人员的人工费）等直接费用；对于自制物品发生的间接费用，应当在本科目“自制物品”一级明细科目下单独设置“间接费用”二级明细科目予以归集，期末，再按照一定的分配标准和方法，分配计入有关物品的成本。

加工物品的主要账务处理如下所示。

（一）自制物品

1. 为自制物品领用材料等，按照材料成本，借记本科目（自制物品——直接材料），贷记“库存物品”科目。

【例 3－106】 县文化馆从仓库领用布匹若干，价值 670 元，用于制作演出服装。

借：加工物品——自制物品——直接材料　　670

　贷：库存物品　　670

2. 专门从事物品制造的人员发生的直接人工费用，按照实际发生的金额，借记本科目（自制物品——直接人工），贷记“应付职工薪酬”科目。

【例 3－107】 接例 3－106，月末计提本月工资，其中服装制作人员的本月工资为 62 150 元。

借：加工物品——自制物品——直接人工　　62 150

　贷：应付职工薪酬　　62 150

3. 为自制物品发生的其他直接费用，按照实际发生的金额，借记本科目（自制物品——其他直接费用），贷记“零余额账户用款额度”“银行存款”等科目。

【例 3－108】 接例 3－106 和例 3－107，支付设计费 20 000 元，以零余额账户用款额度支付。

借：加工物品——自制物品——其他直接费用　　20 000

　贷：零余额账户用款额度　　20 000

4. 为自制物品发生的间接费用，按照实际发生的金额，借记本科目（自制物品——间接费用），贷记“零余额账户用款额度”“银行存款”“应付职工薪酬”“固定资产累计折旧”“无形资产累计摊销”等科目。

间接费用一般按照生产人员工资、生产人员工时、机器工时、耗用材料的数量或成本、直接费用（直接材料和直接人工）或产品产量等进行分配。单位可根据具体情况自行选择间接费用的分配方法。分配方法一经确定，不得随意变更。

【例 3－109】 接例 3－106 至例 3－108，月末，计提固定资产折旧，自制物品的生产部门的固定资产累计折旧为 670 元，应分担的无形资产累计摊销为 500 元。

借：加工物品——自制物品——间接费用　　1 170

　贷：固定资产累计折旧　　670

　　　无形资产累计摊销　　500

5. 已经制造完成并验收入库的物品，按照所发生的实际成本（包括耗用的直接材料费用、直接人工费用、其他直接费用和分配的间接费用），借记“库存物品”科目，贷记本科目（自制物品）。

【例 3－110】 接例 3－106 至例 3－109，自制服装完成，共发生费用 83 990（＝670＋

62 150＋20 000＋1 170）元，并验收入库。

借：库存物品 83 990

贷：加工物品——自制物品——直接材料 670

——直接人工 62 150

——其他直接费用 20 000

——间接费用 1 170

（二）委托加工物品

1. 发给外单位加工的材料等，按照其实际成本，借记本科目（委托加工物品），贷记“库存物品”科目。

【例 3－111】 县文化馆委托某服装公司加工一批演出服装，并发给服装公司布料若干，实际成本为 1 600 元。

借：加工物品——委托加工物品 1 600

贷：库存物品 1 600

2. 支付加工费、运输费等费用，按照实际支付的金额，借记本科目（委托加工物品），贷记“零余额账户用款额度”“银行存款”等科目。涉及增值税业务的，相关账务处理参见“应交增值税”科目。

【例 3－112】 接例 3－111，向服装公司支付加工费 17 480 元，以银行存款支付。

借：加工物品——委托加工物品 17 480

贷：银行存款 17 480

3. 委托加工完成的材料等验收入库，按照加工前发出材料的成本和加工、运输成本等，借记“库存物品”等科目，贷记本科目（委托加工物品）。

【例 3－113】 接例 3－111 和例 3－112，委托加工的服装完成，实际成本共计 19 080（＝1 600＋17 480）元，并验收入库。

借：库存物品 19 080

贷：加工物品——委托加工物品 19 080

第五节 对外投资的管理与核算

投资是指单位按规定以货币资金、实物资产、无形资产等方式形成的债权或股权投资。投资分为短期投资和长期投资。短期投资是指单位取得的持有时间不超过 1 年（含 1 年）的投资；长期投资是指单位取得的除短期投资以外的债权或股权性质的投资。长期投资又分为长期债权投资和长期股权投资。

单位应当在附注中披露与投资有关的下列信息：（1）短期投资的增减变动及期初、期末账面余额。（2）各类长期债权投资和长期股权投资的增减变动及期初、期末账面余额。（3）长期股权投资的投资对象及核算方法。（4）当期发生的投资净损益，其中重大的投资净损益项目应当单独披露。

一、短期投资的核算

短期投资在取得时，应当将实际成本（包括购买价款和相关税费，下同）作为初始投资成本。实际支付价款中包含的已到付息期但尚未领取的利息，应当于收到时冲减短期投资成本。短期投资持有期间的利息应当于实际收到时确认为投资收益。期末，短期投资应当按照账面余额计量。单位按规定出售或到期收回短期投资，应当将收到的价款扣除短期投资账面余额和相关税费后的差额计入投资损益。

为核算事业单位按照规定取得的、持有时间不超过 1 年（含 1 年）的投资，设置“短期投资”（1101）科目。本科目期末借方余额，反映事业单位持有短期投资的成本。

本科目应当按照投资的种类等进行明细核算，主要账务处理如下所示。

（一）取得短期投资的核算

1. 取得短期投资时，按照确定的投资成本，借记本科目，贷记“银行存款”等科目。

【例 3－114】 市科技局以结余资金在二级市场购买一年到期的国债，面值 900 000 元，其中包含已到付息期但尚未领取的利息 1 500 元，支付手续费 200 元，共计 901 700 元，以银行存款支付。

借：短期投资	901 700	
贷：银行存款		901 700

2. 收到取得投资时实际支付价款中包含的已到付息期但尚未领取的利息，按照实际收到的金额，借记“银行存款”科目，贷记本科目。

【例 3－115】 接例 3－114，收到实际支付价款中包含的已到付息期但尚未领取的利息 1 500 元，存入银行。

借：银行存款	1 500	
贷：短期投资		1 500

（二）收到短期投资持有期间利息的核算

收到短期投资持有期间的利息，按照实际收到的金额，借记“银行存款”科目，贷记“投资收益”科目。

【例 3－116】 接例 3－114，季末，收到本季应得债券利息 1 500 元，存入银行。

借：银行存款	1 500	
贷：投资收益		1 500

（三）出售或到期收回短期投资的核算

出售短期投资或到期收回短期投资本息，按照实际收到的金额，借记“银行存款”科目，按照出售或收回短期投资的账面余额，贷记本科目，按照其差额，借记或贷记“投资收益”科目。涉及增值税业务的，相关账务处理参见“应交增值税”科目。

【例 3－117】接例 3－114 和例 3－115，国债到期，收回债券账面余额 900 200 元，利息 2 100 元，共计 902 300 元，存入银行。

借：银行存款　　902 300

　贷：短期投资　　900 200

　　　投资收益　　2 100

二、长期股权投资的核算

为核算事业单位按照规定取得的，持有时间超过 1 年（不含 1 年）的股权性质的投资，设置“长期股权投资”（1501）科目。本科目期末借方余额，反映事业单位持有的长期股权投资的价值。

本科目应当按照被投资单位和长期股权投资取得方式等进行明细核算。长期股权投资采用权益法核算的，还应当按照“成本”“损益调整”“其他权益变动”设置明细科目，进行明细核算。长期股权投资的主要账务处理如下所示。

（一）取得长期股权投资的核算

长期股权投资在取得时，应当按照其实际成本作为初始投资成本。

1. 以现金取得的长期股权投资，以实际支付的全部价款（包括购买价款和相关税费）作为实际成本。实际支付价款中包含的已宣告但尚未发放的现金股利应当单独确认为应收股利，不计入长期股权投资初始投资成本。

以现金取得的长期股权投资，按照确定的投资成本，借记本科目或本科目（成本），按照支付的价款中包含的已宣告但尚未发放的现金股利，借记“应收股利”科目，按照实际支付的全部价款，贷记“银行存款”等科目。

【例 3－118】省医学院以现金购买 B 公司股票 900 股，每股售价 31 元，支付手续费 200 元，证券交易税为 300 元，已宣告但尚未发放的现金股利为 5 000 元，共计 33 400 元，以银行存款支付。

借：长期股权投资——B 公司　　28 400

　　应收股利　　5 000

　贷：银行存款　　33 400

实际收到取得投资时所支付价款中包含的已宣告但尚未发放的现金股利时，借记“银行存款”科目，贷记“应收股利”科目。

【例 3－119】接例 3－118，省医学院收到已宣告但尚未发放的现金股利 5 000 元，存入银行。

借：银行存款　　5 000

　贷：应收股利　　5 000

2. 以现金以外的其他资产置换取得的长期股权投资，其成本按照换出资产的评估价值加上支付的补价或减去收到的补价，加上换入长期股权投资发生的其他相关支出确定。

以现金以外的其他资产置换取得的长期股权投资，参照“库存物品”科目中置换取得库存物品的相关规定进行账务处理。

【例 3-120】 省医学院以一批库存医用材料与 C 公司置换，取得 C 公司的股权 500 股，库存医用材料的成本是 50 000 元，运费为 1 000 元，以现金支付。

借：长期股权投资——C 公司　　51 000

　贷：库存物品　　50 000

　　　库存现金　　1 000

3. 以未入账的无形资产取得的长期股权投资，按照评估价值加相关税费作为投资成本，借记本科目，按照发生的相关税费，贷记“银行存款”“其他应交税费”等科目，按其差额，贷记“其他收入”科目。

【例 3-121】 省医学院自主研发了一项皮肤病理疗法专利，申请专利的税费共计 4 600 元，以银行存款支付，专利权资产尚未入账。现以该专利与 D 中心置换股权 2 000 股，每股权市值 52 元，共计 104 000 元。

借：长期股权投资——D 中心　　104 000

　贷：银行存款　　4 600

　　　其他收入　　99 400

4. 接受捐赠的长期股权投资，其成本按照有关凭据注明的金额加上相关税费确定；没有相关凭据可供取得，但按规定经过资产评估的，其成本按照评估价值加上相关税费确定；没有相关凭据可供取得也未经资产评估的，其成本比照同类或类似资产的市场价格加上相关税费确定。

接受捐赠的长期股权投资，按照确定的投资成本，借记本科目或本科目（成本），按照发生的相关税费，贷记“银行存款”等科目，按照其差额，贷记“捐赠收入”科目。

【例 3-122】 省医学院接受校友捐赠的 E 机构的股权 600 股，每股市值 60 元，支付手续费 500 元、证券交易税 360 元，以银行存款支付。

借：长期股权投资——E 机构　　36 000

　贷：银行存款　　860

　　　捐赠收入　　35 140

5. 无偿调入的长期股权投资，其成本按照调出方账面价值加上相关税费确定。

无偿调入的长期股权投资，按照确定的投资成本，借记本科目或本科目（成本），按照发生的相关税费，贷记“银行存款”等科目，按照其差额，贷记“无偿调拨净资产”科目。

【例 3-123】 省医学院接受无偿调入的 F 公司的股权 500 股，每股 66 元，发生手续费 420 元，以银行存款支付。

借：长期股权投资——F 公司　　33 000

　贷：银行存款　　420

　　　无偿调拨净资产　　32 580

（二）长期股权投资持有期间的核算

长期股权投资持有期间，应当按照规定采用成本法或权益法进行核算。单位无权决定被投资单位的财务和经营政策或无权参与被投资单位的财务和经营政策决策的，应当采用成本法进行核算。成本法是指投资按照投资成本计量的方法。权益法是指投资最初以投资成本计量，以后根据单位在被投资单位所享有的所有者权益份额的变动对投资的账面余额进行调整的方法。

1. 采用成本法核算。

在成本法下，长期股权投资的账面余额通常保持不变，但追加或收回投资时，应当相应调整其账面余额。长期股权投资持有期间，被投资单位宣告分派的现金股利或利润，单位应当按照宣告分派的现金股利或利润中属于单位应享有的份额确认投资收益。

(1) 被投资单位宣告发放现金股利或利润时，按照应收的金额，借记“应收股利”科目，贷记“投资收益”科目。

【例 3-124】 接例 3-120，省医学院对长期股权投资采用成本法核算，被投资的 C 公司宣告发放现金股利，经计算本单位所持股份本年度可获股利 2 400 元。

借：应收股利——C 公司　　2 400

　贷：投资收益　　2 400

(2) 收到现金股利或利润时，按照实际收到的金额，借记“银行存款”等科目，贷记“应收股利”科目。

【例 3-125】 接例 3-120 和例 3-124，收到 C 公司已宣告发放现金股利 2 400 元，存入银行。

借：银行存款　　2 400

　贷：应收股利——C 公司　　2 400

2. 采用权益法核算。

单位取得长期股权投资后，对于被投资单位所有者权益的变动，应当按照下列规定进行处理：①按照应享有或应分担的被投资单位实现的净损益的份额确认投资损益，同时调整长期股权投资的账面余额。②按照被投资单位宣告分派的现金股利或利润计算应享有的份额，确认应收股利，同时减少长期股权投资的账面余额。③按照被投资单位除净损益和利润分配以外的所有者权益变动的份额确认净资产，同时调整长期股权投资的账面余额。

单位确认被投资单位发生的净亏损，应当以长期股权投资的账面余额减记至零为限，单位负有承担额外损失义务的除外。被投资单位发生净亏损，但以后年度又实现净利润的，单位应当在其收益分享额弥补未确认的亏损分担额等后，恢复确认投资收益。

(1) 被投资单位实现净利润的，按照应享有的份额，借记本科目（损益调整），贷记“投资收益”科目。被投资单位发生净亏损的，按照应分担的份额，借记“投资收益”科目，贷记本科目（损益调整），但以本科目的账面余额减记至零为限。发生亏损的被投资单位以后年度又实现净利润的，按照收益分享额弥补未确认的亏损分担额等后的金额，借记本科目（损益调整），贷记“投资收益”科目。

【例 3-126】 接例 3-121，省医学院采用权益法核算，年末，被投资的 D 中心实现净利润，所持股份应享有 6 100 元。

借：长期股权投资——损益调整　　6 100

贷：投资收益　　　　　　　　　　　　　　　　6 100

【例 3－127】接例 3－122，省医学院采用权益法核算长期股权投资，年末，被投资的 E 机构发生亏损，本单位应分担净亏损 5 500 元。

借：投资收益　　　　　　　　　　　　　　5 500

贷：长期股权投资——损益调整　　　　　　　　5 500

【例 3－128】接例 3－122 和例 3－127，第二年，被投资的 E 机构又实现净利润，本单位所持股份可获股利 2 500 元。

借：长期股权投资——损益调整　　　　　　　2 500

贷：投资收益　　　　　　　　　　　　　　　　2 500

（2）被投资单位宣告分派现金股利或利润的，按照应享有的份额，借记“应收股利”科目，贷记本科目（损益调整）。

【例 3－129】接例 3－123，省医学院采用权益法核算长期股权投资，年末，被投资的 F 公司宣告分派现金股利，本单位应收股利 7 000 元。

借：应收股利——F 公司　　　　　　　　　　7 000

贷：长期股权投资——损益调整　　　　　　　　7 000

（3）被投资单位发生除净损益和利润分配以外的所有者权益变动的，按照应享有或应分担的份额，借记或贷记“权益法调整”科目，贷记或借记本科目（其他权益变动）。

【例 3－130】接例 3－123 和例 3－129，省医学院所投资的 F 公司又投资了 N 公司，采用权益法核算，N 公司在期货交易中获利丰厚，引起 F 公司的长期股权投资公允价值变动，省医学院应分担的获益份额为 5 000 元，予以调整。

借：长期股权投资——其他权益变动　　　　　5 000

贷：权益法调整　　　　　　　　　　　　　　　5 000

3. 成本法与权益法的转换。

（1）单位因处置部分长期股权投资等原因无权再决定被投资单位的财务和经营政策或者参与被投资单位的财务和经营政策决策的，应当将处置后的剩余股权投资改按成本法核算，并以该剩余股权投资在权益法下的账面余额作为按照成本法核算的初始投资成本。其后，被投资单位宣告分派现金股利或利润时，属于已计入投资账面余额的部分，作为成本法下长期股权投资成本的收回，冲减长期股权投资的账面余额。

单位因处置部分长期股权投资等原因而对处置后的剩余股权投资由权益法改按成本法核算的，应当按照权益法下本科目账面余额作为成本法下本科目账面余额（成本）。其后，被投资单位宣告分派现金股利或利润时，属于单位已计入投资账面余额的部分，按照应分得的现金股利或利润份额，借记“应收股利”科目，贷记本科目。

【例 3－131】接例 3－121 和例 3－126，省医学院将所持有的 D 中心股权出售 1 500 股（共 2 000 股），每股售价 60 元，取得款项 90 000 元存入银行，相关税费 500 元以银行存款支付，差额 89 500 元待缴国库。剩余的 500 股、账面余额 20 100（＝104 000＋6 100－90 000）元改按成本法核算，每股成本为 40.2 元。

借：银行存款　　　　　　　　　　　　　　90 000

贷：应缴财政款　　　　　　　　　　　　　　89 500

银行存款　　　　　　　　　　　500

借：长期股权投资——成本——D中心　　　　20 100

贷：长期股权投资——D中心　　　　20 100

（2）单位因追加投资等原因对长期股权投资的核算从成本法改为权益法的，应当自有权决定被投资单位的财务和经营政策或者参与被投资单位的财务和经营政策决策时，按成本法下长期股权投资的账面余额加上追加投资的成本作为按照权益法核算的初始投资成本。

单位因追加投资等原因对长期股权投资的核算从成本法改为权益法的，应当按照成本法下本科目账面余额与追加投资成本的合计金额，借记本科目（成本），按照成本法下本科目账面余额，贷记本科目，按照追加投资的成本，贷记“银行存款”等科目。

【例3-132】接例3-120，省医学院对其所持有的500股C公司的股权实行成本法核算，账面余额为51 000元。现又追加投资400股，每股售价150元，相关税费300元，共计60 300元，以银行存款支付。追加投资后，对长期股权投资的核算从成本法改为权益法。

借：长期股权投资——成本——C公司　　　　111 300

贷：银行存款　　　　60 300

长期股权投资——C公司　　　　51 000

（三）按照规定报经批准处置长期股权投资的核算

单位按规定报经批准处置长期股权投资，应当冲减长期股权投资的账面余额，并按规定将处置价款扣除相关税费后的余额作应缴款项处理，或者按规定将处置价款扣除相关税费后的余额与长期股权投资账面余额的差额计入当期投资损益。

1. 按照规定报经批准出售（转让）长期股权投资时，应当区分长期股权投资取得方式分别进行处理。

（1）处置以现金取得的长期股权投资，按照实际取得的价款，借记“银行存款”等科目，按照被处置长期股权投资的账面余额，贷记本科目，按照尚未领取的现金股利或利润，贷记“应收股利”科目，按照发生的相关税费等支出，贷记“银行存款”等科目，按照借贷方差额，借记或贷记“投资收益”科目。

【例3-133】接例3-118和例3-119，省医学院将以现金购买的B公司股票900股出售，每股售价40元，取得价款36 000元并存入银行；支付手续费200元和证券交易税500元，以银行存款支付；“长期股权投资——B公司”账面余额为28 400元。

借：银行存款　　　　36 000

贷：长期股权投资——B公司　　　　28 400

银行存款　　　　700

投资收益　　　　6 900

（2）处置以现金以外的其他资产取得的长期股权投资，按照被处置长期股权投资的账面余额，借记“资产处置费用”科目，贷记本科目；同时，按照实际取得的价款，借记“银行存款”等科目，按照尚未领取的现金股利或利润，贷记“应收股利”科目，按照发生的相关税费等支出，贷记“银行存款”等科目，按照贷方差额，贷记“应缴财政款”科目。按照规定将处置时取得的投资收益纳入本单位预算管理的，应当按照所取得价款大于被处置长期股权投资账面余额、应收股利账面余额和相关税费支出合计的差额，贷记“投资收益”科目。

【例 3-134】接例 3-120，省医学院将以库存医用材料置换的 C 公司的 500 股股权出售，每股 138 元，取得价款 69 000 元存入银行，相关税费为 530 元，以银行存款支付，差额上缴财政。“长期股权投资——C 公司”账户的账面余额为 51 000 元。

借：银行存款　　69 000
　贷：银行存款　　530
　　应缴财政款　　68 470
借：资产处置费用　　51 000
　贷：长期股权投资——C 公司　　51 000

2. 因被投资单位破产清算等原因，有确凿证据表明长期股权投资发生损失，按照规定报经批准后予以核销时，按照予以核销的长期股权投资的账面余额，借记“资产处置费用”科目，贷记本科目。

【例 3-135】接例 3-122，省医学院所接受的校友捐赠的 E 机构的股权因 E 机构破产清算而发生长期股权投资损失，账面余额为 36 000 元。

借：资产处置费用　　36 000
　贷：长期股权投资——E 机构　　36 000

3. 报经批准置换转出长期股权投资时，参照“库存物品”科目中置换换入库存物品的规定进行账务处理。

【例 3-136】经批准，省医学院用其所持有的 A 公司股份置换一批医用材料，长期股权投资科目账面余额为 50 000 元，材料运输费为 600 元，以库存现金支付，材料验收入库。

借：库存物品　　50 600
　贷：长期股权投资——A 公司　　50 000
　　库存现金　　600

4. 采用权益法核算的长期股权投资，因被投资单位除净损益和利润分配以外的所有者权益变动而将应享有的份额计入净资产的，处置该项投资时，还应当将原计入净资产的相应部分转入当期投资损益。

采用权益法核算的长期股权投资的处置，除进行上述账务处理外，还应结转原直接计入净资产的相关金额，借记或贷记“权益法调整”科目，贷记或借记“投资收益”科目。

【例 3-137】某事业单位采用权益法核算长期股权投资，现处置其所持有的 K 公司股权，取得价款 350 400 元，相关税费 500 元以银行存款支付，长期股权投资（成本）的账面余额为 330 000 元，长期股权投资（损益调整）贷方余额为 12 000 元，长期股权投资（其他权益变动）借方余额为 50 000 元。原计入净资产的相关金额 50 000 元转入当期投资收益。

借：银行存款 350 400
　　长期股权投资——损益调整 12 000
　　投资收益 18 100
　贷：长期股权投资——成本 330 000
　　　　　　　　——其他权益变动 50 000
　　银行存款 500
借：权益法调整 50 000
　贷：投资收益 50 000

三、长期债券投资的核算

为核算事业单位按照规定取得的、持有时间超过 1 年（不含 1 年）的债券投资，设置“长期债券投资”（1502）科目。本科目期末借方余额，反映事业单位持有的长期债券投资的价值。

本科目应当设置“成本”和“应计利息”明细科目，并按照债券投资的种类进行明细核算。长期债券投资的主要账务处理如下所示。

1. 长期债券投资在取得时，应当按照其实际成本作为投资成本。实际支付价款中包含的已到付息期但尚未领取的债券利息，应当单独确认为应收利息，不计入长期债券投资初始投资成本。

（1）取得的长期债券投资，按照确定的投资成本，借记本科目（成本），按照支付的价款中包含的已到付息期但尚未领取的利息，借记“应收利息”科目，按照实际支付的金额，贷记“银行存款”等科目。

【例 3 - 138】县教育局在二级市场购买 3 年期国债，本金 123 000 元，已到付息期但尚未领取的利息为 2 500 元，相关税费为 300 元，共计 125 800 元，以银行存款支付。

借：长期债券投资——成本 123 300
　　应收利息 2 500
　贷：银行存款 125 800

（2）实际收到取得债券时所支付价款中包含的已到付息期但尚未领取的利息时，借记“银行存款”科目，贷记“应收利息”科目。

【例 3 - 139】接例 3 - 138，县教育局收到取得债券时所支付价款中包含的已到付息期但尚未领取的利息 2 500 元并存入银行。

借：银行存款 2 500
　贷：应收利息 2 500

2. 长期债券投资持有期间，按期以债券票面金额与票面利率计算确认利息收入。

（1）如为到期一次还本付息的债券投资，借记本科目（应计利息），贷记“投资收益”科目。

【例 3 - 140】接例 3 - 138，年末，县教育局计算确认所持有的 3 年期国债本年利息收入为 5 000 元（到期一次还本付息）。

借：长期债券投资——应计利息　　　　5 000
　贷：投资收益　　　　　　　　　　　5 000

（2）如为分期付息、到期一次还本的债券投资，借记“应收利息”科目，贷记“投资收益”科目。收到分期支付的利息时，按照实收的金额，借记“银行存款”等科目，贷记“应收利息”科目。

对于到期一次还本付息的长期债券投资，应当将计算确定的应收未收利息计入投资收益，并增加长期债券投资的账面余额。

【例 3-141】 接例 3-138，年末，县教育局计算确认所持有的 3 年期国债本年利息收入为 5 000 元，并于年底前收到利息存入银行（分期付息）。

借：应收利息　　　　5 000
　贷：投资收益　　　　5 000
借：银行存款　　　　5 000
　贷：应收利息　　　　5 000

3. 到期收回长期债券投资，按照实际收到的金额，借记“银行存款”科目，按照长期债券投资的账面余额，贷记本科目，按照相关应收利息金额，贷记“应收利息”科目，按照其差额，贷记“投资收益”科目。

【例 3-142】 接例 3-138 和例 3-141，县教育局所持有的 3 年期国债到期，收到本息共计 135 500 元存入银行，应收利息账面余额 10 000 元（2 年计息），“长期债券投资——成本”科目账面余额 123 300 元（分期付息）。

借：银行存款　　　　135 500
　贷：应收利息　　　　10 000
　　长期债券投资——成本　　　　123 300
　　投资收益　　　　2 200

4. 对外出售长期债券投资，按照实际收到的金额，借记“银行存款”科目，按照长期债券投资的账面余额，贷记本科目，按照已记入“应收利息”科目但尚未收取的金额，贷记“应收利息”科目，按照其差额，贷记或借记“投资收益”科目。涉及增值税业务的，相关账务处理参见“应交增值税”科目。

【例 3-143】 接例 3-138 至例 3-141，县教育局对外出售其所持有的 3 年期国债，取得价款 131 000 元存入银行。“应收利息”科目账面余额 5 000 元（分期付息），“长期债券投资——成本”科目账面余额 123 300 元。

借：银行存款　　　　131 000
　贷：应收利息　　　　5 000
　　长期债券投资——成本　　　　123 300
　　投资收益　　　　2 700

第六节　固定资产的管理与核算

行政事业单位固定资产是指单位为满足自身开展业务活动或其他活动需要而控制的，

使用年限超过 1 年（不含 1 年）、单位价值在规定标准以上，并在使用过程中基本保持原有物质形态的资产，一般包括房屋及构筑物、专用设备、通用设备等。单位价值虽未达到规定标准，但是使用年限超过 1 年（不含 1 年）的大批同类物资，如图书、家具、用具、装具等，应当确认为固定资产。公共基础设施、政府储备物资、保障性住房、自然资源资产等，不列为单位的固定资产。

一、固定资产的确认与计量

（一）固定资产的确认

1. 固定资产同时满足下列条件的，应当予以确认：一是与该固定资产相关的服务潜力很可能实现或者经济利益很可能流入单位；二是该固定资产的成本或者价值能够可靠地计量。

2. 通常情况下，购入、换入、接受捐赠、无偿调入不需安装的固定资产，在固定资产验收合格时确认；购入、换入、接受捐赠、无偿调入需要安装的固定资产，在固定资产安装完成交付使用时确认；自行建造、改建、扩建的固定资产，在建造完成交付使用时确认。

3. 确认固定资产时，应当考虑以下情况：

（1）固定资产的各组成部分具有不同使用年限或者以不同方式为单位实现服务潜力或提供经济利益，适用不同折旧率或折旧方法且可以分别确定各自原价的，应当分别将各组成部分确认为单项固定资产。

（2）应用软件构成相关硬件不可缺少的组成部分的，应当将该软件的价值包括在所属的硬件价值中，一并确认为固定资产；不构成相关硬件不可缺少的组成部分的，应当将该软件确认为无形资产。

（3）购建房屋及构筑物时，不能分清购建成本中的房屋及构筑物部分与土地使用权部分的，应当全部确认为固定资产；能够分清购建成本中的房屋及构筑物部分与土地使用权部分的，应当将其中的房屋及构筑物部分确认为固定资产，将其中的土地使用权部分确认为无形资产。

4. 固定资产在使用过程中发生的后续支出，符合规定确认条件的，应当计入固定资产成本；不符合规定确认条件的，应当在发生时计入当期费用或者相关资产成本。将发生的固定资产后续支出计入固定资产成本的，应当同时从固定资产账面价值中扣除被替换部分的账面价值。

（二）固定资产的初始计量

固定资产在取得时应当按照成本进行初始计量。具体如下：

1. 单位外购的固定资产，其成本包括购买价款、相关税费以及固定资产交付使用前所发生的可归属于该项资产的运输费、装卸费、安装费和专业人员服务费等。以一笔款项购入多项没有单独标价的固定资产，应当按照各项固定资产同类或类似资产市场价格的比例对总成本进行分配，分别确定各项固定资产的成本。

2. 单位自行建造的固定资产，其成本包括该项资产至交付使用前所发生的全部必要支出。在原有固定资产基础上进行改建、扩建、修缮后的固定资产，其成本按照原固定资产账面价值加上改建、扩建、修缮发生的支出，再扣除固定资产被替换部分的账面价值后的金额确定。为建造固定资产借入的专门借款的利息，属于建设期间发生的，计入在建工程成本；不属于建设期间发生的，计入当期费用。已交付使用但尚未办理竣工决算手续的固定资产，应当按照估计价值入账，待办理竣工决算后再按实际成本调整原来的暂估价值。

3. 单位通过置换取得的固定资产，其成本按照换出资产的评估价值加上支付的补价或减去收到的补价，加上换入固定资产发生的其他相关支出确定。

4. 单位接受捐赠的固定资产，其成本按照有关凭据注明的金额加上相关税费、运输费等确定；没有相关凭据可供取得，但按规定经过资产评估的，其成本按照评估价值加上相关税费、运输费等确定；没有相关凭据可供取得、也未经资产评估的，其成本比照同类或类似资产的市场价格加上相关税费、运输费等确定；没有相关凭据且未经资产评估、同类或类似资产的市场价格也无法可靠取得的，按照名义金额入账，相关税费、运输费等计入当期费用。如受赠的系旧的固定资产，在确定其初始入账成本时应当考虑该项资产的新旧程度。

5. 单位无偿调入的固定资产，其成本按照调出方账面价值加上相关税费、运输费等确定。

6. 盘盈的固定资产，按规定经过资产评估的，其成本按照评估价值确定；未经资产评估的，其成本按照重置成本确定。

7. 单位融资租赁取得的固定资产，其成本按照其他相关政府会计准则确定。

（三）固定资产的累计折旧的核算规定

1. 折旧的范围。

折旧是指在固定资产的预计使用年限内，按照确定的方法对应计的折旧额进行系统分摊。单位应当对固定资产计提折旧，但下列固定资产除外：（1）文物和陈列品；（2）动植物；（3）图书、档案；（4）单独计价入账的土地；（5）以名义金额计量的固定资产。

2. 折旧额的折旧期限。

固定资产应计的折旧额为其成本，计提固定资产折旧时不考虑预计净残值。单位应当对暂估入账的固定资产计提折旧，实际成本确定后不需调整原已计提的折旧额。

单位应当根据相关规定以及固定资产的性质和使用情况，合理确定固定资产的使用年限。固定资产的使用年限一经确定，不得随意变更。单位确定固定资产的使用年限，应当考虑下列因素：（1）预计实现服务潜力或提供经济利益的期限；（2）预计有形损耗和无形损耗；（3）法律或者类似规定对资产使用的限制。

3. 折旧方法。

行政事业单位一般应当采用年限平均法或者工作量法计提固定资产折旧。在确定固定资产的折旧方法时，应当考虑与固定资产相关的服务潜力或经济利益的预期实现方式。

固定资产折旧方法一经确定，不得随意变更。

4. 其他。

固定资产应当按月计提折旧，并根据用途计入当期费用或者相关资产成本。固定资产提足折旧后，无论能否继续使用，均不再计提折旧；提前报废的固定资产也不再补提折旧。已提足折旧的固定资产，可以继续使用的，应当继续使用，规范实物管理。

固定资产因改建、扩建或修缮等原因而延长其使用年限的，应当按照重新确定的固定资产的成本以及重新确定的折旧年限计算折旧额。

（四）固定资产的处置

1. 单位按规定报经批准出售、转让固定资产或固定资产报废、毁损的，应当将固定资产账面价值转销计入当期费用，并将处置收入扣除相关处置税费后的差额按规定作应缴款项处理（差额为净收益时）或计入当期费用（差额为净损失时）。

2. 单位按规定报经批准对外捐赠、无偿调出固定资产的，应当将固定资产的账面价值予以转销，对外捐赠、无偿调出中发生的归属于捐出方、调出方的相关费用应当计入当期费用。

3. 按规定报经批准以固定资产对外投资的，应当将该固定资产的账面价值予以转销，并将固定资产在对外投资时的评估价值与其账面价值的差额计入当期收入或费用。

4. 固定资产盘亏造成的损失，按规定报经批准后应当计入当期费用。

（五）固定资产的披露

单位应当在附注中披露与固定资产有关的下列信息：(1) 固定资产的分类和折旧方法。(2) 各类固定资产的使用年限、折旧率。(3) 各类固定资产账面余额，累计折旧额，账面价值的期初、期末数及其本期变动情况。(4) 以名义金额计量的固定资产名称、数量，以及以名义金额计量的理由。(5) 已提足折旧的固定资产名称、数量等情况。(6) 接受捐赠、无偿调入的固定资产名称、数量等情况。(7) 出租、出借固定资产以及以固定资产投资的情况。(8) 固定资产对外捐赠、无偿调出、毁损等重要资产处置的情况。(9) 暂估入账的固定资产账面价值变动情况。

二、固定资产的核算

为核算单位固定资产的原值，设置“固定资产”（1601）科目。本科目期末借方余额，反映单位固定资产的原值。

本科目应当按照固定资产类别和项目进行明细核算。固定资产一般分为六类：房屋及构筑物；专用设备；通用设备；文物和陈列品；图书、档案；家具、用具、装具及动植物。核算固定资产时应注意以下情况：(1) 购入需要安装的固定资产，应当先通过“在建工程”科目核算，安装完毕交付使用时再转入本科目核算。(2) 以借入、经营租赁租入方式取得的固定资产，不通过本科目核算，应当设置备查簿进行登记。(3) 采用融资租入方式取得的固定资产，通过本科目核算，并在本科目下设置“融资租入固定资产”

明细科目。(4) 经批准在境外购买具有所有权的土地，作为固定资产，通过本科目核算；单位应当在本科目下设置“境外土地”明细科目，进行相应明细核算。固定资产的主要账务处理如下所示。

(一) 取得固定资产的核算

固定资产在取得时，应当按照成本进行初始计量。

1. 购入固定资产的核算。

(1) 购入不需安装的固定资产验收合格时，按照确定的固定资产成本，借记本科目，贷记“财政拨款收入”“零余额账户用款额度”“应付账款”“银行存款”等科目。

【例 3－144】市机床研究所购入一台试验用设备（不需安装），设备价款为 15 000 元，应交增值税为 1 950 元，运输费为 500 元，保险费为 30 元，共计 17 480 元，以财政直接支付的方式付款。

借：固定资产　　17 480

　贷：财政拨款收入　　17 480

(2) 购入需要安装的固定资产，在安装完毕交付使用前通过“在建工程”科目核算，安装完毕交付使用时再转入本科目。

【例 3－145】市机床研究所购入一台设备（需要安装），设备价款为 8 000 元，应交增值税为 1 040 元，运输费为 200 元，保险费为 20 元，共计 9 260 元，以零余额账户用款额度付款；发生安装费用 1 600 元，以零余额账户用款额度支付；安装完成验收后投入使用。

购入时：

借：在建工程　　9 260

　贷：零余额账户用款额度　　9 260

支付安装费用时：

借：在建工程　　1 600

　贷：零余额账户用款额度　　1 600

交付使用时：

借：固定资产　　10 860

　贷：在建工程　　10 860

(3) 购入固定资产扣留质量保证金的，应当在取得固定资产时，按照确定的固定资产成本，借记本科目［不需安装］或“在建工程”科目［需要安装］，按照实际支付或应付的金额，贷记“财政拨款收入”、“零余额账户用款额度”、“应付账款”［不含质量保证金］、“银行存款”等科目，按照扣留的质量保证金数额，贷记“其他应付款”［扣留期在 1 年以内（含 1 年）］或“长期应付款”［扣留期超过 1 年］科目。

【例 3－146】市机床研究所购入 10 台专用设备（不需安装），总价款为 136 000 元，按照合同，单位扣留 10%的设备质量保证金在设备购入满 1 年时再予支付，财政直接支付 122 400 元。

借：固定资产　　136 000

　贷：财政拨款收入　　122 400

其他应付款　　　　　　　　　　　　13 600

（4）质保期满支付质量保证金时，借记“其他应付款”“长期应付款”科目，贷记“财政拨款收入”“零余额账户用款额度”“银行存款”等科目。

【例 3－147】接例 3－146，市机床研究所购入的专用设备质保期满，支付质量保证金 13 600 元，以财政直接支付的方式支付。

借：其他应付款　　　　　　　　　　13 600

　贷：财政拨款收入　　　　　　　　　13 600

2. 自行建造固定资产的核算。

（1）自行建造的固定资产交付使用时，按照在建工程成本，借记本科目，贷记“在建工程”科目。

【例 3－148】市机床研究所自行建造一座大楼，建造成本共计 68 724 100 元，完工后交付使用。

借：固定资产　　　　　　　　　　68 724 100

　贷：在建工程　　　　　　　　　　68 724 100

（2）已交付使用但尚未办理竣工决算手续的固定资产，按照估计价值入账，待办理竣工决算后再按照实际成本调整原来的暂估价值。

【例 3－149】市机床研究所自行建造一座大楼，尚未办理竣工决算手续，按照估计价值 68 720 000 元入账。办理竣工决算后该大楼的实际成本为 68 724 100 元，再予以调整。

估价入账：

借：固定资产　　　　　　　　　　68 720 000

　贷：在建工程　　　　　　　　　　68 720 000

调整：

借：固定资产　　　　　　　　　　　　4 100

　贷：在建工程　　　　　　　　　　　　4 100

3. 融资租赁取得固定资产的核算。

融资租赁取得的固定资产，其成本按照租赁协议或者合同确定的租赁价款、相关税费以及固定资产交付使用前所发生的可归属于该项资产的运输费、途中保险费、安装调试费等确定。

（1）融资租入的固定资产，按照确定的成本，借记本科目［不需安装］或“在建工程”科目［需安装］，按照租赁协议或者合同确定的租赁付款额，贷记“长期应付款”科目，按照支付的运输费、途中保险费、安装调试费等金额，贷记“财政拨款收入”“零余额账户用款额度”“银行存款”等科目。

【例 3－150】市机床研究所融资租入 5 台设备（不需安装），合同规定的租赁价为 80 000 元，以银行存款支付相关税费 5 016 元、运输费 2 000 元，共计 87 016 元；设备款分 4 年偿还，每年 20 000 元。

借：固定资产　　　　　　　　　　　87 016

　贷：长期应付款　　　　　　　　　　80 000

银行存款　　　　　　　　　　　　　　　　　7 016

（2）定期支付租金时，按照实际支付金额，借记“长期应付款”科目，贷记“财政拨款收入”“零余额账户用款额度”“银行存款”等科目。

【例 3-151】接例 3-150，年末，市机床研究所偿还当年的融资租入设备款 20 000 元，以银行存款支付。

借：长期应付款　　　　　　　　　　　　20 000

　贷：银行存款　　　　　　　　　　　　　　20 000

4. 跨年度分期付款购入固定资产的核算。

按照规定跨年度分期付款购入固定资产的账务处理，参照融资租入固定资产。

5. 接受捐赠固定资产的核算。

（1）接受捐赠的固定资产，按照确定的固定资产成本，借记本科目［不需安装］或“在建工程”科目［需安装］，按照发生的相关税费、运输费等，贷记“零余额账户用款额度”“银行存款”等科目，按照其差额，贷记“捐赠收入”科目。

【例 3-152】市机床研究所接受捐赠的电脑 20 台，有关凭据注明电脑价款为 86 000 元，发生运输费用 500 元，以现金支付。

借：固定资产　　　　　　　　　　　　86 000

　贷：捐赠收入　　　　　　　　　　　　　　85 500

　　　库存现金　　　　　　　　　　　　　　　500

（2）接受捐赠的固定资产按照名义金额入账的，按照名义金额，借记本科目，贷记“捐赠收入”科目；按照发生的相关税费、运输费等，借记“其他费用”科目，贷记“零余额账户用款额度”“银行存款”等科目。

【例 3-153】市机床研究所接受捐赠的两台 18 世纪产的老式机床，没有相关凭据且无法估价，按照名义金额入账。发生运输费用 500 元，以现金支付。

借：固定资产　　　　　　　　　　　　　　1

　贷：捐赠收入　　　　　　　　　　　　　　　1

借：其他费用　　　　　　　　　　　　　500

　贷：库存现金　　　　　　　　　　　　　　500

6. 无偿调入固定资产的核算。

无偿调入的固定资产，按照确定的固定资产成本，借记本科目［不需安装］或“在建工程”科目［需安装］，按照发生的相关税费、运输费等，贷记“零余额账户用款额度”“银行存款”等科目，按照其差额，贷记“无偿调拨净资产”科目。

【例 3-154】市机床研究所无偿调入 1 辆运输车，依据原始价值和成新率等估计其完全重置成本为 235 000 元，运输车辆过户手续费为 350 元，以库存现金支付。

借：固定资产　　　　　　　　　　　　235 000

　贷：库存现金　　　　　　　　　　　　　　350

　　　无偿调拨净资产　　　　　　　　　234 650

7. 置换取得固定资产的核算。

置换取得的固定资产，参照“库存物品”科目中置换取得库存物品的相关规定进行账务处理。固定资产取得时涉及增值税业务的，相关账务处理参见“应交增值税”科目。

（二）与固定资产有关的后续支出

1. 符合固定资产确认条件的后续支出。

（1）通常情况下，将固定资产转入改建、扩建时，按照固定资产的账面价值，借记“在建工程”科目，按照固定资产已计提折旧，借记“固定资产累计折旧”科目，按照固定资产的账面余额，贷记本科目。

【例 3-155】市机床研究所对行政大楼进行扩建。该大楼的固定资产账面余额为 6 010 000 元，已计提折旧 1 650 751 元，转入在建工程科目。

借：在建工程　　　　　　　　4 359 249
　　固定资产累计折旧　　　　1 650 751
　贷：固定资产　　　　　　　　　6 010 000

（2）为增加固定资产使用效能或延长其使用年限而发生的改建、扩建等后续支出，借记“在建工程”科目，贷记“财政拨款收入”“零余额账户用款额度”“银行存款”等科目。

【例 3-156】接例 3-155，市机床研究所的行政大楼扩建工程发生改扩建费用共计 2 274 300 元，以银行存款支付。

借：在建工程　　　　　　　　2 274 300
　贷：银行存款　　　　　　　　　2 274 300

（3）固定资产改建、扩建等完成交付使用时，按照在建工程成本，借记本科目，贷记“在建工程”科目。

【例 3-157】接例 3-155 和例 3-156，市机床研究所的行政大楼扩建工程完工后，在建工程科目账面余额为 6 633 549 元，验收后交付使用。

借：固定资产　　　　　　　　6 633 549
　贷：在建工程　　　　　　　　　6 633 549

2. 不符合固定资产确认条件的后续支出。

为保证固定资产正常使用发生的日常维修等支出，借记“业务活动费用”“单位管理费用”等科目，贷记“财政拨款收入”“零余额账户用款额度”“银行存款”等科目。

【例 3-158】市机床研究所定期对所内设备进行日常维修，本月发生维修费用 12 460 元，以零余额账户用款额度支付。

借：业务活动费用　　　　　　12 460
　贷：零余额账户用款额度　　　　12 460

（三）处置固定资产的核算

按照规定报经批准处置固定资产，应当分别按以下情况处理。

1. 报经批准出售、转让固定资产，按照被出售、转让固定资产的账面价值，借记“资产处置费用”科目，按照固定资产已计提的折旧，借记“固定资产累计折旧”科目，按照固定资产账面余额，贷记本科目；同时，按照收到的价款，借记“银行存款”等科目，按照处置过程中发生的相关费用，贷记“银行存款”等科目，按照其差额，贷记“应缴财政款”科目。

【例 3-159】 市机床研究所对外转让 1 台不需用设备。固定资产账面余额为 156 000 元，已计提折旧 13 420 元。收到价款 82 000 元存入银行，发生清理费用 300 元，以库存现金支付。

借：资产处置费用　　142 580
　　固定资产累计折旧　　13 420
　贷：固定资产　　156 000
借：银行存款　　82 000
　贷：库存现金　　300
　　　应缴财政款　　81 700

2. 报经批准对外捐赠固定资产，按照固定资产已计提的折旧，借记“固定资产累计折旧”科目，按照被处置固定资产账面余额，贷记本科目，按照捐赠过程中发生的归属于捐出方的相关费用，贷记“银行存款”等科目，按照其差额，借记“资产处置费用”科目。

【例 3-160】 报经批准，市机床研究所将其所购的一台试验用设备对外捐赠，固定资产账面余额为 18 080 元，已计提折旧 2 510 元。发生清理费用 200 元，以库存现金支付。

借：资产处置费用　　15 770
　　固定资产累计折旧　　2 510
　贷：固定资产　　18 080
　　　库存现金　　200

3. 报经批准无偿调出固定资产，按照固定资产已计提的折旧，借记“固定资产累计折旧”科目，按照被处置固定资产账面余额，贷记本科目，按照其差额，借记“无偿调拨净资产”科目；同时，按照无偿调出过程中发生的归属于调出方的相关费用，借记“资产处置费用”科目，贷记“银行存款”等科目。

【例 3-161】 市机床研究所无偿调出设备 2 台，设备的账面余额为 15 000 元，已计提折旧 4 000 元，发生清理费用 210 元，以库存现金支付。

借：无偿调拨净资产　　11 000
　　固定资产累计折旧　　4 000
　贷：固定资产　　15 000
借：资产处置费用　　210
　贷：库存现金　　210

4. 报经批准置换换出固定资产，参照“库存物品”中置换换入库存物品的规定进行账务处理。固定资产处置时涉及增值税业务的，相关账务处理参见“应交增值税”科目。

（四）固定资产清查盘点的核算

单位应当定期对固定资产进行清查盘点，每年至少盘点一次。对于发生的固定资产盘盈、盘亏或毁损、报废，应当先记入“待处理财产损溢”科目，按照规定报经批准后及时进行后续账务处理。

1. 盘盈固定资产的核算。盘盈的固定资产，其成本按照有关凭据注明的金额确定；没有相关凭据、但按照规定经过资产评估的，其成本按照评估价值确定；没有相关凭据、也未经过评估的，其成本按照重置成本确定。无法采用上述方法确定盘盈固定资产成本的，按照名义金额（人民币 1 元）入账。

盘盈的固定资产，按照确定的入账成本，借记本科目，贷记“待处理财产损溢”科目。

【例 3 - 162】市机床研究所定期盘点固定资产，盘盈甲设备 1 台，按类似设备的市场价格估值为 10 000 元。

借：固定资产　　10 000

　贷：待处理财产损溢　　10 000

2. 盘亏、毁损或报废的固定资产，按照待处理固定资产的账面价值，借记“待处理财产损溢”科目，按照已计提折旧，借记“固定资产累计折旧”科目，按照固定资产的账面余额，贷记本科目。

【例 3 - 163】市机床研究所定期盘点固定资产，盘亏乙器械 2 件，乙器械的账面余额为 6 000 元，已计提折旧 2 000 元。

借：待处理财产损溢　　4 000

　　固定资产累计折旧　　2 000

　贷：固定资产　　6 000

三、固定资产累计折旧的核算

为核算单位计提的固定资产累计折旧，设置“固定资产累计折旧”（1602）科目。本科目期末贷方余额，反映单位计提的固定资产折旧累计数。

公共基础设施和保障性住房计提的累计折旧，应当分别通过“公共基础设施累计折旧（摊销）”科目和“保障性住房累计折旧”科目核算，不通过本科目核算。

本科目应当按照所对应固定资产的明细分类进行明细核算。单位计提融资租入固定资产折旧时，应当采用与自有固定资产相一致的折旧政策。能够合理确定租赁期届满时将会取得租入固定资产所有权的，应当在租入固定资产尚可使用年限内计提折旧；无法合理确定租赁期届满时能够取得租入固定资产所有权的，应当在租赁期与租入固定资产尚可使用年限两者中较短的期间内计提折旧。固定资产累计折旧的主要账务处理如下所示。

（一）按月计提固定资产折旧的核算

按月计提固定资产折旧时，按照应计提折旧金额，借记“业务活动费用”“单位管理费用”“经营费用”“加工物品”“在建工程”等科目，贷记本科目。

【例 3 - 164】月末，市机床研究所计提固定资产折旧，设备类折旧金额为 5 600 元，建筑类折旧金额为 8 210 元，共计 13 810 元。

借：业务活动费用　　　　　　　　　　13 810
　贷：固定资产累计折旧——设备　　　　　　5 600
　　　　　　　　　　　——建筑　　　　　　8 210

（二）处置或处理固定资产时的核算

经批准处置或处理固定资产时，按照所处置或处理固定资产的账面价值，借记“资产处置费用”“无偿调拨净资产”“待处理财产损溢”等科目，按照已计提折旧，借记本科目，按照固定资产的账面余额，贷记“固定资产”科目。

【例 3－165】市机床研究所报废设备 1 台，固定资产账面余额为 20 000 元，已计提折旧为 15 000 元。

借：待处理财产损溢　　　　　　　　　5 000
　　固定资产累计折旧　　　　　　　　15 000
　贷：固定资产　　　　　　　　　　　　20 000

第七节　工程物资与在建工程的管理与核算

一、工程物资的管理与核算

为核算单位为在建工程准备的各种物资的成本，包括工程用材料、设备等，设置“工程物资”（1611）科目。本科目期末借方余额，反映单位为在建工程准备的各种物资的成本。

本科目可按照“库存材料”“库存设备”等工程物资类别进行明细核算，主要账务处理如下所示。

（一）购入工程物资的核算

购入为工程准备的物资，按照确定的物资成本，借记本科目，贷记“财政拨款收入”“零余额账户用款额度”“银行存款”“应付账款”等科目。

【例 3－166】生态环境部为扩建办公楼购入甲材料 300 箱，每箱 1 650 元，共计 495 000 元，以财政直接支付的方式支付，物资已验收入库。

借：工程物资——甲材料　　　　　　　495 000
　贷：财政拨款收入　　　　　　　　　　495 000

（二）领用工程物资的核算

领用工程物资，按照物资成本，借记“在建工程”科目，贷记本科目。工程完工后将领出的剩余物资退库时做相反的会计分录。

【例 3－167】接例 3－166，生态环境部建设部门为扩建办公楼领用甲材料 280 箱，每箱 1 650 元，共计 462 000 元，用于工程建设。

借：在建工程　　　　　　　　　　　　　　462 000

　贷：工程物资——甲材料　　　　　　　　　　　462 000

（三）剩余工程物资转作存货的核算

工程完工后将剩余的工程物资转作本单位存货等的，按照物资成本，借记“库存物品”等科目，贷记本科目。涉及增值税业务的，相关账务处理参见“应交增值税”科目。

【例 3-168】 接例 3-166 和例 3-167，生态环境部所扩建大楼完工，尚未领用的库存甲材料有 20 箱，每箱 1 650 元，共计 33 000 元，转作本单位存货。

借：库存物品——甲材料　　　　　　　　33 000

　贷：工程物资——甲材料　　　　　　　　　　33 000

二、在建工程的管理与核算

（一）在建工程科目设置情况

为核算单位在建的建设项目工程的实际成本，设置“在建工程”（1613）科目。本科目期末借方余额，反映单位尚未完工的建设项目工程发生的实际成本。单位在建的信息系统项目工程、公共基础设施项目工程、保障性住房项目工程的实际成本，也通过本科目核算。

本科目应当设置“建筑安装工程投资”“设备投资”“待摊投资”“其他投资”“待核销基建支出”“基建转出投资”等明细科目，并按照具体项目进行明细核算。

1.“建筑安装工程投资”明细科目，核算单位发生的构成建设项目实际支出的建筑工程和安装工程的实际成本，不包括被安装设备本身的价值以及按照合同规定支付给施工单位的预付备料款和预付工程款。本明细科目应当设置“建筑工程”和“安装工程”两个明细科目进行明细核算。

2.“设备投资”明细科目，核算单位发生的构成建设项目实际支出的各种设备的实际成本。

3.“待摊投资”明细科目，核算单位发生的构成建设项目实际支出的、按照规定应当分摊计入有关工程成本和设备成本的各项间接费用和税费支出。本明细科目的具体核算内容包括以下方面：

（1）勘察费、设计费、研究试验费、可行性研究费及项目其他前期费用。

（2）土地征用及迁移补偿费、土地复垦及补偿费、森林植被恢复费及其他为取得土地使用权、租用权而发生的费用。

（3）土地使用税、耕地占用税、契税、车船税、印花税及按照规定缴纳的其他税费。

（4）项目建设管理费、代建管理费、临时设施费、监理费、招投标费、社会中介审计（审查）费及其他管理性质的费用。项目建设管理费是指项目建设单位从项目筹建之日起至办理竣工财务决算之日止发生的管理性质的支出，包括不在原单位发工资的工作人员工资及相关费用、办公费、办公场地租用费、差旅交通费、劳动保护费、工具用具使用费、固定资产使用费、招募生产工人费、技术图书资料费（含软件）、业务招待费、施工现场津贴、竣工验收费等。

（5）项目建设期间发生的各类专门借款利息支出或融资费用。

（6）工程检测费、设备检验费、负荷联合试车费及其他检验检测类费用。

（7）固定资产损失、器材处理亏损、设备盘亏及毁损、单项工程或单位工程报废、毁损净损失及其他损失。

（8）系统集成等信息工程的费用支出。

（9）其他待摊性质支出。

本明细科目应当按照上述费用项目进行明细核算，其中有些费用（如项目建设管理费等），还应当按照更为具体的费用项目进行明细核算。

4. “其他投资”明细科目，核算单位发生的构成建设项目实际支出的房屋购置支出，基本畜禽、林木等购置、饲养、培育支出，办公生活用家具、器具购置支出，软件研发和不能计入设备投资的软件购置等支出。单位为进行可行性研究而购置的固定资产，以及取得土地使用权支付的土地出让金，也通过本明细科目核算。本明细科目应当设置“房屋购置”“基本畜禽支出”“林木支出”“办公生活用家具、器具购置”“可行性研究固定资产购置”“无形资产”等明细科目。

5. “待核销基建支出”明细科目，核算建设项目发生的江河清障、航道清淤、飞播造林、补助群众造林、水土保持、城市绿化、取消项目的可行性研究费以及项目整体报废等不能形成资产部分的基建投资支出。本明细科目应按照待核销基建支出的类别进行明细核算。

6. “基建转出投资”明细科目，核算为建设项目配套而建成的、产权不归属本单位的专用设施的实际成本。本明细科目应按照转出投资的类别进行明细核算。

（二）在建工程的主要账务处理

1. 建筑安装工程投资的核算。

（1）改建、扩建的核算。

①将固定资产等资产转入改建、扩建等时，按照固定资产等资产的账面价值，借记本科目（建筑安装工程投资），按照已计提的折旧或摊销，借记“固定资产累计折旧”等科目，按照固定资产等资产的原值，贷记“固定资产”等科目。

【例 3-169】 市财政局改扩建办公楼，办公楼的固定资产账面余额为 35 624 700 元，已计提折旧 336 952 元，现转入改扩建。

借：在建工程——建筑安装工程投资　　35 287 748
　　固定资产累计折旧　　336 952
　贷：固定资产——办公楼　　35 624 700

②固定资产等资产改建、扩建过程中涉及替换（或拆除）原资产的某些组成部分的，按照被替换（或拆除）部分的账面价值，借记“待处理财产损溢”科目，贷记本科目（建筑安装工程投资）。

【例 3-170】 接例 3-169，市财政局将改扩建办公楼的辅楼拆除，该部分的固定资产账面价值为 8 492 000 元，转入“待处理财产损溢”科目。

借：待处理财产损溢　8 492 000

　贷：在建工程——建筑安装工程投资　8 492 000

（2）单位对于发包建筑安装工程，根据建筑安装工程价款结算账单与施工企业结算工程价款时，按照应承付的工程价款，借记本科目（建筑安装工程投资），按照预付工程款余额，贷记“预付账款”科目，按照其差额，贷记“财政拨款收入”“零余额账户用款额度”“银行存款”“应付账款”等科目。

【例3-171】接例3-169和例3-170，市财政局将改扩建办公楼工程发包给A建筑公司，根据建筑安装工程价款结算账单与施工企业结算工程价款，应承付的工程总价款为74 628 500元，已预付工程款25 000 000元，余款49 628 500元以财政直接支付的方式支付。

借：在建工程——建筑安装工程投资　74 628 500

　贷：预付账款　25 000 000

　　财政拨款收入　49 628 500

（3）单位自行施工的小型建筑安装工程，按照发生的各项支出金额，借记本科目（建筑安装工程投资），贷记“工程物资”“零余额账户用款额度”“银行存款”“应付职工薪酬”等科目。

【例3-172】生态环境部自行施工扩建办公楼，本月施工用电费为7 420元，以银行存款支付。

借：在建工程——建筑安装工程投资　7 420

　贷：银行存款　7 420

（4）工程竣工，办妥竣工验收交接手续交付使用时，按照建筑安装工程成本（含应分摊的待摊投资），借记“固定资产”等科目，贷记本科目（建筑安装工程投资）。

【例3-173】接例3-169、例3-170和例3-171，市财政局改扩建办公楼工程竣工，办妥竣工验收交接手续并交付使用，建筑安装工程成本为101 424 248（＝35 287 748－8 492 000＋74 628 500）元。

借：固定资产　101 424 248

　贷：在建工程——建筑安装工程投资　101 424 248

2. 设备投资的核算。

（1）购入设备时，按照购入成本，借记本科目（设备投资），贷记“财政拨款收入”“零余额账户用款额度”“银行存款”等科目；采用预付款方式购入设备的，有关预付款的账务处理参照本科目有关“建筑安装工程投资”明细科目的规定。

【例3-174】市中心医院购入一台医疗设备（需要安装），设备总价款为654 230元，预付款项100 000元，余款554 230元以财政直接支付方式付款。

借：在建工程——设备投资　654 230

　贷：预付账款　100 000

　　财政拨款收入　554 230

（2）设备安装完毕的核算。

①设备安装完毕，办妥竣工验收交接手续交付使用时，按照设备投资成本（含设备

安装工程成本和分摊的待摊投资），借记“固定资产”等科目，贷记本科目（设备投资、建筑安装工程投资——安装工程）。

【例 3－175】接例 3－174，设备安装完毕，安装费用为 15 000 元，“在建工程——设备投资”账面余额为 669 230 元，验收后交付使用。

借：固定资产　　669 230

　贷：在建工程——设备投资　　669 230

②将不需要安装的设备和达不到固定资产标准的工具、器具交付使用时，按照相关设备、工具、器具的实际成本，借记“固定资产”“库存物品”科目，贷记本科目（设备投资）。

【例 3－176】市中心医院购入一批医用器具，价款为 125 000 元，安装费用为 1 000 元，实际成本共计 126 000 元，验收合格后入库。

借：库存物品　　126 000

　贷：在建工程——设备投资　　126 000

3. 待摊投资的核算。

建设工程发生的构成建设项目实际支出的、按照规定应当分摊计入有关工程成本和设备成本的各项间接费用和税费支出，先在本明细科目中归集；建设工程办妥竣工验收手续交付使用时，按照合理的分配方法，摊入相关工程成本、在安装设备成本等。

（1）单位发生的构成待摊投资的各类费用，按照实际发生金额，借记本科目（待摊投资），贷记“财政拨款收入”“零余额账户用款额度”“银行存款”“应付利息”“长期借款”“其他应交税费”“固定资产累计折旧”“无形资产累计摊销”等科目。

【例 3－177】市中心医院建设 1 栋住院大楼和 1 栋门诊大楼，设计费为 1 500 000 元，以银行存款支付。

借：在建工程——待摊投资　　1 500 000

　贷：银行存款　　1 500 000

（2）对于建设过程中试生产、设备调试等产生的收入，按照取得的收入金额，借记“银行存款”等科目，按照依据有关规定应当冲减建设工程成本的部分，贷记本科目（待摊投资），按照其差额贷记“应缴财政款”或“其他收入”科目。

【例 3－178】接例 3－177，市中心医院建设的两栋大楼试运营，取得收入 312 600 元，冲减建设工程成本，款项存入银行。

借：银行存款　　312 600

　贷：在建工程——待摊投资　　312 600

（3）由于自然灾害、管理不善等原因造成的单项工程或单位工程报废或毁损，扣除残料价值和过失人或保险公司等赔款后的净损失，报经批准后计入继续施工的工程成本的，按照工程成本扣除残料价值和过失人或保险公司等赔款后的净损失，借记本科目（待摊投资），按照残料变价收入、过失人或保险公司赔款等，借记“银行存款”“其他应收款”等科目，按照报废或毁损的工程成本，贷记本科目（建筑安装工程投资）。

【例 3－179】接例 3－177 和例 3－178，市中心医院建设的尚未交付使用的住院大楼和门诊大楼因台风造成部分房间的窗户玻璃毁损，估值为 159 500 元，保险公司赔款 110 000 元并存入银行，净损失 49 500 元报经批准后计入继续施工的工程成本。

借：在建工程——待摊投资　　49 500

银行存款　　110 000

贷：在建工程——建筑安装工程投资　　159 500

（4）工程交付使用时，按照合理的分配方法分配待摊投资，借记本科目（建筑安装工程投资、设备投资），贷记本科目（待摊投资）。

待摊投资的分配方法，可按照下列公式计算：

①按照实际分配率分配，适用于建设工期较短、整个项目的所有单项工程一次竣工的建设项目。

$$\text{实际分配率}=\frac{\text{待摊投资明细科目余额}}{}\div\left(\text{建筑工程明细科目余额}+\text{安装工程明细科目余额}+\text{设备投资明细科目余额}\right)\times 100\%$$

②按照概算分配率分配，适用于建设工期长、单项工程分期分批建成投入使用的建设项目。

$$\text{概算分配率}=\left(\text{概算中各待摊投资项目的合计数}-\text{其中可直接分配部分}\right)\div\text{概算中建筑工程、安装工程和设备投资合计}\times 100\%$$

③某项固定资产应分配的待摊投资公式如下：

$$\text{某项固定资产应分配的待摊投资}=\text{该项固定资产的建筑工程成本或该项固定资产（设备）的采购成本和安装成本合计}\times\text{分配率}$$

【例 3－180】接例 3－177、例 3－178 和例 3－179，市中心医院建设的住院大楼和门诊大楼完工且交付使用，按照概算分配率分配待摊投资，建筑工程、安装工程和设备投资的分摊比例各为 80%、10%和 10%。住院大楼和门诊大楼的分摊比例各为 50%。

待摊投资账面余额：1 500 000－312 600＋49 500＝1 236 900（元）

建筑工程应分摊：1 236 900×80%＝989 520（元）

安装工程应分摊：1 236 900×10%＝123 690（元）

设备投资应分摊：1 236 900×10%＝123 690（元）

借：在建工程——建筑安装工程投资——住院大楼　　556 605

——门诊大楼　　556 605

——设备投资——住院大楼　　61 845

——门诊大楼　　61 845

贷：在建工程——待摊投资　　1 236 900

4. 其他投资的核算。

（1）单位为建设项目发生的房屋购置支出，基本畜禽、林木等的购置、饲养、培育支出，办公生活用家具、器具购置支出，软件研发和不能计入设备投资的软件购置等支出，按照实际发生金额，借记本科目（其他投资），贷记“财政拨款收入”“零余额账户用款额度”“银行存款”等科目。

【例 3－181】市中心医院为建设住院大楼和门诊大楼购入附着于建筑的办公用家具一批，实际成本为 391 500 元，以银行存款支付。

借：在建工程——其他投资　　　　391 500
　贷：银行存款　　　　391 500

（2）工程完工将形成的房屋、基本畜禽、林木等各种财产以及无形资产交付使用时，按照其实际成本，借记“固定资产”“无形资产”等科目，贷记本科目（其他投资）。

【例 3-182】 接例 3-181，工程完工转入固定资产。

借：固定资产　　　　391 500
　贷：在建工程——其他投资　　　　391 500

5. 待核销基建支出的核算。

（1）建设项目发生的江河清障、航道清淤、飞播造林、补助群众造林、水土保持、城市绿化等不能形成资产的各类待核销基建支出，按照实际发生金额，借记本科目（待核销基建支出），贷记“财政拨款收入”“零余额账户用款额度”“银行存款”等科目。

【例 3-183】 市卫生学校为建设学生宿舍发生的江河清障费用 216 000 元待核销，以银行存款支付。

借：在建工程——待核销基建支出　　　　216 000
　贷：银行存款　　　　216 000

（2）取消的建设项目发生的可行性研究费，按照实际发生金额，借记本科目（待核销基建支出），贷记本科目（待摊投资）。

【例 3-184】 市卫生学校拟建设 1 栋实验楼，发生可行性研究费用 50 000 元，可行性论证否定了建设实验楼的建议，经领导研究决定取消该建设项目，可行性研究费用转入待核销基建支出。

借：在建工程——待核销基建支出　　　　50 000
　贷：在建工程——待摊投资　　　　50 000

（3）由于自然灾害等原因发生的建设项目整体报废所形成的净损失，报经批准后转入待核销基建支出，按照项目整体报废所形成的净损失，借记本科目（待核销基建支出），按照报废工程回收的残料变价收入、保险公司赔款等，借记“银行存款”“其他应收款”等科目，按照报废的工程成本，贷记本科目（建筑安装工程投资等）。

【例 3-185】 市文化局在建的行政楼因洪灾而全部报废，“在建工程——建筑安装工程投资”的账面余额为 4 652 500 元，收到保险公司的赔款 3 000 000 元并存入银行，净损失 1 652 500 元转入待核销基建支出。

借：在建工程——待核销基建支出　　　　1 652 500
　　银行存款　　　　3 000 000
　贷：在建工程——建筑安装工程投资　　　　4 652 500

（4）建设项目竣工验收交付使用时，对发生的待核销基建支出进行冲销，借记“资产处置费用”科目，贷记本科目（待核销基建支出）。

【例 3-186】 接例 3-183，市卫生学校所建学生宿舍竣工验收交付使用时，对所发生的江河清障费用 216 000 元予以冲销。

借：资产处置费用　　　　216 000
　贷：在建工程——待核销基建支出　　　　216 000

6. 基建转出投资的核算。

为建设项目配套而建成的、产权不归属本单位的专用设施，在项目竣工验收交付使用时，按照转出的专用设施的成本，借记本科目（基建转出投资），贷记本科目（建筑安装工程投资）；同时，借记“无偿调拨净资产”科目，贷记本科目（基建转出投资）。

【例 3－187】市卫生学校为建设学生宿舍而配套建设的变电设施在建成后转给街道，变电设施的实际成本为 83 600 元。

借：在建工程——基建转出投资　　83 600

　贷：在建工程——建筑安装工程投资　　83 600

借：无偿调拨净资产　　83 600

　贷：在建工程——基建转出投资　　83 600

第八节　无形资产的管理与核算

无形资产是指行政事业单位控制的没有实物形态的可辨认非货币性资产，如专利权、商标权、著作权、土地使用权、非专利技术等。资产满足下列条件之一的，符合无形资产定义中的可辨认标准：（1）能够从单位中分离或者划分出来，并能单独或者与相关合同、资产或负债一起，用于出售、转移、授予许可、租赁或者交换。（2）源自合同性权利或其他法定权利，无论这些权利是否可以从单位或其他权利和义务中转移或者分离。

一、无形资产的确认和计量

（一）无形资产的确认

1. 无形资产同时满足下列条件的，应当予以确认：（1）与该无形资产相关的服务潜力很可能实现或者经济利益很可能流入单位；（2）该无形资产的成本或者价值能够可靠地计量。单位在判断无形资产的服务潜力或经济利益是否很可能实现或流入时，应当对无形资产在预计使用年限内可能存在的各种社会、经济、科技因素作出合理估计，并且应当有确凿的证据支持。

2. 单位购入的不构成相关硬件不可缺少组成部分的软件，应当确认为无形资产。

3. 单位自行研究开发项目的支出，应当区分研究阶段支出与开发阶段支出。研究是指为获取并理解新的科学或技术知识而进行的独创性的有计划调查。开发是指在进行生产或使用前，将研究成果或其他知识应用于某项计划或设计，以生产出新的或具有实质性改进的材料、装置、产品等。

4. 自行研究开发项目研究阶段的支出，应当于发生时计入当期费用。单位自行研究开发项目开发阶段的支出，先按合理方法进行归集，最终形成无形资产的，应当确认为无形资产，最终未形成无形资产的，应当计入当期费用。单位自行研究开发项目尚未进入开发阶段，或者确实无法区分研究阶段支出和开发阶段支出，但按法律程序已申请取得无形资产的，应当将依法取得时发生的注册费、聘请律师费等费用确认为无形资产。

5. 单位自创商誉及内部产生的品牌、报刊名等，不应确认为无形资产。

6. 与无形资产有关的后续支出，符合规定确认条件的，应当计入无形资产成本；不符合规定确认条件的，应当在发生时计入当期费用或者相关资产成本。

（二）无形资产的初始计量

无形资产在取得时应当按照成本进行初始计量，具体如下：

1. 单位外购的无形资产，其成本包括购买价款、相关税费以及可归属于该项资产达到预定用途前所发生的其他支出。单位委托软件公司开发的软件，视同外购无形资产确定其成本。

2. 单位自行开发的无形资产，其成本包括自该项目进入开发阶段后至达到预定用途前所发生的支出总额。

3. 单位通过置换取得的无形资产，其成本按照换出资产的评估价值加上支付的补价或减去收到的补价，加上换入无形资产发生的其他相关支出确定。

4. 单位接受捐赠的无形资产，其成本按照有关凭据注明的金额加上相关税费确定；没有相关凭据可供取得，但按规定经过资产评估的，其成本按照评估价值加上相关税费确定；没有相关凭据可供取得、也未经资产评估的，其成本比照同类或类似资产的市场价格加上相关税费确定；没有相关凭据且未经资产评估、同类或类似资产的市场价格也无法可靠取得的，按照名义金额入账，相关税费计入当期费用。

确定接受捐赠无形资产的初始入账成本时，应当考虑该项资产尚可为单位带来服务潜力或经济利益的能力。

5. 单位无偿调入的无形资产，其成本按照调出方账面价值加上相关税费确定。

（三）无形资产的摊销

1. 单位应当于取得或形成无形资产时合理确定其使用年限。无形资产的使用年限为有限的，应当估计该使用年限。无法预见无形资产为单位提供服务潜力或者带来经济利益的期限的，应当视为使用年限不确定的无形资产。

2. 单位应当对使用年限有限的无形资产进行摊销，但已摊销完毕仍继续使用的无形资产和以名义金额计量的无形资产除外。摊销是指在无形资产使用年限内，按照确定的方法对应摊销金额进行系统分摊。

3. 对于使用年限有限的无形资产，政府会计主体应当按照以下原则确定无形资产的摊销年限：(1) 法律规定了有效年限的，把法律规定的有效年限作为摊销年限；(2) 法律没有规定有效年限的，把相关合同或单位申请书中的受益年限作为摊销年限；(3) 法律没有规定有效年限、相关合同或单位申请书也没有规定受益年限的，应当根据无形资产为单位带来服务潜力或经济利益的实际情况，预计其使用年限；(4) 非大批量购入、单价小于 1 000 元的无形资产，可以于购买的当期将其成本一次性全部转销。

4. 单位应当按月对使用年限有限的无形资产进行摊销，并根据用途计入当期费用或者相关资产成本。

单位应当采用年限平均法或者工作量法对无形资产进行摊销，应摊销金额为其成本，不考虑预计残值。

5. 因发生后续支出而增加无形资产成本的，对于使用年限有限的无形资产，应当按照重新确定的无形资产成本以及重新确定的摊销年限计算摊销额。

6. 使用年限不确定的无形资产不应摊销。

（四）无形资产的处置

1. 单位按规定报经批准出售无形资产，应当将无形资产账面价值转销计入当期费用，并将处置收入大于相关处置税费后的差额按规定计入当期收入或者做应缴款项处理，将处置收入小于相关处置税费后的差额计入当期费用。

2. 单位按规定报经批准对外捐赠、无偿调出无形资产的，应当将无形资产的账面价值予以转销，对外捐赠、无偿调出中发生的归属于捐出方、调出方的相关费用应当计入当期费用。

3. 单位按规定报经批准以无形资产对外投资的，应当将该无形资产的账面价值予以转销，并将无形资产在对外投资时的评估价值与其账面价值的差额计入当期收入或费用。

4. 无形资产预期不能为单位带来服务潜力或者经济利益的，应当在报经批准后将该无形资产的账面价值予以转销。

（五）无形资产的披露

单位应当按照无形资产的类别在附注中披露与无形资产有关的下列信息：

1. 无形资产账面余额，累计摊销额，账面价值的期初、期末数及其本期变动情况。

2. 自行开发无形资产的名称、数量，以及账面余额和累计摊销额的变动情况。

3. 以名义金额计量的无形资产名称、数量，以及以名义金额计量的理由。

4. 接受捐赠、无偿调入无形资产的名称、数量等情况。

5. 使用年限有限的无形资产，其使用年限的估计情况；使用年限不确定的无形资产，其使用年限不确定的确定依据。

6. 无形资产出售、对外投资等重要资产处置的情况。

二、无形资产的核算

为核算无形资产的原值，设置“无形资产”（1701）科目。本科目期末借方余额，反映单位无形资产的成本。非大批量购入、单价小于 1 000 元的无形资产，可以于购买的当期将其成本直接计入当期费用。

本科目应当按照无形资产的类别、项目等进行明细核算。无形资产的主要账务处理如下所示。

（一）取得无形资产的核算

无形资产在取得时，应当按照成本进行初始计量。

1. 外购的无形资产，按照确定的成本，借记本科目，贷记“财政拨款收入”“零余额账户用款额度”“应付账款”“银行存款”等科目。

【例 3-188】 理工大学购入一项商标权，总价款为 102 000 元，以零余额账户用款额度支付。

借：无形资产　　102 000

　贷：零余额账户用款额度　　102 000

2. 委托软件公司开发软件，视同外购无形资产进行处理。合同中约定预付开发费用的，按照预付金额，借记“预付账款”科目，贷记“财政拨款收入”“零余额账户用款额度”“银行存款”等科目。软件开发完成交付使用并支付剩余或全部软件开发费用时，按照软件开发费用总额，借记本科目，按照相关预付账款金额，贷记“预付账款”科目，按照支付的剩余金额，贷记“财政拨款收入”“零余额账户用款额度”“银行存款”等科目。

【例 3-189】 理工大学委托软件公司开发一款教学软件，现软件开发已完成并交付使用。全部开发费用为 100 000 元，合同中约定预付开发费用为 20 000 元，余款 80 000 元以银行存款支付。

借：无形资产　　100 000

　贷：预付账款　　20 000

　　　银行存款　　80 000

3. 自行研究开发形成的无形资产的核算。

（1）自行研究开发形成的无形资产，按照研究开发项目进入开发阶段后至达到预定用途前所发生的支出总额，借记本科目，贷记“研发支出——开发支出”科目。

【例 3-190】 理工大学自行研究开发一项专利技术，从研究开发项目进入开发阶段后至达到预定用途前所发生的支出总额为 153 400 元。

借：无形资产　　153 400

　贷：研发支出——开发支出　　153 400

（2）自行研究开发项目尚未进入开发阶段，或者确实无法区分研究阶段支出和开发阶段支出，但按照法律程序已申请取得无形资产的，按照依法取得时发生的注册费、聘请律师费等费用，借记本科目，贷记“财政拨款收入”“零余额账户用款额度”“银行存款”等科目；按照依法取得前所发生的研究开发支出，借记“业务活动费用”等科目，贷记“研发支出”科目。

【例 3-191】 理工大学一支研究团队在进行材料抗冲击实验时开发出一种新型合成材料并申请了专利，由于无法区分研究阶段支出和开发阶段支出，按照依法取得时发生的注册费、聘请律师费等费用 16 000 元记账，费用以零余额账户用款额度支付。

借：无形资产　　16 000

　贷：零余额账户用款额度　　16 000

4. 接受捐赠的无形资产，按照确定的无形资产成本，借记本科目，按照发生的相关税费等，贷记“零余额账户用款额度”“银行存款”等科目，按照其差额，贷记“捐赠收入”科目。接受捐赠的无形资产按照名义金额入账的，按照名义金额，借记本科目，贷记“捐赠收入”科目；同时，按照发生的相关税费等，借记“其他费用”科目，贷记

“零余额账户用款额度”“银行存款”等科目。

【例 3－192】 理工大学接受某非政府组织捐赠的一项专利技术，该技术没有相关凭据，比照类似专利技术的市场价格，确定其成本为 80 000 元，相关税费为 1 000 元，以银行存款支付。

借：无形资产　　80 000
　贷：银行存款　　1 000
　　　捐赠收入　　79 000

5. 无偿调入的无形资产，按照确定的无形资产成本，借记本科目，按照发生的相关税费等，贷记“零余额账户用款额度”“银行存款”等科目，按照其差额，贷记“无偿调拨净资产”科目。

【例 3－193】 理工大学无偿调入一项专利技术，该技术估价为 100 000 元，相关税费为 2 000 元，以银行存款支付。

借：无形资产　　100 000
　贷：银行存款　　2 000
　　　捐赠收入　　98 000

6. 置换取得的无形资产，参照“库存物品”科目中置换取得库存物品的相关规定进行账务处理。无形资产取得时涉及增值税业务的，相关账务处理参见“应交增值税”科目。

（二）与无形资产有关的后续支出

1. 符合无形资产确认条件的后续支出。

（1）为增加无形资产的使用效能对其进行升级改造或扩展其功能时，如需暂停对无形资产进行摊销，按照无形资产的账面价值，借记“在建工程”科目，按照无形资产已摊销金额，借记“无形资产累计摊销”科目，按照无形资产的账面余额，贷记本科目。

【例 3－194】 接例 3－191，理工大学对自行研发的专利材料进行升级改造，需暂停对无形资产进行摊销，无形资产的账面余额为 16 000 元，无形资产累计摊销 1 125 元。

借：在建工程　　14 875
　　无形资产累计摊销　　1 125
　贷：无形资产　　16 000

（2）无形资产后续支出符合无形资产确认条件的，按照支出的金额，借记本科目［无须暂停摊销的］或“在建工程”科目［需暂停摊销的］，贷记“财政拨款收入”“零余额账户用款额度”“银行存款”等科目。

暂停摊销的无形资产升级改造或扩展功能等完成交付使用时，按照在建工程成本，借记本科目，贷记“在建工程”科目。

【例 3－195】 接例 3－191 和例 3－194，理工大学对自行研发的专利材料进行升级改造，发生支出 114 520 元，以零余额账户用款额度支付，升级改造完成并交付使用。

借：在建工程　　114 520
　贷：零余额账户用款额度　　114 520
借：无形资产　　129 395

贷：在建工程 129 395

2. 不符合无形资产确认条件的后续支出。

为保证无形资产正常使用发生的日常维护等支出，借记“业务活动费用”“单位管理费用”等科目，贷记“财政拨款收入”“零余额账户用款额度”“银行存款”等科目。

【例 3－196】 理工大学对教学软件进行日常维护，向软件公司支付费用 800 元，以库存现金支付。

借：业务活动费用 800

　贷：库存现金 800

（三）处置无形资产的核算

按照规定报经批准处置无形资产，应当分别按以下情况处理：

1. 报经批准出售、转让无形资产，按照被出售、转让无形资产的账面价值，借记“资产处置费用”科目，按照无形资产已计提的摊销，借记“无形资产累计摊销”科目，按照无形资产账面余额，贷记本科目；同时，按照收到的价款，借记“银行存款”等科目，按照处置过程中发生的相关费用，贷记“银行存款”等科目，按照其差额，贷记“应缴财政款”［按照规定应上缴无形资产转让净收入的］或“其他收入”［按照规定将无形资产转让收入纳入本单位预算管理的］科目。

【例 3－197】 报经批准，理工大学出售一项专利技术，无形资产账面余额为 529 000 元，无形资产累计摊销 218 430 元，取得转让收入 1 000 000 元并存入银行，交纳相关税费 9 600 元，以银行存款支付，无形资产转让收入按照规定纳入本单位预算管理。

借：资产处置费用 310 570

　　无形资产累计摊销 218 430

　贷：无形资产 529 000

借：银行存款 1 000 000

　贷：银行存款 9 600

　　　其他收入 990 400

2. 报经批准对外捐赠无形资产，按照无形资产已计提的摊销，借记“无形资产累计摊销”科目，按照被处置无形资产账面余额，贷记本科目，按照捐赠过程中发生的归属于捐出方的相关费用，贷记“银行存款”等科目，按照其差额，借记“资产处置费用”科目。

【例 3－198】 报经批准，理工大学对外捐赠一项专利权，无形资产账面余额为 133 500 元，无形资产累计摊销 36 773 元，过户费等费用为 1 500 元，以银行存款支付。

借：资产处置费用 98 227

　　无形资产累计摊销 36 773

　贷：无形资产 133 500

　　　银行存款 1 500

3. 报经批准无偿调出无形资产，按照无形资产已计提的摊销，借记“无形资产累计摊销”科目，按照被处置无形资产账面余额，贷记本科目，按照其差额，借记“无偿调拨净资产”科目；同时，按照无偿调出过程中发生的归属于调出方的相关费用，借记

“资产处置费用”科目，贷记“银行存款”等科目。

【例 3-199】 报经批准，理工大学无偿调出一块土地的使用权，无形资产账面余额为 122 569 800 元，土地一直没有投入使用，因而也未计提无形资产累计摊销，调出时发生律师咨询费 2 000 元，以银行存款支付。

借：无偿调拨净资产　　122 569 800

　贷：无形资产　　122 569 800

借：资产处置费用　　2 000

　贷：银行存款　　2 000

4. 报经批准置换换出无形资产，参照“库存物品”科目中置换换入库存物品的规定进行账务处理。

【例 3-200】 报经批准，理工大学用一项专利权置换实验用材料，材料的实际成本为 90 000 元，换出专利权的无形资产账面余额为 114 100 元，无形资产累计摊销 47 260 元，置换过程中发生相关支出 1 700 元，以银行存款支付，向对方支付差价 6 000 元，以银行存款支付，材料已验收入库。

借：库存物品　　90 000

　　无形资产累计摊销　　47 260

　贷：无形资产　　114 100

　　　银行存款　　7 700

　　　其他收入　　15 460

5. 无形资产预期不能为单位带来服务潜力或经济利益，按照规定报经批准核销时，按照待核销无形资产的账面价值，借记“资产处置费用”科目，按照已计提摊销，借记“无形资产累计摊销”科目，按照无形资产的账面余额，贷记本科目。

无形资产处置时涉及增值税业务的，相关账务处理参见“应交增值税”科目。

【例 3-201】 报经批准，理工大学将一项不能为单位带来经济利益的专利权予以核销，专利权的无形资产的账面余额为 63 610 元，无形资产累计摊销 13 226 元。

借：资产处置费用　　50 384

　　无形资产累计摊销　　13 226

　贷：无形资产　　63 610

（四）清查盘点无形资产的核算

单位应当定期对无形资产进行清查盘点，每年至少盘点一次。单位资产清查盘点过程中发现的无形资产盘盈、盘亏等，参照“固定资产”科目相关规定进行账务处理。

三、无形资产累计摊销的核算

为核算单位对使用年限有限的无形资产计提的累计摊销，设置“无形资产累计摊销”(1702) 科目。本科目期末贷方余额，反映单位计提的无形资产摊销累计数。

本科目应当按照所对应无形资产的明细分类进行明细核算，主要账务处理如下所示。

（一）对无形资产进行摊销时的核算

按月对无形资产进行摊销时，按照应摊销金额，借记“业务活动费用”“单位管理费用”“加工物品”“在建工程”等科目，贷记本科目。

【例 3-202】月末，理工大学对全校使用的无形资产进行摊销，专利权摊销额为 368 元，商标权摊销额为 289 元，土地使用权摊销额为 38 922 元，共计 39 579 元，计入单位管理费用科目。

借：单位管理费用	39 579	
贷：无形资产累计摊销——专利权		368
——商标权		289
——土地使用权		38 922

（二）处置无形资产时的核算

经批准处置无形资产时，按照所处置无形资产的账面价值，借记“资产处置费用”“无偿调拨净资产”“待处理财产损溢”等科目，按照已计提摊销，借记本科目，按照无形资产的账面余额，贷记“无形资产”科目。

【例 3-203】报经批准，理工大学核销一项商标权，无形资产累计摊销 67 950 元，无形资产账面余额为 88 700 元。

借：资产处置费用	20 750	
无形资产累计摊销	67 950	
贷：无形资产		88 700

四、研发支出的核算

为核算单位自行研究开发项目研究阶段和开发阶段发生的各项支出，设置“研发支出”（1703）科目。本科目期末借方余额，反映单位预计能达到预定用途的研究开发项目在开发阶段发生的累计支出数。建设项目中的软件研发支出应当通过“在建工程”科目核算，不通过本科目核算。

本科目应当按照自行研究开发项目，分别通过“研究支出”“开发支出”进行明细核算，主要账务处理如下所示。

（一）研究阶段支出的核算

1. 自行研究开发项目研究阶段的支出，应当先在本科目归集。按照从事研究及其辅助活动人员计提的薪酬，研究活动领用的库存物品，发生的与研究活动相关的管理费、间接费和其他各项费用，借记本科目（研究支出），贷记“应付职工薪酬”“库存物品”“财政拨款收入”“零余额账户用款额度”“固定资产累计折旧”“银行存款”等科目。

【例 3-204】理工大学自行研究开发燃料油能源转换专利技术，在研究阶段发生支出 6 785 436 元，其中研究及其辅助活动人员计提的薪酬为 3 568 900 元，领用的库存物品为 2 337 965 元，计提固定资产累计折旧 66 233 元，其他费用 812 338 元，以零余额账户用款额度支付。

借：研发支出——研究支出　　　6 785 436
　贷：应付职工薪酬　　　3 568 900
　　库存物品　　　2 337 965
　　固定资产累计折旧　　　66 233
　　零余额账户用款额度　　　812 338

2. 期（月）末，应当将本科目归集的研究阶段的支出金额转入当期费用，借记“业务活动费用”等科目，贷记本科目（研究支出）。

【例 3－205】 接例 3－204，理工大学将归集的研究阶段的支出 6 785 436 元转入当期费用。

借：业务活动费用　　　6 785 436
　贷：研发支出——研究支出　　　6 785 436

（二）开发阶段支出的核算

1. 自行研究开发项目开发阶段的支出，先通过本科目进行归集。按照从事开发及其辅助活动人员计提的薪酬，开发活动领用的库存物品，发生的与开发活动相关的管理费、间接费和其他各项费用，借记本科目（开发支出），贷记“应付职工薪酬”“库存物品”“财政拨款收入”“零余额账户用款额度”“固定资产累计折旧”“银行存款”等科目。

【例 3－206】 理工大学自行研究开发一项专利权，项目开发阶段支付职工薪酬 613 450 元。

借：研发支出——开发支出　　　613 450
　贷：应付职工薪酬　　　613 450

2. 自行研究开发项目完成，达到预定用途形成无形资产的，按照本科目归集的开发阶段的支出金额，借记“无形资产”科目，贷记本科目（开发支出）。

【例 3－207】 接例 3－206，理工大学自行研究开发的专利权项目完成，达到预定用途形成无形资产，开发支出金额共计 213 468 元。

借：无形资产　　　213 468
　贷：研发支出——开发支出　　　213 468

3. 单位应于每年年度终了评估研究开发项目能否达到预定用途，如预计不能达到预定用途（如无法最终完成开发项目并形成无形资产），应当将已发生的开发支出金额全部转入当期费用，借记“业务活动费用”等科目，贷记本科目（开发支出）。

【例 3－208】 年末，理工大学对各项研究开发项目进行评估，确定有一项技术无法达到预定用途，无法形成无形资产，开发支出金额 334 690 元全部转入当期费用。

借：业务活动费用　　　334 690
　贷：研发支出——开发支出　　　334 690

4. 自行研究开发项目时涉及增值税业务的，相关账务处理参见“应交增值税”科目。

第九节　公共基础设施管理与核算

政府经管资产是指由部门、单位和机构负责经营管理的公共产品，包括公共基础设施、政府储备物资、文物文化资产和保障性住房等。

公共基础设施是指单位为满足社会公共需求而控制的，同时具有以下特征的有形资产：（1）一个有形资产系统或网络的组成部分；（2）具有特定用途；（3）一般不可移动。公共基础设施主要包括市政基础设施（如城市道路、桥梁、隧道、公交站、路灯、广场、公园绿地、室外公共健身器材，以及环卫、排水、供水、供电、供气、供热、污水处理、垃圾处理系统等）、交通基础设施（如公路、航道、港口等）、水利基础设施（如大坝、堤防、水闸、泵站、渠道等）和其他公共基础设施。

下列各项适用于其他相关政府会计准则：（1）独立于公共基础设施、不构成公共基础设施使用不可缺少组成部分的管理维护用房屋建筑物、设备、车辆等，适用《政府会计准则第 3 号——固定资产》。（2）属于文物文化资产的公共基础设施，适用其他相关政府会计准则。（3）采用政府和社会资本合作模式（即 PPP 模式）形成的公共基础设施的确认和初始计量，适用其他相关政府会计准则。

一、公共基础设施的确认与计量

（一）公共基础设施的确认

1. 通常情况下，符合准则规定的公共基础设施应当由按规定对其负有管理维护职责的单位予以确认。多个单位共同管理维护的公共基础设施，应当由对该资产负有主要管理维护职责或者承担后续主要支出责任的单位予以确认。分为多个组成部分由不同单位分别管理维护的公共基础设施，应当由各个单位分别对其负责管理维护的公共基础设施的相应部分予以确认。负有管理维护公共基础设施职责的单位通过政府购买服务方式委托企业或其他会计主体代为管理维护公共基础设施的，该公共基础设施应当由委托方予以确认。

2. 公共基础设施同时满足下列条件的，应当予以确认：（1）与该公共基础设施相关的服务潜力很可能实现或者经济利益很可能流入单位；（2）该公共基础设施的成本或者价值能够可靠地计量。

3. 通常情况下，对于自建或外购的公共基础设施，单位应当在该项公共基础设施验收合格并交付使用时确认；对于无偿调入、接受捐赠的公共基础设施，单位应当在开始承担该项公共基础设施管理维护职责时确认。

4. 单位应当根据公共基础设施提供的公共产品或服务的性质或功能特征对其进行分类确认。公共基础设施的各组成部分具有不同使用年限或者以不同方式提供公共产品或服务，适用不同折旧率或折旧方法且可以分别确定各自原价的，应当分别将各组成部分确认为该类公共基础设施的一个单项公共基础设施。

5. 单位在购建公共基础设施时，能够分清购建成本中的构筑物部分与土地使用权部分的，应当将其中的构筑物部分和土地使用权部分分别确认为公共基础设施；不能分清购建成本中的构筑物部分与土地使用权部分的，应当整体确认为公共基础设施。

6. 公共基础设施在使用过程中发生的后续支出，符合《政府会计准则第 5 号——公共基础设施》第五条规定的确认条件的，应当计入公共基础设施成本；不符合《政府会计准则第 5 号——公共基础设施》第五条规定的确认条件的，应当在发生时计入当期费用。通常情况下，为增加公共基础设施使用效能或延长其使用年限而发生的改建、扩建等后续支出，应当计入公共基础设施成本；为维护公共基础设施的正常使用而发生的日常维修、养护等后续支出，应当计入当期费用。

（二）公共基础设施的初始计量

1. 公共基础设施在取得时应当按照成本进行初始计量，具体如下：

（1）单位自行建造的公共基础设施，其成本包括完成批准的建设内容所发生的全部必要支出，包括建筑安装工程投资支出、设备投资支出、待摊投资支出和其他投资支出。

（2）在原有公共基础设施基础上进行改建、扩建等建造活动后的公共基础设施，其成本按照原公共基础设施账面价值加上改建、扩建等建造活动发生的支出，再扣除公共基础设施被替换部分的账面价值后的金额确定。

（3）为建造公共基础设施借入的专门借款的利息，属于建设期间发生的，计入该公共基础设施在建工程成本；不属于建设期间发生的，计入当期费用。

（4）已交付使用但尚未办理竣工决算手续的公共基础设施，应当按照估计价值入账，待办理竣工决算后再按照实际成本调整原来的暂估价值。

2. 单位接受其他会计主体无偿调入的公共基础设施，其成本按照该项公共基础设施在调出方的账面价值加上归属于调入方的相关费用确定。

3. 单位接受捐赠的公共基础设施，其成本按照有关凭据注明的金额加上相关费用确定；没有相关凭据可供取得，但按规定经过资产评估的，其成本按照评估价值加上相关费用确定；没有相关凭据可供取得、也未经资产评估的，其成本比照同类或类似资产的市场价格加上相关费用确定。

如受赠的系旧的公共基础设施，在确定其初始入账成本时应当考虑该项资产的新旧程度。

4. 单位外购的公共基础设施，其成本包括购买价款、相关税费以及公共基础设施交付使用前所发生的可归属于该项资产的运输费、装卸费、安装费和专业人员服务费等。

5. 对于包括不同组成部分的公共基础设施，其只有总成本、没有单项组成部分成本的，单位可以按照各单项组成部分同类或类似资产的成本或市场价格比例对总成本进行分配，分别确定公共基础设施中各单项组成部分的成本。

（三）公共基础设施的折旧或摊销

1. 单位应当对公共基础设施计提折旧，但单位持续进行良好的维护使得其性能得到永久维持的公共基础设施和确认为公共基础设施的单独计价入账的土地使用权除外。公共基础设施应计提的折旧总额为其成本，计提公共基础设施折旧时不考虑预计净残值。单位应当对暂估入账的公共基础设施计提折旧，实际成本确定后不需调整原已计提的折旧额。

2. 单位应当根据公共基础设施的性质和使用情况，合理确定公共基础设施的折旧年限。单位确定公共基础设施折旧年限，应当考虑下列因素：（1）设计使用年限或设计基准期；（2）预计实现服务潜力或提供经济利益的期限；（3）预计有形损耗和无形损耗；（4）法律或者类似规定对资产使用的限制。

公共基础设施的折旧年限一经确定，不得随意变更，但处于改建、扩建等建造活动期间的公共基础设施除外。

对于单位接受无偿调入、捐赠的公共基础设施，应当考虑该项资产的新旧程度，按照其尚可使用的年限计提折旧。

3. 单位一般应当采用年限平均法或者工作量法计提公共基础设施折旧。在确定公共基础设施的折旧方法时，应当考虑与公共基础设施相关的服务潜力或经济利益的预期实现方式。公共基础设施折旧方法一经确定，不得随意变更。

4. 公共基础设施应当按月计提折旧，并计入当期费用。当月增加的公共基础设施，当月开始计提折旧；当月减少的公共基础设施，当月不再计提折旧。

5. 处于改建、扩建等建造活动期间的公共基础设施，应当暂停计提折旧。因改建、扩建等原因而延长公共基础设施使用年限的，应当按照重新确定的公共基础设施的成本和重新确定的折旧年限计算折旧额，不需调整原已计提的折旧额。

6. 公共基础设施提足折旧后，无论能否继续使用，均不再计提折旧；已提足折旧的公共基础设施，可以继续使用的，应当继续使用，并规范实物管理。提前报废的公共基础设施，不再补提折旧。

7. 对于确认为公共基础设施的单独计价入账的土地使用权，单位应当按照《政府会计准则第 4 号——无形资产》的相关规定进行摊销。

（四）公共基础设施的处置

1. 单位按规定报经批准无偿调出、对外捐赠公共基础设施的，应当将公共基础设施的账面价值予以转销，无偿调出、对外捐赠中发生的归属于调出方、捐出方的相关费用应当计入当期费用。

2. 公共基础设施报废或遭受重大毁损的，单位应当在报经批准后将公共基础设施账面价值予以转销，并将报废、毁损过程中取得的残值变价收入扣除相关费用后的差额按规定做应缴款项处理（差额为净收益时）或计入当期费用（差额为净损失时）。

（五）公共基础设施的披露

单位应当在附注中披露与公共基础设施有关的下列信息：（1）公共基础设施的分类和折旧方法。（2）各类公共基础设施的折旧年限及其确定依据。（3）各类公共基础设施账面余额，累计折旧额（或摊销额），账面价值的期初、期末数及其本期变动情况。（4）各类公共基础设施的实物量。(5) 公共基础设施在建工程的期初、期末金额及其增减变动情况。(6) 确认为公共基础设施的单独计价入账的土地使用权的账面余额、累计摊销额及其变动情况。(7) 已提足折旧继续使用的公共基础设施的名称、数量等情况。(8) 暂估入账的公共基础设施账面价值变动情况。(9) 无偿调入、接受捐赠的公共基础设施名称、数量等情况(包括未按照《政府会计准则第5号——公共基础设施》第十二条和第十三条规定计量并确认入账的公共基础设施的具体情况)。(10) 公共基础设施对外捐赠、无偿调出、报废、重大毁损等处置情况。(11) 公共基础设施年度维护费用和其他后续支出情况。

二、科目设置与账务处理

为核算单位控制的公共基础设施的原值,设置"公共基础设施"(1801) 科目。本科目期末借方余额,反映公共基础设施的原值。

本科目应当按照公共基础设施的类别、项目等进行明细核算。单位应当根据行业主管部门对公共基础设施的分类规定,制定适合于本单位管理的公共基础设施目录、分类方法,作为进行公共基础设施核算的依据。公共基础设施的主要账务处理如下所示。

(一)取得公共基础设施的核算

公共基础设施在取得时,应当按照其成本入账。

1. 自行建造的公共基础设施完工交付使用时,按照在建工程的成本,借记本科目,贷记"在建工程"科目。已交付使用但尚未办理竣工决算手续的公共基础设施,按照估计价值入账,待办理竣工决算后再按照实际成本调整原来的暂估价值。

【例 3-209】市交通局自行建造一座立交桥,工程成本为 1 654 390 000 元,已完工并交付使用。

借:公共基础设施　　1 654 390 000

　贷:在建工程　　1 654 390 000

2. 接受其他单位无偿调入的公共基础设施,按照确定的成本,借记本科目,按照发生的归属于调入方的相关费用,贷记"财政拨款收入""零余额账户用款额度""银行存款"等科目,按照其差额,贷记"无偿调拨净资产"科目。无偿调入的公共基础设施成本无法可靠取得的,按照发生的相关税费、运输费等金额,借记"其他费用"科目,贷记"财政拨款收入""零余额账户用款额度""银行存款"等科目。

【例 3-210】市交通局接管一段从省交通厅划拨下来的新建高速公路,公路建设成本为 28 944 820 000 元,发生相关费用 11 600 元,以零余额账户用款额度支付。

借:公共基础设施　　28 944 820 000

　贷:零余额账户用款额度　　11 600

　　无偿调拨净资产　　28 944 808 400

3. 接受捐赠的公共基础设施,按照确定的成本,借记本科目,按照发生的相关费用,贷记"财政拨款收入""零余额账户用款额度""银行存款"等科目,按照其差额,贷记“捐赠收入”科目。接受捐赠的公共基础设施成本无法可靠取得的，按照发生的相关税费等金额，借记“其他费用”科目，贷记“财政拨款收入”“零余额账户用款额度”“银行存款”等科目。

【例 3－211】市交通局接受民营企业 L 公司捐赠的码头，相关资料显示码头的建设成本为 9 758 226 000 元，发生相关费用 150 000 元，以财政直接支付方式付款。

借：公共基础设施　　9 758 226 000

　贷：财政拨款收入　　150 000

　　　捐赠收入　　9 758 076 000

4. 外购的公共基础设施，按照确定的成本，借记本科目，贷记“财政拨款收入”“零余额账户用款额度”“银行存款”等科目。

【例 3－212】市体育局购入民营企业 M 公司所建的一个体育场，用于市民的全民健身活动。体育场的建设成本为 557 420 000 元，以财政直接支付方式付款。

借：公共基础设施　　557 420 000

　贷：财政拨款收入　　557 420 000

5. 对于成本无法可靠取得的公共基础设施，单位应当设置备查簿进行登记，待成本能够可靠确定后按照规定及时入账。

（二）与公共基础设施有关的后续支出的核算

1. 将公共基础设施转入改建、扩建时，按照公共基础设施的账面价值，借记“在建工程”科目，按照公共基础设施已计提折旧，借记“公共基础设施累计折旧（摊销）”科目，按照公共基础设施的账面余额，贷记本科目。

【例 3－213】接例 3－211，市交通局对民营企业 L 公司捐赠的码头进行扩建，公共基础设施的账面价值为 9 758 226 000 元，已计提折旧 55 630 元，转入在建工程科目。

借：在建工程　　9 758 170 370

　　公共基础设施累计折旧　　55 630

　贷：公共基础设施　　9 758 226 000

2. 为增加公共基础设施使用效能或延长其使用年限而发生的改建、扩建等后续支出，借记“在建工程”科目，贷记“财政拨款收入”“零余额账户用款额度”“银行存款”等科目。公共基础设施改建、扩建完成，竣工验收交付使用时，按照在建工程成本，借记本科目，贷记“在建工程”科目。

【例 3－214】接例 3－211 和例 3－213，市交通局扩建码头，发生建设费用 3 654 973 000 元，以财政直接支付方式付款。项目完工并交付使用。

借：在建工程　　3 654 973 000

　贷：财政拨款收入　　3 654 973 000

借：公共基础设施　　13 413 143 370

　贷：在建工程　　13 413 143 370

3. 为保证公共基础设施正常使用发生的日常维修等支出，借记“业务活动费用”“单位管理费用”等科目，贷记“财政拨款收入”“零余额账户用款额度”“银行存款”等科目。

【例 3-215】市交通局对码头进行日常维护，发生维护费用 31 000 元，以零余额账户用款额度支付。

借：业务活动费用　　31 000
　贷：零余额账户用款额度　　31 000

（三）处置公共基础设施的核算

按照规定报经批准处置公共基础设施，分别按以下情况处理：

1. 报经批准对外捐赠公共基础设施，按照公共基础设施已计提的折旧或摊销，借记“公共基础设施累计折旧（摊销）”科目，按照被处置公共基础设施账面余额，贷记本科目，按照捐赠过程中发生的归属于捐出方的相关费用，贷记“银行存款”等科目，按照其差额，借记“资产处置费用”科目。

【例 3-216】市体育局处置一个网球场，该设施账面余额为 88 460 元，已计提折旧 63 771 元，发生处置费用 3 000 元，以银行存款支付。

借：资产处置费用　　27 689
　　公共基础设施累计折旧　　63 771
　贷：公共基础设施　　88 460
　　　银行存款　　3 000

2. 报经批准无偿调出公共基础设施，按照公共基础设施已计提的折旧或摊销，借记“公共基础设施累计折旧（摊销）”科目，按照被处置公共基础设施账面余额，贷记本科目，按照其差额，借记“无偿调拨净资产”科目；同时，按照无偿调出过程中发生的归属于调出方的相关费用，借记“资产处置费用”科目，贷记“银行存款”等科目。

【例 3-217】报经批准，市交通局无偿调出一座桥梁，桥梁的账面余额为 6 694 300 元，已计提折旧 2 645 200 元，发生相关费用 1 500 元，以银行存款支付。

借：无偿调拨净资产　　4 049 100
　　公共基础设施累计折旧　　2 645 200
　贷：公共基础设施　　6 694 300
借：资产处置费用　　1 500
　贷：银行存款　　1 500

（四）公共基础设施清查盘点的核算

单位应当定期对公共基础设施进行清查盘点。对于发生的公共基础设施盘盈、盘亏、毁损或报废，应当先记入“待处理财产损溢”科目，按照规定报经批准后及时进行后续账务处理。

1. 盘盈的公共基础设施，其成本按照有关凭据注明的金额确定；没有相关凭据、但按照规定经过资产评估的，其成本按照评估价值确定；没有相关凭据、也未经过评估的，其成本按照重置成本确定。盘盈的公共基础设施成本无法可靠取得的，单位应当设置备查簿进行登记，待成本确定后按照规定及时入账。盘盈的公共基础设施，按照确定的入账成本，借记本科目，贷记“待处理财产损溢”科目。

【例 3－218】 市体育局对公共基础设施进行清查盘点，盘盈一个小型篮球场，经资产评估确定其成本为 38 000 元。

借：公共基础设施　　　　　　　　　　38 000
　贷：待处理财产损溢　　　　　　　　　　38 000

2. 盘亏、毁损或报废的公共基础设施，按照待处置公共基础设施的账面价值，借记"待处理财产损溢"科目，按照已计提折旧或摊销，借记"公共基础设施累计折旧（摊销）"科目，按照公共基础设施的账面余额，贷记本科目。

【例 3－219】 市体育局经管的一个足球场毁损严重，经批准予以报废。设施的账面价值为 364 500 元，已计提折旧 339 200 元。

借：待处理财产损溢　　　　　　　　　25 300
　　公共基础设施累计折旧　　　　　　339 200
　贷：公共基础设施　　　　　　　　　　　364 500

三、公共基础设施累计折旧（摊销）的核算

为核算单位计提的公共基础设施累计折旧和累计摊销，设置"公共基础设施累计折旧（摊销）"（1802）科目。本科目期末贷方余额，反映单位提取的公共基础设施折旧和摊销的累计数。

本科目应当按照所对应公共基础设施的明细分类进行明细核算，主要账务处理如下所示。

（一）计提公共基础设施累计折旧的核算

按月计提公共基础设施折旧时，按照应计提的折旧额，借记"业务活动费用"科目，贷记本科目。

【例 3－220】 接例 3－214，月末，市交通局计提码头的本月累计折旧，折旧额为 55 888 097 元。

借：业务活动费用　　　　　　　　　　55 888 097
　贷：公共基础设施累计折旧——码头　　　55 888 097

（二）摊销土地使用权时的核算

按月对确认为公共基础设施的单独计价入账的土地使用权进行摊销时，按照应计提的摊销额，借记"业务活动费用"科目，贷记本科目。

【例 3－221】 市体育局对体育场的土地使用权进行单独计价入账，月末，土地使用权摊销额为 354 910 元。

借：业务活动费用　　　　　　　　　　354 910
　贷：公共基础设施累计摊销——土地使用权　354 910

（三）处置公共基础设施时的核算

处置公共基础设施时，按照所处置公共基础设施的账面价值，借记"资产处置费用"

“无偿调拨净资产”“待处理财产损溢”等科目，按照已提取的折旧和摊销，借记本科目，按照公共基础设施账面余额，贷记“公共基础设施”科目。

【例 3－222】 接例 3－218，市体育局对盘盈的小型篮球场进行处置，篮球场的账面余额为 38 000 元，已计提折旧 3 200 元。

借：待处理财产损溢　　34 800

　　公共基础设施累计折旧　　3 200

　贷：公共基础设施　　38 000

第十节　政府储备物资的管理与核算

政府储备物资是指单位为满足实施国家安全与发展战略、进行抗灾救灾、应对公共突发事件等特定公共需求而控制的，同时具有下列特征的有形资产：（1）在应对可能发生的特定事件或情形时动用；（2）其购入、存储保管、更新（轮换）、动用等由政府及相关部门发布的专门管理制度规范。政府储备物资包括战略及能源物资、抢险抗灾救灾物资、农产品、医药物资和其他重要商品物资，通常情况下由单位委托承储单位存储。

一、政府储备物资的确认与计量

（一）政府储备物资的确认

1. 通常情况下，符合规定的政府储备物资，应当由按规定对其负有行政管理职责的单位予以确认。行政管理职责主要是指提出或拟定收储计划、更新（轮换）计划、动用方案等。相关行政管理职责由不同单位行使的政府储备物资，由负责提出收储计划的单位予以确认。对政府储备物资不负有行政管理职责但接受委托具体负责执行其存储保管等工作的单位，应当将受托代储的政府储备物资作为受托代理资产核算。

2. 政府储备物资同时满足下列条件的，应当予以确认：（1）与该政府储备物资相关的服务潜力很可能实现或者经济利益很可能流入单位；（2）该政府储备物资的成本或者价值能够可靠地计量。

（二）政府储备物资的初始计量

政府储备物资在取得时应当按照成本进行初始计量。具体如下：

1. 单位购入的政府储备物资，其成本包括购买价款和单位承担的相关税费、运输费、装卸费、保险费、检测费以及使政府储备物资达到目前场所和状态所发生的归属于政府储备物资成本的其他支出。

2. 单位委托加工的政府储备物资，其成本包括委托加工前物料成本、委托加工的成本（如委托加工费以及按规定应计入委托加工政府储备物资成本的相关税费等）以及单位承担的使政府储备物资达到目前场所和状态所发生的归属于政府储备物资成本的其他支出。

3. 单位接受捐赠的政府储备物资，其成本按照有关凭据注明的金额加上单位承担的相关税费、运输费等确定；没有相关凭据可供取得，但按规定经过资产评估的，其成本按照评估价值加上单位承担的相关税费、运输费等确定；没有相关凭据可供取得、也未经资产评估的，其成本比照同类或类似资产的市场价格加上单位承担的相关税费、运输费等确定。

4. 单位接受无偿调入的政府储备物资，其成本按照调出方账面价值加上归属于单位的相关税费、运输费等确定。

5. 下列各项不计入政府储备物资成本：(1) 仓储费用；(2) 日常维护费用；(3) 不能归属于使政府储备物资达到目前场所和状态所发生的其他支出。

6. 单位盘盈的政府储备物资，其成本按照有关凭据注明的金额确定；没有相关凭据，但按规定经过资产评估的，其成本按照评估价值确定；没有相关凭据、也未经资产评估的，其成本按照重置成本确定。

（三）政府储备物资的后续计量

1. 单位应当根据实际情况采用先进先出法、加权平均法或者个别计价法确定政府储备物资发出的成本。计价方法一经确定，不得随意变更。对于性质和用途相似的政府储备物资，单位应当采用相同的成本计价方法确定发出物资的成本。对于不能替代使用的政府储备物资、为特定项目专门购入或加工的政府储备物资，单位通常应采用个别计价法确定发出物资的成本。

2. 因动用而发出无须收回的政府储备物资的，单位应当在发出物资时将其账面余额予以转销，计入当期费用。

3. 因动用而发出需要收回或者预期可能收回的政府储备物资的，单位应当在按规定的质量验收标准收回物资时，将未收回物资的账面余额予以转销，计入当期费用。

4. 因行政管理主体变动等原因而将政府储备物资调拨给其他主体的，单位应当在发出物资时将其账面余额予以转销。

5. 单位对外销售政府储备物资的，应当在发出物资时将其账面余额转销计入当期费用，并按规定确认相关销售收入或将销售取得的价款大于所承担的相关税费后的差额做应缴款项处理。

6. 单位采取销售采购方式对政府储备物资进行更新（轮换）的，应当将物资轮出视为物资销售，按照《政府会计准则第 6 号——政府储备物资》第十八条规定处理；将物资轮入视为物资采购，按照《政府会计准则第 6 号——政府储备物资》第八条规定处理。

7. 政府储备物资报废、毁损的，单位应当按规定报经批准后将报废、毁损的政府储备物资的账面余额予以转销，确认应收款项（确定追究相关赔偿责任的）或计入当期费用（因储存年限到期报废或非人为因素致使报废、毁损的）；同时，将报废、毁损过程中取得的残值变价收入扣除单位承担的相关费用后的差额按规定作应缴款项处理（差额为净收益时）或计入当期费用（差额为净损失时）。

8. 政府储备物资盘亏的，单位应当按规定报经批准后将盘亏的政府储备物资的账面余额予以转销，确定追究相关赔偿责任的，确认应收款项；属于正常耗费或不可抗力因素造成的，计入当期费用。

（四）政府储备物资的披露

单位应当在附注中披露与政府储备物资有关的下列信息：（1）各类政府储备物资的期初和期末账面余额。（2）因动用而发出需要收回或者预期可能收回，但期末尚未收回的政府储备物资的账面余额。（3）确定发出政府储备物资成本所采用的方法。（4）其他有关政府储备物资变动的重要信息。

二、科目设置与账务处理

为核算单位控制的政府储备物资的成本，设置“政府储备物资”（1811）科目。本科目期末借方余额，反映政府储备物资的成本。对政府储备物资不负有行政管理职责但接受委托具体负责执行其存储保管等工作的单位，其受托代储的政府储备物资应当通过“受托代理资产”科目核算，不通过本科目核算。

本科目应当按照政府储备物资的种类、品种、存放地点等进行明细核算。单位根据需要，可在本科目下设置“在库”“发出”等明细科目进行明细核算。政府储备物资的主要账务处理如下所示。

（一）取得政府储备物资时的核算

政府储备物资在取得时，应当按照其成本入账。

1. 购入的政府储备物资验收入库，按照确定的成本，借记本科目，贷记“财政拨款收入”“零余额账户用款额度”“银行存款”等科目。

【例 3 - 223】 省疾病预防控制中心为应付突发性公共卫生事件而购入一批医疗物资，物资价款为 155 429 600 元，应交增值税为 20 205 848 元，运输装卸费为 38 400 元，保险费为 2 000 元，检测费为 17 000 元，共计 175 692 848 元，以财政直接支付方式付款，物资已验收入库。

借：政府储备物资　　175 692 848

　贷：财政拨款收入　　175 692 848

2. 涉及委托加工政府储备物资业务的，相关账务处理参照“加工物品”科目。

3. 接受捐赠的政府储备物资验收入库，按照确定的成本，借记本科目，按照单位承担的相关税费、运输费等，贷记“零余额账户用款额度”“银行存款”等科目，按照其差额，贷记“捐赠收入”科目。

【例 3 - 224】 省疾病预防控制中心接受一位民营企业家捐赠的应急卫生物资，相关凭据显示该批物资的成本为 3 000 000 元，相关税费和运输费用共计 24 000 元，以零余额账户用款额度支付，物资已验收入库。

借：政府储备物资　　3 000 000

　贷：零余额账户用款额度　　24 000

　　捐赠收入　　2 976 000

4. 接受无偿调入的政府储备物资验收入库，按照确定的成本，借记本科目，按照单位承担的相关税费、运输费等，贷记“零余额账户用款额度”“银行存款”等科目，按照其差额，贷记“无偿调拨净资产”科目。

【例3-225】 省疾病预防控制中心接受一批无偿调入物资，物资成本为34 527 300元，相关税费和运输费等共计11 500元，以零余额账户用款额度支付。

借：政府储备物资　　34 527 300
　贷：零余额账户用款额度　　11 500
　　无偿调拨净资产　　34 515 800

（二）发出政府储备物资时的核算

1. 因动用而发出无须收回的政府储备物资的，按照发出物资的账面余额，借记“业务活动费用”科目，贷记本科目。

【例3-226】 省疾病预防控制中心发出一批医疗物资用于甲型H1N1流感防治，物资成本为400 000元。

借：业务活动费用　　400 000
　贷：政府储备物资　　400 000

2. 因动用而发出需要收回或者预期可能收回的政府储备物资的，在发出物资时，按照发出物资的账面余额，借记本科目（发出），贷记本科目（在库）；按照规定的质量验收标准收回物资时，按照收回物资的原账面余额，借记本科目（在库），按照未收回物资的原账面余额，借记“业务活动费用”科目，按照物资发出时登记在本科目所属“发出”明细科目中的余额，贷记本科目（发出）。

【例3-227】 省疾病预防控制中心发出一批医疗设备用于甲型H1N1流感诊断，按规定用后收回。发出设备100台，每台9 965元，共计996 500元。按照规定的质量验收标准收回96台，账面余额合计956 640元；未收回的4台设备的账面余额合计39 860元。

借：政府储备物资——发出　　996 500
　贷：政府储备物资——在库　　996 500
借：政府储备物资——在库　　956 640
　　业务活动费用　　39 860
　贷：政府储备物资——发出　　996 500

3. 因行政管理主体变动等原因而将政府储备物资调拨给其他主体的，按照无偿调出政府储备物资的账面余额，借记“无偿调拨净资产”科目，贷记本科目。

【例3-228】 因机构改革而发生管理主体变动，省疾病预防控制中心将部分储备物资无偿调拨给民政厅，该批物资的账面余额为7 500 000元。

借：无偿调拨净资产　　7 500 000
　贷：政府储备物资　　7 500 000

4. 对外销售政府储备物资并将销售收入纳入单位预算统一管理的，发出物资时，按照发出物资的账面余额，借记“业务活动费用”科目，贷记本科目；实现销售收入时，按照确认的收入金额，借记“银行存款”“应收账款”等科目，贷记“事业收入”等科目。

【例 3－229】 省疾病预防控制中心对外销售一批政府储备物资并纳入单位预算统一管理。发出物资的账面余额为 1 360 000 元，取得销售收入 1 500 000 元，款项已存入银行。

借：业务活动费用　　1 360 000
　贷：政府储备物资　　1 360 000
借：银行存款　　1 500 000
　贷：事业收入　　1 500 000

5. 对外销售政府储备物资并按照规定将销售净收入上缴财政的，发出物资时，按照发出物资的账面余额，借记“资产处置费用”科目，贷记本科目；取得销售价款时，按照实际收到的款项金额，借记“银行存款”等科目，按照发生的相关税费，贷记“银行存款”等科目，按照销售价款大于所承担的相关税费后的差额，贷记“应缴财政款”科目。

【例 3－230】 省疾病预防控制中心对外销售一批政府储备物资并按照规定将销售净收入上缴财政，发出物资的账面余额为 2 520 000 元，取得销售价款 2 600 000 元存入银行，以银行存款支付相关费用 3 000 元。

借：资产处置费用　　2 520 000
　贷：政府储备物资　　2 520 000
借：银行存款　　2 600 000
　贷：银行存款　　3 000
　　　应缴财政款　　2 597 000

（三）清查盘点政府储备物资的核算

单位应当定期对政府储备物资进行清查盘点，每年至少盘点一次。对于发生的政府储备物资盘盈、盘亏或者报废、毁损，应当先记入“待处理财产损溢”科目，按照规定报经批准后及时进行后续账务处理。

1. 盘盈的政府储备物资，按照确定的入账成本，借记本科目，贷记“待处理财产损溢”科目。

【例 3－231】 省疾病预防控制中心盘盈 5 箱政府储备医疗材料，每箱估价 21 200 元，共计 106 000 元。

借：政府储备物资　　106 000
　贷：待处理财产损溢　　106 000

2. 盘亏或者毁损、报废的政府储备物资，按照待处理政府储备物资的账面余额，借记“待处理财产损溢”科目，贷记本科目。

【例 3－232】 接例 3－227，省疾病预防控制中心盘亏 1 台用于甲型 H1N1 流感诊断的医疗设备，设备的账面余额为 9 965 元。

借：待处理财产损溢　　9 965
　贷：政府储备物资　　9 965

第十一节　文物文化资产和保障性住房的核算

一、文物文化资产的核算

为核算单位为满足社会公共需求而控制的文物文化资产的成本，设置“文物文化资产”（1821）科目。本科目期末借方余额，反映文物文化资产的成本。单位为满足自身开展业务活动或其他活动需要而控制的文物和陈列品，应当通过“固定资产”科目核算，不通过本科目核算。

本科目应当按照文物文化资产的类别、项目等进行明细核算，主要账务处理如下所示。

（一）取得文物文化资产时的核算

文物文化资产在取得时，应当按照其成本入账。

1. 外购的文物文化资产，其成本包括购买价款、相关税费以及可归属于该项资产达到预定用途前所发生的其他支出（如运输费、安装费、装卸费等）。外购的文物文化资产，按照确定的成本，借记本科目，贷记“财政拨款收入”“零余额账户用款额度”“银行存款”等科目。

【例 3-233】 市自然博物馆购入一块古化石，购买价款为 21 000 元，相关税费为 500 元，以零余额账户用款额度支付。

借：文物文化资产	21 500	
贷：零余额账户用款额度		21 500

2. 接受其他单位无偿调入的文物文化资产，其成本按照该项资产在调出方的账面价值加上归属于调入方的相关费用确定。调入的文物文化资产，按照确定的成本，借记本科目，按照发生的归属于调入方的相关费用，贷记“零余额账户用款额度”“银行存款”等科目，按照其差额，贷记“无偿调拨净资产”科目。无偿调入的文物文化资产成本无法可靠取得的，按照发生的归属于调入方的相关费用，借记“其他费用”科目，贷记“零余额账户用款额度”“银行存款”等科目。

【例 3-234】 市自然博物馆接受省博物馆无偿调入的一个古生物标本，该标本的调出方账面价值为 4 100 元，发生运输费用 2 000 元，以银行存款支付。

借：文物文化资产	4 100	
贷：银行存款		2 000
无偿调拨净资产		2 100

3. 接受捐赠的文物文化资产，其成本按照有关凭据注明的金额加上相关费用确定；没有相关凭据可供取得，但按照规定经过资产评估的，其成本按照评估价值加上相关费用确定；没有相关凭据可供取得、也未经评估的，其成本比照同类或类似资产的市场价格加上相关费用确定。接受捐赠的文物文化资产，按照确定的成本，借记本科目，按照

发生的相关税费、运输费等金额，贷记“零余额账户用款额度”“银行存款”等科目，按照其差额，贷记“捐赠收入”科目。接受捐赠的文物文化资产成本无法可靠取得的，按照发生的相关税费、运输费等金额，借记“其他费用”科目，贷记“零余额账户用款额度”“银行存款”等科目。

【例 3-235】 市自然博物馆接受一位民营企业家捐赠的出土的明代陶罐，经资产评估，该陶罐价值 50 000 元，资产评估费为 1 000 元，以零余额账户用款额度支付。

借：文物文化资产　　50 000
　贷：零余额账户用款额度　　1 000
　　　捐赠收入　　49 000

4. 对于成本无法可靠取得的文物文化资产，单位应当设置备查簿进行登记，待成本能够可靠确定后按照规定及时入账。与文物文化资产有关的后续支出，参照“公共基础设施”科目相关规定进行处理。

（二）处置文物文化资产时的核算

按照规定报经批准处置文物文化资产，应当分别按以下情况处理：

1. 报经批准对外捐赠文物文化资产，按照被处置文物文化资产账面余额和捐赠过程中发生的归属于捐出方的相关费用合计数，借记“资产处置费用”科目，按照被处置文物文化资产账面余额，贷记本科目，按照捐赠过程中发生的归属于捐出方的相关费用，贷记“银行存款”等科目。

【例 3-236】 经批准，市自然博物馆向新成立的 A 县博物馆捐赠一个古生物标本，标本的账面余额为 13 000 元，由本单位承担的运输费为 500 元，以库存现金支付。

借：资产处置费用　　13 500
　贷：文物文化资产　　13 000
　　　库存现金　　500

2. 报经批准无偿调出文物文化资产，按照被处置文物文化资产账面余额，借记“无偿调拨净资产”科目，贷记本科目；同时，按照无偿调出过程中发生的归属于调出方的相关费用，借记“资产处置费用”科目，贷记“银行存款”等科目。

【例 3-237】 经批准，市自然博物馆向 L 市博物馆无偿调出一块陨石，账面余额为 65 400 元，发生相关费用 100 元，以库存现金支付。

借：无偿调拨净资产　　65 400
　贷：文物文化资产　　65 400
借：资产处置费用　　100
　贷：库存现金　　100

（三）文物文化资产盘点的核算

单位应当定期对文物文化资产进行清查盘点，每年至少盘点一次。对于发生的文物文化资产盘盈、盘亏、毁损或报废等，参照“公共基础设施”科目相关规定进行账务处理。

二、保障性住房的核算

为核算单位为满足社会公共需求而控制的保障性住房的原值，设置“保障性住房”（1831）科目。本科目期末借方余额，反映保障性住房的原值。

本科目应当按照保障性住房的类别、项目等进行明细核算，主要账务处理如下所示。

（一）取得保障性住房时的核算

保障性住房在取得时，应当按其成本入账。

1. 外购的保障性住房，其成本包括购买价款、相关税费以及可归属于该项资产达到预定用途前所发生的其他支出。外购的保障性住房，按照确定的成本，借记本科目，贷记“财政拨款收入”“零余额账户用款额度”“银行存款”等科目。

【例 3－238】市住房保障中心购入 10 套商品房用于出租给低收入家庭，房屋价款为 11 225 000 元，相关税费为 11 200 元，以财政直接支付方式付款。

借：保障性住房　　　　11 236 200

　贷：财政拨款收入　　　　11 236 200

2. 自行建造的保障性住房交付使用时，按照在建工程成本，借记本科目，贷记“在建工程”科目。已交付使用但尚未办理竣工决算手续的保障性住房，按照估计价值入账，待办理竣工决算后再按照实际成本调整原来的暂估价值。

【例 3－239】市住房保障中心自行建造两栋保障性住房，在建工程成本为 57 421 900 元，工程完工，验收合格后交付使用。

借：保障性住房　　　　57 421 900

　贷：在建工程　　　　57 421 900

3. 接受其他单位无偿调入的保障性住房，其成本按照该项资产在调出方的账面价值加上归属于调入方的相关费用确定。无偿调入的保障性住房，按照确定的成本，借记本科目，按照发生的归属于调入方的相关费用，贷记“零余额账户用款额度”“银行存款”等科目，按照其差额，贷记“无偿调拨净资产”科目。

【例 3－240】市住房保障中心接受 5 套从科技局无偿调入的房屋，房屋在调出方的账面价值为 614 800 元，过户费等相关费用共计 500 元，以库存现金支付。

借：保障性住房　　　　614 800

　贷：库存现金　　　　500

　　　无偿调拨净资产　　　　614 300

4. 接受捐赠、融资租赁取得的保障性住房，参照“固定资产”科目相关规定进行处理。

（二）与保障性住房有关的后续支出的核算

与保障性住房有关的后续支出，参照“固定资产”科目相关规定进行处理。

（三）出租保障性住房并将出租收入上缴同级财政的核算

按照规定出租保障性住房并将出租收入上缴同级财政，按照收取的租金金额，借记"银行存款"等科目，贷记"应缴财政款"科目。

【例 3－241】市住房保障中心收到保障性住房住户缴来的房租收入 6 000 元并存入银行。

借：银行存款　　　　　　　　　　　6 000
　贷：应缴财政款　　　　　　　　　　　6 000

（四）处置保障性住房的核算

1. 报经批准无偿调出保障性住房，按照保障性住房已计提的折旧，借记"保障性住房累计折旧"科目，按照被处置保障性住房账面余额，贷记本科目，按照其差额，借记"无偿调拨净资产"科目；同时，按照无偿调出过程中发生的归属于调出方的相关费用，借记"资产处置费用"科目，贷记"银行存款"等科目。

【例 3－242】报经批准，市住房保障中心无偿调出 3 套保障性住房，住房的账面余额为 1 400 000 元，已计提折旧 361 200 元，发生相关费用 3 000 元，以银行存款支付。

借：无偿调拨净资产　　　　　　　　1 038 800
　　保障性住房累计折旧　　　　　　　361 200
　贷：保障性住房　　　　　　　　　　　1 400 000
借：资产处置费用　　　　　　　　　　3 000
　贷：银行存款　　　　　　　　　　　　　3 000

2. 报经批准出售保障性住房，按照被出售保障性住房的账面价值，借记"资产处置费用"科目，按照保障性住房已计提的折旧，借记"保障性住房累计折旧"科目，按照保障性住房账面余额，贷记本科目；同时，按照收到的价款，借记"银行存款"等科目，按照出售过程中发生的相关费用，贷记"银行存款"等科目，按照其差额，贷记"应缴财政款"科目。

【例 3－243】报经批准，市住房保障中心向符合条件的承租家庭出售保障性住房 1 套，保障性住房的账面余额为 294 300 元，已计提折旧 55 730 元，收到价款 400 000 元，并存入银行。

借：资产处置费用　　　　　　　　　238 570
　　保障性住房累计折旧　　　　　　　55 730
　贷：保障性住房　　　　　　　　　　　　294 300
借：银行存款　　　　　　　　　　　400 000
　贷：应缴财政款　　　　　　　　　　　　400 000

（五）清查盘点保障性住房的核算

单位应当定期对保障性住房进行清查盘点。对于发生的保障性住房盘盈、盘亏、毁损或报废等，参照"固定资产"科目相关规定进行账务处理。

三、保障性住房累计折旧的核算

为核算单位计提的保障性住房的累计折旧，设置“保障性住房累计折旧”（1832）科目。本科目期末贷方余额，反映单位计提的保障性住房折旧累计数。

本科目应当按照所对应保障性住房的类别进行明细核算。单位应当参照《政府会计准则第 3 号——固定资产》及其应用指南的相关规定，按月对其控制的保障性住房计提折旧。保障性住房累计折旧的主要账务处理如下所示。

（一）计提保障性住房折旧的核算

按月计提保障性住房折旧时，按照应计提的折旧额，借记“业务活动费用”科目，贷记本科目。

【例 3-244】月末，市住房保障中心计提本月的保障性住房的折旧额 125 120 元。

借：业务活动费用　　　　125 120
　贷：保障性住房累计折旧　　　　125 120

（二）处置保障性住房时的核算

报经批准处置保障性住房时，按照所处置保障性住房的账面价值，借记“资产处置费用”“无偿调拨净资产”“待处理财产损溢”等科目，按照已计提折旧，借记本科目，按照保障性住房的账面余额，贷记“保障性住房”科目。

【例 3-245】报经批准，市住房保障中心报废一栋保障性住宅，用于原地重建新的保障性住房。这栋楼的账面余额为 1 169 200 元，已计提折旧 743 150 元。

借：待处理财产损溢　　　　426 050
　　保障性住房累计折旧　　　　743 150
　贷：保障性住房　　　　1 169 200

第十二节　其他资产的管理与核算

一、待摊费用的核算

为核算单位已经支付，但应当由本期和以后各期分别负担的分摊期在 1 年以内（含 1 年）的各项费用，如预付航空保险费、预付租金等，设置“待摊费用”（1401）科目。本科目期末借方余额，反映单位各种已支付但尚未摊销的分摊期在 1 年以内（含 1 年）的费用。摊销期限在 1 年以上的租入固定资产改良支出和其他费用，应当通过“长期待摊费用”科目核算，不通过本科目核算。待摊费用应当在其受益期限内分期平均摊销，如预付航空保险费应在保险期的有效期内、预付租金应在租赁期内分期平均摊销，计入当期费用。

本科目应当按照待摊费用种类进行明细核算，主要账务处理如下所示。

（一）发生待摊费用时的核算

发生待摊费用时，按照实际预付的金额，借记本科目，贷记“财政拨款收入”“零余额账户用款额度”“银行存款”等科目。

【例 3－246】市中心小学支付本年取暖费 54 860 元，以零余额账户用款额度支付。

借：待摊费用　　　　54 860

　贷：零余额账户用款额度　　　　54 860

（二）摊销待摊费用的核算

按照受益期限分期平均摊销时，按照摊销金额，借记“业务活动费用”“单位管理费用”“经营费用”等科目，贷记本科目。

【例 3－247】接例 3－246，市中心小学所支付的本年取暖费为 54 860 元，分 5 个月摊销，每月摊销额为 10 972 元，月末予以摊销。

借：业务活动费用　　　　10 972

　贷：待摊费用　　　　10 972

（三）冲转待摊费用的核算

如果某项待摊费用已经不能使单位受益，应当将其摊余金额一次全部转入当期费用。按照摊销金额，借记“业务活动费用”“单位管理费用”“经营费用”等科目，贷记本科目。

【例 3－248】接例 3－246 和例 3－247，为改善空气质量，市里统一实行了煤改气工程，市中心小学取暖与原来所交纳的取暖费无关，尚有 21 944 元摊余金额，一次全部转入当期费用。

借：业务活动费用　　　　21 944

　贷：待摊费用　　　　21 944

二、长期待摊费用的核算

为核算单位已经支出，但应由本期和以后各期负担的分摊期限在 1 年以上（不含 1 年）的各项费用，如以经营租赁方式租入的固定资产发生的改良支出等，设置“长期待摊费用”（1901）科目。本科目期末借方余额，反映单位尚未摊销完毕的长期待摊费用。

本科目应当按照费用项目进行明细核算，主要账务处理如下所示。

（一）发生长期待摊费用时的核算

发生长期待摊费用时，按照支出金额，借记本科目，贷记“财政拨款收入”“零余额账户用款额度”“银行存款”等科目。

【例 3－249】市中心小学以经营租赁方式租入一台大型教学设备，一次性支付租金

21 600 元，以银行存款支付。摊销期为 18 个月，每月 1 200 元。

借：长期待摊费用　　　　　　　　　　　　21 600
　贷：银行存款　　　　　　　　　　　　　　21 600

（二）摊销长期待摊费用时的核算

按照受益期间摊销长期待摊费用时，按照摊销金额，借记“业务活动费用”“单位管理费用”“经营费用”等科目，贷记本科目。

【例 3－250】 接例 3－249，月末，市中心小学摊销本月的大型教学设备租金 1 200 元。

借：业务活动费用　　　　　　　　　　　　1 200
　贷：长期待摊费用　　　　　　　　　　　　1 200

（三）冲转长期待摊费用的核算

如果某项长期待摊费用已经不能使单位受益，应当将其摊余金额一次全部转入当期费用。按照摊销金额，借记“业务活动费用”“单位管理费用”“经营费用”等科目，贷记本科目。

【例 3－251】 接例 3－249 和例 3－250，市中心小学收到一台无偿调入的、功能更加强大的教学设备来替代原有的经营租入设备，原租入设备租金摊余金额为 4 800 元，一次全部转入当期费用。

借：业务活动费用　　　　　　　　　　　　4 800
　贷：长期待摊费用　　　　　　　　　　　　4 800

三、受托代理资产的核算

为核算单位接受委托方委托管理的各项资产，包括受托指定转赠的物资、受托存储保管的物资等的成本，设置“受托代理资产”（1891）科目。本科目期末借方余额，反映单位受托代理实物资产的成本。本科目单位管理的罚没物资也应当通过本科目核算。单位收到的受托代理资产为现金和银行存款的，不通过本科目核算，应当通过“库存现金”“银行存款”科目进行核算。

本科目应当按照资产的种类和委托人进行明细核算；属于转赠资产的，还应当按照受赠人进行明细核算，主要账务处理如下所示。

（一）受托转赠物资的核算

1. 接受委托人委托需要转赠给受赠人的物资，其成本按照有关凭据注明的金额确定。接受委托转赠的物资验收入库，按照确定的成本，借记本科目，贷记“受托代理负债”科目。受托协议约定由受托方承担相关税费、运输费等的，还应当按照实际支付的相关税费、运输费等金额，借记“其他费用”科目，贷记“银行存款”等科目。

【例 3－252】 区民政局接受民营企业家委托向低收入家庭转赠资助物资一批，有关凭证显示该批物资的价款为 300 000 元，发生运输费 2 200 元，以银行存款支付。

借：受托代理资产　　300 000

　贷：受托代理负债　　300 000

借：其他费用　　2 200

　贷：银行存款　　2 200

2. 将受托转赠物资交付受赠人时，按照转赠物资的成本，借记“受托代理负债”科目，贷记本科目。

【例 3 - 253】 区民政局将价值 126 000 元的受托转赠物资交付给第一批家庭。

借：受托代理负债　　126 000

　贷：受托代理资产　　126 000

3. 转赠物资的委托人取消了对捐赠物资的转赠要求，且不再收回捐赠物资的，应当将转赠物资转为单位的存货、固定资产等。按照转赠物资的成本，借记“受托代理负债”科目，贷记本科目；同时，借记“库存物品”“固定资产”等科目，贷记“其他收入”科目。

【例 3 - 254】 接例 3 - 252 和例 3 - 253，在区民政局转赠了共计 260 000 元的受托物资后，委托人取消了对剩余的 40 000 元捐赠物资的转赠要求且不再收回。

借：受托代理负债　　40 000

　贷：受托代理资产　　40 000

借：库存物品　　40 000

　贷：其他收入　　40 000

（二）受托存储保管物资的核算

1. 接受委托人委托存储保管的物资，其成本按照有关凭据注明的金额确定。接受委托储存的物资验收入库，按照确定的成本，借记本科目，贷记“受托代理负债”科目。发生由受托单位承担的与受托存储保管的物资相关的运输费、保管费等费用时，按照实际发生的费用金额，借记“其他费用”等科目，贷记“银行存款”等科目。

【例 3 - 255】 区民政局接受某非政府组织委托存储保管救灾物资，有关凭据注明该批物资的价款为 253 000 元，仓库租赁费为 1 000 元，以银行存款支付。

借：受托代理资产　　253 000

　贷：受托代理负债　　253 000

借：其他费用　　1 000

　贷：银行存款　　1 000

2. 根据委托人要求交付或发出受托存储保管的物资时，按照发出物资的成本，借记“受托代理负债”科目，贷记本科目。

【例 3 - 256】 接例 3 - 255，根据委托人的要求，区民政局将受托存储保管的物资全部发放给灾民。

借：受托代理负债　　253 000

　贷：受托代理资产　　253 000

（三）罚没物资的核算

1. 取得罚没物资时，其成本按照有关凭据注明的金额确定。罚没物资验收（入库），按照确定的成本，借记本科目，贷记“受托代理负债”科目。罚没物资成本无法可靠确定的，单位应当设置备查簿进行登记。

【例 3－257】 区行政执法大队取缔一个非法经营窝点，取得一批罚没物资，有关凭据注明该批物资的金额为 71 600 元。

借：受托代理资产　　　　　　　　　　71 600
　贷：受托代理负债　　　　　　　　　　71 600

2. 按照规定处置或移交罚没物资时，按照罚没物资的成本，借记“受托代理负债”科目，贷记本科目。处置时取得款项的，按照实际取得的款项金额，借记“银行存款”等科目，贷记“应缴财政款”等科目。单位受托代理的其他实物资产，参照本科目有关受托转赠物资、受托存储保管物资的规定进行账务处理。

【例 3－258】 接例 3－257，区行政执法大队按照规定处置罚没物资，取得价款 65 000 元并存入银行。

借：受托代理负债　　　　　　　　　　71 600
　贷：受托代理资产　　　　　　　　　　71 600
借：银行存款　　　　　　　　　　　　65 000
　贷：应缴财政款　　　　　　　　　　　65 000

四、待处理财产损溢的核算

为核算单位在资产清查过程中查明的各种资产盘盈、盘亏和报废、毁损的价值，设置“待处理财产损溢”（1902）科目。本科目期末如为借方余额，反映尚未处理完毕的各种资产的净损失；期末如为贷方余额，反映尚未处理完毕的各种资产净溢余。年末，经批准处理后，本科目一般应无余额。

本科目应当按照待处理的资产项目进行明细核算；对于在资产处理过程中取得收入或发生相关费用的项目，还应当设置“待处理财产价值”“处理净收入”明细科目，进行明细核算。单位资产清查中查明的资产盘盈、盘亏、报废和毁损，一般应当先记入本科目，按照规定报经批准后及时进行账务处理。年末结账前一般应处理完毕。待处理财产损溢的主要账务处理如下所示。

（一）账款核对时发现的库存现金短缺或溢余的核算

1. 每日账款核对中发现现金短缺或溢余，属于现金短缺，按照实际短缺的金额，借记本科目，贷记“库存现金”科目；属于现金溢余，按照实际溢余的金额，借记“库存现金”科目，贷记本科目。

【例 3－259】 市职业技术学院在每日账款核对中发现现金溢余 600 元，转入待处理财产损溢。

借：库存现金　　　　　　　　　　　600

　贷：待处理财产损溢　　　　　　　　　600

2. 如为现金短缺，属于应由责任人赔偿或向有关人员追回的，借记“其他应收款”科目，贷记本科目；属于无法查明原因的，报经批准核销时，借记“资产处置费用”科目，贷记本科目。

【例 3-260】 市金融专科学校在每日账款核对中发现现金短缺 1 000 元，因无法查明原因，报经批准核销。

借：待处理财产损溢　　　　　　　1 000

　贷：库存现金　　　　　　　　　　　1 000

借：资产处置费用　　　　　　　　1 000

　贷：待处理财产损溢　　　　　　　　1 000

3. 如为现金溢余，属于应支付给有关人员或单位的，借记本科目，贷记“其他应付款”科目；属于无法查明原因的，报经批准后，借记本科目，贷记“其他收入”科目。

【例 3-261】 接例 3-259，报经批准后，市职业技术学院将无法查明原因的现金溢余 600 元转入其他收入科目。

借：待处理财产损溢　　　　　　　600

　贷：其他收入　　　　　　　　　　　600

（二）资产清查过程中各种资产盘盈、盘亏或报废、毁损的核算

资产清查过程中发现的存货、固定资产、无形资产、公共基础设施、政府储备物资、文物文化资产、保障性住房等各种资产盘盈、盘亏或报废、毁损，分别按以下情况处理。

1. 盘盈的核算。

（1）转入待处理资产时，按照确定的成本，借记“库存物品”“固定资产”“无形资产”“公共基础设施”“政府储备物资”“文物文化资产”“保障性住房”等科目，贷记本科目。

【例 3-262】 市职业技术学院盘盈 3 箱教学材料，每箱的市场价格为 1 200 元，共计 3 600 元。

借：库存物品　　　　　　　　　　3 600

　贷：待处理财产损溢　　　　　　　　3 600

（2）按照规定报经批准后处理时，对于盘盈的流动资产，借记本科目，贷记“单位管理费用”［事业单位］或“业务活动费用”［行政单位］科目。对于盘盈的非流动资产，如属于本年度取得的，按照当年新取得相关资产进行账务处理；如属于以前年度取得的，按照前期差错处理，借记本科目，贷记“以前年度盈余调整”科目。

【例 3-263】 接例 3-262，按照规定报经批准后，市职业技术学院处理盘盈的教学材料，冲销单位管理费用。

借：待处理财产损溢　　　　　　　3 600

　贷：单位管理费用　　　　　　　　　3 600

2. 盘亏或者毁损、报废的各类资产。

（1）转入待处理资产时，借记本科目（待处理财产价值）[盘亏、毁损、报废固定资产、无形资产、公共基础设施、保障性住房的，还应借记“固定资产累计折旧”“无形资产累计摊销”“公共基础设施累计折旧（摊销）”“保障性住房累计折旧”科目]，贷记“库存物品”“固定资产”“无形资产”“公共基础设施”“政府储备物资”“文物文化资产”“保障性住房”“在建工程”等科目。涉及增值税业务的，相关账务处理参见“应交增值税”科目。报经批准处理时，借记“资产处置费用”科目，贷记本科目（待处理财产价值）。

【例 3-264】 市金融专科学校盘亏一台教学设备，设备的账面余额为 19 500 元，已计提折旧 11 760 元。报经批准后，予以核销。

转入待处理财产时：

借：待处理财产损溢——待处理财产价值　　7 740
　　固定资产累计折旧　　11 760
　贷：固定资产　　19 500

核销时：

借：资产处置费用　　7 740
　贷：待处理财产损溢——待处理财产价值　　7 740

（2）处理毁损、报废实物资产过程中取得的残值或残值变价收入、保险理赔和过失人赔偿等，借记“库存现金”“银行存款”“库存物品”“其他应收款”等科目，贷记本科目（处理净收入）；处理毁损、报废实物资产过程中发生的相关费用，借记本科目（处理净收入），贷记“库存现金”“银行存款”等科目。处理收支结清，如果处理收入大于相关费用，按照处理收入减去相关费用后的净收入，借记本科目（处理净收入），贷记“应缴财政款”等科目；如果处理收入小于相关费用，按照相关费用减去处理收入后的净支出，借记“资产处置费用”科目，贷记本科目（处理净收入）。

【例 3-265】 市粮食局在财产清查中发现一批大米已发生变质并予以处理。大米的账面余额为 224 800 元，取得变价收入 105 000 元并存入银行，发生清理费用 2 400 元，以银行存款支付。

转入待处理：

借：待处理财产损溢——待处理财产价值　　224 800
　贷：政府储备物资　　224 800

收到变价收入：

借：银行存款　　105 000
　贷：待处理财产损溢——处理净收入　　105 000

发生清理费用：

借：待处理财产损溢——处理净收入　　2 400
　贷：银行存款　　2 400

处理收支结清：

借：待处理财产损溢——处理净收入　　102 600
　贷：应缴财政款　　102 600

核销，记：

借：资产处置费用 224 800
  贷：待处理财产损溢——待处理财产价值 224 800

概念题

1. 资产
2. 投资
3. 政府储备物资
4. 存货

简述题

1. 资产的计量方法有哪些?
2. 确认固定资产时，应当考虑哪些情况?
3. 简述固定资产折旧的范围。
4. 简述无形资产的摊销。
5. 简述公共基础设施的确认。
6. 简述政府储备物资的确认。
7. 简述存货的初始计量。

会计分录题

1. 某行政单位建设一栋办公楼，发生工程款 3 510 000 元，以财政直接支付方式付款。

2. 年末，某行政单位根据代理银行提供的对账单注销其用款额度 205 000 元。

3. 某事业单位异地采购材料一批，现将 2 000 000 元委托本地银行汇往异地开立账户。

4. 年末，某行政单位本年度尚有 100 000 元的财政直接支付预算指标没有使用，转到财政应返还额度。

5. 某事业单位对外出售一批物资，价款为 60 000 元，款项尚未收到。按规定，该款项应上缴财政。

6. 某行政单位收到订购的专用设备，设备价款为 50 000 元，应交增值税 6 500 元，对方垫付运杂费 300 元，共计 56 800 元。预付款为 10 000 元，余款为 46 800 元，以零余额账户用款额度支付。

7. 某事业单位购买 M 公司长期股权 100 股，每股 500 元，共计 50 000 元，以银行存款支付。其中，每股股价中包含已宣告但尚未发放的现金股利 50 元，共计 5 000 元。

8. 某事业单位购买长期债券，按面额购入债券 150 000 元，已到付息期但尚未领取的利息为 6 000 元，共计 156 000 元，以银行存款支付。

9. 某行政单位偿还尚未报销的本单位公务卡欠款 87 000 元，以零余额账户用款额度支付。

10. 经批准，某行政单位核销其他应收款 80 000 元。

11. 年末，某事业单位对收回后不需上缴财政的应收账款和其他应收款提取坏账准备 20 000 元。

12. 某行政单位购买一批物资，物资采购成本为 90 000 元，应交增值税 11 700 元，共计 101 700 元，由财政直接支付，物资尚未到货。

13. 某事业单位机关领用办公用品，实际成本共计 500 元。

14. 某事业单位从仓库领用材料一批用于加工，材料成本为 800 元。

15. 某事业单位以尚未入账的专利权资产换购公司股权 5 000 股，每股股权市值为 40 元，共计 200 000 元。专利权的注册费用为 6 000 元，以银行存款支付。

16. 某事业单位对长期股权投资采用成本法核算，被投资公司宣告发放现金股利，经计算，本单位所持股份本年度可获股利 7 600 元。

17. 某事业单位采用权益法核算长期股权投资。年末，被投资单位实现净利润，所持股份应享有 10 000 元。

18. 某事业单位采用权益法核算长期股权投资。现处置一项股权，取得价款 110 000 元，相关税费为 500 元，以银行存款支付，长期股权投资的账面余额为 80 000 元。原计入净资产的相关金额 5 000 元转入当期投资损益。

19. 某事业单位购入一台设备（需要安装），设备价款为 12 000 元，应交增值税 1 560 元，运输费为 200 元，保险费为 20 元，共计 13 780 元，以零余额账户用款额度付款；发生安装费用 1 600 元，以零余额账户用款额度支付；安装完成验收后投入使用。

20. 某行政单位为扩建办公楼购入工程物资一批，总价款为 320 000 元，以财政直接支付方式支付，物资已验收入库。

21. 某事业单位建设两栋大楼，设计费共计 1 200 000 元，以银行存款支付。

22. 某事业单位在建的一栋大楼因洪灾而全部报废，“在建工程——建筑安装工程投资”的账面余额为 4 000 000 元，收到保险公司赔款 3 000 000 元并存入银行，净损失 1 000 000 元，转入待核销基建支出。

23. 报经批准，某事业单位出售一项专利技术，无形资产账面余额为 50 000 元，无形资产累计摊销 20 000 元，取得转让收入 60 000 元并存入银行，交纳相关税费 8 000 元，以银行存款支付，无形资产转让收入按照规定纳入本单位预算管理。

24. 某行政单位接受捐赠的一项公共基础设施，相关资料显示其建设成本为 5 000 000 元，发生相关费用 30 000 元，以财政直接支付方式付款。

25. 某事业单位购入一批政府储备物资，价款为 600 000 元，应交增值税 78 000 元，运输装卸费为 10 000 元，保险费为 2 000 元，检测费为 3 000 元，共计 693 000 元，以财政直接支付方式付款，物资已验收入库。

26. 经批准，某事业单位对外捐赠一项文物文化资产，资产的账面余额为 50 000 元，由本单位承担的运输费为 500 元，以库存现金支付。

27. 某市住房保障中心自行建造 5 栋保障性住房，在建工程成本为 70 000 000 元，工程完工、验收合格后交付使用。

28. 某市住房保障中心收到保障性住房住户缴来的房租收入 10 000 元并存入银行。

29. 供暖期间，某事业单位摊销本月应承担的取暖费 5 000 元。

第四章

行政事业单位财务会计负债的管理与核算

第一节　行政事业单位的负债及其分类

一、行政事业单位负债的确认条件和计量

行政事业单位的负债是指行政事业单位过去的经济业务或者事项形成的，预期会导致经济资源流出单位的现时义务。现时义务则是指单位在现行条件下已承担的义务。未来发生的经济业务或者事项形成的义务不属于现时义务，不应当确认为负债。

（一）行政事业单位负债的确认条件

行政事业单位的负债义务在同时满足以下条件时可确认为负债：（1）履行该义务很可能导致含有服务潜力或者经济利益的经济资源流出单位；（2）该义务的金额能够可靠地计量。

符合负债定义和负债确认条件的项目，应当列入资产负债表。

（二）行政事业单位负债的计量

负债的计量属性主要包括历史成本、现值和公允价值。在历史成本计量下，负债按照因承担现时义务而实际收到的款项或者资产的金额，或者承担现时义务的合同金额，或者按照为偿还负债预期需要支付的现金计量。在现值计量下，负债按照预计期限内需要偿还的未来净现金流出量的折现金额计量。在公允价值计量下，负债按照市场参与者

在计量日发生的有序交易中转移负债所需支付的价格计量。

行政事业单位在对负债进行计量时，一般应当采用历史成本。采用现值、公允价值计量的，应当保证所确定的负债金额能够持续、可靠地计量。

二、行政事业单位负债的分类与会计科目设置情况

行政事业单位的负债按照流动性，分为流动负债和非流动负债。流动负债是指预计在1年内（含1年）偿还的负债，包括应付及预收款项、应付职工薪酬、应缴款项等。非流动负债是指流动负债以外的负债，包括长期应付款、应付政府债券和政府依法担保形成的债务等。会计科目设置情况参见表4-1。

表4-1 会计科目设置情况

负债的类别	会计科目
流动负债	短期借款、应交增值税、其他应交税费、应缴财政款、应付职工薪酬、应付票据、应付账款、应付政府补贴款、应付利息、预收账款、其他应付款、预提费用
非流动负债	长期借款、长期应付款、预计负债、受托代理负债

第二节 行政事业单位流动负债的核算

一、短期借款的核算

为核算事业单位经批准向银行或其他金融机构等借入的期限在1年内（含1年）的各种借款，设置“短期借款”（2001）科目。本科目期末贷方余额，反映事业单位尚未偿还的短期借款本金。

本科目应当按照债权人和借款种类进行明细核算，主要账务处理如下所示。

（一）借入短期借款的核算

借入各种短期借款时，按照实际借入的金额，借记“银行存款”科目，贷记本科目。

【例4-1】市晚报社向银行借入短期借款1 000 000元用于购买新闻纸，款项已存入银行。

借：银行存款 1 000 000

　贷：短期借款 1 000 000

（二）应付票据转为短期借款的核算

银行承兑汇票到期，本单位无力支付票款的，按照应付票据的账面余额，借记“应付票据”科目，贷记本科目。

【例4-2】市晚报社向纸业公司开出的一张面额为150 000元的银行承兑汇票到期，

因报社经营困难无力支付票款，改为短期借款。

借：应付票据　　150 000

　贷：短期借款　　150 000

（三）归还短期借款的核算

归还短期借款时，借记本科目，贷记“银行存款”科目。

【例 4-3】接例 4-2，市晚报社向纸业公司归还短期借款 150 000 元——以银行存款支付。

借：短期借款　　150 000

　贷：银行存款　　150 000

二、应交增值税的核算

（一）科目设置

为核算单位按照税法规定计算应交纳的增值税，设置“应交增值税”（2101）科目。本科目期末贷方余额，反映单位应交未交的增值税；期末如为借方余额，反映单位尚未抵扣或多交的增值税。

1. 增值税一般纳税人单位。

属于增值税一般纳税人的单位，应当在本科目下设置“应交税金”“未交税金”“预交税金”“待抵扣进项税额”“待认证进项税额”“待转销项税额”“简易计税”“转让金融商品应交增值税”“代扣代缴增值税”等明细科目。

（1）“应交税金”明细账内应当设置“进项税额”“已交税金”“转出未交增值税”“减免税款”“销项税额”“进项税额转出”“转出多交增值税”等专栏。其中：①“进项税额”专栏，记录单位购进货物、加工修理修配劳务、服务、无形资产或不动产而支付或负担的、准予从当期销项税额中抵扣的增值税额；②“已交税金”专栏，记录单位当月已交纳的应交增值税额；③“转出未交增值税”和“转出多交增值税”专栏，分别记录一般纳税人月度终了转出当月应交未交或多交的增值税额；④“减免税款”专栏，记录单位按照现行增值税制度规定准予减免的增值税额；⑤“销项税额”专栏，记录单位销售货物、加工修理修配劳务、服务、无形资产或不动产应收取的增值税额；⑥“进项税额转出”专栏，记录单位购进货物、加工修理修配劳务、服务、无形资产或不动产等发生非正常损失以及其他原因而不应从销项税额中抵扣、按照规定转出的进项税额。

（2）“未交税金”明细科目，核算单位月度终了从“应交税金”或“预交税金”明细科目转入当月应交未交、多交或预缴的增值税额，以及当月交纳以前期间未交的增值税额。

（3）“预交税金”明细科目，核算单位转让不动产、提供不动产经营租赁服务等，以及其他按照现行增值税制度规定应预缴的增值税额。

（4）“待抵扣进项税额”明细科目，核算单位已取得增值税扣税凭证并经税务机关认证，按照现行增值税制度规定准予以后期间从销项税额中抵扣的进项税额。

（5）“待认证进项税额”明细科目，核算单位由于未经税务机关认证而不得从当期销项税额中抵扣的进项税额，包括：一般纳税人已取得增值税扣税凭证并按规定准予从销项税额中抵扣，但尚未经税务机关认证的进项税额；一般纳税人已申请稽核但尚未取得稽核相符结果的海关缴款书进项税额。

（6）“待转销项税额”明细科目，核算单位销售货物、加工修理修配劳务、服务、无形资产或不动产，已确认相关收入（或利得）但尚未发生增值税纳税义务而需于以后期间确认为销项税额的增值税额。

（7）“简易计税”明细科目，核算单位采用简易计税方法发生的增值税计提、扣减、预缴、缴纳等业务。

（8）“转让金融商品应交增值税”明细科目，核算单位转让金融商品发生的增值税额。

（9）“代扣代缴增值税”明细科目，核算单位购进在境内未设经营机构的境外单位或个人在境内的应税行为代扣代缴的增值税。

2. 增值税小规模纳税人单位。

属于增值税小规模纳税人的单位只需在本科目下设置“转让金融商品应交增值税”“代扣代缴增值税”明细科目。

（二）应交增值税的主要账务处理

1. 单位[①]取得资产或接受劳务等业务。

（1）采购等业务进项税额允许抵扣。单位购买用于增值税应税项目的资产或服务等时，按照应计入相关成本费用或资产的金额，借记“业务活动费用”“在途物品”“库存物品”“工程物资”“在建工程”“固定资产”“无形资产”等科目，按照当月已认证的可抵扣增值税额，借记本科目（应交税金——进项税额），按照当月未认证的可抵扣增值税额，借记本科目（待认证进项税额），按照应付或实际支付的金额，贷记“应付账款”“应付票据”“银行存款”“零余额账户用款额度”等科目。发生退货的，如原增值税专用发票已做认证，应根据税务机关开具的红字增值税专用发票做相反的会计分录；如原增值税专用发票未做认证，应将发票退回并做相反的会计分录。小规模纳税人购买资产或服务等时不能抵扣增值税，发生的增值税计入资产成本或相关成本费用。

【例 4-4】省物理研究所为增值税一般纳税人单位，购入一批材料用于加工产品销售（该产品为增值税应税项目），材料价款为 256 000 元，当月已认证的可抵扣增值税额为 33 280 元，共计 289 280 元，以银行存款支付，材料已验收入库。

借：库存物品　　256 000
　　应交增值税——应交税金——进项税额　　33 280
　贷：银行存款　　289 280

（2）采购等业务进项税额不得抵扣。单位购进资产或服务等，用于简易计税方法计

① 除非特别说明，本部分内容中的“单位”是指增值税一般纳税人。

税项目、免征增值税项目、集体福利或个人消费等，其进项税额按照现行增值税制度规定不得从销项税额中抵扣的，取得增值税专用发票时，应按照增值税发票注明的金额，借记相关成本费用或资产科目，按照待认证的增值税进项税额，借记本科目（待认证进项税额），按照实际支付或应付的金额，贷记“银行存款”“应付账款”“零余额账户用款额度”等科目。经税务机关认证为不可抵扣进项税时，借记本科目（应交税金——进项税额）科目，贷记本科目（待认证进项税额），同时，将进项税额转出，借记相关成本费用科目，贷记本科目（应交税金——进项税额转出）。

【例 4-5】省物理研究所购入一台设备用于职工福利，设备价款为 22 400 元，应交增值税 2 912 元，运输费为 500 元，共计 25 812 元，以零余额账户用款额度支付。

借：固定资产　　22 900

　　应交增值税——待认证进项税额　　2 912

　贷：零余额账户用款额度　　25 812

【例 4-6】接例 4-5，经税务机关认证，省物理研究所购入的职工福利用设备所承担的增值税为不可抵扣进项税，进行账务调整。

借：应交增值税——应交税金——进项税额　　2 912

　贷：应交增值税——待认证进项税额　　2 912

借：固定资产　　2 912

　贷：应交增值税——应交税金——进项税额转出　　2 912

（3）购进不动产或不动产在建工程按照规定进项税额分年抵扣。单位取得应税项目为不动产或者不动产在建工程，其进项税额按照现行增值税制度规定自取得之日起分 2 年从销项税额中抵扣的，应当按照取得成本，借记“固定资产”“在建工程”等科目，按照当期可抵扣的增值税额，借记本科目（应交税金——进项税额），按照以后期间可抵扣的增值税额，借记本科目（待抵扣进项税额），按照应付或实际支付的金额，贷记“应付账款”“应付票据”“银行存款”“零余额账户用款额度”等科目。尚未抵扣的进项税额待以后期间允许抵扣时，按照允许抵扣的金额，借记本科目（应交税金——进项税额），贷记本科目（待抵扣进项税额）。

【例 4-7】省物理研究所自行建设一座实验大楼，建设过程中购买工程物资并投入工程 1 663 500 元，应交增值税 216 255 元，共计 1 879 755 元，以零余额账户用款额度支付。按照现行增值税制度规定自取得之日起分 2 年从销项税额中抵扣，本月可抵扣的增值税额为 10 813 元，以后期可抵扣额为 205 442 元。

借：在建工程　　1 663 500

　　应交增值税——应交税金——进项税额　　10 813

　　　　　　　——应交税金——待抵扣进项税额　205 442

　贷：零余额账户用款额度　　1 879 755

（4）进项税额抵扣情况发生改变。单位因发生非正常损失或改变用途等，原已计入进项税额、待抵扣进项税额或待认证进项税额，但按照现行增值税制度规定不得从销项税额中抵扣的，借记“待处理财产损溢”“固定资产”“无形资产”等科目，贷记本科目（应交税金——进项税额转出）、本科目（待抵扣进项税额）或本科目（待认证进项税额）；原不得抵扣且未抵扣进项税额的固定资产、无形资产等，因改变用途等用于允许抵扣进项税额的应税项目的，应按照允许抵扣的进项税额，借记本科目（应交税金——进项税额），贷记“固定资产”“无形资产”等科目。固定资产、无形资产等经上述调整后，应按照调整后的账面价值在剩余尚可使用年限内计提折旧或摊销。单位购进时已全额计入进项税额的货物或服务等转用于不动产在建工程的，对于结转以后期间的进项税额，应借记本科目（待抵扣进项税额），贷记本科目（应交税金——进项税额转出）。

【例 4-8】 接例 4-4，省物理研究所购入的材料因保管不善而发生毁损，该批材料全部转入待处理财产损溢。材料成本为 256 000 元，应交增值税（进项税额）33 280 元。

借：待处理财产损溢　　289 280

　贷：库存物品　　256 000

　　　应交增值税——应交税金——进项税额转出　　33 280

【例 4-9】 接例 4-5 和例 4-6，省物理研究所购入的用于职工福利的设备改变用途，改为用于增值税应税产品的加工生产，原不可抵扣进项税 2 912 元改为可抵扣。

借：应交增值税——应交税金——进项税额　　2 912

　贷：固定资产　　2 912

（5）购买方作为扣缴义务人。按照现行增值税制度规定，境外单位或个人在境内发生应税行为，在境内未设有经营机构的，以购买方为增值税扣缴义务人。境内一般纳税人购进服务或资产时，按照应计入相关成本费用或资产的金额，借记“业务活动费用”“在途物品”“库存物品”“工程物资”“在建工程”“固定资产”“无形资产”等科目，按照可抵扣的增值税额，借记本科目（应交税金——进项税额）[小规模纳税人应借记相关成本费用或资产科目]，按照应付或实际支付的金额，贷记“银行存款”“应付账款”等科目，按照应代扣代缴的增值税额，贷记本科目（代扣代缴增值税）。实际缴纳代扣代缴增值税时，按照代扣代缴的增值税额，借记本科目（代扣代缴增值税），贷记“银行存款”“零余额账户用款额度”等科目。

【例 4-10】 省物理研究所购入一境外公司生产的设备用于生产产品，该境外公司在境内未设有经营机构，研究所为增值税扣缴义务人。设备的完税价格为 55 000 元，以银行存款支付，代扣增值税 7 150 元（可抵扣）。

借：固定资产　　55 000

　　应交增值税——应交税金——进项税额　　7 150

　贷：银行存款　　55 000

　　　应交增值税——代扣代缴增值税　　7 150

【例 4-11】 接例 4-10，省物理研究所代扣代缴的增值税款 7 150 元缴入国库。

借：应交增值税——代扣代缴增值税　　7 150

　贷：银行存款　　7 150

2. 单位销售资产或提供服务等业务。

（1）销售资产或提供服务业务。

①单位销售货物或提供服务，应当按照应收或已收的金额，借记“应收账款”“应收

票据”“银行存款”等科目，按照确认的收入金额，贷记“经营收入”“事业收入”等科目，按照现行增值税制度规定计算的销项税额（或采用简易计税方法计算的应纳增值税额），贷记本科目（应交税金——销项税额）或本科目（简易计税）[小规模纳税人应贷记本科目]。发生销售退回的，应根据按照规定开具的红字增值税专用发票做相反的会计分录。

【例4-12】省物理研究所对外销售产品，价款为40 000元，应交增值税5 200元，共计45 200元，存入银行。

借：银行存款　　45 200

　贷：事业收入　　40 000

　　　应交增值税——应交税金——销项税额　　5 200

②按照《政府会计制度——行政事业单位会计科目和报表》及相关政府会计准则确认收入的时点早于按照增值税制度确认增值税纳税义务发生时点的，应将相关销项税额计入本科目（待转销项税额），待实际发生纳税义务时再转入本科目（应交税金——销项税额）或本科目（简易计税）。按照增值税制度确认增值税纳税义务发生时点早于按照《政府会计制度——行政事业单位会计科目和报表》及相关政府会计准则确认收入的时点的，应按照应纳增值税额，借记“应收账款”科目，贷记本科目（应交税金——销项税额）或本科目（简易计税）。

【例4-13】省物理研究所与A公司签订了一项长期对外提供有偿服务的合同。应A公司要求，省物理研究所月初提前提供了本期服务，并收到本月服务款500 000元，应交增值税为30 000元，共计530 000元，存入银行；月末在合同约定服务日确认本月的纳税义务并予以转账。

实际提供服务时，记：

借：银行存款　　530 000

　贷：事业收入　　500 000

　　　应交增值税——待转销项税额　　30 000

月末在合同约定服务日，记：

借：应交增值税——待转销项税额　　30 000

　贷：应交增值税——应交税金——销项税额　　30 000

（2）金融商品转让按照规定以盈亏相抵后的余额作为销售额。金融商品实际转让月末，如产生转让收益，则按照应纳税额，借记“投资收益”科目，贷记本科目（转让金融商品应交增值税）；如产生转让损失，则按照可结转下月抵扣税额，借记本科目（转让金融商品应交增值税），贷记“投资收益”科目。交纳增值税时，应借记本科目（转让金融商品应交增值税），贷记“银行存款”等科目。年末，本科目（转让金融商品应交增值税）如有借方余额，则借记“投资收益”科目，贷记本科目（转让金融商品应交增值税）。

【例4-14】省物理研究所转让金融商品，盈亏相抵后产生转让净收益511 200元，月末确认计税（税率为6%）。

511 200/(1+6%)=482 264（元）

482 264×6%=28 936（元）

借：投资收益　　28 936

　贷：应交增值税——转让金融商品应交增值税　　28 936

3. 月末转出多交增值税和未交增值税。

月度终了，单位应当将当月应交未交或多交的增值税自“应交税金”明细科目转入“未交税金”明细科目。对于当月应交未交的增值税，借记本科目（应交税金——转出未交增值税），贷记本科目（未交税金）；对于当月多交的增值税，借记本科目（未交税金），贷记本科目（应交税金——转出多交增值税）。

【例 4-15】月末，省物理研究所将当月应交未交的增值税 3 700 元转入“未交税金”明细科目。

借：应交增值税——应交税金——转出未交增值税　　3 700

　贷：应交增值税——未交税金　　3 700

4. 交纳增值税。

（1）交纳当月应交增值税。单位交纳当月应交的增值税，借记本科目（应交税金——已交税金）[小规模纳税人借记本科目]，贷记“银行存款”等科目。

【例 4-16】省物理研究所缴纳本月应交增值税 14 900 元。

借：应交增值税——应交税金——已交税金　　14 900

　贷：银行存款　　14 900

（2）交纳以前期间未交增值税。单位交纳以前期间未交的增值税，借记本科目（未交税金）[小规模纳税人借记本科目]，贷记“银行存款”等科目。

【例 4-17】接例 4-15，次月，省物理研究所缴纳应交未交的增值税 3 700 元。

借：应交增值税——未交税金　　3 700

　贷：银行存款　　3 700

（3）预交增值税。单位预交增值税时，借记本科目（预交税金），贷记“银行存款”等科目。月末，单位应将“预交税金”明细科目余额转入“未交税金”明细科目，借记本科目（未交税金），贷记本科目（预交税金）。

【例 4-18】省物理研究所预交增值税 10 000 元。

借：应交增值税——预交税金　　10 000

　贷：银行存款　　10 000

（4）减免增值税。对于当期直接减免的增值税，借记本科目（应交税金——减免税款），贷记“业务活动费用”“经营费用”等科目。按照现行增值税制度规定，单位初次购买增值税税控系统专用设备支付的费用以及缴纳的技术维护费允许在增值税应纳税额中全额抵减的，按照规定抵减的增值税应纳税额，借记本科目（应交税金——减免税款）[小规模纳税人借记本科目]，贷记“业务活动费用”“经营费用”等科目。

【例 4-19】省物理研究所初次购买增值税税控系统专用设备，支付的费用为 31 000 元，按照规定，该项费用允许在增值税应纳税额中全额抵减，予以调整。

借：应交增值税——应交税金——减免税款　　31 000

　贷：业务活动费用　　31 000

三、其他应交税费的核算

为核算单位按照税法等规定计算应交纳的除增值税以外的各种税费，包括城市维护建设税、教育费附加、地方教育费附加、车船税、房产税、城镇土地使用税和企业所得税等，设置“其他应交税费”（2102）科目。单位代扣代缴的个人所得税，也通过本科目核算。单位应交纳的印花税不需要预提应交税费，直接通过“业务活动费用”“单位管理费用”“经营费用”等科目核算，不通过本科目核算。本科目期末贷方余额，反映单位应交未交的除增值税以外的税费金额；期末如为借方余额，反映单位多交纳的除增值税以外的税费金额。

本科目应当按照应交纳的税费种类进行明细核算，主要账务处理如下所示。

（一）计算税费的核算

发生城市维护建设税、教育费附加、地方教育费附加、车船税、房产税、城镇土地使用税等纳税义务的，按照税法规定计算的应缴税费金额，借记“业务活动费用”“单位管理费用”“经营费用”等科目，贷记本科目（应交城市维护建设税、应交教育费附加、应交地方教育费附加、应交车船税、应交房产税、应交城镇土地使用税等）。

【例 4-20】接例 4-16，省物理研究所本月应交增值税 14 900 元，月末依据本月应交增值税计算城市维护建设税（7%）、教育费附加（3%）、地方教育费附加（2%）。

借：业务活动费用　　1 788
　贷：其他应交税费——应交城市维护建设税　　1 043
　　　　　　　　——应交教育费附加　　447
　　　　　　　　——应交地方教育费附加　　298

（二）代扣代缴职工个人所得税的核算

1. 按照税法规定计算应代扣代缴职工（含长期聘用人员）的个人所得税，借记“应付职工薪酬”科目，贷记本科目（应交个人所得税）。

【例 4-21】省物理研究所计算本月应代扣代缴职工个人所得税 76 945 元。

借：应付职工薪酬　　76 945
　贷：其他应交税费——应交个人所得税　　76 945

2. 按照税法规定计算应代扣代缴支付给职工（含长期聘用人员）以外人员劳务费的个人所得税，借记“业务活动费用”“单位管理费用”等科目，贷记本科目（应交个人所得税）。

【例 4-22】省物理研究所计算本月应代扣代缴支付外聘人员劳务费的个人所得税 9 670 元。

借：业务活动费用　　9 670
　贷：其他应交税费——应交个人所得税　　9 670

（三）发生企业所得税纳税义务的核算

发生企业所得税纳税义务的，按照税法规定计算的应交所得税税额，借记“所得税费用”科目，贷记本科目（单位应交所得税）。

【例4-23】省物理研究所计算本年应交企业所得税165 773元。

借：所得税费用　　165 773

　贷：其他应交税费——单位应交所得税　　165 773

（四）单位实际交纳各种税费的核算

单位实际交纳上述各种税费时，借记本科目（应交城市维护建设税、应交教育费附加、应交地方教育费附加、应交车船税、应交房产税、应交城镇土地使用税、应交个人所得税、单位应交所得税等），贷记“财政拨款收入”“零余额账户用款额度”“银行存款”等科目。

【例4-24】接例4-20至例4-23，省物理研究所缴纳城市维护建设税1 043元、教育费附加447元、地方教育费附加298元、个人所得税86 615元、企业所得税165 773元。

借：其他应交税费——应交城市维护建设税　　1 043

　　　　　　　——应交教育费附加　　447

　　　　　　　——应交地方教育费附加　　298

　　　　　　　——应交个人所得税　　86 615

　　　　　　　——单位应交所得税　　165 773

　贷：银行存款　　254 176

四、应缴财政款的核算

为核算单位取得或应收的按照规定应当上缴财政的款项，包括应缴国库的款项和应缴财政专户的款项，设置“应缴财政款”（2103）。单位按照国家税法等有关规定应当缴纳的各种税费，通过“应交增值税”“其他应交税费”科目核算，不通过本科目核算。本科目期末贷方余额，反映单位应当上缴财政但尚未缴纳的款项。年终清缴后，本科目一般应无余额。

本科目应当按照应缴财政款的类别进行明细核算，主要账务处理如下所示。

（一）取得应缴财政款项的核算

单位取得或应收按照规定应缴财政的款项时，借记“银行存款”“应收账款”等科目，贷记本科目。

【例4-25】县工商局收到违章经营罚款1 000元并存入银行，按规定该款项应缴财政。

借：银行存款　　1 000

　贷：应缴财政款　　1 000

（二）处置资产净收入应上缴财政的核算

单位处置资产取得的应上缴财政的处置净收入的账务处理，参见“待处理财产损溢”等科目。

（三）上缴应缴财政款项的核算

单位上缴应缴财政的款项时，按照实际上缴的金额，借记本科目，贷记“银行存款”科目。

【例 4-26】 接例 4-25，县工商局将应缴财政款 1 000 元上缴财政。

借：应缴财政款　　1 000

　贷：银行存款　　1 000

五、应付职工薪酬的核算

为核算单位按照有关规定应付给职工（含长期聘用人员）及为职工支付的各种薪酬，包括基本工资、国家统一规定的津贴补贴、规范津贴补贴（绩效工资）、改革性补贴、社会保险费（如职工基本养老保险费、职业年金、基本医疗保险费等）、住房公积金等，设置“应付职工薪酬”（2201）科目。本科目期末贷方余额，反映单位应付未付的职工薪酬。

本科目应当根据国家有关规定按照“基本工资（含离退休费）”“国家统一规定的津贴补贴”“规范津贴补贴（绩效工资）”“改革性补贴”“社会保险费”“住房公积金”“其他个人收入”等进行明细核算。其中，“社会保险费”“住房公积金”明细科目核算内容包括单位从职工工资中代扣代缴的社会保险费、住房公积金，以及单位为职工计算缴纳的社会保险费、住房公积金。应付职工薪酬的主要账务处理如下所示。

（一）计算确认当期应付职工薪酬的核算

计算确认当期应付职工薪酬（含单位为职工计算缴纳的社会保险费、住房公积金）时，要分别按以下情况处理：

1. 计提从事专业业务活动及其辅助活动人员的职工薪酬，借记“业务活动费用”“单位管理费用”科目，贷记本科目。

【例 4-27】 省物理研究所计提从事专业业务活动及其辅助活动人员的职工薪酬 1 365 756 元。其中，专业人员的基本工资（含离退休费）325 776 元，国家统一规定的津贴补贴 144 900 元，规范津贴补贴（绩效工资）563 600 元，部门津贴 52 300 元，共计 1 086 576 元；机关人员基本工资（含离退休费）185 480 元，国家统一规定的津贴补贴 56 700 元，规范津贴补贴（绩效工资）29 000 元，部门津贴 8 000 元，共计 279 180 元。

借：业务活动费用　　1 086 576

　　单位管理费用　　279 180

　贷：应付职工薪酬——基本工资（含离退休费）　　511 256

　　　　　　　　　——国家统一规定的津贴补贴　　201 600

　　　　　　　　　——规范津贴补贴（绩效工资）　　592 600

　　　　　　　　　——其他个人收入　　60 300

2. 计提应由在建工程、加工物品、自行研发无形资产负担的职工薪酬，借记“在建工程”“加工物品”“研发支出”等科目，贷记本科目。

【例 4－28】省物理研究所自行研发一项专利技术，计提应由研发支出负担的本月职工薪酬 107 859 元。其中，基本工资（含离退休费）43 659 元、国家统一规定的津贴补贴 11 200 元、规范津贴补贴（绩效工资）48 000 元、部门津贴 5 000 元。

借：研发支出　107 859
　贷：应付职工薪酬——基本工资（含离退休费）　43 659
　　　　　　　　——国家统一规定的津贴补贴　11 200
　　　　　　　　——规范津贴补贴（绩效工资）　48 000
　　　　　　　　——其他个人收入　5 000

3. 计提从事专业业务活动及其辅助活动之外的经营活动人员的职工薪酬，借记“经营费用”科目，贷记本科目。

【例 4－29】省物理研究所下设一个非独立核算的职业介绍中心，现计提该中心经营活动人员的职工薪酬 39 760 元。其中，基本工资 34 760 元、规范津贴补贴（绩效工资）5 000 元。

借：经营费用　39 760
　贷：应付职工薪酬——基本工资　34 760
　　　　　　　　——规范津贴补贴（绩效工资）　5 000

4. 因解除与职工的劳动关系而给予的补偿，借记“单位管理费用”等科目，贷记本科目。

【例 4－30】省物理研究所与一名员工解除劳动关系，向对方补偿 50 000 元。

借：单位管理费用　50 000
　贷：应付职工薪酬——其他个人收入　50 000

（二）向职工支付薪酬的核算

向职工支付工资、津贴补贴等薪酬时，按照实际支付的金额，借记本科目，贷记“财政拨款收入”“零余额账户用款额度”“银行存款”等科目。

【例 4－31】省物理研究所向职工发放本月薪酬 1 242 527 元，其中基本工资（含离退休费）为 268 827 元（扣除代扣个人所得税、垫付水电费等款项后），国家统一规定的津贴补贴为 212 800 元，规范津贴补贴（绩效工资）为 645 600 元，其他个人收入为 115 300 元，以零余额账户用款额度支付。

借：应付职工薪酬——基本工资（含离退休费）　268 827
　　　　　　　——国家统一规定的津贴补贴　212 800
　　　　　　　——规范津贴补贴（绩效工资）　645 600
　　　　　　　——其他个人收入　115 300
　贷：零余额账户用款额度　1 242 527

（三）代扣款项的核算

1. 按照税法规定代扣职工个人所得税时，借记本科目（基本工资），贷记“其他应交税费——应交个人所得税”科目。

【例 4－32】省物理研究所按照税法规定代扣职工个人所得税 211 325 元。

借：应付职工薪酬——基本工资　　　　211 325

　贷：其他应交税费——应交个人所得税　　　　211 325

2. 从应付职工薪酬中代扣为职工垫付的水电费、房租等费用时，按照实际扣除的金额，借记本科目（基本工资），贷记“其他应收款”。

【例 4-33】 省物理研究所从应付职工薪酬中代扣为职工垫付的水电费 3 000 元。

借：应付职工薪酬——基本工资　　　　3 000

　贷：其他应收款　　　　3 000

3. 从应付职工薪酬中代扣社会保险费和住房公积金，按照代扣的金额，借记本科目（基本工资），贷记本科目（社会保险费、住房公积金）。

【例 4-34】 省物理研究所从应付职工薪酬中代扣社会保险费 55 870 元和住房公积金 50 653 元。

借：应付职工薪酬——基本工资　　　　106 523

　贷：应付职工薪酬——社会保险费　　　　55 870

　　　　　　　　——住房公积金　　　　50 653

（四）缴纳职工社会保险费和住房公积金的核算

按照国家有关规定缴纳职工社会保险费和住房公积金时，按照实际支付的金额，借记本科目（社会保险费、住房公积金），贷记“财政拨款收入”“零余额账户用款额度”“银行存款”等科目。

【例 4-35】 接例 4-34，省物理研究所按照国家有关规定缴纳职工社会保险费和住房公积金，从应付职工薪酬中代扣部分和单位为职工缴纳部分各占 50%，以财政直接支付方式支付。

借：应付职工薪酬——社会保险费　　　　111 740

　　　　　　　——住房公积金　　　　101 306

　贷：财政拨款收入　　　　213 046

（五）从应付职工薪酬中支付其他款项的核算

从应付职工薪酬中支付的其他款项，借记本科目，贷记“零余额账户用款额度”“银行存款”等科目。

【例 4-36】 省物理研究所预付本年度工会费 10 000 元，从应付职工薪酬中扣除，用零余额账户用款额度支付。

借：应付职工薪酬——基本工资　　　　10 000

　贷：零余额账户用款额度　　　　10 000

六、应付票据的核算

为核算事业单位因购买材料、物资等而开出、承兑的商业汇票，包括银行承兑汇票和商业承兑汇票，设置“应付票据”（2301）科目。本科目期末贷方余额，反映事业单位开出、承兑的尚未到期的应付票据金额。

单位应当设置“应付票据备查簿”，详细登记每一个应付票据的种类、号数、出票日期、到期日、票面金额、交易合同号、收款人姓名或单位名称，以及付款日期和金额等。应付票据到期结清票款后，应当在备查簿内逐笔注销。

本科目应当按照债权人进行明细核算，主要账务处理如下所示。

（一）开出、承兑商业汇票的核算

开出、承兑商业汇票时，借记“库存物品”“固定资产”等科目，贷记本科目。涉及增值税业务的，相关账务处理参见“应交增值税”科目。以商业汇票抵付应付账款时，借记“应付账款”科目，贷记本科目。

【例 4-37】省物理研究所开出一张期限为 90 天、金额为 54 000 元的银行承兑汇票，用于购买试验用材料，材料已验收入库。

借：库存物品　　54 000
　贷：应付票据　　54 000

（二）支付银行承兑汇票的手续费的核算

支付银行承兑汇票的手续费时，借记“业务活动费用”“经营费用”等科目，贷记“银行存款”“零余额账户用款额度”等科目。

【例 4-38】接例 4-37，省物理研究所支付银行承兑汇票的手续费 540 元，以银行存款支付。

借：业务活动费用　　540
　贷：银行存款　　540

（三）商业汇票到期的核算

商业汇票到期时，应当分别按以下情况处理：

1. 收到银行支付到期票据的付款通知时，借记本科目，贷记“银行存款”科目。

【例 4-39】接例 4-37，省物理研究所收到银行支付到期票据的付款通知，以银行存款 54 000 元支付到期的银行承兑汇票。

借：应付票据　　54 000
　贷：银行存款　　54 000

2. 银行承兑汇票到期，单位无力支付票款的，按照应付票据账面余额，借记本科目，贷记“短期借款”科目。

【例 4-40】接例 4-37，省物理研究所开出的银行承兑汇票到期，因资金周转困难转为短期借款。

借：应付票据　　54 000
　贷：短期借款　　54 000

3. 商业承兑汇票到期，单位无力支付票款的，按照应付票据账面余额，借记本科目，贷记“应付账款”科目。

【例 4-41】接例 4-37，省物理研究所开出的银行承兑汇票到期，单位近期无力支付票款，转为应付账款。

借：应付票据 54 000

贷：应付账款 54 000

七、应付账款的核算

为核算单位因购买物资、接受服务、开展工程建设等而应付的偿还期限在 1 年以内（含 1 年）的款项，设置“应付账款”（2302）科目。本科目期末贷方余额，反映单位尚未支付的应付账款金额。

核销的应付账款应在备查簿中保留登记。本科目应当按照债权人进行明细核算。对于建设项目，还应设置“应付器材款”“应付工程款”等明细科目，并按照具体项目进行明细核算。应付账款的主要账务处理如下所示。

（一）发生应付未付账款时的核算

收到所购材料、物资、设备或服务以及确认完成工程进度但尚未付款时，根据发票及账单等有关凭证，按照应付未付款项的金额，借记“库存物品”“固定资产”“在建工程”等科目，贷记本科目。涉及增值税业务的，相关账务处理参见“应交增值税”科目。

【例 4-42】省物理研究所向 A 公司购买一台实验用设备，价款和相关税费共计 41 650 元，账款暂欠。

借：固定资产 41 650

贷：应付账款——A 公司 41 650

（二）偿付应付账款时的核算

偿付应付账款时，按照实际支付的金额，借记本科目，贷记“财政拨款收入”“零余额账户用款额度”“银行存款”等科目。

【例 4-43】接例 4-42，省物理研究所偿付 A 公司的设备款 41 650 元，以零余额账户用款额度支付。

借：应付账款——A 公司 41 650

贷：零余额账户用款额度 41 650

（三）开出商业汇票抵付应付账款时的核算

开出、承兑商业汇票抵付应付账款时，借记本科目，贷记“应付票据”科目。

【例 4-44】接例 4-42，省物理研究所开出银行承兑商业汇票抵付 A 公司的设备款 41 650 元，期限 3 个月，无息。

借：应付账款——A 公司 41 650

贷：应付票据 41 650

（四）无法偿付或债权人豁免偿还的应付账款的核算

无法偿付或债权人豁免偿还的应付账款，应当按照规定报经批准后进行账务处理。经批准核销时，借记本科目，贷记“其他收入”科目。

【例 4－45】接例 4－42，A 公司豁免省物理研究所的应付账款，经批准核销。

借：应付账款——A 公司　　　　41 650

　贷：其他收入　　　　　　　　　41 650

八、应付政府补贴款的核算

为核算负责发放政府补贴的行政单位按照规定应当支付给政府补贴接受者的各种政府补贴款，设置“应付政府补贴款”（2303）科目。本科目期末贷方余额，反映行政单位应付未付的政府补贴金额。

本科目应当按照应支付的政府补贴种类进行明细核算。单位还应当根据需要按照补贴接受者进行明细核算，或者建立备查簿对补贴接受者予以登记。应付政府补贴款的主要账务处理如下所示。

（一）发生应付政府补贴时的核算

发生应付政府补贴时，按照依规定计算确定的应付政府补贴金额，借记“业务活动费用”科目，贷记本科目。

【例 4－46】市住房保障局按照规定计算确定本月贫困家庭住房补贴款为 602 862 元。

借：业务活动费用　　　　602 862

　贷：应付政府补贴款　　　　602 862

（二）支付应付政府补贴款时的核算

支付应付政府补贴款时，按照支付金额，借记本科目，贷记“零余额账户用款额度”“银行存款”等科目。

【例 4－47】接例 4－46，市住房保障局支付本月贫困家庭住房补贴款 602 862 元。

借：应付政府补贴款　　　　602 862

　贷：零余额账户用款额度　　　　602 862

九、应付利息的核算

为核算事业单位按照合同约定应支付的借款利息，包括短期借款、分期付息到期还本的长期借款等应支付的利息，设置“应付利息”（2304）科目。本科目期末贷方余额，反映事业单位应付未付的利息金额。

本科目应当按照债权人等进行明细核算，主要账务处理如下所示。

（一）专门借款的应付利息的核算

为建造固定资产、公共基础设施等借入的专门借款的利息，属于建设期间发生的，按期计提利息费用时，按照计算确定的金额，借记“在建工程”科目，贷记本科目；不属于建设期间发生的，按期计提利息费用时，按照计算确定的金额，借记“其他费用”科目，贷记本科目。

【例 4－48】省物理研究所为建造实验大楼向银行贷入一笔款项，本月应付利息为 21 050 元，大楼正在建设中。

借：在建工程　　21 050

　贷：应付利息　　21 050

（二）其他借款的应付利息的核算

对于其他借款，按期计提利息费用时，按照计算确定的金额，借记“其他费用”科目，贷记本科目。

【例 4－49】为周转需要，省物理研究所向银行借入短期借款 1 000 000 元，期限为 6 个月，年利率为 6%，现计提本月利息费用 5 000 元。

借：其他费用　　5 000

　贷：应付利息　　5 000

（三）实际支付应付利息的核算

实际支付应付利息时，按照支付的金额，借记本科目，贷记“银行存款”等科目。

【例 4－50】接例 4－49，省物理研究所的短期借款到期，本金为 1 000 000 元，已计提利息 25 000 元，本月应付利息 5 000 元，共计 1 030 000 元，以银行存款支付。

借：短期借款　　1 000 000

　　应付利息　　25 000

　　其他费用　　5 000

　贷：银行存款　　1 030 000

十、预收账款的核算

为核算事业单位预先收取但尚未结算的款项，设置“预收账款”（2305）科目。本科目期末贷方余额，反映事业单位预收但尚未结算的款项金额。

核销的预收账款应在备查簿中保留登记。本科目应当按照债权人进行明细核算，主要账务处理如下所示。

（一）预收款项时的核算

从付款方预收款项时，按照实际预收的金额，借记“银行存款”等科目，贷记本科目。

【例 4-51】省物理研究所为 B 公司研制特殊材料，预收订货款 50 000 元并存入银行。

借：银行存款　　50 000
　贷：预收账款——B 公司　　50 000

（二）确认收入时的核算

确认有关收入时，按照预收账款账面余额，借记本科目，按照应确认的收入金额，贷记“事业收入”“经营收入”等科目，按照付款方补付或退回付款方的金额，借记或贷记“银行存款”等科目。涉及增值税业务的，相关账务处理参见“应交增值税”科目。

【例 4-52】接例 4-51，省物理研究所向 B 公司交货，材料总价款为 238 600 元，应交增值税 31 018 元，共计 269 618 元。预收款为 50 000 元，余款为 219 618 元，余款存入银行。

借：银行存款　　219 618
　　预收账款——B 公司　　50 000
　贷：事业收入　　238 600
　　　应交增值税——应交税金——销项税额　　31 018

（三）批准核销时的核算

无法偿付或债权人豁免偿还的预收账款，应当按照规定报经批准后进行账务处理。经批准核销时，借记本科目，贷记“其他收入”科目。

【例 4-53】接例 4-51，B 公司因产业转型，不再需用原预订的特殊材料，解除订货并放弃预付款项追索。经批准，省物理研究所核销预收 B 公司的账款。

借：预收账款——B 公司　　50 000
　贷：其他收入　　50 000

十一、其他应付款的核算

为核算单位除应交增值税、其他应交税费、应缴财政款、应付职工薪酬、应付票据、应付账款、应付政府补贴款、应付利息、预收账款以外，其他各项偿还期限在 1 年内（含 1 年）的应付及暂收款项，如收取的押金、存入保证金、已经报销但尚未偿还银行的本单位公务卡欠款等，设置“其他应付款”（2307）科目。本科目期末贷方余额，反映单位尚未支付的其他应付款金额。同级政府财政部门预拨的下期预算款和没有纳入预算的暂付款项，以及采用实拨资金方式通过本单位转拨给下属单位的财政拨款，也通过本科目核算。

核销的其他应付款应在备查簿中保留登记。本科目应当按照其他应付款的类别以及债权人等进行明细核算，主要账务处理如下所示。

（一）发生其他应付及暂收款项的核算

发生其他应付及暂收款项时，借记“银行存款”等科目，贷记本科目。支付（或退回）其他应付及暂收款项时，借记本科目，贷记“银行存款”等科目。将暂收款项转为收入时，借记本科目，贷记“事业收入”等科目。

【例 4－54】省物理研究所收取临时工王艳押金 1 000 元。

借：库存现金　　　　　　　　　　1 000

　贷：其他应付款　　　　　　　　　　1 000

（二）收到同级政府财政部门预拨款项的核算

1. 收到同级政府财政部门预拨的下期预算款和没有纳入预算的暂付款项，按照实际收到的金额，借记“银行存款”等科目，贷记本科目；待到下一预算期或批准纳入预算时，借记本科目，贷记“财政拨款收入”科目。

【例 4－55】县农业局收到同级政府财政部门预拨的下月经费 100 000 元。

借：银行存款　　　　　　　　　　100 000

　贷：财政拨款收入　　　　　　　　　100 000

2. 采用实拨资金方式通过本单位转拨给下属单位的财政拨款，按照实际收到的金额，借记“银行存款”科目，贷记本科目；向下属单位转拨财政拨款时，按照转拨的金额，借记本科目，贷记“银行存款”科目。

【例 4－56】某县采用实拨资金方式，县农业局收到应转拨给下属单位的财政拨款 80 000 元，并转拨。

借：银行存款　　　　　　　　　　80 000

　贷：其他应付款　　　　　　　　　　80 000

借：其他应付款　　　　　　　　　80 000

　贷：银行存款　　　　　　　　　　　80 000

（三）公务卡持卡人报销的核算

本单位公务卡持卡人报销时，按照审核报销的金额，借记“业务活动费用”“单位管理费用”等科目，贷记本科目；偿还公务卡欠款时，借记本科目，贷记“零余额账户用款额度”等科目。

【例 4－57】县农业局公务卡持卡人王琳报销差旅费 6 792 元，并于月底偿还公务卡欠款。

借：业务活动费用　　　　　　　　6 792

　贷：其他应付款——王琳　　　　　　　6 792

借：其他应付款——王琳　　　　　6 792

　贷：银行存款　　　　　　　　　　　6 792

（四）涉及质保金的核算

涉及质保金形成其他应付款的，相关账务处理参见“固定资产”科目。

【例 4－58】县农业局购入一台设备，总价款为 24 700 元，按照协议 5%的质保金，余款 23 465 元，以银行存款支付。

借：固定资产　　　　　　　　　　24 700

贷：银行存款　　　　　　　　　　　　　　　　23 465

　　其他应付款　　　　　　　　　　　　　　　1 235

（五）核销其他应收款的核算

无法偿付或债权人豁免偿还的其他应付款项，应当按照规定报经批准后进行账务处理。经批准核销时，借记本科目，贷记“其他收入”科目。

【例 4－59】 接例 4－58，县农业局所购设备的质保金 1 235 元被债权人豁免，经批准予以核销。

借：其他应付款　　　　　　　　　　　　　　1 235

　贷：其他收入　　　　　　　　　　　　　　　1 235

十二、预提费用的核算

为核算单位预先提取的已经发生但尚未支付的费用，如预提租金费用等，设置“预提费用”（2401）科目。本科目期末贷方余额，反映单位已预提但尚未支付的各项费用。事业单位按规定从科研项目收入中提取的项目间接费用或管理费，也通过本科目核算。事业单位计提的借款利息费用，通过“应付利息”“长期借款”科目核算，不通过本科目核算。

本科目应当按照预提费用的种类进行明细核算。对于提取的项目间接费用或管理费，应当在本科目下设置“项目间接费用或管理费”明细科目，并按项目进行明细核算。预提费用的主要账务处理如下所示。

（一）项目间接费用或管理费的核算

1. 按规定从科研项目收入中提取项目间接费用或管理费时，按照提取的金额，借记“单位管理费用”科目，贷记本科目（项目间接费用或管理费）。

【例 4－60】 省物理研究所按规定从科研项目收入中提取项目间接费用 167 000 元。

借：单位管理费用　　　　　　　　　　　　167 000

　贷：预提费用——项目间接费用　　　　　　　167 000

2. 实际使用计提的项目间接费用或管理费时，按照实际支付的金额，借记本科目（项目间接费用或管理费），贷记“银行存款”“库存现金”等科目。

【例 4－61】 接例 4－60，省物理研究所用项目间接费用 100 000 元安排职工科研奖励。

借：预提费用——项目间接费用　　　　　　　　　　100 000

　贷：应付职工薪酬——规范津贴补贴（绩效工资）　　100 000

（二）其他预提费用的核算

1. 按期预提租金等费用时，按照预提的金额，借记“业务活动费用”“单位管理费用”“经营费用”等科目，贷记本科目。

【例 4－62】 省物理研究所租用一个大型场地用于材料的冲击实验，租金为 120 000

元一年，计提本月租金 10 000 元。

借：业务活动费用　　　　　　　　　　　　10 000

　贷：预提费用　　　　　　　　　　　　　　10 000

2. 实际支付款项时，按照支付金额，借记本科目，贷记“零余额账户用款额度”“银行存款”等科目。

【例 4 - 63】 接例 4 - 62，年末，省物理研究所支付材料冲击实验用场地的租金 120 000 元，以银行存款支付。

借：预提费用　　　　　　　　　　　　　　120 000

　贷：银行存款　　　　　　　　　　　　　　120 000

第三节　行政事业单位非流动负债的核算

一、长期借款的核算

为核算事业单位经批准向银行或其他金融机构等借入的期限超过 1 年（不含 1 年）的各种借款本息，设置“长期借款”（2501）科目。本科目期末贷方余额，反映事业单位尚未偿还的长期借款本息金额。

本科目应当设置“本金”和“应计利息”明细科目，并按照贷款单位和贷款种类进行明细核算。对于建设项目借款，还应按照具体项目进行明细核算。长期借款的主要账务处理如下所示。

（一）借入长期借款的核算

借入各项长期借款时，按照实际借入的金额，借记“银行存款”科目，贷记本科目（本金）。

【例 4 - 64】 省物理研究所为购入大型设备（需安装）而向银行借入长期借款 5 000 000 元，期限为 18 个月，年利率为 6%，一次性还本付息，款已到账。

借：银行存款　　　　　　　　　　　　5 000 000

　贷：长期借款——本金　　　　　　　　　5 000 000

（二）计提基建借款利息的核算

为建造固定资产、公共基础设施等应支付的专门借款利息，按期计提利息时，分别按以下情况处理：

1. 属于工程项目建设期间发生的利息，计入工程成本，按照计算确定的应支付的利息金额，借记“在建工程”科目，贷记“应付利息”科目。

【例 4 - 65】 接例 4 - 64，省物理研究所购买的大型设备尚未安装完成，计提本月长期借款利息 25 000 元。

借：在建工程　　　　　　　　　　　　　　25 000

贷：应付利息　　　　　　　　　　　　　　　　25 000

2. 属于工程项目完工交付使用后发生的利息，计入当期费用，按照计算确定的应支付的利息金额，借记“其他费用”科目，贷记“应付利息”科目。

【例 4－66】接例 4－64 和例 4－65，省物理研究所购买的大型设备安装完成并投入使用，计提本月长期借款利息 25 000 元。

借：其他费用　　　　　　　　　　　　　　25 000

　贷：应付利息　　　　　　　　　　　　　　25 000

（三）计提其他长期借款利息的核算

按期计提其他长期借款的利息时，按照计算确定的应支付的利息金额，借记“其他费用”科目，贷记“应付利息”科目［分期付息、到期还本借款的利息］或本科目（应计利息）［到期一次还本付息借款的利息］。

【例 4－67】省物理研究所借入长期借款 800 000 元用于实验项目资金周转，年利率为 6%，到期一次还本付息。现计提本月利息 4 000 元。

借：其他费用　　　　　　　　　　　　　　4 000

　贷：长期借款——应计利息　　　　　　　　　4 000

（四）归还长期借款本息的核算

到期归还长期借款本金、利息时，借记本科目（本金、应计利息），贷记“银行存款”科目。

【例 4－68】接例 4－64 至例 4－66，长期借款到期，省物理研究所偿还长期借款本金 5 000 000 元，应计利息 450 000 元，共计 5 450 000 元，以银行存款支付。

借：长期借款——本金　　　　　　　　　5 000 000

　　　　　——应计利息　　　　　　　　　450 000

　贷：银行存款　　　　　　　　　　　　　5 450 000

二、长期应付款的核算

为核算单位发生的偿还期限超过 1 年（不含 1 年）的应付款项，如以融资租赁方式取得固定资产应付的租赁费等，设置“长期应付款”（2502）科目。本科目期末贷方余额，反映单位尚未支付的长期应付款金额。

本科目应当按照长期应付款的类别以及债权人进行明细核算，主要账务处理如下所示。

（一）发生长期应付款的核算

发生长期应付款时，借记“固定资产”“在建工程”等科目，贷记本科目。

【例 4－69】省物理研究所向 L 公司融资租入一台设备，价款及相关税费为 180 000 元，首付 20 000 元，以银行存款支付，余款 160 000 元分 8 个季度还清，每个季末偿付

20 000 元。

借：固定资产　　　　180 000

　贷：银行存款　　　　20 000

　　　长期应付款——L 公司　　　　160 000

（二）支付长期应付款的核算

支付长期应付款时，按照实际支付的金额，借记本科目，贷记“财政拨款收入”“零余额账户用款额度”“银行存款”等科目。涉及增值税业务的，相关账务处理参见“应交增值税”科目。

【例 4－70】 接例 4－69，季末，省物理研究所向 L 公司支付融资租赁设备款 20 000 元。

借：长期应付款——L 公司　　　　20 000

　贷：银行存款　　　　20 000

（三）核销长期应付款的核算

无法偿付或债权人豁免偿还的长期应付款，应当按照规定报经批准后进行账务处理。经批准核销时，借记本科目，贷记“其他收入”科目。核销的长期应付款应在备查簿中保留登记。

【例 4－71】 接例 4－69 和例 4－70，省物理研究所向其融资租入设备的 L 公司已支付 160 000 元，尚有 20 000 元没有付清。L 公司提出豁免省物理研究所的偿还义务，经批准予以核销。

借：长期应付款——L 公司　　　　20 000

　贷：其他收入　　　　20 000

（四）涉及质保金形成长期应付款的核算

涉及质保金形成长期应付款的，相关账务处理参见“固定资产”科目。

三、预计负债的核算

为核算单位对因或有事项所产生的现时义务而确认的负债，如对未决诉讼等确认的负债，设置“预计负债”（2601）科目。本科目期末贷方余额，反映单位已确认但尚未支付的预计负债金额。

本科目应当按照预计负债的项目进行明细核算，主要账务处理如下所示。

（一）确认预计负债时的核算

确认预计负债时，按照预计的金额，借记“业务活动费用”“经营费用”“其他费用”等科目，贷记本科目。

【例 4－72】 省物理研究所与 A 公司间因材料供应问题有一项未决诉讼，预计省物理研究所应向 A 公司支付 100 000 元赔偿，确认预计负债 100 000 元。

借：业务活动费用　　　　　　　　　　　　100 000
　贷：预计负债　　　　　　　　　　　　　　100 000

（二）实际偿付预计负债时的核算

实际偿付预计负债时，按照偿付的金额，借记本科目，贷记“银行存款”“零余额账户用款额度”等科目。

【例 4－73】 接例 4－72，省物理研究所向 A 公司支付 100 000 元赔偿，以银行存款支付。

借：预计负债　　　　　　　　　　　　　　100 000
　贷：银行存款　　　　　　　　　　　　　　100 000

（三）调整预计负债账面余额的核算

根据确凿证据需要对已确认的预计负债账面余额进行调整的，按照调整增加的金额，借记有关科目，贷记本科目；按照调整减少的金额，借记本科目，贷记有关科目。

【例 4－74】 接例 4－72，依据法院判决，省物理研究所应向 A 公司支付 120 000 元赔偿，比原预计负债多 20 000 元，予以调整。

借：业务活动费用　　　　　　　　　　　　20 000
　贷：预计负债　　　　　　　　　　　　　　20 000

四、受托代理负债的核算

为核算单位接受委托取得受托代理资产时形成的负债，设置“受托代理负债”(2901) 科目。本科目期末贷方余额，反映单位尚未交付或发出受托代理资产形成的受托代理负债金额。

本科目的账务处理参见“受托代理资产”“库存现金”“银行存款”等科目。

概念题

1. 行政事业单位的负债
2. 应缴财政款
3. 应付职工薪酬
4. 应付政府补贴款

简述题

1. 简述行政事业单位负债的确认条件。
2. 简述行政事业单位负债的计量。
3. 增值税一般纳税人单位应当在应交增值税科目下设置哪些明细科目？

会计分录题

1. 某行政单位转赠一批受托代理物资，共计 180 000 元。剩余 40 000 元的物资委托人取消了转赠要求且不再收回。

2. 某事业单位自行建设一座大楼，建设过程中购买一批物资并投入工程，物资价款为 5 000 000 元，应交增值税 650 000 元，共计 5 650 000 元，由财政直接支付。按照现行增值税制度规定，增值税额自取得之日起分 2 年抵扣，当月可抵扣的增值税额为 32 500 元，后期可抵扣额为 617 500 元。

3. 某事业单位转让金融产品，取得转让收益，月末确认计税 6 000 元。

4. 月末，某事业单位将当月应交未交的增值税 10 000 元转入“未交税金”明细科目。

5. 某事业单位本月应交增值税 50 000 元，月末依据本月应交增值税计算城市维护建设税（7%）、教育费附加（3%）、地方教育费附加（2%）。

6. 某事业单位计提从事专业业务活动及其辅助活动人员的职工薪酬 2 560 000 元。其中，专业人员的基本工资（含离退休费）1 068 000 元，国家统一规定的津贴补贴 1 100 000 元，规范津贴补贴（绩效工资）253 000 元，部门津贴 139 000 元，共计 2 560 000 元。扣款 513 000 元，其中，代扣职工个人所得税 226 000 元，代扣为职工垫付的房租 18 000 元，代扣社会保险费 105 000 元和住房公积金 164 000 元，并以零余额账户用款额度支付。

7. 某行政单位按照规定计算确定本月的政府补贴款 500 000 元。

8. 某事业单位按规定从科研项目收入中提取项目间接费用 200 000 元。

9. 某事业单位向银行借入长期借款 2 000 000 元，款已到账。

10. 某事业单位向租赁公司融资租入设备，尚有 7 000 元没有付清，租赁公司提出豁免偿还义务，经批准予以核销。

11. 某事业单位因一项未决诉讼预计负债 160 000 元。

第五章

行政事业单位财务会计净资产的核算

净资产是指行政事业单位资产扣除负债后的净额。净资产金额取决于资产和负债的计量。净资产项目应当列入资产负债表。

行政事业单位净资产类的会计科目分为基金类和损益分配类。基金类的会计科目有累计盈余、专用基金和权益法调整；损益分配类的会计科目有本期盈余、本年盈余分配、无偿调拨净资产和以前年度盈余调整。

第一节　行政事业单位基金类净资产的核算

一、累计盈余的核算

为核算单位历年实现的盈余扣除盈余分配后滚存的金额，以及因无偿调入调出资产产生的净资产变动额，设置“累计盈余”（3001）科目。本科目年末余额，反映单位未分配盈余（或未弥补亏损）以及无偿调拨净资产变动的累计数。按照规定上缴、缴回、单位间调剂结转结余资金产生的净资产变动额，以及对以前年度盈余的调整金额，也通过本科目核算。

累计盈余的主要账务处理如下所示。

（一）年末结转

1. 年末，将“本年盈余分配”科目的余额转入累计盈余，借记或贷记“本年盈余分配”科目，贷记或借记本科目。

【例 5-1】年末，省物理研究所将“本年盈余分配”科目的贷方余额 614 000 元转入累计盈余。

借：本年盈余分配　　614 000
　贷：累计盈余　　614 000

2. 年末，将“无偿调拨净资产”科目的余额转入累计盈余，借记或贷记“无偿调拨净资产”科目，贷记或借记本科目。

【例 5-2】年末，省物理研究所将“无偿调拨净资产”科目的贷方余额 69 500 元转入累计盈余。

借：无偿调拨净资产　　69 500
　贷：累计盈余　　69 500

（二）上缴结转结余的核算

1. 按照规定上缴财政拨款结转结余、缴回非财政拨款结转资金、向其他单位调出财政拨款结转资金时，按照实际上缴、缴回、调出金额，借记本科目，贷记“财政应返还额度”“零余额账户用款额度”“银行存款”等科目。

【例 5-3】按照规定，省物理研究所上缴财政拨款结转结余 59 300 元，以零余额账户用款额度支付。

借：累计盈余　　59 300
　贷：零余额账户用款额度　　59 300

2. 按照规定从其他单位调入财政拨款结转资金时，按照实际调入金额，借记“零余额账户用款额度”“银行存款”等科目，贷记本科目。

【例 5-4】按照规定，省物理研究所从市物理研究所调入财政拨款结转资金 23 000 元，存入银行。

借：银行存款　　23 000
　贷：累计盈余　　23 000

（三）调整以前年度盈余的核算

将“以前年度盈余调整”科目的余额转入本科目，借记或贷记“以前年度盈余调整”科目，贷记或借记本科目。

【例 5-5】按照规定，省物理研究所将“以前年度盈余调整”科目的借方余额 5 000 元转入累计盈余。

借：累计盈余　　5 000
　贷：以前年度盈余调整　　5 000

（四）使用专用基金的核算

按照规定使用专用基金购置固定资产、无形资产的，按照固定资产、无形资产成本金额，借记“固定资产”“无形资产”科目，贷记“银行存款”等科目；同时，按照专用基金使用金额，借记“专用基金”科目，贷记本科目。

【例 5－6】 按照规定，省物理研究所使用专用基金（修购基金）购置专用设备两台，价款及相关税费为 22 000 元，以银行存款支付。

借：固定资产　　22 000
　贷：银行存款　　22 000
借：专用基金——修购基金　　22 000
　贷：累计盈余　　22 000

二、专用基金的核算

为核算事业单位按照规定提取或设置的具有专门用途的净资产，主要包括职工福利基金、科技成果转换基金等，设置“专用基金”（3101）科目。本科目期末贷方余额，反映事业单位累计提取或设置的尚未使用的专用基金。

本科目应当按照专用基金的类别进行明细核算，主要账务处理如下所示。

（一）提取、设置专用基金的核算

1. 年末，根据有关规定从本年度非财政拨款结余或经营结余中提取专用基金的，按照预算会计下计算的提取金额，借记“本年盈余分配”科目，贷记本科目。

【例 5－7】 年末，省物理研究所按照规定从本年度非财政拨款结余中提取专用基金（职工福利基金）795 200 元。

借：本年盈余分配　　795 200
　贷：专用基金——职工福利基金　　795 200

2. 根据有关规定从收入中提取专用基金并计入费用的，一般按照预算会计下基于预算收入计算提取的金额，借记“业务活动费用”等科目，贷记本科目。国家另有规定的，从其规定。

【例 5－8】 省物理研究所按规定从收入中提取专用基金（修购基金）153 000 元。

借：业务活动费用　　153 000
　贷：专用基金——修购基金　　153 000

3. 根据有关规定设置的其他专用基金，按照实际收到的基金金额，借记“银行存款”等科目，贷记本科目。

【例 5－9】 省物理研究所按规定设置专用基金（机构改革基金），收到主管部门拨付的专项资金 20 000 000 元并存入银行。

借：银行存款　　20 000 000
　贷：专用基金——机构改革基金　　20 000 000

（二）使用专用基金的核算

1. 按照规定使用提取的专用基金时，借记本科目，贷记“银行存款”等科目。

【例 5－10】 接例 5－9，省物理研究所进行机构改革，按照规定使用专用基金（机构改革基金）5 000 000 元，支付职工离职补偿。

借：专用基金——机构改革基金　　5 000 000

　贷：银行存款　　5 000 000

2. 使用提取的专用基金购置固定资产、无形资产的，按照固定资产、无形资产成本金额，借记“固定资产”“无形资产”科目，贷记“银行存款”等科目；同时，按照专用基金使用金额，借记本科目，贷记“累计盈余”科目。

【例 5－11】省物理研究所使用提取的专用基金（修购基金）购买一项专利权，价款及相关税费为 27 000 元，以银行存款支付。

借：无形资产　　27 000

　贷：银行存款　　27 000

借：专用基金——修购基金　　27 000

　贷：累计盈余　　27 000

三、权益法调整的核算

为核算事业单位持有的长期股权投资采用权益法核算时，按照被投资单位除净损益和利润分配以外的所有者权益变动份额调整长期股权投资账面余额而计入净资产的金额，设置“权益法调整”（3201）科目。本科目期末余额，反映事业单位在被投资单位除净损益和利润分配以外的所有者权益变动中累积享有（或分担）的份额。

本科目应当按照被投资单位进行明细核算，主要账务处理如下所示。

（一）年末调整

年末，按照被投资单位除净损益和利润分配以外的所有者权益变动应享有（或应分担）的份额，借记或贷记“长期股权投资——其他权益变动”科目，贷记或借记本科目。

【例 5－12】省物理研究所持有的长期股权投资采用权益法核算。年末，其购买的 K 公司股票价格下跌，净损失为 38 213 元，予以调整。

借：权益法调整　　38 213

　贷：长期股权投资——其他权益变动　　38 213

（二）其他因素引起净资产变动

采用权益法核算的长期股权投资，因被投资单位除净损益和利润分配以外的所有者权益变动而将应享有（或应分担）的份额计入单位净资产的，处置该项投资时，按照原计入净资产的相应部分金额，借记或贷记本科目，贷记或借记“投资收益”科目。

【例 5－13】省物理研究所出售 H 公司股票。H 公司投资了 M 公司，M 公司在期货交易中失利，引起 H 公司的长期股权投资公允价值变动，省物理研究所应分担的损失为 625 000 元，已经计入净资产。处置 H 公司股票时予以调整。

借：权益法调整　　625 000

　贷：投资收益　　625 000

第二节　行政事业单位损益分配类净资产的核算

一、本期盈余的核算

为核算单位本期各项收入、费用相抵后的余额，设置“本期盈余”（3301）科目。本科目期末如为贷方余额，反映单位自年初至当期期末累计实现的盈余；如为借方余额，反映单位自年初至当期期末累计发生的亏损。年末结账后，本科目应无余额。

本期盈余的主要账务处理如下所示。

（一）将各类收支科目的本期发生额转入本期盈余

1. 期末，将各类收入科目的本期发生额转入本期盈余，借记“财政拨款收入”“事业收入”“上级补助收入”“附属单位上缴收入”“经营收入”“非同级财政拨款收入”“投资收益”“捐赠收入”“利息收入”“租金收入”“其他收入”科目，贷记本科目。

【例 5－14】年末，省物理研究所将财政拨款收入 63 920 000 元、事业收入 35 662 000 元、上级补助收入 100 000 元、附属单位上缴收入 200 000 元、经营收入 306 000 元、非同级财政拨款收入 44 553 000 元、投资收益 90 000 元、捐赠收入 300 000 元、利息收入 5 000 元、租金收入 70 000 元、其他收入 1 000 元转入本期盈余科目。

借：财政拨款收入	63 920 000	
事业收入	35 662 000	
上级补助收入	100 000	
附属单位上缴收入	200 000	
经营收入	306 000	
非同级财政拨款收入	44 553 000	
投资收益	90 000	
捐赠收入	300 000	
利息收入	5 000	
租金收入	70 000	
其他收入	1 000	
贷：本期盈余		145 207 000

2. 将各类费用科目本期发生额转入本期盈余，借记本科目，贷记“业务活动费用”“单位管理费用”“经营费用”“所得税费用”“资产处置费用”“上缴上级费用”“对附属单位补助费用”“其他费用”科目。

【例 5－15】年末，省物理研究所将业务活动费用 126 575 000 元、单位管理费用 9 056 000 元、经营费用 372 000 元、所得税费用 30 000 元、资产处置费用 6 000 元、上缴上级费用 6 000 000 元、对附属单位补助费用 2 400 000 元、其他费用 500 元转入本期盈余。

借：本期盈余　144 439 500
　贷：业务活动费用　126 575 000
　　单位管理费用　9 056 000
　　经营费用　372 000
　　所得税费用　30 000
　　资产处置费用　6 000
　　上缴上级费用　6 000 000
　　对附属单位补助费用　2 400 000
　　其他费用　500

（二）将本期盈余科目余额转入本年盈余分配

年末，完成上述结转后，将本科目余额转入“本年盈余分配”科目，借记或贷记本科目，贷记或借记“本年盈余分配”科目。

【例5－16】接例5－14和例5－15，年末，省物理研究所将“本期盈余”科目的贷方余额767 500元转入“本年盈余分配”科目。

借：本期盈余　767 500
　贷：本年盈余分配　767 500

二、本年盈余分配的核算

为核算单位本年度盈余分配的情况和结果，设置“本年盈余分配”（3302）科目。年末结账后，本科目应无余额。

本年盈余分配的主要账务处理如下：

1. 年末，将“本期盈余”科目余额转入本科目，借记或贷记“本期盈余”科目，贷记或借记本科目。

【例5－17】参见例5－16，年末，省物理研究所将“本期盈余”科目的贷方余额767 500元转入“本年盈余分配”科目。

借：本期盈余　767 500
　贷：本年盈余分配　767 500

2. 年末，根据有关规定从本年度非财政拨款结余或经营结余中提取专用基金的，按照预算会计下计算的提取金额，借记本科目，贷记“专用基金”科目。

【例5－18】省物理研究所按规定从本年度非财政拨款结余中提取专用基金（修购基金）153 000元。

借：本年盈余分配　153 000
　贷：专用基金——修购基金　153 000

3. 年末，按照规定完成上述处理后，将本科目余额转入累计盈余，借记或贷记本科目，贷记或借记“累计盈余”科目。

【例5－19】参见例5－1。年末，省物理研究所将“本年盈余分配”科目的贷方余额

614 000 元转入累计盈余。

借：本年盈余分配　　614 000

　贷：累计盈余　　614 000

三、无偿调拨净资产的核算

为核算单位无偿调入或调出非现金资产所引起的净资产变动金额，设置“无偿调拨净资产”（3401）科目。年末结账后，本科目应无余额。

无偿调拨净资产的主要账务处理如下所示。

（一）无偿调入资产的核算

按照规定取得无偿调入的存货、长期股权投资、固定资产、无形资产、公共基础设施、政府储备物资、文物文化资产、保障性住房等，按照确定的成本，借记“库存物品”“长期股权投资”“固定资产”“无形资产”“公共基础设施”“政府储备物资”“文物文化资产”“保障性住房”等科目，按照调入过程中发生的归属于调入方的相关费用，贷记“零余额账户用款额度”“银行存款”等科目，按照其差额，贷记本科目。

【例 5-20】 省物理研究所无偿调入一项专利技术，对方提供的凭证显示该专利的成本为 90 000 元，以库存现金支付相关费用 600 元。

借：无形资产　　90 000

　贷：库存现金　　600

　　无偿调拨净资产　　89 400

（二）无偿调出资产的核算

按照规定经批准无偿调出存货、长期股权投资、固定资产、无形资产、公共基础设施、政府储备物资、文物文化资产、保障性住房等，按照调出资产的账面余额或账面价值，借记本科目，按照固定资产累计折旧、无形资产累计摊销、公共基础设施累计折旧或摊销、保障性住房累计折旧的金额，借记“固定资产累计折旧”“无形资产累计摊销”“公共基础设施累计折旧（摊销）”“保障性住房累计折旧”科目，按照调出资产的账面余额，贷记“库存物品”“长期股权投资”“固定资产”“无形资产”“公共基础设施”“政府储备物资”“文物文化资产”“保障性住房”等科目；同时，按照调出过程中发生的归属于调出方的相关费用，借记“资产处置费用”科目，贷记“零余额账户用款额度”“银行存款”等科目。

【例 5-21】 省物理研究所无偿调出一台设备，设备的账面余额为 26 550 元，已计提折旧 6 650 元。调出过程中发生归属于调出方的运输费 200 元，以库存现金支付。

借：无偿调拨净资产　　19 900

　　固定资产累计折旧　　6 650

　贷：固定资产　　26 550

借：资产处置费用　　200

贷：库存现金　　200

（三）年末结转的核算

年末，将本科目余额转入累计盈余，借记或贷记本科目，贷记或借记“累计盈余”科目。

【例 5－22】参见例 5－2。年末，省物理研究所将“无偿调拨净资产”科目的贷方余额 69 500 元转入累计盈余。

借：无偿调拨净资产　　69 500

　贷：累计盈余　　69 500

四、以前年度盈余调整的核算

为核算单位本年度发生的调整以前年度盈余的事项，包括本年度发生的重要前期差错更正涉及调整以前年度盈余的事项，设置“以前年度盈余调整”（3501）科目。本科目结转后应无余额。

以前年度盈余调整的主要账务处理如下所示。

（一）调整以前年度收入的核算

调整增加以前年度收入时，按照调整增加的金额，借记有关科目，贷记本科目。调整减少的，做相反的会计分录。

【例 5－23】省物理研究所收回上一年度因计算错误而少收的收入 40 000 元并存入银行，同时调整以前年度盈余。

借：银行存款　　40 000

　贷：以前年度盈余调整　　40 000

（二）调整以前年度费用的核算

调整增加以前年度费用时，按照调整增加的金额，借记本科目，贷记有关科目。调整减少的，做相反的会计分录。

【例 5－24】因计算错误，省物理研究所上一年度向 S 公司的派遣劳务费少支付了 50 000 元，以零余额账户用款额度补付并调整以前年度盈余。

借：以前年度盈余调整　　50 000

　贷：零余额账户用款额度　　50 000

（三）盘盈的各种非流动资产的核算

盘盈的各种非流动资产，报经批准后处理时，借记“待处理财产损溢”科目，贷记本科目。

【例 5－25】省物理研究所盘盈一箱材料，估价 15 000 元，报经批准后入账并调整以前年度盈余。

借：库存物品　　15 000
　贷：待处理财产损溢　　15 000
借：待处理财产损溢　　15 000
　贷：以前年度盈余调整　　15 000

(四) 转入累计盈余的核算

经上述调整后，应将本科目的余额转入累计盈余，借记或贷记“累计盈余”科目，贷记或借记本科目。

【例 5－26】 参见例 5－5。按照规定，省物理研究所将“以前年度盈余调整”科目的借方余额 5 000 元转入累计盈余。

借：累计盈余　　5 000
　贷：以前年度盈余调整　　5 000

概念题

1. 净资产
2. 累计盈余
3. 专用基金

简述题

1. 简述本期盈余的核算。
2. 简述累计盈余的核算。

会计分录题

1. 某事业单位按规定从收入中提取专用基金（修购基金）52 500 元。

2. 年末，某事业单位将财政拨款收入 84 500 000 元、事业收入 66 230 000 元、上级补助收入 1 000 000 元、附属单位上缴收入 600 000 元、经营收入 2 550 000 元、非同级财政拨款收入 6 000 000 元、投资收益 120 000 元、捐赠收入 500 000 元、利息收入 12 000 元、租金收入 50 000 元、其他收入 163 000 元转入“本期盈余”科目。

3. 某事业单位将业务活动费用 132 480 000 元、单位管理费用 19 000 000 元、经营费用 1 950 000 元、所得税费用 53 000 元、资产处置费用 105 000 元、上缴上级费用 3 000 000 元、对附属单位补助费用 5 000 000 元、其他费用 35 000 元转入“本期盈余”科目。

4. 年末，某事业单位将“本期盈余”科目的贷方余额 102 000 元转入本年盈余分配。

5. 年末，某事业单位将“本年盈余分配”科目的贷方余额 102 000 元转入累计盈余。

6. 年末，某事业单位将“无偿调拨净资产”科目的借方余额 20 000 元转入累计盈余。

7. 某事业单位盘盈1件文物文化资产，估价60 000元，报经批准后入账并调整以前年度盈余。

8. 某行政单位将“以前年度盈余调整”科目的贷方余额10 000元转入累计盈余。

9. 某事业单位使用专用基金（修购基金）购置专用设备1台，价款及相关税费共计31 000元，以银行存款支付。

第六章

行政事业单位财务会计收入和费用的核算

第一节　行政事业单位收入的核算

收入是指报告期内导致行政事业单位净资产增加的、含有服务潜力或者经济利益的经济资源的流入。收入的确认应当同时满足以下条件：（1）与收入相关的含有服务潜力或者经济利益的经济资源很可能流入单位；（2）含有服务潜力或者经济利益的经济资源流入会导致单位资产增加或者负债减少；（3）流入金额能够可靠地计量。

符合收入定义和收入确认条件的项目，应当列入收入费用表。行政事业单位的收入有财政拨款收入、事业收入、上级补助收入、附属单位上缴收入、经营收入、非同级财政拨款收入、投资收益、捐赠收入、利息收入、租金收入和其他收入。

一、财政拨款收入的核算

为核算单位从同级政府财政部门取得的各类财政拨款，设置“财政拨款收入”（4001）科目。期末结转后，本科目应无余额。同级政府财政部门预拨的下期预算款和没有纳入预算的暂付款项，以及采用实拨资金方式通过本单位转拨给下属单位的财政拨款，通过“其他应付款”科目核算，不通过本科目核算。

本科目可按照一般公共预算财政拨款、政府性基金预算财政拨款等拨款种类进行明细核算。财政拨款收入的主要账务处理如下所示。

（一）财政直接支付下的核算

1. 财政直接支付方式下，根据收到的“财政直接支付入账通知书”及相关原始凭证，按照通知书中的直接支付入账金额，借记“库存物品”“固定资产”“业务活动费用”“单位管理费用”“应付职工薪酬”等科目，贷记本科目。涉及增值税业务的，相关账务处理参见“应交增值税”科目。

【例 6-1】省物理研究所购买一批实验材料，价款及相关费用为 60 000 元，以财政直接支付方式付款。

借：库存物品　　　　　　　　　　60 000

　贷：财政拨款收入　　　　　　　　　　60 000

2. 年末，根据本年度财政直接支付预算指标数与当年财政直接支付实际支付数的差额，借记“财政应返还额度——财政直接支付”科目，贷记本科目。

【例 6-2】年末，省物理研究所的财政直接支付预算结余 200 000 元，转入财政应返还额度科目。

借：财政应返还额度——财政直接支付　　200 000

　贷：财政拨款收入　　　　　　　　　　200 000

（二）财政授权支付方式下的核算

1. 财政授权支付方式下，根据收到的“财政授权支付额度到账通知书”，按照通知书中的授权支付额度，借记“零余额账户用款额度”科目，贷记本科目。

【例 6-3】省物理研究所收到“财政授权支付额度到账通知书”，通知所列的授权支付额度为 1 000 000 元。

借：零余额账户用款额度　　　　　　1 000 000

　贷：财政拨款收入——财政授权支付　　1 000 000

2. 年末，本年度财政授权支付预算指标数大于零余额账户用款额度下达数的，根据未下达的用款额度，借记“财政应返还额度——财政授权支付”科目，贷记本科目。

【例 6-4】年末，省物理研究所的财政授权支付预算结余为 150 000 元，转入财政应返还额度科目。

借：财政应返还额度——财政授权支付　　150 000

　贷：财政拨款收入　　　　　　　　　　150 000

（三）其他方式下的核算

其他方式下收到财政拨款收入时，按照实际收到的金额，借记“银行存款”等科目，贷记本科目。

【例 6-5】某县实行实拨资金方式，县农机站收到财政拨款收入 50 000 元并存入银行。

借：银行存款　　　　　　　　　　50 000

　贷：财政拨款收入　　　　　　　　　　50 000

（四）差错更正或购货退回

因差错更正或购货退回等发生国库直接支付款项退回的，属于以前年度支付的款项，按照退回金额，借记“财政应返还额度——财政直接支付”科目，贷记“以前年度盈余调整”“库存物品”等科目；属于本年度支付的款项，按照退回金额，借记本科目，贷记“业务活动费用”“库存物品”等科目。

【例 6-6】 因差错，省物理研究所上月以财政直接支付方式支付的电费多了 30 000 元，现按原渠道退回。

借：财政拨款收入　　　　30 000

　贷：业务活动费用　　　　30 000

（五）期末结转

期末，将本科目本期发生额转入本期盈余，借记本科目，贷记“本期盈余”科目。

【例 6-7】 年末，省物理研究所将财政拨款收入 63 920 000 元转入本期盈余科目。

借：财政拨款收入　　　　63 920 000

　贷：本期盈余　　　　63 920 000

二、事业收入的核算

为核算事业单位开展专业业务活动及其辅助活动实现的收入，不包括从同级政府财政部门取得的各类财政拨款，设置“事业收入”（4101）科目。期末结转后，本科目应无余额。对于因开展科研及其辅助活动从非同级政府财政部门取得的经费拨款，应当在本科目下单设“非同级财政拨款”明细科目进行核算。

本科目应当按照事业收入的类别、来源等进行明细核算。事业收入的主要账务处理如下所示。

（一）采用财政专户返还方式管理的事业收入

1. 实现应上缴财政专户的事业收入时，按照实际收到或应收的金额，借记“银行存款”“应收账款”等科目，贷记“应缴财政款”科目。

【例 6-8】 省物理研究所收到研究生缴纳的学费收入 132 000 元并存入银行，按照规定，该项收入应上缴财政专户管理。

借：银行存款　　　　132 000

　贷：应缴财政款　　　　132 000

2. 向财政专户上缴款项时，按照实际上缴的款项金额，借记“应缴财政款”科目，贷记“银行存款”等科目。

【例 6-9】 接例 6-8，省物理研究所向财政专户上缴款项 132 000 元。

借：应缴财政款　　　　132 000

　贷：银行存款　　　　132 000

3. 收到从财政专户返还的事业收入时，按照实际收到的返还金额，借记“银行存款”等科目，贷记本科目。

【例 6－10】 接例 6－8 和例 6－9，省物理研究所收到从财政专户返还的事业收入 132 000 元，存入银行。

借：银行存款　　132 000
　贷：事业收入　　132 000

（二）采用预收款方式确认的事业收入

1. 实际收到预收款项时，按照收到的款项金额，借记“银行存款”等科目，贷记“预收账款”科目。

【例 6－11】 省物理研究所预收 A 公司的订货款 100 000 元并存入银行。

借：银行存款　　100 000
　贷：预收账款——A 公司　　100 000

2. 以合同完成进度确认事业收入时，按照基于合同完成进度计算的金额，借记“预收账款”科目，贷记本科目。

【例 6－12】 接例 6－11，依据合同完成进度，省物理研究所确认本月的事业收入 75 000 元。

借：预收账款——A 公司　　75 000
　贷：事业收入　　75 000

（三）采用应收款方式确认的事业收入

1. 根据合同完成进度计算本期应收的款项，借记“应收账款”科目，贷记本科目。

【例 6－13】 省物理研究所与 B 公司签订合同，为 B 公司加工特殊材料，合同总金额为 500 000 元。依据合同完成进度，确认本期应收款项为 110 000 元。

借：应收账款——B 公司　　110 000
　贷：事业收入　　97 345
　　　应交增值税——应交税金——销项税额　　12 655

2. 实际收到款项时，借记“银行存款”等科目，贷记“应收账款”科目。

【例 6－14】 接例 6－13，省物理研究所收到 B 公司支付的款项 110 000 元并存入银行。

借：银行存款　　110 000
　贷：应收账款——B 公司　　110 000

（四）采用其他方式确认的事业收入

其他方式下确认的事业收入，按照实际收到的金额，借记“银行存款”“库存现金”等科目，贷记本科目。

【例 6－15】 省物理研究所出售一批产品，价款为 42 000 元，应交增值税 5 460 元，共计 47 460 元，收款存入银行。

借：银行存款　　47 460

贷：事业收入　　42 000
　　应交增值税——应交税金——销项税额　　5 460

上述（二）至（四）中涉及增值税业务的，相关账务处理参见“应交增值税”科目。

（五）期末结转

期末，将本科目本期发生额转入本期盈余，借记本科目，贷记“本期盈余”科目。

【例 6－16】 年末，省物理研究所将事业收入 35 662 000 元转入本期盈余科目。

借：事业收入　　35 662 000
　贷：本期盈余　　35 662 000

三、上级补助收入的核算

为核算事业单位从主管部门和上级单位取得的非财政拨款收入，设置“上级补助收入”（4201）科目。期末结转后，本科目应无余额。

本科目应当按照发放补助单位、补助项目等进行明细核算。上级补助收入的主要账务处理如下所示。

（一）取得收入的核算

1. 确认上级补助收入时，按照应收或实际收到的金额，借记“其他应收款”“银行存款”等科目，贷记本科目。

【例 6－17】 依据部门预算，省物理研究所确认上半年应获得上级补助收入 50 000 元。

借：其他应收款　　50 000
　贷：上级补助收入　　50 000

2. 实际收到应收的上级补助款时，按照实际收到的金额，借记“银行存款”等科目，贷记“其他应收款”科目。

【例 6－18】 接例 6－17，省物理研究所实际收到上级拨入的补助收入 50 000 元并存入银行。

借：银行存款　　50 000
　贷：其他应收款　　50 000

（二）期末结转

期末，将本科目本期发生额转入本期盈余，借记本科目，贷记“本期盈余”科目。

【例 6－19】 年末，省物理研究所将上级补助收入 100 000 元转入本期盈余科目。

借：上级补助收入　　100 000
　贷：本期盈余　　100 000

四、附属单位上缴收入的核算

为核算事业单位取得的附属独立核算单位按照有关规定上缴的收入，设置“附属单位上缴收入”（4301）科目。期末结转后，本科目应无余额。

本科目应当按照附属单位、缴款项目等进行明细核算。附属单位上缴收入的主要账务处理如下所示。

（一）取得收入的核算

1. 确认附属单位上缴收入时，按照应收或收到的金额，借记“其他应收款”“银行存款”等科目，贷记本科目。

【例 6 - 20】 依据部门预算，省物理研究所确认其附属加工厂上半年应上缴收入 100 000 元。

借：其他应收款　　　　　　　　　　100 000
　贷：附属单位上缴收入　　　　　　　　100 000

2. 实际收到应收附属单位上缴款时，按照实际收到的金额，借记“银行存款”等科目，贷记“其他应收款”科目。

【例 6 - 21】 接例 6 - 20，省物理研究所收到其附属加工厂上缴的 100 000 元并存入银行。

借：银行存款　　　　　　　　　　　100 000
　贷：其他应收款　　　　　　　　　　　100 000

（二）期末结转

期末，将本科目本期发生额转入本期盈余，借记本科目，贷记“本期盈余”科目。

【例 6 - 22】 年末，省物理研究所将其附属单位上缴收入 200 000 元转入本期盈余科目。

借：附属单位上缴收入　　　　　　　200 000
　贷：本期盈余　　　　　　　　　　　　200 000

五、经营收入的核算

为核算事业单位在专业业务活动及其辅助活动之外开展非独立核算经营活动取得的收入，设置“经营收入”（4401）科目。期末结转后，本科目应无余额。

经营收入应当在提供服务或发出存货，同时收讫价款或者取得索取价款的凭据时，按照实际收到或应收的金额予以确认。本科目应当按照经营活动类别、项目和收入来源等进行明细核算。经营收入的主要账务处理如下所示。

（一）实现经营收入的核算

实现经营收入时，按照确定的收入金额，借记“银行存款”“应收账款”“应收票据”等科目，贷记本科目。涉及增值税业务的，相关账务处理参见“应交增值税”科目。

【例 6－23】省物理研究所为 M 中心提供投资政策咨询服务，取得经营收入 80 000 元，应交增值税 4 800 元（税率为 6%），共计 84 800 元，将其存入银行。

借：银行存款　　　　　　　　　　　　84 800
　贷：经营收入　　　　　　　　　　　　　80 000
　　　应交增值税——应交税金——销项税额　　4 800

（二）期末结转

期末，将本科目本期发生额转入本期盈余，借记本科目，贷记“本期盈余”科目。

【例 6－24】年末，省物理研究所将经营收入 306 000 元转入本期盈余科目。

借：经营收入　　　　　　　　　　　　306 000
　贷：本期盈余　　　　　　　　　　　　　306 000

六、非同级财政拨款收入的核算

为核算单位从非同级政府财政部门取得的经费拨款，包括从同级政府其他部门取得的横向转拨财政款、从上级或下级政府财政部门取得的经费拨款等，设置“非同级财政拨款收入”（4601）科目。期末结转后，本科目应无余额。事业单位因开展科研及其辅助活动从非同级政府财政部门取得的经费拨款，应当通过“事业收入——非同级财政拨款”科目核算，不通过本科目核算。

本科目应当按照本级横向转拨财政款和非本级财政拨款进行明细核算，并按照收入来源进行明细核算。非同级财政拨款收入的主要账务处理如下所示。

（一）确认非同级财政拨款收入时的核算

确认非同级财政拨款收入时，按照应收或实际收到的金额，借记“其他应收款”“银行存款”等科目，贷记本科目。

【例 6－25】省物理研究所收到中央财政拨款 6 000 000 元，款项存入银行。

借：银行存款　　　　　　　　　　　　6 000 000
　贷：非同级财政拨款收入　　　　　　　　6 000 000

（二）期末结转

期末，将本科目本期发生额转入本期盈余，借记本科目，贷记“本期盈余”科目。

【例 6－26】年末，省物理研究所将非同级财政拨款收入 44 553 000 元转入本期盈余科目。

借：非同级财政拨款收入　　　　　　　44 553 000

贷：本期盈余 44 553 000

七、投资收益的核算

为核算事业单位股权投资和债券投资所实现的收益或发生的损失，设置“投资收益”(4602)。期末结转后，本科目应无余额。

本科目应当按照投资的种类等进行明细核算，主要账务处理如下所示。

(一) 收到短期投资持有期间利息的核算

收到短期投资持有期间的利息，按照实际收到的金额，借记“银行存款”科目，贷记“投资收益”科目。

【例 6-27】 月末，省物理研究所收到半年期国库券的本月利息 1 000 元并存入银行。

借：银行存款 1 000

贷：投资收益 1 000

(二) 出售或到期收回短期债券本息的核算

出售或到期收回短期债券本息，按照实际收到的金额，借记“银行存款”科目，按照出售或收回短期投资的成本，贷记“短期投资”科目，按照其差额，贷记或借记本科目。涉及增值税业务的，相关账务处理参见“应交增值税”科目。

【例 6-28】 接例 6-27，半年期国库券到期，省物理研究所收到资金 1 001 000 元，已知短期投资的成本为 1 000 000 元。

借：银行存款 1 001 000

贷：短期投资 1 000 000

投资收益 1 000

(三) 按期确认分期付息、一次还本的长期债券投资利息收入的核算

持有的分期付息、一次还本的长期债券投资，按期确认利息收入时，按照计算确定的应收未收利息，借记“应收利息”科目，贷记本科目；持有的到期一次还本付息的债券投资，按期确认利息收入时，按照计算确定的应收未收利息，借记“长期债券投资——应计利息”科目，贷记本科目。

【例 6-29】 省物理研究所确认其持有的到期一次还本付息的 2 年期债券投资本月利息收入为 600 元。

借：长期债券投资——应计利息 600

贷：投资收益 600

(四) 出售或到期收回长期债券投资的核算

出售长期债券投资或到期收回长期债券投资本息，按照实际收到的金额，借记“银行存款”等科目，按照债券初始投资成本和已计未收利息金额，贷记“长期债券投

资——成本、应计利息”科目［到期一次还本付息债券］或“长期债券投资”“应收利息”科目［分期付息债券］，按照其差额，贷记或借记本科目。涉及增值税业务的，相关账务处理参见“应交增值税”科目。

【例 6－30】接例 6－29，省物理研究所到期收回长期债券投资本息共计 194 400 元，其中，初始投资成本为 180 000 元，已计未收利息为 14 400 元。款项存入银行。

借：银行存款　　194 400
　贷：长期债券投资——成本　　180 000
　　　　　　　　　——应计利息　　14 400

（五）长期股权投资持有期间收益的核算

1. 采用成本法核算的长期股权投资持有期间，被投资单位宣告分派现金股利或利润时，按照宣告分派的现金股利或利润中属于单位应享有的份额，借记“应收股利”科目，贷记本科目。

【例 6－31】省物理研究所对长期股权投资实行成本法核算，年末被投资单位 L 公司告知分派现金股利，本单位应享有的份额为 15 000 元。

借：应收股利　　15 000
　贷：投资收益　　15 000

2. 采用权益法核算的长期股权投资持有期间，按照应享有或应分担的被投资单位实现的净损益的份额，借记或贷记“长期股权投资——损益调整”科目，贷记或借记本科目；被投资单位发生净亏损，但以后年度又实现净利润的，单位在其收益分享额弥补未确认的亏损分担额等后，恢复确认投资收益，借记“长期股权投资——损益调整”科目，贷记本科目。

【例 6－32】市文化宫对长期股权投资采用权益法核算，年末，确认本单位应享有的被投资单位净收益为 29 000 元。

借：长期股权投资——损益调整　　29 000
　贷：投资收益　　29 000

（六）处置长期股权投资的核算

按照规定处置长期股权投资时有关投资收益的账务处理参见“长期股权投资”科目。

（七）期末结转

期末，将本科目本期发生额转入本期盈余，借记或贷记本科目，贷记或借记“本期盈余”科目。

【例 6－33】期末，省物理研究所将投资收益 90 000 元转入本期盈余科目。

借：投资收益　　90 000
　贷：本期盈余　　90 000

八、捐赠收入的核算

为核算单位接受其他单位或者个人捐赠取得的收入，设置“捐赠收入”（4603）科目。期末结转后，本科目应无余额。

本科目应当按照捐赠资产的用途和捐赠单位等进行明细核算。捐赠收入的主要账务处理如下所示。

（一）接受捐赠的核算

1. 接受捐赠的货币资金，按照实际收到的金额，借记“银行存款”“库存现金”等科目，贷记本科目。

【例 6－34】省物理研究所接受一个民营企业捐赠的 50 000 元并存入银行。

借：银行存款　　50 000
　贷：捐赠收入　　50 000

2. 接受捐赠的存货、固定资产等非现金资产，按照确定的成本，借记“库存物品”“固定资产”等科目，按照发生的相关税费、运输费等，贷记“银行存款”等科目，按照其差额，贷记本科目。

【例 6－35】省物理研究所接受国外研究机构捐赠的实验设备 1 台，估值为 180 000 元，发生运输费用 9 000 元，以银行存款支付。

借：固定资产　　180 000
　贷：银行存款　　9 000
　　捐赠收入　　171 000

3. 接受捐赠的资产按照名义金额入账的，按照名义金额，借记“库存物品”“固定资产”等科目，贷记本科目；同时，按照发生的相关税费、运输费等，借记“其他费用”科目，贷记“银行存款”等科目。

【例 6－36】省物理研究所接受国外研究机构捐赠的一块火星岩石标本，因为无法估值，所以以名义金额入账，发生相关税费 6 000 元，以银行存款支付。

借：文化文物资产　　1
　贷：捐赠收入　　1
借：其他费用　　6 000
　贷：银行存款　　6 000

（二）期末结转

期末，将本科目本期发生额转入本期盈余，借记本科目，贷记“本期盈余”科目。

【例 6－37】省物理研究所将捐赠收入 300 000 元转入本期盈余科目。

借：捐赠收入　　300 000
　贷：本期盈余　　300 000

九、利息收入的核算

为核算单位取得的银行存款利息收入，设置“利息收入”（4604）科目。期末结转后，本科目应无余额。

利息收入的主要账务处理如下：

1. 取得银行存款利息时，按照实际收到的金额，借记“银行存款”科目，贷记本科目。

【例 6-38】 省物理研究所取得银行存款利息 1 447 元。

借：银行存款　　1 447
　贷：利息收入　　1 447

2. 期末，将本科目本期发生额转入本期盈余，借记本科目，贷记“本期盈余”科目。

【例 6-39】 年末，省物理研究所将利息收入 5 000 元转入本期盈余科目。

借：利息收入　　5 000
　贷：本期盈余　　5 000

十、租金收入的核算

为核算单位经批准利用国有资产出租取得并按照规定纳入本单位预算管理的租金收入，设置“租金收入”（4605）科目。期末结转后，本科目应无余额。

本科目应当按照出租国有资产类别和收入来源等进行明细核算，主要账务处理如下所示。

（一）取得租金收入的核算

国有资产出租收入应当在租赁期内各个期间按照直线法予以确认。

1. 采用预收租金方式的，预收租金时，按照收到的金额，借记“银行存款”等科目，贷记“预收账款”科目；分期确认租金收入时，按照各期租金金额，借记“预收账款”科目，贷记本科目。

【例 6-40】 省物理研究所出租临街房屋，预收 1 年房租 60 000 元并存入银行。

预收租金时：

借：银行存款　　60 000
　贷：预收账款　　60 000

每月确认收入时：

借：预收账款　　5 000
　贷：租金收入　　5 000

2. 采用后付租金方式的，每期确认租金收入时，按照各期租金金额，借记“应收账款”科目，贷记本科目；收到租金时，按照实际收到的金额，借记“银行存款”等科目，贷记“应收账款”科目。

【例 6－41】市文化宫采用后付租金方式出租剧场，每月租金为 3 000 元，年终一次结清。

每月确认收入时：

借：应收账款　　　　3 000

　贷：租金收入　　　　3 000

年终收到租金时：

借：银行存款　　　　36 000

　贷：应收账款　　　　36 000

3. 采用分期收取租金方式的，每期收取租金时，按照租金金额，借记“银行存款”等科目，贷记本科目。

【例 6－42】市经贸学校采用分期收取租金方式出租临街房屋，每月租金 4 000 元并存入银行。

借：银行存款　　　　4 000

　贷：租金收入　　　　4 000

涉及增值税业务的，相关账务处理参见“应交增值税”科目。

（二）期末结转

期末，将本科目本期发生额转入本期盈余，借记本科目，贷记“本期盈余”科目。

【例 6－43】年末，省物理研究所将租金收入 70 000 元转入本期盈余科目。

借：租金收入　　　　70 000

　贷：本期盈余　　　　70 000

十一、其他收入的核算

为核算单位取得的除财政拨款收入、事业收入、上级补助收入、附属单位上缴收入、经营收入、非同级财政拨款收入、投资收益、捐赠收入、利息收入、租金收入以外的各项收入，包括现金盘盈收入、按照规定纳入单位预算管理的科技成果转化收入、行政单位收回已核销的其他应收款、无法偿付的应付及预收款项、置换时换出资产评估增值等，设置“其他收入”（4609）科目。期末结转后，本科目应无余额。

本科目应当按照其他收入的类别、来源等进行明细核算，主要账务处理如下所示。

（一）取得收入的核算

1. 现金盘盈收入。每日现金账款核对中发现的现金溢余，属于无法查明原因的部分，报经批准后，借记“待处理财产损溢”科目，贷记本科目。

【例 6－44】省物理研究所盘盈现金 500 元，无法查明原因，报经批准后转入待处理财产损溢科目。

借：待处理财产损溢　　　　500

贷：其他收入 500

2. 科技成果转化收入。单位科技成果转化所取得的收入，按照规定留归本单位的，按照所取得收入扣除相关费用之后的净收益，借记“银行存款”等科目，贷记本科目。

【例 6－45】 理工大学科技成果转化取得收入 200 000 元，按照规定收入留归本单位，款项存入银行。

借：银行存款 200 000

贷：其他收入 200 000

3. 收回已核销的其他应收款。行政单位已核销的其他应收款在以后期间收回的，按照实际收回的金额，借记“银行存款”等科目，贷记本科目。

【例 6－46】 县农业局收回一笔上年已核销的其他应收款 50 000 元并存入银行。

借：银行存款 50 000

贷：其他收入 50 000

4. 无法偿付的应付及预收款项。无法偿付或债权人豁免偿还的应付账款、预收账款、其他应付款及长期应付款，借记“应付账款”“预收账款”“其他应付款”“长期应付款”等科目，贷记本科目。

【例 6－47】 理工大学为 B 公司研制新产品，预收账款 100 000 元，因 B 公司破产无法履行合同，款项转为其他收入。

借：预收账款 100 000

贷：其他收入 100 000

5. 置换时换出资产评估增值。

（1）资产置换过程中，换出资产评估增值的，按照评估价值高于资产账面价值或账面余额的金额，借记有关科目，贷记本科目。具体账务处理参见“库存物品”等科目。

【例 6－48】 理工大学以一台设备换入一批实验材料。换出设备评估价为 40 000 元，固定资产账面余额为 60 000 元，已计提折旧 32 825 元。

借：库存物品 40 000

固定资产累计折旧 32 825

贷：固定资产 60 000

其他收入 12 825

（2）以未入账的无形资产取得的长期股权投资，按照评估价值加相关税费作为投资成本，借记“长期股权投资”科目，按照发生的相关税费，贷记“银行存款”“其他应交税费”等科目，按其差额，贷记本科目。

【例 6－49】 理工大学以未入账的无形资产置换长期股权投资，无形资产评估价为 100 000 元，相关税费为 1 000 元，以银行存款支付。

借：长期股权投资 101 000

贷：银行存款 1 000

其他收入 100 000

6. 确认上述收入以外的其他收入时，按照应收或实际收到的金额，借记“其他应收款”“银行存款”“库存现金”等科目，贷记本科目。

【例 6－50】 理工大学材料学院出售废品，取得收入 1 000 元。

借：库存现金　　　　　　　　　　　1 000

　贷：其他收入　　　　　　　　　　　　1 000

涉及增值税业务的，相关账务处理参见“应交增值税”科目。

（二）期末结转

期末，将本科目本期发生额转入本期盈余，借记本科目，贷记“本期盈余”科目。

【例 6－51】 年末，省物理研究所将其他收入 1 000 元转入本期盈余科目。

借：其他收入　　　　　　　　　　　1 000

　贷：本期盈余　　　　　　　　　　　　1 000

第二节　行政事业单位费用的核算

费用是指报告期内导致单位净资产减少的、含有服务潜力或者经济利益的经济资源的流出。费用的确认应当同时满足以下条件：（1）与费用相关的含有服务潜力或者经济利益的经济资源很可能流出单位；（2）含有服务潜力或者经济利益的经济资源流出会导致单位资产减少或者负债增加；（3）流出金额能够可靠地计量。符合费用定义和费用确认条件的项目，应当列入收入费用表。

一、业务活动费用的核算

为核算单位为实现其职能目标，依法履职或开展专业业务活动及其辅助活动所发生的各项费用，设置“业务活动费用”（5001）科目。期末结转后，本科目应无余额。

本科目应当按照项目、服务或者业务类别、支付对象等进行明细核算。为了满足成本核算需要，本科目下还可按照“工资福利费用”“商品和服务费用”“对个人和家庭的补助费用”“对企业补助费用”“固定资产折旧费”“无形资产摊销费”“公共基础设施折旧（摊销）费”“保障性住房折旧费”“计提专用基金”等成本项目设置明细科目，归集能够直接计入业务活动或采用一定方法计算后计入业务活动的费用。业务活动费用的主要账务处理如下所示。

1. 为履职或开展业务活动人员计提的薪酬，按照计算确定的金额，借记本科目，贷记“应付职工薪酬”科目。

【例 6－52】 月末，省物理研究所计提本月应付职工薪酬，共计 589 420 元。

借：业务活动费用　　　　　　　　589 420

　贷：应付职工薪酬　　　　　　　　　589 420

2. 为履职或开展业务活动发生的外部人员劳务费，按照计算确定的金额，借记本科目，按照代扣代缴个人所得税的金额，贷记“其他应交税费——应交个人所得税”科目，按照扣税后应付或实际支付的金额，贷记“其他应付款”“财政拨款收入”“零余额账户用款额度”“银行存款”等科目。

【例 6－53】省物理研究所以银行存款支付本月应付外部人员劳务费，共计 217 300 元。

借：业务活动费用　　　　　　　　　　217 300

　贷：银行存款　　　　　　　　　　　　217 300

3. 为履职或开展业务活动领用库存物品，以及动用发出相关政府储备物资，按照领用库存物品或发出相关政府储备物资的账面余额，借记本科目，贷记“库存物品”“政府储备物资”科目。

【例 6－54】省物理研究所材料二所领用实验材料，按照先进先出法确定该批材料的成本为 163 460 元。

借：业务活动费用　　　　　　　　　　163 460

　贷：库存物品　　　　　　　　　　　　163 460

4. 为履职或开展业务活动所使用的固定资产、无形资产以及为所控制的公共基础设施、保障性住房计提的折旧、摊销，按照计提金额，借记本科目，贷记“固定资产累计折旧”“无形资产累计摊销”“公共基础设施累计折旧（摊销）”“保障性住房累计折旧”科目。

【例 6－55】省物理研究所计提本月固定资产累计折旧，业务活动所使用的固定资产折旧额为 22 670 元。

借：业务活动费用　　　　　　　　　　22 670

　贷：固定资产累计折旧　　　　　　　　22 670

5. 为履职或开展业务活动发生的城市维护建设税、教育费附加、地方教育费附加、车船税、房产税、城镇土地使用税等，按照计算确定应交纳的金额，借记本科目，贷记“其他应交税费”等科目。

【例 6－56】省物理研究所计提本月应交房产税 23 900 元。

借：业务活动费用　　　　　　　　　　23 900

　贷：其他应交税费——应交房产税　　　23 900

6. 为履职或开展业务活动发生其他各项费用时，按照费用确认金额，借记本科目，贷记“财政拨款收入”“零余额账户用款额度”“银行存款”“应付账款”“其他应付款”“其他应收款”等科目。

【例 6－57】省物理研究所支付本月电费 307 000 元，以零余额账户用款额度支付。

借：业务活动费用　　　　　　　　　　307 000

　贷：零余额账户用款额度　　　　　　　307 000

7. 按照规定从收入中提取专用基金并计入费用的，一般按照预算会计下基于预算收入计算提取的金额，借记本科目，贷记“专用基金”科目。国家另有规定的，从其规定。

【例 6－58】省物理研究所从本月事业收入中计提专用基金（修购基金）9 500 元。

借：业务活动费用　　　　　　　　　　9 500

　贷：专用基金——修购基金　　　　　　9 500

8. 发生当年购货退回等业务，对于已计入本年业务活动费用的，按照收回或应收的金额，借记“财政拨款收入”“零余额账户用款额度”“银行存款”“其他应收款”等科目，贷记本科目。

【例 6－59】省物理研究所退回上月购买的材料一批，价款为 20 000 元，款项退回到零余额账户。

借：零余额账户用款额度　　20 000

　贷：业务活动费用　　20 000

9. 期末，将本科目本期发生额转入本期盈余，借记“本期盈余”科目，贷记本科目。

【例 6－60】年末，省物理研究所将业务活动费用 126 702 000 元转入本期盈余。

借：本期盈余　　126 702 000

　贷：业务活动费用　　126 702 000

二、单位管理费用的核算

为核算事业单位本级行政及后勤管理部门开展管理活动发生的各项费用，包括单位行政及后勤管理部门发生的人员经费、公用经费、资产折旧（摊销）等费用，以及由单位统一负担的离退休人员经费、工会经费、诉讼费、中介费等，设置“单位管理费用”（5101）科目。期末结转后，本科目应无余额。

本科目应当按照项目、费用类别、支付对象等进行明细核算。为了满足成本核算需要，本科目下还可按照“工资福利费用”“商品和服务费用”“对个人和家庭的补助费用”“固定资产折旧费”“无形资产摊销费”等成本项目设置明细科目，归集能够直接计入单位管理活动或采用一定方法计算后计入单位管理活动的费用。单位管理费用的主要账务处理如下所示。

1. 为管理活动人员计提的薪酬，按照计算确定的金额，借记本科目，贷记“应付职工薪酬”科目。

【例 6－61】计提本月管理人员薪酬，共计 103 000 元。

借：单位管理费用　　103 000

　贷：应付职工薪酬　　103 000

2. 为开展管理活动发生的外部人员劳务费，按照计算确定的费用金额，借记本科目，按照代扣代缴个人所得税的金额，贷记“其他应交税费——应交个人所得税”科目，按照扣税后应付或实际支付的金额，贷记“其他应付款”“财政拨款收入”“零余额账户用款额度”“银行存款”等科目。

【例 6－62】省物理研究所支付管理活动发生的外部人员劳务费共计 55 000 元，以银行存款支付。

借：单位管理费用　　55 000

　贷：银行存款　　55 000

3. 开展管理活动内部领用库存物品，按照领用物品实际成本，借记本科目，贷记“库存物品”科目。

【例 6－63】省物理研究所党委办公室领用办公材料，物品实际成本为 1 400 元。

借：单位管理费用　　　　　　　　　　　　1 400

　贷：库存物品　　　　　　　　　　　　　　1 400

4. 为管理活动所使用固定资产、无形资产计提的折旧、摊销，按照应提折旧、摊销额，借记本科目，贷记“固定资产累计折旧”“无形资产累计摊销”科目。

【例 6－64】 省物理研究所计提机关所使用固定资产折旧 2 650 元。

借：单位管理费用　　　　　　　　　　　　2 650

　贷：固定资产累计折旧　　　　　　　　　　2 650

5. 为开展管理活动发生城市维护建设税、教育费附加、地方教育费附加、车船税、房产税、城镇土地使用税等，按照计算确定应交纳的金额，借记本科目，贷记“其他应交税费”等科目。

【例 6－65】 省物理研究所计算确定管理用房的本月应交房产税为 500 元。

借：单位管理费用　　　　　　　　　　　　500

　贷：其他应交税费——应交房产税　　　　　　500

6. 为开展管理活动发生的其他各项费用，按照费用确认金额，借记本科目，贷记“财政拨款收入”“零余额账户用款额度”“银行存款”“其他应付款”“其他应收款”等科目。

【例 6－66】 省物理研究所支付本月管理部门文件印刷费 3 000 元，以零余额账户用款额度支付。

借：单位管理费用　　　　　　　　　　　　3 000

　贷：零余额账户用款额度　　　　　　　　　3 000

7. 发生当年购货退回等业务，对于已计入本年单位管理费用的，按照收回或应收的金额，借记“财政拨款收入”“零余额账户用款额度”“银行存款”“其他应收款”等科目，贷记本科目。

【例 6－67】 省物理研究所退回已计入本年单位管理费用的劳务费用 10 000 元，存入银行。

借：银行存款　　　　　　　　　　　　　　10 000

　贷：单位管理费用　　　　　　　　　　　　10 000

8. 期末，将本科目本期发生额转入本期盈余，借记“本期盈余”科目，贷记本科目。

【例 6－68】 年末，省物理研究所将单位管理费用 9 056 000 元转入本期盈余。

借：本期盈余　　　　　　　　　　　　　9 056 000

　贷：单位管理费用　　　　　　　　　　　9 056 000

三、经营费用的核算

为核算事业单位在专业业务活动及其辅助活动之外开展非独立核算经营活动发生的各项费用，设置“经营费用”（5201）科目。期末结转后，本科目应无余额。

本科目应当按照经营活动类别、项目、支付对象等进行明细核算。为了满足成本核算需要，本科目下还可按照“工资福利费用”“商品和服务费用”“对个人和家庭的补助费用”“固定资产折旧费”“无形资产摊销费”等成本项目设置明细科目，归集能够直接计入单位经营活动或采用一定方法计算后计入单位经营活动的费用。经营费用的主要账务处理如下所示。

1. 为经营活动人员计提的薪酬，按照计算确定的金额，借记本科目，贷记“应付职工薪酬”科目。

【例 6-69】省物理研究所计提本月的经营活动人员薪酬，共计 120 560 元。

借：经营费用　　　　　　　　　　120 560

　贷：应付职工薪酬　　　　　　　　　　120 560

2. 开展经营活动领用或发出库存物品，按照物品实际成本，借记本科目，贷记“库存物品”科目。

【例 6-70】省物理研究所为开展经营活动领用材料一批，材料成本为 30 000 元。

借：经营费用　　　　　　　　　　30 000

　贷：库存物品　　　　　　　　　　　30 000

3. 为经营活动所使用固定资产、无形资产计提的折旧、摊销，按照应提折旧、摊销额，借记本科目，贷记“固定资产累计折旧”“无形资产累计摊销”科目。

【例 6-71】省物理研究所计提本月为经营活动所使用固定资产累计折旧 1 100 元。

借：经营费用　　　　　　　　　　1 100

　贷：固定资产累计折旧　　　　　　　　1 100

4. 开展经营活动发生城市维护建设税、教育费附加、地方教育费附加、车船税、房产税、城镇土地使用税等，按照计算确定应交纳的金额，借记本科目，贷记“其他应交税费”等科目。

5. 发生与经营活动相关的其他各项费用时，按照费用确认金额，借记本科目，贷记“银行存款”“其他应付款”“其他应收款”等科目。涉及增值税业务的，相关账务处理参见“应交增值税”科目。

【例 6-72】省物理研究所支付为开展经营活动而发生的电费 13 000 元，以银行存款支付。

借：经营费用　　　　　　　　　　13 000

　贷：银行存款　　　　　　　　　　　13 000

6. 发生当年购货退回等业务，对于已计入本年经营费用的，按照收回或应收的金额，借记“银行存款”“其他应收款”等科目，贷记本科目。

【例 6-73】接例 6-72，经核查发现，省物理研究所的实际应付电费为 10 000 元，多缴的 3 000 元转入其他应收款科目用于抵扣以后月份的电费。

借：其他应收款　　　　　　　　　3 000

　贷：经营费用　　　　　　　　　　　3 000

7. 期末，将本科目本期发生额转入本期盈余，借记“本期盈余”科目，贷记本科目。

【例 6-74】年末，省物理研究所将经营费用 372 000 元转入本期盈余。

借：本期盈余　　　　　　　　　　　　　　　372 000
　贷：经营费用　　　　　　　　　　　　　　　372 000

四、资产处置费用的核算

为核算单位经批准处置资产时发生的费用，包括转销的被处置资产价值，以及在处置过程中发生的相关费用或者处置收入小于相关费用形成的净支出，设置“资产处置费用”（5301）科目。资产处置的形式按照规定包括无偿调拨、出售、出让、转让、置换、对外捐赠、报废、毁损以及货币性资产损失核销等。期末结转后，本科目应无余额。

单位在资产清查中查明的资产盘亏、毁损以及资产报废等，应当先通过“待处理财产损溢”科目进行核算，再将处理资产价值和处理净支出计入本科目。短期投资、长期股权投资、长期债券投资的处置，按照相关资产科目的规定进行账务处理。

本科目应当按照处置资产的类别、资产处置的形式等进行明细核算，主要账务处理如下所示。

（一）不通过“待处理财产损溢”科目核算的资产处置

1. 按照规定报经批准处置资产时，按照处置资产的账面价值，借记本科目[处置固定资产、无形资产、公共基础设施、保障性住房的，还应借记“固定资产累计折旧”“无形资产累计摊销”“公共基础设施累计折旧（摊销）”“保障性住房累计折旧”科目]，按照处置资产的账面余额，贷记“库存物品”“固定资产”“无形资产”“公共基础设施”“政府储备物资”“文物文化资产”“保障性住房”“其他应收款”“在建工程”等科目。

【例 6－75】理工大学按照规定报经批准出售一项专利权，不通过“待处理财产损溢”科目核算，无形资产账面余额为 51 000 元，累计摊销 33 000 元。

借：资产处置费用　　　　　　　　　　　　　18 000
　　无形资产累计摊销　　　　　　　　　　　33 000
　贷：无形资产　　　　　　　　　　　　　　　51 000

2. 处置资产过程中仅发生相关费用的，按照实际发生金额，借记本科目，贷记“银行存款”“库存现金”等科目。

【例 6－76】理工大学处置一台超过使用年限的设备，该设备已提足折旧，在账务上核销。发生处置费用 500 元，以库存现金支付。

借：资产处置费用　　　　　　　　　　　　　500
　贷：库存现金　　　　　　　　　　　　　　　500

3. 处置资产过程中取得收入的，按照取得的价款，借记“库存现金”“银行存款”等科目，按照处置资产过程中发生的相关费用，贷记“银行存款”“库存现金”等科目，按照其差额，借记本科目或贷记“应缴财政款”等科目。涉及增值税业务的，相关账务处理参见“应交增值税”科目。

【例 6－77】理工大学处置超过使用年限的设备，取得废品收入 200 元。

借：库存现金　　　　　　　　　　　　　　　200

贷：应缴财政款 200

（二）通过"待处理财产损溢"科目核算的资产处置

1. 单位账款核对中发现的现金短缺，属于无法查明原因的，报经批准核销时，借记本科目，贷记"待处理财产损溢"科目。

【例 6-78】 省物理研究所通过"待处理财产损溢"科目核算资产处置。在单位账款核对中发现现金短缺 300 元，无法查明原因，报经批准核销。

借：待处理财产损溢 300

贷：库存现金 300

借：资产处置费用 300

贷：待处理财产损溢 300

2. 单位资产清查过程中盘亏或者毁损、报废的存货、固定资产、无形资产、公共基础设施、政府储备物资、文物文化资产、保障性住房等，报经批准处理时，按照处理资产价值，借记本科目，贷记"待处理财产损溢——待处理财产价值"科目。处理收支结清时，处理过程中所取得收入小于所发生相关费用的，按照相关费用减去处理收入后的净支出，借记本科目，贷记"待处理财产损溢——处理净收入"科目。

【例 6-79】 省物理研究所报废一批因洪灾而毁损的材料，报经批准处理。材料成本为 8 000 元，取得变价收入 3 000 元，存入银行（按规定，材料变价收入留归单位）。

转入待处理财产损溢，记：

借：待处理财产损溢——待处理财产价值 8 000

贷：库存物品 8 000

取得变价收入，记：

借：银行存款 3 000

贷：待处理财产损溢——处理净收入 3 000

批准核销，记：

借：待处理财产损溢——处理净收入 3 000

贷：资产处置费用 3 000

借：资产处置费用 8 000

贷：待处理财产损溢——待处理财产价值 8 000

3. 期末，将本科目本期发生额转入本期盈余，借记"本期盈余"科目，贷记本科目。

【例 6-80】 接例 6-79，年末，省物理研究所将资产处置费用 5 000 元转入本期盈余。

借：本期盈余 5 000

贷：资产处置费用 5 000

五、上缴上级费用的核算

为核算事业单位按照财政部门和主管部门的规定上缴上级单位款项发生的费用，设置“上缴上级费用”（5401）科目。期末结转后，本科目应无余额。

本科目应当按照收缴款项单位、缴款项目等进行明细核算，主要账务处理如下所示。

1. 单位发生上缴上级支出的，按照实际上缴的金额或者按照规定计算出应当上缴上级单位的金额，借记本科目，贷记“银行存款”“其他应付款”等科目。

【例 6-81】 依据部门预算，省物理研究所上缴上级 3 000 000 元，以银行存款支付。

借：上缴上级费用　　3 000 000

　贷：银行存款　　3 000 000

2. 期末，将本科目本期发生额转入本期盈余，借记“本期盈余”科目，贷记本科目。

【例 6-82】 年末，省物理研究所将上缴上级费用 6 000 000 元转入本期盈余。

借：本期盈余　　6 000 000

　贷：上缴上级费用　　6 000 000

六、对附属单位补助费用的核算

为核算事业单位用财政拨款收入之外的收入对附属单位进行补助发生的费用，设置“对附属单位补助费用”（5501）科目。期末结转后，本科目应无余额。

本科目应当按照接受补助单位、补助项目等进行明细核算，主要账务处理如下所示。

1. 单位发生对附属单位补助支出的，按照实际补助的金额或者按照规定计算出应当对附属单位补助的金额，借记本科目，贷记“银行存款”“其他应付款”等科目。

【例 6-83】 省物理研究所对附属中学补助支出 500 000 元，以银行存款支付。

借：对附属单位补助费用　　500 000

　贷：银行存款　　500 000

2. 期末，将本科目本期发生额转入本期盈余，借记“本期盈余”科目，贷记本科目。

【例 6-84】 年末，省物理研究所将对附属单位的补助费用 2 000 000 元转入本期盈余。

借：本期盈余　　2 000 000

　贷：对附属单位补助费用　　2 000 000

七、所得税费用的核算

为核算有企业所得税缴纳义务的事业单位按规定缴纳企业所得税所形成的费用，设置“所得税费用”（5801）科目。年末结转后，本科目应无余额。

所得税费用的主要账务处理如下所示。

1. 发生企业所得税纳税义务的，按照税法规定计算的应交税金数额，借记本科目，贷记“其他应交税费——单位应交所得税”科目。

【例 6－85】季末，省物理研究所计算预缴的经营活动结余应缴纳企业所得税为 10 000 元。

借：所得税费用　　　　　　　　　　　　10 000
　贷：其他应交税费——单位应交所得税　　　　10 000

2. 实际缴纳时，按照缴纳金额，借记“其他应交税费——单位应交所得税”科目，贷记“银行存款”科目。

【例 6－86】接例 6－85，省物理研究所上缴应缴纳企业所得税 10 000 元，以银行存款支付。

借：其他应交税费——单位应交所得税　　10 000
　贷：银行存款　　　　　　　　　　　　　　10 000

3. 年末，将本科目本年发生额转入本期盈余，借记“本期盈余”科目，贷记本科目。

【例 6－87】年末，省物理研究所将所得税费用 30 000 元转入本期盈余。

借：本期盈余　　　　　　　　　　　　　30 000
　贷：所得税费用　　　　　　　　　　　　　30 000

八、其他费用的核算

为核算单位发生的除业务活动费用、单位管理费用、经营费用、资产处置费用、上缴上级费用、附属单位补助费用、所得税费用以外的各项费用，包括利息费用、坏账损失、罚没支出、现金资产捐赠支出以及相关税费、运输费等，设置“其他费用”（5901）科目。期末结转后，本科目应无余额。

本科目应当按照其他费用的类别等进行明细核算。单位发生的利息费用较多的，可以单独设置“5701 利息费用”科目。其他费用的主要账务处理如下所示。

（一）利息费用

按期计算确认借款利息费用时，按照计算确定的金额，借记“在建工程”科目或本科目，贷记“应付利息”“长期借款——应计利息”科目。

【例 6－88】理工大学为建造教学大楼借入款项，现大楼已经完工并交付使用，但借款尚未归还。月末，计算确认本月的教学大楼在建工程的借款利息费用为 13 260 元。

借：其他费用　　　　　　　　　　　　　13 260
　贷：应付利息　　　　　　　　　　　　　　13 260

（二）坏账损失

年末，事业单位按照规定对收回后不需上缴财政的应收账款和其他应收款计提坏账准备时，按照计提金额，借记本科目，贷记“坏账准备”科目；冲减多提的坏账准备时，按照冲减金额，借记“坏账准备”科目，贷记本科目。

【例 6－89】年末，理工大学按照规定对收回后不需上缴财政的应收账款计提坏账准备32 500元。

借：其他费用　　32 500
　贷：坏账准备　　32 500

（三）罚没支出

单位发生罚没支出的，按照实际缴纳或应当缴纳的金额，借记本科目，贷记“银行存款”“库存现金”“其他应付款”等科目。

【例6-90】理工大学支付车辆交通罚款2 000元，以银行存款支付。

借：其他费用　　2 000
　贷：银行存款　　2 000

（四）现金资产捐赠支出

单位对外捐赠现金资产的，按照实际捐赠的金额，借记本科目，贷记“银行存款”“库存现金”等科目。

【例6-91】理工大学向非洲希望学校捐赠现金1 000 000元，以银行存款支付。

借：其他费用　　1 000 000
　贷：银行存款　　1 000 000

（五）其他相关费用

1. 单位接受捐赠（或无偿调入）以名义金额计量的存货、固定资产、无形资产，以及成本无法可靠取得的公共基础设施、文物文化资产等发生的相关税费、运输费等，按照实际支付的金额，借记本科目，贷记“财政拨款收入”“零余额账户用款额度”“银行存款”“库存现金”等科目。

【例6-92】省物理研究所接受捐赠1箱特殊材料，无法可靠取得成本资料，以名义金额计量。发生运输费200元，以库存现金支付。

借：库存物品　　1
　贷：捐赠收入　　1
借：其他费用　　200
　贷：库存现金　　200

2. 单位发生的与受托代理资产相关的税费、运输费、保管费等，按照实际支付或应付的金额，借记本科目，贷记“零余额账户用款额度”“银行存款”“库存现金”“其他应付款”等科目。

【例6-93】省物理研究所收到一批受托代理材料，价值20 000元，发生运输费300元，以库存现金支付。

借：受托代理资产　　200 000
　贷：受托代理负债　　20 000
借：其他费用　　300
　贷：库存现金　　300

（六）期末结转

期末，将本科目本期发生额转入本期盈余，借记“本期盈余”科目，贷记本科目。

【例 6-94】年末，省物理研究所将其他费用500元转入本期盈余。

借：本期盈余 500

　贷：其他费用 500

概念题

1. 收入
2. 财政拨款收入
3. 事业收入
4. 经营收入
5. 费用
6. 业务活动费用

简述题

1. 简述行政事业单位收入的确认条件。
2. 简述行政事业单位费用的确认条件。

会计分录题

1. 依据部门预算，某事业单位确认上半年应获得上级补助收入100 000元。

2. 依据部门预算，某事业单位确认其附属加工厂上半年应上缴收入80 000元。

3. 某省属事业单位收到中央财政专项拨款5 000 000元，款项存入银行。

4. 某事业单位收回到期的长期债券投资本息共计218 000元，其中，初始投资成本为200 000元，已计未收利息为18 000元。款项存入银行。

5. 某行政单位接受捐赠设备2台，估值80 000元，发生运输费用2 000元，以银行存款支付。

6. 某行政单位取得银行存款利息1 300元。

7. 某行政单位出租办公用房，预收1年房租90 000元并存入银行。

8. 某行政单位收回已核销的其他应收款200 000元并存入银行。按照规定，该收入留归本单位。

9. 某事业单位计提机关所使用固定资产折旧1 400元。

10. 某行政单位不通过“待处理财产损溢”科目核算资产处置，按照规定报经批准处置一项专利权，无形资产账面余额为70 000元，累计摊销12 000元。

11. 某事业单位通过“待处理财产损溢”科目核算资产处置，报经批准，处理一批受损材料。材料成本为 15 000 元，取得变价收入 8 000 元并存入银行，发生清理费用 500 元，以库存现金支付。

12. 某事业单位对附属单位补助支出 200 000 元，以银行存款支付。

第七章

行政事业单位预算会计核算

我国《政府会计准则——基本准则》规定，政府会计由预算会计和财务会计构成。预算会计是指以收付实现制为基础对单位预算执行过程中发生的全部收入和全部支出进行会计核算，主要反映和监督预算收支执行情况的会计，其会计要素包括预算收入、预算支出与预算结余。

第一节　行政事业单位预算收入的核算

预算收入是指行政事业单位在预算年度内依法取得的并纳入预算管理的现金流入。预算收入一般在实际收到时予以确认，以实际收到的金额计量。依据来源不同，行政事业单位的预算收入分为财政拨款预算收入、事业预算收入、上级补助预算收入、附属单位上缴预算收入、经营预算收入、债务预算收入、非同级财政拨款预算收入、投资预算收益和其他预算收入等。

一、财政拨款预算收入的核算

为核算单位从同级政府财政部门取得的各类财政拨款，设置“财政拨款预算收入”（6001）科目。年末结转后，本科目应无余额。

本科目应当设置“基本支出”和“项目支出”两个明细科目，并按照《政府收支分类科目》中“支出功能分类科目”的项级科目进行明细核算；同时，在“基本支出”明细科目下按照“人员经费”和“日常公用经费”进行明细核算，在“项目支出”明细科目下按照具体项目进行明细核算。有一般公共预算财政拨款、政府性基金预算财政拨款等两种或两种以上财政拨款的单位，还应当按照财政拨款的种类进行明细核算。财政拨款预算收入的主要账务处理如下所示。

（一）财政直接支付方式下

1. 财政直接支付方式下，单位根据收到的“财政直接支付入账通知书”及相关原始凭证，按照通知书中的直接支付金额，借记“行政支出”“事业支出”等科目，贷记本科目。

【例 7－1】 市审计局用“审计督察专项经费”购买 3 台电脑，价款及相关税费为 13 100 元，以财政直接支付方式付款。依据收到的“财政直接支付入账通知书”和相关原始凭证记账。

借：行政支出　　13 100

　贷：财政拨款预算收入——项目支出　　13 100

2. 年末，根据本年度财政直接支付预算指标数与当年财政直接支付实际支出数的差额，借记“资金结存——财政应返还额度”科目，贷记本科目。

【例 7－2】 年末，市审计局的年度财政直接支付预算指标数与当年财政直接支付实际支出数的差额为 200 000 元，转为财政应返还额度。

借：资金结存——财政应返还额度　　200 000

　贷：财政拨款预算收入　　200 000

（二）财政授权支付方式下

1. 财政授权支付方式下，单位根据收到的“财政授权支付额度到账通知书”，按照通知书中的授权支付额度，借记“资金结存——零余额账户用款额度”科目，贷记本科目。

【例 7－3】 市审计局收到“财政授权支付额度到账通知书”，通知书中的授权支付额度为 250 000 元。

借：资金结存——零余额账户用款额度　　250 000

　贷：财政拨款预算收入　　250 000

2. 年末，单位本年度财政授权支付预算指标数大于零余额账户用款额度下达数的，按照两者差额，借记“资金结存——财政应返还额度”科目，贷记本科目。

【例 7－4】 年末，市审计局的年度财政授权支付预算指标数大于零余额账户用款额度下达数，差额为 300 000 元，转为财政应返还额度。

借：资金结存——财政应返还额度　　300 000

　贷：财政拨款预算收入　　300 000

（三）其他方式下

1. 其他方式下，单位按照本期预算收到财政拨款预算收入时，按照实际收到的金额，借记“资金结存——货币资金”科目，贷记本科目。

【例 7－5】 某县实行实拨资金制度，县审计局收到财政拨款预算收入 160 000 元并存入银行。

借：资金结存——货币资金 160 000

　贷：财政拨款预算收入 160 000

2. 单位收到下期预算的财政预拨款，应当在下个预算期，按照预收的金额，借记“资金结存——货币资金”科目，贷记本科目。

【例 7-6】 县审计局收到下个预算季度的财政预拨款 120 000 元。

在下期预算：

借：资金结存——货币资金 120 000

　贷：财政拨款预算收入 120 000

（四）国库直接支付款项退回

因差错更正、购货退回等发生国库直接支付款项退回的，属于本年度支付的款项，按照退回金额，借记本科目，贷记“行政支出”“事业支出”等科目。

【例 7-7】 接例 7-1，因质量问题，市审计局退回所购电脑，款项退回国库。

借：财政拨款预算收入——项目支出 13 100

　贷：行政支出 13 100

（五）年末结转

年末，将本科目本年发生额转入财政拨款结转，借记本科目，贷记“财政拨款结转——本年收支结转”科目。

【例 7-8】 年末，市审计局将“财政拨款预算收入”本年发生额 14 300 000 元转入财政拨款结转。

借：财政拨款预算收入 14 300 000

　贷：财政拨款结转——本年收支结转 14 300 000

二、事业预算收入的核算

为核算事业单位开展专业业务活动及其辅助活动取得的现金流入，设置“事业预算收入”（6101）科目。年末结转后，本科目应无余额。事业单位因开展科研及其辅助活动从非同级政府财政部门取得的经费拨款，也通过本科目核算。

本科目应当按照事业预算收入类别、项目、来源、《政府收支分类科目》中“支出功能分类科目”项级科目等进行明细核算。对于因开展科研及其辅助活动从非同级政府财政部门取得的经费拨款，应当在本科目下单设“非同级财政拨款”明细科目进行明细核算；事业预算收入中如有专项资金收入，还应按照具体项目进行明细核算。事业预算收入的主要账务处理如下所示。

1. 采用财政专户返还方式管理的事业预算收入，收到从财政专户返还的事业预算收入时，按照实际收到的返还金额，借记“资金结存——货币资金”科目，贷记本科目。

【例 7-9】 理工大学收取的学费收入采用财政专户返还方式管理。现收到从财政专户返还的收入 3 000 000 元。

借：资金结存——货币资金　　3 000 000

　贷：事业预算收入　　3 000 000

2. 收到其他事业预算收入时，按照实际收到的款项金额，借记“资金结存——货币资金”科目，贷记本科目。

【例 7－10】 理工大学收到合作单位交来的实验室共建费用 120 000 元并存入银行。

借：资金结存——货币资金　　120 000

　贷：事业预算收入　　120 000

3. 年末，将本科目本年发生额中的专项资金收入转入非财政拨款结转，借记本科目下各专项资金收入明细科目，贷记“非财政拨款结转——本年收支结转”科目；将本科目本年发生额中的非专项资金收入转入其他结余，借记本科目下各非专项资金收入明细科目，贷记“其他结余”科目。

【例 7－11】 年末，理工大学将“事业预算收入——专项资金收入”本年发生额 5 612 000 元转入非财政拨款结转；将“事业预算收入——非专项资金收入”本年发生额 40 800 000 元转入其他结余。

借：事业预算收入——专项资金收入　　5 612 000

　贷：非财政拨款结转——本年收支结转　　5 612 000

借：事业预算收入——非专项资金收入　　40 800 000

　贷：其他结余　　40 800 000

三、上级补助预算收入的核算

为核算事业单位从主管部门和上级单位取得的非财政补助现金流入，设置“上级补助预算收入”（6201）科目。年末结转后，本科目应无余额。

本科目应当按照发放补助单位、补助项目、《政府收支分类科目》中“支出功能分类科目”的项级科目等进行明细核算。上级补助预算收入中如有专项资金收入，还应按照具体项目进行明细核算。上级补助预算收入的主要账务处理如下所示。

1. 收到上级补助预算收入时，按照实际收到的金额，借记“资金结存——货币资金”科目，贷记本科目。

【例 7－12】 理工大学收到上级主管部门的补助预算收入 5 000 000 元并存入银行。

借：资金结存——货币资金　　5 000 000

　贷：上级补助预算收入　　5 000 000

2. 年末，将本科目本年发生额中的专项资金收入转入非财政拨款结转，借记本科目下各专项资金收入明细科目，贷记“非财政拨款结转——本年收支结转”科目；将本科目本年发生额中的非专项资金收入转入其他结余，借记本科目下各非专项资金收入明细科目，贷记“其他结余”科目。

【例 7－13】 年末，理工大学将“上级补助预算收入——专项资金收入”10 000 000 元转入非财政拨款结转；将“上级补助预算收入——非专项资金收入”20 000 000 元转入其他结余。

借：上级补助预算收入——专项资金收入　　10 000 000
　贷：非财政拨款结转——本年收支结转　　10 000 000
借：上级补助预算收入——非专项资金收入　20 000 000
　贷：其他结余　　20 000 000

四、附属单位上缴预算收入的核算

为核算事业单位取得附属独立核算单位根据有关规定上缴的现金流入，设置“附属单位上缴预算收入”（6301）科目。年末结转后，本科目应无余额。

本科目应当按照附属单位、缴款项目、《政府收支分类科目》中“支出功能分类科目”的项级科目等进行明细核算。附属单位上缴预算收入中如有专项资金收入，还应按照具体项目进行明细核算。附属单位上缴预算收入的主要账务处理如下所示。

1. 收到附属单位缴来款项时，按照实际收到的金额，借记“资金结存——货币资金”科目，贷记本科目。

【例 7-14】 理工大学收到其附属出版社缴来的款项 1 000 000 元并存入银行。

借：资金结存——货币资金　　1 000 000
　贷：附属单位上缴预算收入　　1 000 000

2. 年末，将本科目本年发生额中的专项资金收入转入非财政拨款结转，借记本科目下各专项资金收入明细科目，贷记“非财政拨款结转——本年收支结转”科目；将本科目本年发生额中的非专项资金收入转入其他结余，借记本科目下各非专项资金收入明细科目，贷记“其他结余”科目。

【例 7-15】 年末，理工大学将“附属单位上缴预算收入——专项资金收入”2 000 000 元转入非财政拨款结转；将“附属单位上缴预算收入——非专项资金收入”1 000 000 元转入其他结余。

借：附属单位上缴预算收入——专项资金收入　　2 000 000
　贷：非财政拨款结转——本年收支结转　　2 000 000
借：附属单位上缴预算收入——非专项资金收入　1 000 000
　贷：其他结余　　1 000 000

五、经营预算收入的核算

为核算事业单位在专业业务活动及其辅助活动之外开展非独立核算经营活动取得的现金流入，设置“经营预算收入”（6401）科目。年末结转后，本科目应无余额。

本科目应当按照经营活动类别、项目、《政府收支分类科目》中“支出功能分类科目”的项级科目等进行明细核算。经营预算收入的主要账务处理如下所示。

1. 收到经营预算收入时，按照实际收到的金额，借记“资金结存——货币资金”科目，贷记本科目。

【例 7－16】理工大学非独立核算招待所收到住宿收入 11 200 元并存入银行。

借：资金结存——货币资金　　　　　　　　11 200

　贷：经营预算收入　　　　　　　　　　　　11 200

2. 年末，将本科目本年发生额转入经营结余，借记本科目，贷记“经营结余”科目。

【例 7－17】年末，理工大学将经营预算收入本年发生额 603 000 元转入经营结余。

借：经营预算收入　　　　　　　　　　　603 000

　贷：经营结余　　　　　　　　　　　　　　603 000

六、债务预算收入的核算

为核算事业单位按照规定从银行和其他金融机构等借入的、纳入部门预算管理的、不以财政资金作为偿还来源的债务本金，设置“债务预算收入”（6501）科目。年末结转后，本科目应无余额。

本科目应当按照贷款单位、贷款种类、《政府收支分类科目》中“支出功能分类科目”的项级科目等进行明细核算。债务预算收入中如有专项资金收入，还应按照具体项目进行明细核算。债务预算收入的主要账务处理如下所示。

1. 借入各项短期或长期借款时，按照实际借入的金额，借记“资金结存——货币资金”科目，贷记本科目。

【例 7－18】理工大学借入 3 年期银行贷款 5 000 000 元用于建设教学大楼。

借：资金结存——货币资金　　　　　　　5 000 000

　贷：债务预算收入　　　　　　　　　　　　5 000 000

2. 年末，将本科目本年发生额中的专项资金收入转入非财政拨款结转，借记本科目下各专项资金收入明细科目，贷记“非财政拨款结转——本年收支结转”科目；将本科目本年发生额中的非专项资金收入转入其他结余，借记本科目下各非专项资金收入明细科目，贷记“其他结余”科目。

【例 7－19】年末，理工大学将“债务预算收入——专项资金收入”18 000 000 元转入非财政拨款结转；将“债务预算收入——非专项资金收入”9 000 000 元转入其他结余。

借：债务预算收入——专项资金收入　　　18 000 000

　贷：非财政拨款结转——本年收支结转　　18 000 000

借：债务预算收入——非专项资金收入　　9 000 000

　贷：其他结余　　　　　　　　　　　　　　9 000 000

七、非同级财政拨款预算收入的核算

为核算单位从非同级政府财政部门取得的财政拨款，包括本级横向转拨财政款和非本级财政拨款，设置“非同级财政拨款预算收入”（6601）科目。年末结转后，本科目应无余额。对于因开展科研及其辅助活动从非同级政府财政部门取得的经费拨款，应当通过“事业预算收入——非同级财政拨款”科目进行核算，不通过本科目核算。

本科目应当按照非同级财政拨款预算收入的类别、来源、《政府收支分类科目》中“支出功能分类科目”的项级科目等进行明细核算。非同级财政拨款预算收入中如有专项资金收入，还应按照具体项目进行明细核算。非同级财政拨款预算收入的主要账务处理如下所示。

1. 取得非同级财政拨款预算收入时，按照实际收到的金额，借记“资金结存——货币资金”科目，贷记本科目。

【例 7-20】 理工大学为省属高校，现收到中央财政拨入的省部共建资金 5 000 000 元。

借：资金结存——货币资金　　5 000 000

　贷：非同级财政拨款预算收入　　5 000 000

2. 年末，将本科目本年发生额中的专项资金收入转入非财政拨款结转，借记本科目下各专项资金收入明细科目，贷记“非财政拨款结转——本年收支结转”科目；将本科目本年发生额中的非专项资金收入转入其他结余，借记本科目下各非专项资金收入明细科目，贷记“其他结余”科目。

【例 7-21】 年末，理工大学将“非同级财政拨款预算收入——专项资金收入”10 000 000 元转入非财政拨款结转；将“非同级财政拨款预算收入——非专项资金收入”2 000 000 元转入其他结余。

借：非同级财政拨款预算收入——专项资金收入　　10 000 000

　贷：非财政拨款结转　　10 000 000

借：非同级财政拨款预算收入——非专项资金收入　　2 000 000

　贷：其他结余　　2 000 000

八、投资预算收益的核算

为核算事业单位取得的按照规定纳入部门预算管理的属于投资收益性质的现金流入，包括股权投资收益、出售或收回债券投资所取得的收益和债券投资利息收入，设置“投资预算收益”（6602）科目。年末结转后，本科目应无余额。

本科目应当按照《政府收支分类科目》中“支出功能分类科目”的项级科目等进行明细核算。投资预算收益的主要账务处理如下所示。

（一）出售或到期收回投资的核算

1. 出售或到期收回本年度取得的短期、长期债券，按照实际取得的价款或实际收到的本息金额，借记“资金结存——货币资金”科目，按照取得债券时“投资支出”科目的发生额，贷记“投资支出”科目，按照其差额，贷记或借记本科目。

【例 7-22】 理工大学将本年购入的 3 年期债券在二级市场上出售，取得价款 605 000 元。债券的成本为 600 000 元。

借：资金结存——货币资金　　605 000

贷：投资支出　　　　　　　　　　　　600 000
　　投资预算收益　　　　　　　　　　　5 000

2. 出售或到期收回以前年度取得的短期、长期债券，按照实际取得的价款或实际收到的本息金额，借记“资金结存——货币资金”科目，按照取得债券时“投资支出”科目的发生额，贷记“其他结余”科目，按照其差额，贷记或借记本科目。

【例 7-23】 省物理研究所收回以前年度取得的长期债券，本息金额共计 321 000 元，取得债券时“投资支出”科目的发生额为 300 000 元。

借：资金结存——货币资金　　　　　321 000
　贷：其他结余　　　　　　　　　　　　300 000
　　　投资预算收益　　　　　　　　　　　21 000

3. 出售、转让以货币资金取得的长期股权投资的，其账务处理参照“出售或到期收回债券投资”。

（二）收到利息的核算

1. 持有的短期投资以及分期付息、一次还本的长期债券投资收到利息时，按照实际收到的金额，借记“资金结存——货币资金”科目，贷记本科目。

【例 7-24】 理工大学收到分期付息、一次还本的 5 年期债券投资利息 2 000 元。

借：资金结存——货币资金　　　　　2 000
　贷：投资预算收益　　　　　　　　　　2 000

2. 持有长期股权投资取得被投资单位分派的现金股利或利润时，按照实际收到的金额，借记“资金结存——货币资金”科目，贷记本科目。

【例 7-25】 省物理研究所持有的长期股权投资取得现金股利 30 000 元。

借：资金结存——货币资金　　　　　30 000
　贷：投资预算收益　　　　　　　　　　30 000

3. 出售、转让以非货币性资产取得的长期股权投资时，按照实际取得的价款扣减支付的相关费用和应缴财政款后的余额（按照规定纳入单位预算管理的），借记“资金结存——货币资金”科目，贷记本科目。

【例 7-26】 理工大学转让以非货币性资产取得的长期股权投资，取得价款为 725 000 元，支付相关费用 500 元，应缴财政款为 650 000 元，余额 74 500 元为投资预算收益。

借：资金结存——货币资金　　　　　74 500
　贷：投资预算收益　　　　　　　　　　74 500

（三）期末结转

年末，将本科目本年发生额转入其他结余，借记或贷记本科目，贷记或借记“其他结余”科目。

【例 7-27】 年末，理工大学将投资预算收益科目本年发生额 151 050 元转入其他结余。

借：投资预算收益　　　　　　　　　151 050
　贷：其他结余　　　　　　　　　　　　151 050

九、其他预算收入的核算

为核算单位除财政拨款预算收入、事业预算收入、上级补助预算收入、附属单位上缴预算收入、经营预算收入、债务预算收入、非同级财政拨款预算收入、投资预算收益之外的纳入部门预算管理的现金流入，包括捐赠预算收入、利息预算收入、租金预算收入、现金盘盈收入等，设置“其他预算收入”（6609）科目。年末结转后，本科目应无余额。

单位发生的捐赠预算收入、利息预算收入、租金预算收入金额较大或业务较多的，可单独设置“6603 捐赠预算收入”“6604 利息预算收入”“6605 租金预算收入”等科目。

本科目应当按照其他收入类别、《政府收支分类科目》中“支出功能分类科目”的项级科目等进行明细核算。其他预算收入中如有专项资金收入，还应按照具体项目进行明细核算。其他预算收入的主要账务处理如下所示。

1. 接受捐赠现金资产、收到银行存款利息、收到资产承租人支付的租金时，按照实际收到的金额，借记“资金结存——货币资金”科目，贷记本科目。

【例 7-28】理工大学收到校友捐赠的现金 200 000 元。

借：资金结存——货币资金　　200 000

　贷：其他预算收入　　200 000

2. 每日现金账款核对中如发现现金溢余，按照溢余的现金金额，借记“资金结存——货币资金”科目，贷记本科目。经核实，属于应支付给有关个人和单位的部分，按照实际支付的金额，借记本科目，贷记“资金结存——货币资金”科目。

【例 7-29】理工大学在每日现金账款核对中发现现金溢余 200 元。

借：资金结存——货币资金　　200

　贷：其他预算收入　　200

3. 收到其他预算收入时，按照收到的金额，借记“资金结存——货币资金”科目，贷记本科目。

【例 7-30】理工大学收到银行存款利息收入 350 元。

借：资金结存——货币资金　　350

　贷：其他预算收入　　350

4. 年末，将本科目本年发生额中的专项资金收入转入非财政拨款结转，借记本科目下各专项资金收入明细科目，贷记“非财政拨款结转——本年收支结转”科目；将本科目本年发生额中的非专项资金收入转入其他结余，借记本科目下各非专项资金收入明细科目，贷记“其他结余”科目。

【例 7-31】年末，理工大学将“其他预算收入——专项资金收入”350 000 元转入非财政拨款结转；将“其他预算收入——非专项资金收入”3 000 元转入其他结余。

借：其他预算收入——专项资金收入　　350 000

　贷：非财政拨款结转——本年收支结转　　350 000

借：其他预算收入——非专项资金收入　　3 000

　贷：其他结余　　3 000

第二节　行政事业单位预算支出的核算

预算支出是指单位在预算年度内依法发生并纳入预算管理的现金流出。预算支出一般在实际支付时予以确认，以实际支付的金额计量。行政事业单位的预算支出包括行政支出、事业支出、经营支出、上缴上级支出、对附属单位补助支出、投资支出、债务还本支出和其他支出等。

一、行政支出的核算

为核算行政单位履行其职责实际发生的各项现金流出，设置“行政支出”（7101）科目。年末结转后，本科目应无余额。

本科目应当分别按照“财政拨款支出”“非财政专项资金支出”“其他资金支出”，以及“基本支出”“项目支出”等进行明细核算，并按照《政府收支分类科目》中“支出功能分类科目”的项级科目进行明细核算；“基本支出”和“项目支出”明细科目下应当按照《政府收支分类科目》中“部门预算支出经济分类科目”的款级科目进行明细核算，同时在“项目支出”明细科目下按照具体项目进行明细核算。有一般公共预算财政拨款、政府性基金预算财政拨款等两种或两种以上财政拨款的行政单位，还应当在“财政拨款支出”明细科目下按照财政拨款的种类进行明细核算。对于预付款项，可通过在本科目下设置“待处理”明细科目进行核算，待确认具体支出项目后再转入本科目下相关明细科目。年末结账前，应将本科目“待处理”明细科目余额全部转入本科目下相关明细科目。行政支出的主要账务处理如下所示。

（一）支付单位职工薪酬的核算

1. 向单位职工个人支付薪酬时，按照实际支付的金额，借记本科目，贷记“财政拨款预算收入”“资金结存”科目。

【例 7－32】 市审计局向单位职工个人支付薪酬 314 620 元，以财政直接支付方式支付。

借：行政支出　　　　　　　　　　　　314 620

　贷：财政拨款预算收入　　　　　　　　　314 620

2. 按照规定代扣代缴个人所得税以及代扣代缴或为职工缴纳职工社会保险费、住房公积金等时，按照实际缴纳的金额，借记本科目，贷记“财政拨款预算收入”“资金结存”科目。

【例 7－33】 市审计局按照规定为职工缴纳职工社会保险费 15 000 元，以财政直接支付方式支付。

借：行政支出　　　　　　　　　　　　15 000

　贷：财政拨款预算收入　　　　　　　　　15 000

（二）支付外部人员劳务费的核算

1. 按照实际支付给外部人员个人的金额，借记本科目，贷记“财政拨款预算收入”“资金结存”科目。

【例 7-34】市审计局支付外部人员劳务费 44 860 元，以银行存款支付。

借：行政支出　　　　　　　　　　　　44 860

　贷：资金结存——货币资金　　　　　　　44 860

2. 按照规定代扣代缴个人所得税时，按照实际缴纳的金额，借记本科目，贷记“财政拨款预算收入”“资金结存”科目。

【例 7-35】市审计局按照规定代扣代缴外部人员个人所得税 500 元，以银行存款付款。

借：行政支出　　　　　　　　　　　　500

　贷：资金结存——货币资金　　　　　　　500

（三）购买存货、固定资产、无形资产等的核算

1. 为购买存货、固定资产、无形资产等以及在建工程支付相关款项时，按照实际支付的金额，借记本科目，贷记“财政拨款预算收入”“资金结存”科目。

【例 7-36】市审计局购买电脑 5 台，总价款和相关税费为 31 000 元，以财政直接支付方式支付。

借：行政支出　　　　　　　　　　　　31 000

　贷：财政拨款预算收入　　　　　　　　31 000

2. 发生预付账款时，按照实际支付的金额，借记本科目，贷记“财政拨款预算收入”“资金结存”科目。

【例 7-37】市审计局委托软件开发者开发审计专用软件，预付款项 50 000 元，以银行存款支付。

借：行政支出——待处理　　　　　　　50 000

　贷：资金结存——货币资金　　　　　　　50 000

3. 对于暂付款项，在支付款项时可不做预算会计处理，待结算或报销时，按照结算或报销的金额，借记本科目，贷记“资金结存”科目。

【例 7-38】市审计局工作人员王勇出差，预借差旅费 20 000 元，出差回来报销 18 400 元，交回余款 1 600 元。

借：行政支出　　　　　　　　　　　　18 400

　贷：资金结存——货币资金　　　　　　　18 400

4. 发生其他各项支出时，按照实际支付的金额，借记本科目，贷记“财政拨款预算收入”“资金结存”科目。

【例 7-39】市审计局以银行存款支付本月电费 8 000 元。

借：行政支出　　　　　　　　　　　　8 000

　贷：资金结存——货币资金　　　　　　　8 000

5. 因购货退回等发生款项退回，或者发生差错更正的，属于当年支出收回的，按照收回或更正金额，借记“财政拨款预算收入”“资金结存”科目，贷记本科目。

【例 7-40】 接例 7-36，市审计局退回所购电脑，所付款项也退回国库。

借：财政拨款预算收入　　31 000

　贷：行政支出　　31 000

（四）期末结转

年末，将本科目本年发生额中的财政拨款支出转入财政拨款结转，借记“财政拨款结转——本年收支结转”科目，贷记本科目下各财政拨款支出明细科目；将本科目本年发生额中的非财政专项资金支出转入非财政拨款结转，借记“非财政拨款结转——本年收支结转”科目，贷记本科目下各非财政专项资金支出明细科目；将本科目本年发生额中的其他资金支出（非财政非专项资金支出）转入其他结余，借记“其他结余”科目，贷记本科目下其他资金支出明细科目。

【例 7-41】 年末，市审计局将行政支出科目下财政拨款支出 36 500 000 元转入财政拨款结转，非财政专项资金支出 942 000 元转入非财政拨款结转，其他资金支出 100 000 元转入其他结余。

借：财政拨款结转——本年收支结转　　36 500 000

　贷：行政支出——财政拨款支出　　36 500 000

借：非财政拨款结转——本年收支结转　　942 000

　贷：行政支出——非财政专项资金支出　　942 000

借：其他结余　　100 000

　贷：行政支出——其他资金支出　　100 000

二、事业支出的核算

为核算事业单位开展专业业务活动及其辅助活动实际发生的各项现金流出，设置“事业支出”（7201）科目。年末结转后，本科目应无余额。

单位发生教育、科研、医疗、行政管理、后勤保障等活动的，可在本科目下设置相应的明细科目进行核算，或单设“7201 教育支出”“7202 科研支出”“7203 医疗支出”“7204 行政管理支出”“7205 后勤保障支出”等一级会计科目进行核算。

本科目应当分别按照“财政拨款支出”“非财政专项资金支出”“其他资金支出”，以及“基本支出”“项目支出”等进行明细核算，并按照《政府收支分类科目》中“支出功能分类科目”的项级科目进行明细核算；“基本支出”和“项目支出”明细科目下应当按照《政府收支分类科目》中“部门预算支出经济分类科目”的款级科目进行明细核算，同时在“项目支出”明细科目下按照具体项目进行明细核算。

有一般公共预算财政拨款、政府性基金预算财政拨款等两种或两种以上财政拨款的事业单位，还应当在“财政拨款支出”明细科目下按照财政拨款的种类进行明细核算。

对于预付款项，可通过在本科目下设置“待处理”明细科目进行明细核算，待确认具体支出项目后再转入本科目下相关明细科目。年末结账前，应将本科目“待处理”明细科目余额全部转入本科目下相关明细科目。

事业支出的主要账务处理如下所示。

（一）支付单位职工（经营部门职工除外）薪酬的核算

1. 向单位职工个人支付薪酬时，按照实际支付的数额，借记本科目，贷记“财政拨款预算收入”“资金结存”科目。

【例 7-42】 理工大学向单位职工个人支付薪酬 2 465 000 元，由财政直接支付方式支付。

借：事业支出　　2 465 000

　贷：财政拨款预算收入　　2 465 000

2. 按照规定代扣代缴个人所得税以及代扣代缴或为职工缴纳职工社会保险费、住房公积金等时，按照实际缴纳的金额，借记本科目，贷记“财政拨款预算收入”“资金结存”科目。

【例 7-43】 按照规定，理工大学缴纳代扣代缴个人所得税 160 300 元，由财政直接支付方式支付。

借：事业支出　　160 300

　贷：财政拨款预算收入　　160 300

（二）支付外部人员劳务费的核算

1. 按照实际支付给专业业务活动及其辅助活动外部人员个人的金额，借记本科目，贷记“财政拨款预算收入”“资金结存”科目。

【例 7-44】 理工大学支付外部人员劳务费 167 300 元，以银行存款支付。

借：事业支出　　167 300

　贷：资金结存——货币资金　　167 300

2. 按照规定代扣代缴个人所得税时，按照实际缴纳的金额，借记本科目，贷记“财政拨款预算收入”“资金结存”科目。

【例 7-45】 按照规定，理工大学代扣代缴外部人员个人所得税 100 500 元，以银行存款支付。

借：事业支出　　100 500

　贷：资金结存——货币资金　　100 500

（三）购买存货、固定资产、无形资产等的核算

开展专业业务活动及其辅助活动过程中为购买存货、固定资产、无形资产等以及在建工程支付相关款项时，按照实际支付的金额，借记本科目，贷记“财政拨款预算收入”“资金结存”科目。

【例 7-46】 理工大学购买办公用品一批，价款及相关税费共计 65 000 元，由财政直接支付方式支付。

借：事业支出　　　　　　　　　　　　65 000

　贷：财政拨款预算收入　　　　　　　　　65 000

（四）发生预付账款的核算

1. 开展专业业务活动及其辅助活动过程中发生预付账款时，按照实际支付的金额，借记本科目，贷记“财政拨款预算收入”“资金结存”科目。

【例 7－47】 理工大学向 M 公司订购教学设备一批，预付款 200 000 元，由财政直接支付方式支付。

借：事业支出　　　　　　　　　　　　200 000

　贷：财政拨款预算收入　　　　　　　　　200 000

2. 对于暂付款项，在支付款项时可不做预算会计处理，待结算或报销时，按照结算或报销的金额，借记本科目，贷记“资金结存”科目。

【例 7－48】 理工大学高分子材料实验室向财务预借 100 000 元用于实验室改造，改造完成后报销 121 600 元，差额以库存现金补足。

借：事业支出　　　　　　　　　　　　121 600

　贷：资金结存——货币资金　　　　　　　121 600

（五）缴纳税费的核算

开展专业业务活动及其辅助活动过程中缴纳的相关税费以及发生的其他各项支出，按照实际支付的金额，借记本科目，贷记“财政拨款预算收入”“资金结存”科目。

【例 7－49】 理工大学缴纳房产税 1 000 元，以银行存款支付。

借：事业支出　　　　　　　　　　　　1 000

　贷：资金结存——货币资金　　　　　　　1 000

（六）款项退回的核算

开展专业业务活动及其辅助活动过程中因购货退回等发生款项退回，或者发生差错更正的，属于当年支出收回的，按照收回或更正金额，借记“财政拨款预算收入”“资金结存”科目，贷记本科目。

【例 7－50】 接例 7－48，理工大学高分子材料实验室改造工程完工，因质量问题对方退回 10 000 元。

借：资金结存——货币资金　　　　　　10 000

　贷：事业支出　　　　　　　　　　　　10 000

（七）期末结转

年末，将本科目本年发生额中的财政拨款支出转入财政拨款结转，借记“财政拨款结转——本年收支结转”科目，贷记本科目下各财政拨款支出明细科目；将本科目本年发生额中的非财政专项资金支出转入非财政拨款结转，借记“非财政拨款结转——本年收支结转”科目，贷记本科目下各非财政专项资金支出明细科目；将本科目本年发生额中的其他资金支出（非财政非专项资金支出）转入其他结余，借记“其他结余”科目，贷记本科目下其他资金支出明细科目。

【例 7－51】 年末，理工大学将事业支出本年发生额中的财政拨款支出 30 322 400 元转入财政拨款结转；将非财政专项资金支出 80 856 000 元转入非财政拨款结转；将其他资金支出 6 120 000 元转入其他结余。

借：财政拨款结转——本年收支结转　　30 322 400
　贷：事业支出——财政拨款支出　　30 322 400
借：非财政拨款结转——本年收支结转　　80 856 000
　贷：事业支出——非财政专项资金支出　　80 856 000
借：其他结余　　6 120 000
　贷：事业支出——其他资金支出　　6 120 000

三、经营支出的核算

为核算事业单位在专业业务活动及其辅助活动之外开展非独立核算经营活动实际发生的各项现金流出，设置“经营支出”（7301）科目。年末结转后，本科目应无余额。

本科目应当按照经营活动类别、项目、《政府收支分类科目》中“支出功能分类科目”的项级科目和“部门预算支出经济分类科目”的款级科目等进行明细核算。对于预付款项，可通过在本科目下设置“待处理”明细科目进行明细核算，待确认具体支出项目后再转入本科目下相关明细科目。年末结账前，应将本科目“待处理”明细科目余额全部转入本科目下相关明细科目。经营支出的主要账务处理如下所示。

（一）支付经营部门职工薪酬的核算

1. 向职工个人支付薪酬时，按照实际的金额，借记本科目，贷记“资金结存”科目。

【例 7－52】 理工大学附属非独立核算招待所向职工个人支付薪酬 65 000 元，以银行存款支付。

借：经营支出　　65 000
　贷：资金结存——货币资金　　65 000

2. 按照规定代扣代缴个人所得税以及代扣代缴或为职工缴纳职工社会保险费、住房公积金时，按照实际缴纳的金额，借记本科目，贷记“资金结存”科目。

【例 7－53】 理工大学按照规定代扣代缴招待所职工个人所得税 3 000 元，以银行存款支付。

借：经营支出　　3 000
　贷：资金结存——货币资金　　3 000

（二）为经营活动支付外部人员劳务费的核算

1. 按照实际支付给外部人员个人的金额，借记本科目，贷记“资金结存”科目。

【例 7-54】 理工大学支付经营活动外部人员劳务费 81 200 元，以银行存款支付。

借：经营支出　　　　　　　　　　　　　　81 200

　贷：资金结存——货币资金　　　　　　　　　81 200

2. 按照规定代扣代缴个人所得税时，按照实际缴纳的金额，借记本科目，贷记“资金结存”科目。

【例 7-55】 理工大学按照规定代扣代缴外部人员个人所得税 300 元，以银行存款支付。

借：经营支出　　　　　　　　　　　　　　300

　贷：资金结存——货币资金　　　　　　　　　300

（三）购买存货、固定资产、无形资产等的核算

开展经营活动过程中为购买存货、固定资产、无形资产等以及在建工程支付相关款项时，按照实际支付的金额，借记本科目，贷记“资金结存”科目。

【例 7-56】 理工大学招待所购买 3 台空调，共计 11 000 元，以银行存款支付。

借：经营支出　　　　　　　　　　　　　　11 000

　贷：资金结存——货币资金　　　　　　　　　11 000

（四）发生预付账款的核算

1. 开展经营活动过程中发生预付账款时，按照实际支付的金额，借记本科目，贷记“资金结存”科目。

【例 7-57】 理工大学招待所扩建，预付给工程队款项 50 000 元，以银行存款支付。

借：经营支出　　　　　　　　　　　　　　50 000

　贷：资金结存——货币资金　　　　　　　　　50 000

2. 对于暂付款项，在支付款项时可不做预算会计处理，待结算或报销时，按照结算或报销的金额，借记本科目，贷记“资金结存”科目。

【例 7-58】 理工大学招待所临时工王国涛因家庭突发事故而生活困难，预支下月薪酬 4 000 元，次月末扣回。

借：经营支出　　　　　　　　　　　　　　4 000

　贷：资金结存——货币资金　　　　　　　　　4 000

（五）因开展经营活动缴纳的相关税费的核算

因开展经营活动缴纳的相关税费以及发生的其他各项支出，按照实际支付的金额，借记本科目，贷记“资金结存”科目。

【例 7-59】 理工大学招待所缴纳增值税 26 300 元，以银行存款支付。

借：经营支出　　　　　　　　　　　　　　26 300

　贷：资金结存——货币资金　　　　　　　　　26 300

（六）发生款项退回的核算

开展经营活动中因购货退回等发生款项退回，或者发生差错更正的，属于当年支出

收回的，按照收回或更正金额，借记“资金结存”科目，贷记本科目。

【例 7－60】理工大学招待所购买 3 台空调，因质量问题退货两台，价款为 6 400 元。

借：资金结存——货币资金　　6 400

　贷：经营支出　　6 400

（七）期末结转

年末，将本科目本年发生额转入经营结余，借记“经营结余”科目，贷记本科目。

【例 7－61】年末，理工大学经营支出本年发生额 551 500 元转入经营结余。

借：经营结余　　551 500

　贷：经营支出　　551 500

四、上缴上级支出的核算

为核算事业单位按照财政部门和主管部门的规定上缴上级单位款项发生的现金流出，设置“上缴上级支出”（7401）科目。年末结转后，本科目应无余额。

本科目应当按照收缴款项单位、缴款项目、《政府收支分类科目》中“支出功能分类科目”的项级科目和“部门预算支出经济分类科目”的款级科目等进行明细核算。上缴上级支出的主要账务处理如下所示。

1. 按照规定将款项上缴上级单位的，按照实际上缴的金额，借记本科目，贷记“资金结存”科目。

【例 7－62】理工大学按照规定上缴上级单位 500 000 元，以银行存款支付。

借：上缴上级支出　　500 000

　贷：资金结存——货币资金　　500 000

2. 年末，将本科目本年发生额转入其他结余，借记“其他结余”科目，贷记本科目。

【例 7－63】年末，理工大学将上缴上级支出科目本年发生额 500 000 元转入其他结余。

借：其他结余　　500 000

　贷：上缴上级支出　　500 000

五、对附属单位补助支出的核算

为核算事业单位用财政拨款预算收入之外的收入对附属单位补助发生的现金流出，设置“对附属单位补助支出”（7501）科目。年末结转后，本科目应无余额。

本科目应当按照接受补助单位、补助项目、《政府收支分类科目》中“支出功能分类科目”的项级科目和“部门预算支出经济分类科目”的款级科目等进行明细核算。对附属单位补助支出的主要账务处理如下所示。

1. 发生对附属单位补助支出的，按照实际补助的金额，借记本科目，贷记“资金结存”科目。

【例 7－64】理工大学向附属小学拨付补助款 500 000 元，以银行存款支付。

借：对附属单位补助支出　　　　　　　　500 000

　贷：资金结存——货币资金　　　　　　　　500 000

2. 年末，将本科目本年发生额转入其他结余，借记“其他结余”科目，贷记本科目。

【例 7-65】 年末，理工大学将对附属单位补助支出科目本年发生额 3 000 000 元转入其他结余。

借：其他结余　　　　　　　　　　　　3 000 000

　贷：对附属单位补助支出　　　　　　　　3 000 000

六、投资支出的核算

为核算事业单位以货币资金对外投资发生的现金流出，设置“投资支出”（7601）科目。年末结转后，本科目应无余额。

本科目应当按照投资类型、投资对象、《政府收支分类科目》中“支出功能分类科目”的项级科目和“部门预算支出经济分类科目”的款级科目等进行明细核算。投资支出的主要账务处理如下所示。

（一）以货币资金对外投资的核算

以货币资金对外投资时，按照投资金额和所支付的相关税费金额的合计数，借记本科目，贷记“资金结存”科目。

【例 7-66】 理工大学以货币资金对外投资，取得 C 公司股票，价款和相关税费共计 2 600 000 元。

借：投资支出　　　　　　　　　　　　2 600 000

　贷：资金结存——货币资金　　　　　　　　2 600 000

（二）收回以货币资金取得对外投资的核算

1. 出售、对外转让或到期收回本年度以货币资金取得的对外投资的，如果按规定将投资收益纳入单位预算，按照实际收到的金额，借记“资金结存”科目，按照取得投资时“投资支出”科目的发生额，贷记本科目，按照其差额，贷记或借记“投资预算收益”科目；如果按规定将投资收益上缴财政，按照取得投资时“投资支出”科目的发生额，借记“资金结存”科目，贷记本科目。

【例 7-67】 接例 7-66，因资金紧张，理工大学对外转让本年度以货币资金取得的 C 公司股票，收到资金 2 654 000 元，投资成本为 2 600 000 元，按规定将投资收益纳入单位预算。

借：资金结存——货币资金　　　　　　2 654 000

　贷：投资支出　　　　　　　　　　　　　2 600 000

　　　投资预算收益　　　　　　　　　　　　54 000

2. 出售、对外转让或到期收回以前年度以货币资金取得的对外投资的，如果按规定将投资收益纳入单位预算，按照实际收到的金额，借记“资金结存”科目，按照取得投资时“投资支出”科目的发生额，贷记“其他结余”科目，按照其差额，贷记或借记“投资预算收益”科目；如果按规定将投资收益上缴财政，按照取得投资时“投资支出”科目的发生额，借记“资金结存”科目，贷记“其他结余”科目。

【例 7－68】理工大学到期收回以前年度以货币资金取得的对外投资，取得资金 524 300 元，投资成本为 500 000 元，按规定投资收益上缴财政。

借：资金结存——货币资金　　500 000

　贷：其他结余　　500 000

（三）期末结转

年末，将本科目本年发生额转入其他结余，借记“其他结余”科目，贷记本科目。

【例 7－69】年末，理工大学将投资支出科目本年发生额 2 600 000 元转入其他结余。

借：其他结余　　2 600 000

　贷：投资支出　　2 600 000

七、债务还本支出的核算

为核算事业单位偿还自身承担的纳入预算管理的从金融机构举借的债务本金的现金流出，设置“债务还本支出”（7701）科目。年末结转后，本科目应无余额。

本科目应当按照贷款单位、贷款种类、《政府收支分类科目》中“支出功能分类科目”的项级科目和“部门预算支出经济分类科目”的款级科目等进行明细核算。债务还本支出的主要账务处理如下所示。

1. 偿还各项短期或长期借款时，按照偿还的借款本金，借记本科目，贷记“资金结存”科目。

【例 7－70】理工大学偿还短期借款 1 000 000 元，利息 10 000 元，共计 1 010 000 元，以银行存款支付。

借：债务还本支出　　1 000 000

　　其他支出　　10 000

　贷：资金结存——货币资金　　1 010 000

2. 年末，将本科目本年发生额转入其他结余，借记“其他结余”科目，贷记本科目。

【例 7－71】年末，理工大学将债务还本支出科目本年发生额 35 410 000 元转入其他结余。

借：其他结余　　35 410 000

　贷：债务还本支出　　35 410 000

八、其他支出的核算

为核算单位除行政支出、事业支出、经营支出、上缴上级支出、对附属单位补助支出、投资支出、债务还本支出以外的各项现金流出，包括利息支出、对外捐赠现金支出、现金盘亏损失、接受捐赠（调入）和对外捐赠（调出）非现金资产发生的税费支出、资产置换过程中发生的相关税费支出、罚没支出等，设置“其他支出”（7901）科目。年末结转后，本科目应无余额。

本科目应当按照其他支出的类别，“财政拨款支出”“非财政专项资金支出”“其他资金支出”，以及《政府收支分类科目》中“支出功能分类科目”的项级科目和“部门预算支出经济分类科目”的款级科目等进行明细核算。其他支出中如有专项资金支出，还应按照具体项目进行明细核算。

有一般公共预算财政拨款、政府性基金预算财政拨款等两种或两种以上财政拨款的事业单位，还应当在“财政拨款支出”明细科目下按照财政拨款的种类进行明细核算。单位发生利息支出、捐赠支出等其他支出金额较大或业务较多的，可单独设置“7902 利息支出”“7903 捐赠支出”等科目。

其他支出的主要账务处理如下所示。

（一）利息支出的核算

支付银行借款利息时，按照实际支付金额，借记本科目，贷记“资金结存”科目。

【例 7－72】 理工大学支付长期借款利息 12 000 元。

借：其他支出　　12 000

　贷：资金结存——货币资金　　12 000

（二）对外捐赠现金支出的核算

对外捐赠现金资产时，按照捐赠金额，借记本科目，贷记“资金结存——货币资金”科目。

【例 7－73】 理工大学向农民工子弟学校捐赠现金 20 000 元。

借：其他支出　　20 000

　贷：资金结存——货币资金　　20 000

（三）现金盘亏损失的核算

每日现金账款核对中如发现现金短缺，按照短缺的现金金额，借记本科目，贷记“资金结存——货币资金”科目。经核实，属于应当由有关人员赔偿的，按照收到的赔偿金额，借记“资金结存——货币资金”科目，贷记本科目。

【例 7－74】 理工大学在每日现金账款核对中发现现金短缺 500 元。

借：其他支出　　500

　贷：资金结存——货币资金　　500

（四）接受捐赠和对外捐赠非现金资产发生的税费支出的核算

接受捐赠（无偿调入）非现金资产发生的归属于捐入方（调入方）的相关税费、运输费等，以及对外捐赠（无偿调出）非现金资产发生的归属于捐出方（调出方）的相关税费、运输费等，按照实际支付金额，借记本科目，贷记“资金结存”科目。

【例 7－75】理工大学接受捐赠的教学设备两台，发生税费支出 1 000 元，以银行存款支付。

借：其他支出　　1 000

　贷：资金结存——货币资金　　1 000

（五）资产置换过程中发生的相关税费支出的核算

资产置换过程中发生的相关税费，按照实际支付金额，借记本科目，贷记“资金结存”科目。

【例 7－76】理工大学以两项专利技术置换 L 公司的股权，发生相关税费支出 1 700 元，以银行存款支付。

借：其他支出　　1 700

　贷：资金结存　　1 700

（六）罚没支出的核算

发生罚没等其他支出时，按照实际支出金额，借记本科目，贷记“资金结存”科目。

【例 7－77】理工大学支付车辆违章罚款 2 400 元，以银行存款支付。

借：其他支出　　2 400

　贷：资金结存——货币资金　　2 400

（七）期末结转

年末，将本科目本年发生额中的财政拨款支出转入财政拨款结转，借记“财政拨款结转——本年收支结转”科目，贷记本科目下各财政拨款支出明细科目；将本科目本年发生额中的非财政专项资金支出转入非财政拨款结转，借记“非财政拨款结转——本年收支结转”科目，贷记本科目下各非财政专项资金支出明细科目；将本科目本年发生额中的其他资金支出（非财政非专项资金支出）转入其他结余，借记“其他结余”科目，贷记本科目下各其他资金支出明细科目。

【例 7－78】年末，理工大学将“其他支出——财政拨款支出”129 520 元转入财政拨款结转；将“其他支出——非财政专项资金支出”35 000 元转入非财政拨款结转；将“其他支出——其他资金支出”2 000 元转入其他结余。

借：财政拨款结转——本年收支结转　　129 520

　贷：其他支出——财政拨款支出　　129 520

借：非财政拨款结转——本年收支结转　　35 000

　贷：其他支出——非财政专项资金支出　　35 000

借：其他结余　　2 000

　贷：其他支出——其他资金支出　　2 000

第三节　行政事业单位预算结余的核算

预算结余是指行政事业单位预算年度内预算收入扣除预算支出后的资金余额，以及历年滚存的资金余额。预算结余包括结余资金和结转资金。结余资金是指年度预算执行终了，预算收入实际完成数扣除预算支出和结转资金后剩余的资金；结转资金是指预算安排项目的支出年终尚未执行完毕或者因故未执行，且下年需要按原用途继续使用的资金。

符合预算收入、预算支出和预算结余定义及其确认条件的项目应当列入政府决算报表。行政事业单位的预算结余包括资金结存、财政拨款结转、财政拨款结余、非财政拨款结转、非财政拨款结余、专用结余、经营结余、其他结余和非财政拨款结余分配等。

一、资金结存的核算

为核算单位纳入部门预算管理的资金的流入、流出、调整和滚存等情况，设置“资金结存”（8001）科目。本科目年末借方余额，反映单位预算资金的累计滚存情况。

（一）资金结存科目的明细科目设置

1. “零余额账户用款额度”：本明细科目核算实行国库集中支付的单位根据财政部门批复的用款计划收到和支用的零余额账户用款额度。年末结账后，本明细科目应无余额。

2. “货币资金”：本明细科目核算单位以库存现金、银行存款、其他货币资金形态存在的资金。本明细科目年末借方余额，反映单位尚未使用的货币资金。

3. “财政应返还额度”：本明细科目核算实行国库集中支付的单位可以使用的以前年度财政直接支付资金额度和财政应返还的财政授权支付资金额度。本明细科目下可设置“财政直接支付”“财政授权支付”两个明细科目进行明细核算。本明细科目年末借方余额，反映单位应收财政返还的资金额度。

（二）资金结存的主要账务处理

1. 取得预算资金的核算。

（1）财政授权支付方式下，单位根据代理银行转来的财政授权支付额度到账通知书，按照通知书中的授权支付额度，借记本科目（零余额账户用款额度），贷记“财政拨款预算收入”科目。

【例 7－79】市审计局收到代理银行转来的财政授权支付额度到账通知书，通知书中的授权支付额度为 200 000 元。

借：资金结存——零余额账户用款额度　　200 000

　贷：财政拨款预算收入　　　　　　　　200 000

（2）以国库集中支付以外的其他支付方式取得预算收入时，按照实际收到的金额，借记本科目（货币资金），贷记“财政拨款预算收入”“事业预算收入”“经营预算收入”等科目。

【例 7-80】 县农业科学研究所以实拨资金的方式取得预算收入 60 000 元，存入银行。

借：资金结存——货币资金　　60 000

　贷：财政拨款预算收入　　60 000

2. 各种支出的核算。

（1）财政授权支付方式下，发生相关支出时，按照实际支付的金额，借记“行政支出”“事业支出”等科目，贷记本科目（零余额账户用款额度）。

【例 7-81】 市审计局购买一批办公用品并直接投入使用，价款为 31 000 元，以零余额账户用款额度支付。

借：行政支出　　31 000

　贷：资金结存——零余额账户用款额度　　31 000

（2）从零余额账户提取现金时，借记本科目（货币资金），贷记本科目（零余额账户用款额度）。退回现金时，做相反的会计分录。

【例 7-82】 市审计局从零余额账户提取现金 50 000 元。

借：资金结存——货币资金　　50 000

　贷：资金结存——零余额账户用款额度　　50 000

（3）使用以前年度财政直接支付额度发生支出时，按照实际支付金额，借记“行政支出”“事业支出”等科目，贷记本科目（财政应返还额度）。

【例 7-83】 市审计局用以前年度财政直接支付额度购买电脑两台，价款为 8 000 元。

借：行政支出　　8 000

　贷：资金结存——财政应返还额度　　8 000

（4）国库集中支付以外的其他支付方式下，发生相关支出时，按照实际支付的金额，借记“事业支出”“经营支出”等科目，贷记本科目（货币资金）。

【例 7-84】 理工大学附属非独立核算招待所购买被服 60 500 元，以银行存款支付。

借：经营支出　　60 500

　贷：资金结存——货币资金　　60 500

3. 按规定上缴或注销财政拨款结转结余资金的核算。

（1）按照规定上缴财政拨款结转结余资金或注销财政拨款结转结余资金额度的，按照实际上缴资金数额或注销的资金额度数额，借记“财政拨款结转——归集上缴”或“财政拨款结余——归集上缴”科目，贷记本科目（财政应返还额度、零余额账户用款额度、货币资金）。

【例 7-85】 理工大学按照规定上缴财政拨款结转结余资金 100 000 元，以财政应返还额度冲抵。

借：财政拨款结转——归集上缴　　100 000

　贷：资金结存——财政应返还额度　　100 000

（2）按规定向原资金拨入单位缴回非财政拨款结转资金的，按照实际缴回资金数额，借记“非财政拨款结转——缴回资金”科目，贷记本科目（货币资金）。

【例7-86】 理工大学按规定向上级部门缴回非财政拨款结转50 000元，以银行存款支付。

借：非财政拨款结转——缴回资金　　　　50 000

　贷：资金结存——货币资金　　　　　　　50 000

（3）收到从其他单位调入的财政拨款结转资金的，按照实际调入资金数额，借记本科目（财政应返还额度、零余额账户用款额度、货币资金），贷记“财政拨款结转——归集调入”科目。

【例7-87】 市审计局从市文化局调入财政拨款结转资金50 000元，增加授权支付额度。

借：资金结存——零余额账户用款额度　　50 000

　贷：财政拨款结转——归集调入　　　　　50 000

4. 按照规定使用专用基金时，按照实际支付金额，借记“专用结余”科目［从非财政拨款结余中提取的专用基金］或“事业支出”等科目［从预算收入中计提的专用基金］，贷记本科目（货币资金）。

【例7-88】 理工大学使用专用结余（从非财政拨款结余中提取的专用基金）购买空调两台，用于改善教师休息室的环境。空调价款共计16 400元，以银行存款支付。

借：专用结余——从非财政拨款结余中提取的专用基金　　16 400

　贷：资金结存——货币资金　　　　　　　　　　　　　　16 400

5. 购货退回、发生差错更正等的核算。

（1）因购货退回、发生差错更正等退回国库直接支付、授权支付款项，或者收回货币资金的，属于本年度支付的，借记“财政拨款预算收入”科目或本科目（零余额账户用款额度、货币资金），贷记相关支出科目。

【例7-89】 接例7-84，因质量问题，理工大学附属非独立核算招待所退回（当年）所购买的价值60 500元的被服，退款存入银行。

借：资金结存——货币资金　　　　　　60 500

　贷：经营支出　　　　　　　　　　　　　60 500

（2）属于以前年度支付的，借记本科目（财政应返还额度、零余额账户用款额度、货币资金），贷记“财政拨款结转”“财政拨款结余”“非财政拨款结转”“非财政拨款结余”科目。

【例7-90】 接例7-84，因质量问题，理工大学附属非独立核算招待所退回（上一年度）所购买的价值60 500元的被服，退款存入银行。

借：资金结存——货币资金　　　　　　60 500

　贷：非财政拨款结余——年初余额调整　　60 500

6. 有企业所得税缴纳义务的事业单位缴纳所得税时，按照实际缴纳金额，借记“非财政拨款结余——累计结余”科目，贷记本科目（货币资金）。

【例7-91】 理工大学附属非独立核算招待所缴纳企业所得税26 830元，以银行存款支付。

借：非财政拨款结余——累计结余　　26 830

　贷：资金结存——货币资金　　26 830

7. 年末，根据本年度财政直接支付预算指标数与当年财政直接支付实际支出数的差额，借记本科目（财政应返还额度），贷记“财政拨款预算收入”科目。

【例 7－92】 年末，理工大学本年度财政直接支付预算指标数与当年财政直接支付实际支出数的差额为 300 000 元，转入财政应返还额度科目。

借：资金结存——财政应返还额度　　300 000

　贷：财政拨款预算收入　　300 000

8. 年末，单位依据代理银行提供的对账单作注销额度的相关账务处理，借记本科目（财政应返还额度），贷记本科目（零余额账户用款额度）；本年度财政授权支付预算指标数大于零余额账户用款额度下达数的，根据未下达的用款额度，借记本科目（财政应返还额度），贷记“财政拨款预算收入”科目。

【例 7－93】 年末，理工大学依据代理银行提供的对账单注销零余额账户用款额度 215 400 元。

借：资金结存——财政应返还额度　　215 400

　贷：资金结存——零余额账户用款额度　　215 400

9. 下年初，单位依据代理银行提供的额度恢复到账通知书作恢复额度的相关账务处理，借记本科目（零余额账户用款额度），贷记本科目（财政应返还额度）。单位收到财政部门批复的上年末未下达零余额账户用款额度的，借记本科目（零余额账户用款额度），贷记本科目（财政应返还额度）。

【例 7－94】 接例 7－93，下年初，理工大学依据代理银行提供的额度 215 400 元恢复到账通知书作恢复额度的相关账务处理。

借：资金结存——零余额账户用款额度　　215 400

　贷：资金结存——财政应返还额度　　215 400

二、财政拨款结转的核算

为核算单位取得的同级财政拨款结转资金的调整、结转和滚存情况，设置“财政拨款结转”（8101）科目。本科目年末贷方余额，反映单位滚存的财政拨款结转资金数额。

（一）财政拨款结转的明细科目设置

1. 与会计差错更正、以前年度支出收回相关的明细科目。

“年初余额调整”：本明细科目核算因发生会计差错更正、以前年度支出收回等原因，需要调整财政拨款结转的金额。年末结账后，本明细科目应无余额。

2. 与财政拨款调拨业务相关的明细科目。

（1）“归集调入”：本明细科目核算按照规定从其他单位调入财政拨款结转资金时，实际调增的额度数额或调入的资金数额。年末结账后，本明细科目应无余额。

（2）“归集调出”：本明细科目核算按照规定向其他单位调出财政拨款结转资金时，实际调减的额度数额或调出的资金数额。年末结账后，本明细科目应无余额。

（3）“归集上缴”：本明细科目核算按照规定上缴财政拨款结转资金时，实际核销的额度数额或上缴的资金数额。年末结账后，本明细科目应无余额。

（4）“单位内部调剂”：本明细科目核算经财政部门批准对财政拨款结余资金改变用途，调整用于本单位其他未完成项目等的调整金额。年末结账后，本明细科目应无余额。

3. 与年末财政拨款结转业务相关的明细科目。

（1）“本年收支结转”：本明细科目核算单位本年度财政拨款收支相抵后的余额。年末结账后，本明细科目应无余额。

（2）“累计结转”：本明细科目核算单位滚存的财政拨款结转资金。本明细科目年末贷方余额，反映单位财政拨款滚存的结转资金数额。

本科目还应当设置“基本支出结转”“项目支出结转”两个明细科目，并在“基本支出结转”明细科目下按照“人员经费”“日常公用经费”进行明细核算，在“项目支出结转”明细科目下按照具体项目进行明细核算；同时，本科目还应按照《政府收支分类科目》中“支出功能分类科目”的相关科目进行明细核算。

有一般公共预算财政拨款、政府性基金预算财政拨款等两种或两种以上财政拨款的，还应当在本科目下按照财政拨款的种类进行明细核算。

财政拨款结转的主要账务处理如下所示。

（二）与会计差错更正、以前年度支出收回相关的账务处理

1. 因发生会计差错更正退回以前年度国库直接支付、授权支付款项或财政性货币资金，或者因发生会计差错更正增加以前年度国库直接支付、授权支付支出或财政性货币资金支出，属于以前年度财政拨款结转资金的，借记或贷记“资金结存——财政应返还额度、零余额账户用款额度、货币资金”科目，贷记或借记本科目（年初余额调整）。

【例 7－95】因计算错误，理工大学上一年度用专项资金购买的材料多付款项 35 000 元，现予退回，并存入银行。

借：资金结存——财政应返还额度　　35 000

　贷：财政拨款结转——年初余额调整　　35 000

2. 因购货退回、预付款项收回等发生以前年度支出又收回国库直接支付、授权支付款项或收回财政性货币资金，属于以前年度财政拨款结转资金的，借记“资金结存——财政应返还额度、零余额账户用款额度、货币资金”科目，贷记本科目（年初余额调整）。

【例 7－96】因质量问题，理工大学上一年度购买的设备退货，货款 44 300 元退回国库直接支付。

借：资金结存——财政应返还额度　　44 300

　贷：财政拨款结转——年初余额调整　　44 300

（三）与财政拨款结转结余资金调整业务相关的账务处理

1. 按照规定从其他单位调入财政拨款结转资金的，按照实际调增的额度数额或调入

的资金数额，借记“资金结存——财政应返还额度、零余额账户用款额度、货币资金”科目，贷记本科目（归集调入）。

【例 7－97】理工大学按照规定从师范大学调入财政拨款结转资金 80 000 元，并调增财政应返还额度。

借：资金结存——财政应返还额度　　80 000

　贷：财政拨款结转——归集调入　　80 000

2. 按照规定向其他单位调出财政拨款结转资金的，按照实际调减的额度数额或调出的资金数额，借记本科目（归集调出），贷记“资金结存——财政应返还额度、零余额账户用款额度、货币资金”科目。

【例 7－98】理工大学按照规定向交通大学调出财政拨款结转资金 510 000 元，并调减财政应返还额度。

借：财政拨款结转——归集调出　　510 000

　贷：资金结存——财政应返还额度　　510 000

3. 按照规定上缴财政拨款结转资金或注销财政拨款结转资金额度的，按照实际上缴资金数额或注销的资金额度数额，借记本科目（归集上缴），贷记“资金结存——财政应返还额度、零余额账户用款额度、货币资金”科目。

【例 7－99】按照规定，理工大学注销某完工项目的专项资金财政拨款结转资金额度 150 000 元。

借：财政拨款结转——归集上缴　　150 000

　贷：资金结存——财政应返还额度　　150 000

4. 经财政部门批准对财政拨款结余资金改变用途，调整用于本单位基本支出或其他未完成项目支出的，按照批准调剂的金额，借记“财政拨款结余——单位内部调剂”科目，贷记本科目（单位内部调剂）。

【例 7－100】经财政部门批准，理工大学改变某一完工项目的财政拨款结余资金 400 000 元的用途，调整用于单位本年的基本支出。

借：财政拨款结余——单位内部调剂　　400 000

　贷：财政拨款结转——单位内部调剂　　400 000

（四）与年末财政拨款结转和结余业务相关的账务处理

1. 年末，将财政拨款预算收入本年发生额转入本科目，借记“财政拨款预算收入”科目，贷记本科目（本年收支结转）；将各项支出中财政拨款支出本年发生额转入本科目，借记本科目（本年收支结转），贷记各项支出（财政拨款支出）科目。

【例 7－101】年末，理工大学将财政拨款预算收入本年发生额 35 000 000 元转入财政拨款结转科目。

借：财政拨款预算收入　　35 000 000

　贷：财政拨款结转——本年收支结转　　35 000 000

【例 7－102】接例 7－51 和例 7－78，年末，理工大学将事业支出本年发生额中的财政拨款支出 30 322 400 元、其他支出本年发生额中的财政拨款支出 129 520 元转入财政拨款结转。

借：财政拨款结转——本年收支结转　　30 451 920

　贷：事业支出——财政拨款支出　　30 322 400

　　　其他支出——财政拨款支出　　129 520

2. 年末冲销有关明细科目余额。将本科目（本年收支结转、年初余额调整、归集调入、归集调出、归集上缴、单位内部调剂）余额转入本科目（累计结转）。结转后，本科目除“累计结转”明细科目外，其他明细科目应无余额。

【例 7-103】 接例 7-95 至例 7-102，年末，理工大学财政拨款结转科目中本年收支结转贷方余额 4 548 080 元、年初余额调整贷方余额 79 300 元、归集调入贷方余额 80 000 元、归集调出借方余额 510 000 元、归集上缴借方余额 150 000 元、单位内部调剂贷方余额 400 000 元转入财政拨款结转（累计结转）科目。

借：财政拨款结转——年初余额调整　　79 300

　　　　　　　　——归集调入　　80 000

　　　　　　　　——单位内部调剂　　400 000

　　　　　　　　——本年收支结转　　4 548 080

　贷：财政拨款结转——归集调出　　510 000

　　　　　　　　　——归集上缴　　150 000

　　　　　　　　　——累计结转　　4 447 380

3. 年末完成上述结转后，应当对财政拨款结转各明细项目执行情况进行分析，按照有关规定将符合财政拨款结余性质的项目余额转入财政拨款结余，借记本科目（累计结转），贷记“财政拨款结余——结转转入”科目。

【例 7-104】 接例 7-103，年末，理工大学将符合财政拨款结余性质的项目余额 500 000 元转入财政拨款结余。

借：财政拨款结转——累计结转　　500 000

　贷：财政拨款结余——结转转入　　500 000

三、财政拨款结余的核算

为核算单位取得的同级财政拨款项目支出结余资金的调整、结转和滚存情况，设置“财政拨款结余”（8102）科目。本科目年末贷方余额，反映单位滚存的财政拨款结余资金数额。

（一）明细科目设置

1. 与会计差错更正、以前年度支出收回相关的明细科目。

“年初余额调整”：本明细科目核算因发生会计差错更正、以前年度支出收回等原因，需要调整财政拨款结余的金额。年末结账后，本明细科目应无余额。

2. 与财政拨款结余资金调整业务相关的明细科目。

（1）“归集上缴”：本明细科目核算按照规定上缴财政拨款结余资金时，实际核销的额度数额或上缴的资金数额。年末结账后，本明细科目应无余额。

（2）“单位内部调剂”：本明细科目核算经财政部门批准对财政拨款结余资金改变用途，调整用于本单位其他未完成项目等的调整金额。年末结账后，本明细科目应无余额。

3. 与年末财政拨款结余业务相关的明细科目。

（1）“结转转入”：本明细科目核算单位按照规定转入财政拨款结余的财政拨款结转资金。年末结账后，本明细科目应无余额。

（2）“累计结余”：本明细科目核算单位滚存的财政拨款结余资金。本明细科目年末贷方余额，反映单位财政拨款滚存的结余资金数额。

本科目还应当按照具体项目、《政府收支分类科目》中“支出功能分类科目”的相关科目等进行明细核算。

有一般公共预算财政拨款、政府性基金预算财政拨款等两种或两种以上财政拨款的，还应当在本科目下按照财政拨款的种类进行明细核算。

（二）财政拨款结余的主要账务处理

1. 与会计差错更正、以前年度支出收回相关的账务处理。

（1）因发生会计差错更正退回以前年度国库直接支付、授权支付款项或财政性货币资金，或者因发生会计差错更正增加以前年度国库直接支付、授权支付支出或财政性货币资金支出，属于以前年度财政拨款结余资金的，借记或贷记“资金结存——财政应返还额度、零余额账户用款额度、货币资金”科目，贷记或借记本科目（年初余额调整）。

【例 7-105】因发生会计差错，理工大学以前年度应支付的劳务公司保洁费少付了 50 000 元，予以更正，以零余额账户用款额度支付。

借：财政拨款结余——年初余额调整　　50 000

　贷：资金结存——零余额账户用款额度　　50 000

（2）因购货退回、预付款项收回等发生以前年度支出又收回国库直接支付、授权支付款项或收回财政性货币资金，属于以前年度财政拨款结余资金的，借记“资金结存——财政应返还额度、零余额账户用款额度、货币资金”科目，贷记本科目（年初余额调整）。

【例 7-106】理工大学上一年度支付给 T 公司的预订设备款 30 000 元因对方因技术原因无法履行合同而退回，款项退回至零余额账户。

借：资金结存——零余额账户用款额度　　30 000

　贷：财政拨款结余——年初余额调整　　30 000

2. 与财政拨款结余资金调整业务相关的账务处理。

（1）经财政部门批准对财政拨款结余资金改变用途，调整用于本单位基本支出或其他未完成项目支出的，按照批准调剂的金额，借记本科目（单位内部调剂），贷记“财政拨款结转——单位内部调剂”科目。

【例 7-107】参见例 7-100。经财政部门批准，理工大学改变某一完工项目的财政拨款结余资金 400 000 元的用途，调整用于单位本年的基本支出。

借：财政拨款结余——单位内部调剂　　400 000

贷：财政拨款结转——单位内部调剂　　　　400 000

（2）按照规定上缴财政拨款结余资金或注销财政拨款结余资金额度的，按照实际上缴资金数额或注销的资金额度数额，借记本科目（归集上缴），贷记“资金结存——财政应返还额度、零余额账户用款额度、货币资金”科目。

【例 7-108】按照规定，理工大学上缴财政拨款结余资金 100 000 元，冲减财政应返还额度。

借：财政拨款结余——归集上缴　　　　100 000

贷：资金结存——财政应返还额度　　　　100 000

3. 与年末财政拨款结转和结余业务相关的账务处理。

（1）年末，对财政拨款结转各明细项目执行情况进行分析，按照有关规定将符合财政拨款结余性质的项目余额转入财政拨款结余，借记“财政拨款结转——累计结转”科目，贷记本科目（结转转入）。

【例 7-109】参见例 7-104。年末，理工大学将符合财政拨款结余性质的项目余额 500 000 元转入财政拨款结余。

借：财政拨款结转——累计结转　　　　500 000

贷：财政拨款结余——结转转入　　　　500 000

（2）年末冲销有关明细科目余额。将本科目（年初余额调整、归集上缴、单位内部调剂、结转转入）余额转入本科目（累计结余）。结转后，本科目除“累计结余”明细科目外，其他明细科目应无余额。

【例 7-110】接例 7-105 至例 7-109，年末，理工大学将财政拨款结余科目的年初余额调整借方余额 20 000 元、归集上缴借方余额 100 000 元、单位内部调剂借方余额 400 000 元、结转转入贷方余额 500 000 元转入财政拨款结余的累计结余明细科目。

借：财政拨款结余——结转转入　　　　500 000

——累计结余　　　　20 000

贷：财政拨款结余——年初余额调整　　　　20 000

——单位内部调剂　　　　400 000

——归集上缴　　　　100 000

四、非财政拨款结转的核算

为核算单位除财政拨款收支、经营收支以外各非同级财政拨款专项资金的调整、结转和滚存情况，设置“非财政拨款结转”（8201）科目。本科目年末贷方余额，反映单位滚存的非同级财政拨款专项结转资金数额。

（一）明细科目设置

1. “年初余额调整”：本明细科目核算因发生会计差错更正、以前年度支出收回等原因，需要调整非财政拨款结转的资金。年末结账后，本明细科目应无余额。

2. “缴回资金”：本明细科目核算按照规定缴回非财政拨款结转资金时，实际缴回的资金数额。年末结账后，本明细科目应无余额。

3. “项目间接费用或管理费”：本明细科目核算单位取得的科研项目预算收入中，按照规定计提项目间接费用或管理费的数额。年末结账后，本明细科目应无余额。

4. “本年收支结转”：本明细科目核算单位本年度非同级财政拨款专项收支相抵后的余额。年末结账后，本明细科目应无余额。

5. “累计结转”：本明细科目核算单位滚存的非同级财政拨款专项结转资金。本明细科目年末贷方余额，反映单位非同级财政拨款滚存的专项结转资金数额。

本科目还应当按照具体项目、《政府收支分类科目》中“支出功能分类科目”的相关科目等进行明细核算。

（二）主要账务处理

1. 按照规定从科研项目预算收入中提取项目管理费或间接费时，按照提取金额，借记本科目（项目间接费用或管理费），贷记“非财政拨款结余——项目间接费用或管理费”科目。

【例 7 - 111】 理工大学从科研项目预算收入中提取项目管理费 2 600 000 元。

借：非财政拨款结转——项目间接费用或管理费 2 600 000

　贷：非财政拨款结余——项目间接费用或管理费 2 600 000

2. 差错更正或支出收回。

(1) 因会计差错更正收到或支出非同级财政拨款货币资金，属于非财政拨款结转资金的，按照收到或支出的金额，借记或贷记“资金结存——货币资金”科目，贷记或借记本科目（年初余额调整）。

【例 7 - 112】 理工大学收回上年度某课题组多支付的材料费 20 000 元，存入银行。

借：资金结存——货币资金 20 000

　贷：非财政拨款结转——年初余额调整 20 000

(2) 因收回以前年度支出等收到非同级财政拨款货币资金，属于非财政拨款结转资金的，按照收到的金额，借记“资金结存——货币资金”科目，贷记本科目（年初余额调整）。

【例 7 - 113】 经核查，理工大学以前年度用中央财政拨款购买的设备存在质量问题，经协调对方退回 50 000 元作为补偿。

借：资金结存——货币资金 50 000

　贷：非财政拨款结转——年初余额调整 50 000

3. 按照规定缴回非财政拨款结转资金的，按照实际缴回资金数额，借记本科目（缴回资金），贷记“资金结存——货币资金”科目。

【例 7 - 114】 按照规定，理工大学缴回非财政拨款结转资金 500 000 元。

借：非财政拨款结转——缴回资金 500 000

　贷：资金结存——货币资金 500 000

4. 年末，将事业预算收入、上级补助预算收入、附属单位上缴预算收入、非同级财政拨款预算收入、债务预算收入、其他预算收入本年发生额中的专项资金收入转入本科目，借记“事业预算收入”“上级补助预算收入”“附属单位上缴预算收入”“非同级财政拨款预算收入”“债务预算收入”“其他预算收入”科目下各专项资金收入明细科目，贷记本科目（本年收支结转）；将行政支出、事业支出、其他支出本年发生额中的非财政拨款专项资金支出转入本科目，借记本科目（本年收支结转），贷记“行政支出”“事业支出”“其他支出”科目下各非财政拨款专项资金支出明细科目。

【例 7－115】年末，理工大学将“事业预算收入——专项资金收入”70 000 000 元、“上级补助预算收入——专项资金收入”500 000 元、“附属单位上缴预算收入——专项资金收入”200 000 元、“非同级财政拨款预算收入——专项资金收入”6 000 000 元、“债务预算收入——专项资金收入”1 000 000 元、“其他预算收入——专项资金收入”7 000 元转入“非财政拨款结转——本年收支结转”科目。

借：事业预算收入——专项资金收入	70 000 000	
上级补助预算收入——专项资金收入	500 000	
附属单位上缴预算收入——专项资金收入	200 000	
非同级财政拨款预算收入——专项资金收入	6 000 000	
债务预算收入——专项资金收入	1 000 000	
其他预算收入——专项资金收入	7 000	
贷：非财政拨款结转——本年收支结转		77 707 000

【例 7－116】年末，理工大学将“事业支出——非财政专项资金支出”72 856 000 元、“其他支出——非财政专项资金支出”129 520 元转入“非财政拨款结转——本年收支结转”科目。

借：非财政拨款结转——本年收支结转	72 985 520	
贷：事业支出——非财政专项资金支出		72 856 000
其他支出——非财政专项资金支出		129 520

5. 年末冲销有关明细科目余额。将本科目（年初余额调整、项目间接费用或管理费、缴回资金、本年收支结转）余额转入本科目（累计结转）。结转后，本科目除“累计结转”明细科目外，其他明细科目应无余额。

【例 7－117】接例 7－111 至例 7－116，年末，理工大学将非财政拨款结转科目的年初余额调整贷方余额 70 000 元、项目间接费用或管理费贷方余额 2 600 000 元、缴回资金借方余额 500 000 元、本年收支结转贷方余额 4 721 480 元转入“非财政拨款结转——累计结转”。

借：非财政拨款结转——年初余额调整	70 000	
——项目间接费用或管理费	2 600 000	
——本年收支结转	4 721 480	
贷：非财政拨款结转——缴回资金		500 000
——累计结转		6 891 480

6. 年末完成上述结转后，应当对非财政拨款专项结转资金各项目情况进行分析，将留归本单位使用的非财政拨款专项（项目已完成）剩余资金转入非财政拨款结余，借记本科目（累计结转），贷记“非财政拨款结余——结转转入”科目。

【例 7－118】年末，理工大学对非财政拨款专项结转资金各项目情况进行分析，将留归本单位使用的非财政拨款专项（项目已完成）剩余资金 1 100 000 元转入非财政拨款结余。

借：非财政拨款结转——累计结转　　1 100 000

　贷：非财政拨款结余——结转转入　　1 100 000

五、非财政拨款结余的核算

为核算单位历年滚存的非限定用途的非同级财政拨款结余资金，主要为非财政拨款结余扣除结余分配后滚存的金额，设置“非财政拨款结余”（8202）科目。本科目年末贷方余额，反映单位非同级财政拨款结余资金的累计滚存数额。

（一）明细科目设置

1. “年初余额调整”：本明细科目核算因发生会计差错更正、以前年度支出收回等原因，需要调整非财政拨款结余的资金。年末结账后，本明细科目应无余额。

2. “项目间接费用或管理费”：本明细科目核算单位取得的科研项目预算收入中，按照规定计提的项目间接费用或管理费数额。年末结账后，本明细科目应无余额。

3. “结转转入”：本明细科目核算按照规定留归单位使用，由单位统筹调配，纳入单位非财政拨款结余的非同级财政拨款专项剩余资金。年末结账后，本明细科目应无余额。

4. “累计结余”：本明细科目核算单位历年滚存的非同级财政拨款、非专项结余资金。本明细科目年末贷方余额，反映单位非同级财政拨款滚存的非专项结余资金数额。

本科目还应当按照《政府收支分类科目》中“支出功能分类科目”的相关科目进行明细核算。

（二）主要账务处理

1. 按照规定从科研项目预算收入中提取项目管理费或间接费时，借记“非财政拨款结转——项目间接费用或管理费”科目，贷记本科目（项目间接费用或管理费）。

【例 7－119】参见例 7－111。理工大学从科研项目预算收入中提取项目管理费 2 600 000 元。

借：非财政拨款结转——项目间接费用或管理费　　2 600 000

　贷：非财政拨款结余——项目间接费用或管理费　　2 600 000

2. 有企业所得税缴纳义务的事业单位实际缴纳企业所得税时，按照缴纳金额，借记本科目（累计结余），贷记“资金结存——货币资金”科目。

【例 7－120】参见例 7－91。理工大学附属非独立核算招待所缴纳企业所得税 26 830 元，以银行存款支付。

借：非财政拨款结余——累计结余　　26 830

　贷：资金结存——货币资金　　26 830

3. 差错更正和退回。

（1）因会计差错更正收到或支出非同级财政拨款货币资金，属于非财政拨款结余资金的，按照收到或支出的金额，借记或贷记“资金结存——货币资金”科目，贷记或借记本科目（年初余额调整）。

【例 7－121】 因会计差错，理工大学补付上一年度采购材料款 60 000 元，该批材料用单位自筹资金购买。

借：非财政拨款结余——年初余额调整　　60 000

　贷：资金结存——货币资金　　60 000

（2）因收回以前年度支出等收到非同级财政拨款货币资金，属于非财政拨款结余资金的，按照收到的金额，借记“资金结存——货币资金”科目，贷记本科目（年初余额调整）。

【例 7－122】 理工大学（省属）收回以前年度与 J 公司的合作资金 200 000 元，该资金当初以中央财政拨款支付。

借：资金结存——货币资金　　200 000

　贷：非财政拨款结余——年初余额调整　　200 000

4. 年末，将留归本单位使用的非财政拨款专项（项目已完成）剩余资金转入本科目，借记“非财政拨款结转——累计结转”科目，贷记本科目（结转转入）。

【例 7－123】 参见例 7－118。年末，理工大学对非财政拨款专项结转资金各项目情况进行分析，将留归本单位使用的非财政拨款专项（项目已完成）剩余资金 1 100 000 元转入非财政拨款结余。

借：非财政拨款结转——累计结转　　1 100 000

　贷：非财政拨款结余——结转转入　　1 100 000

5. 年末冲销有关明细科目余额。将本科目（年初余额调整、项目间接费用或管理费、结转转入）余额结转入本科目（累计结余）。结转后，本科目除“累计结余”明细科目外，其他明细科目应无余额。

【例 7－124】 接例 7－119 至例 7－123，年末，理工大学将非财政拨款结余科目的年初余额调整贷方余额 140 000 元、项目间接费用或管理费贷方余额 2 600 000 元、结转转入贷方余额 1 100 000 元转入非财政拨款结余的累计结余明细科目。

借：非财政拨款结余——年初余额调整　　140 000

　　　　　　　　——项目间接费用或管理费　　2 600 000

　　　　　　　　——结转转入　　1 100 000

　贷：非财政拨款结余——累计结余　　3 840 000

6. 年末处理。

（1）事业单位将“非财政拨款结余分配”科目余额转入非财政拨款结余。“非财政拨款结余分配”科目为借方余额的，借记本科目（累计结余），贷记“非财政拨款结余分配”科目；“非财政拨款结余分配”科目为贷方余额的，借记“非财政拨款结余分配”科目，贷记本科目（累计结余）。

【例 7－125】 年末，理工大学将“非财政拨款结余分配”科目贷方余额 725 000 元转入非财政拨款结余。

借：非财政拨款结余分配　　725 000

　贷：非财政拨款结余——累计结余　　725 000

（2）年末，行政单位将“其他结余”科目余额转入非财政拨款结余。“其他结余”科目为借方余额的，借记本科目（累计结余），贷记“其他结余”科目；“其他结余”科目为贷方余额的，借记“其他结余”科目，贷记本科目（累计结余）。

【例 7-126】 年末，市审计局将“其他结余”科目借方余额 22 500 元转入非财政拨款结余。

借：非财政拨款结余——累计结余　　22 500

　贷：其他结余　　22 500

六、专用结余的核算

为核算事业单位按照规定从非财政拨款结余中提取的具有专门用途的资金的变动和滚存情况，设置“专用结余”（8301）科目。本科目年末贷方余额，反映事业单位从非同级财政拨款结余中提取的专用基金的累计滚存数额。

本科目应当按照专用结余的类别进行明细核算，主要账务处理如下所示。

1. 根据有关规定从本年度非财政拨款结余或经营结余中提取基金的，按照提取金额，借记“非财政拨款结余分配”科目，贷记本科目。

【例 7-127】 年末，根据有关规定，理工大学从本年度经营结余中提取职工福利基金 150 000 元。

借：非财政拨款结余分配　　150 000

　贷：专用结余　　150 000

2. 根据规定使用从非财政拨款结余或经营结余中提取的专用基金时，按照使用金额，借记本科目，贷记“资金结存——货币资金”科目。

【例 7-128】 根据有关规定，理工大学使用从本年度经营结余中提取的职工福利基金 30 000 元，以银行存款支付。

借：专用结余　　30 000

　贷：资金结存——货币资金　　30 000

七、经营结余的核算

为核算事业单位本年度经营活动收支相抵后余额弥补以前年度经营亏损后的余额，设置“经营结余”（8401）科目。年末结账后，本科目一般无余额；如为借方余额，反映事业单位累计发生的经营亏损。

本科目可以按照经营活动类别进行明细核算。经营结余的主要账务处理如下所示。

1. 年末，将经营预算收入本年发生额转入本科目，借记“经营预算收入”科目，贷记本科目；将经营支出本年发生额转入本科目，借记本科目，贷记“经营支出”科目。

【例 7－129】年末，理工大学将经营预算收入本年发生额 4 967 000 元转入经营结余科目。

借：经营预算收入　　4 967 000

　贷：经营结余　　4 967 000

【例 7－130】年末，理工大学将经营支出本年发生额 3 855 000 元转入经营结余科目。

借：经营结余　　3 855 000

　贷：经营支出　　3 855 000

2. 年末，完成上述结转后，如本科目为贷方余额，将本科目贷方余额转入“非财政拨款结余分配”科目，借记本科目，贷记“非财政拨款结余分配”科目；如本科目为借方余额，为经营亏损，不予结转。

【例 7－131】接例 7－129 和例 7－130，年末，理工大学将经营结余贷方余额 1 112 000 元转入“非财政拨款结余分配”科目。

借：经营结余　　1 112 000

　贷：非财政拨款结余分配　　1 112 000

八、其他结余的核算

为核算单位本年度除财政拨款收支、非同级财政专项资金收支和经营收支以外各项收支相抵后的余额，设置“其他结余”（8501）科目。年末结账后，本科目应无余额。其他结余的主要账务处理如下所示。

1. 年末，将事业预算收入、上级补助预算收入、附属单位上缴预算收入、非同级财政拨款预算收入、债务预算收入、其他预算收入本年发生额中的非专项资金收入以及投资预算收益本年发生额转入本科目，借记“事业预算收入”“上级补助预算收入”“附属单位上缴预算收入”“非同级财政拨款预算收入”“债务预算收入”“其他预算收入”科目下各非专项资金收入明细科目和“投资预算收益”科目，贷记本科目（“投资预算收益”科目本年发生额为借方净额时，借记本科目，贷记“投资预算收益”科目）。

【例 7－132】年末，理工大学将“事业预算收入——非专项资金收入”24 685 000 元、“上级补助预算收入——非专项资金收入”200 000 元、“附属单位上缴预算收入——非专项资金收入”100 000 元、“非同级财政拨款预算收入——非专项资金收入”3 000 000 元、“债务预算收入——非专项资金收入”1 000 000 元、“其他预算收入——非专项资金收入”120 000 元和“投资预算收益”84 000 元转入其他结余科目。

借：事业预算收入——非专项资金收入　　24 685 000

　　上级补助预算收入——非专项资金收入　　200 000

　　附属单位上缴预算收入——非专项资金收入　　100 000

　　非同级财政拨款预算收入——非专项资金收入　　3 000 000

　　债务预算收入——非专项资金收入　　1 000 000

　　其他预算收入——非专项资金收入　　120 000

　　投资预算收益　　84 000

　　贷：其他结余　　　　　　　　　　　　　　　　29 189 000

2. 年末，将行政支出、事业支出、其他支出本年发生额中的非同级财政、非专项资金支出，以及上缴上级支出、对附属单位补助支出、投资支出、债务还本支出本年发生额转入本科目，借记本科目，贷记“行政支出”“事业支出”“其他支出”科目下各非同级财政、非专项资金支出明细科目和“上缴上级支出”“对附属单位补助支出”“投资支出”“债务还本支出”科目。

【例 7－133】年末，理工大学“事业支出——非同级财政”8 547 000 元、“事业支出——非专项资金支出”14 354 000 元、“其他支出——非同级财政”120 000 元、“其他支出——非专项资金支出”105 000 元、“上缴上级支出”200 000 元、“对附属单位补助支出”300 000 元、“投资支出”800 000 元、“债务还本支出”5 000 000 元转入其他结余科目。

借：其他结余　　　　　　　　　　　　29 426 000
　　贷：事业支出——非同级财政　　　　　　　8 547 000
　　　　事业支出——非专项资金支出　　　　14 354 000
　　　　其他支出——非同级财政　　　　　　　120 000
　　　　其他支出——非专项资金支出　　　　　105 000
　　　　上缴上级支出　　　　　　　　　　　　200 000
　　　　对附属单位补助支出　　　　　　　　　300 000
　　　　投资支出　　　　　　　　　　　　　　800 000
　　　　债务还本支出　　　　　　　　　　　5 000 000

3. 年末，完成上述结转后，行政单位将本科目余额转入“非财政拨款结余——累计结余”科目；事业单位将本科目余额转入“非财政拨款结余分配”科目。当本科目为贷方余额时，借记本科目，贷记“非财政拨款结余——累计结余”或“非财政拨款结余分配”科目；当本科目为借方余额时，借记“非财政拨款结余——累计结余”或“非财政拨款结余分配”科目，贷记本科目。

【例 7－134】年末，理工大学将其他结余科目 237 000 元贷方余额转入“非财政拨款结余分配”科目。

借：其他结余　　　　　　　　　　　　237 000
　　贷：非财政拨款结余分配　　　　　　　　237 000

九、非财政拨款结余分配的核算

为核算事业单位本年度非财政拨款结余分配的情况和结果，设置“非财政拨款结余分配”（8701）科目。年末结账后，本科目应无余额。

非财政拨款结余分配的主要账务处理如下所示。

1. 年末，将“其他结余”科目余额转入本科目，当“其他结余”科目为贷方余额时，借记“其他结余”科目，贷记本科目；当“其他结余”科目为借方余额时，借记本科目，贷记“其他结余”科目。年末，将“经营结余”科目贷方余额转入本科目，借记“经营结余”科目，贷记本科目。

【例 7-135】年末，理工大学将其他结余科目借方余额 237 000 元转入“非财政拨款结余分配”科目。

借：非财政拨款结余分配　　237 000
　贷：其他结余　　237 000

【例 7-136】参见例 7-131。年末，理工大学将经营结余贷方余额 1 112 000 元转入“非财政拨款结余分配”科目。

借：经营结余　　1 112 000
　贷：非财政拨款结余分配　　1 112 000

2. 根据有关规定提取专用基金的，按照提取的金额，借记本科目，贷记“专用结余”科目。

【例 7-137】参见例 7-127。年末，根据有关规定，理工大学从本年度经营结余中提取职工福利基金 150 000 元。

借：非财政拨款结余分配　　150 000
　贷：专用结余　　150 000

3. 年末，按照规定完成上述处理后，将本科目余额转入非财政拨款结余。当本科目为借方余额时，借记“非财政拨款结余——累计结余”科目，贷记本科目；当本科目为贷方余额时，借记本科目，贷记“非财政拨款结余——累计结余”科目。

【例 7-138】参见例 7-125。年末，理工大学将“非财政拨款结余分配”科目贷方余额 725 000 元转入非财政拨款结余。

借：非财政拨款结余分配　　725 000
　贷：非财政拨款结余——累计结余　　725 000

概念题

1. 预算会计
2. 预算收入
3. 预算支出
4. 预算结余

简述题

1. 行政事业单位预算会计的要素包括哪些？
2. 预算收入何时予以确认？它以什么金额计量？
3. 预算支出何时予以确认？它以什么金额计量？
4. 预算结余包括哪些内容？其内涵分别是什么？

会计分录题

1. 某事业单位收到财政专户返还收入 200 000 元。

2. 某行政单位职工出差，预借差旅费 30 000 元，出差回来报销 25 000 元，余款 5 000 元交回。

3. 某事业单位到期收回以前年度以货币资金取得的长期股权投资，取得资金 600 000 元，投资成本 500 000 元，按规定投资收益上缴财政。

4. 某事业单位偿还短期借款 500 000 元，利息 10 000 元，共计 510 000 元，以银行存款支付。

5. 理工大学支付长期借款利息 10 000 元。

6. 某事业单位以两项专利技术换取长期股权投资，发生相关税费支出 1 500 元，以银行存款支付。

7. 因计算错误，理工大学上一年度以财政直接支付方式购买的材料多付款项 20 000 元，现予退回。

8. 经财政部门批准，某事业单位对财政拨款结余资金 600 000 元改变用途，调整用于单位基本支出。

9. 年末，某事业单位将财政拨款结转科目中本年收支结转贷方余额 2 164 000 元、年初余额调整贷方余额 20 000 元、归集调入贷方余额 10 000 元、归集调出借方余额 400 000 元、归集上缴借方余额 500 000 元、单位内部调剂贷方余额 600 000 元转入财政拨款结转（累计结转）科目。

10. 年末，某事业单位将符合财政拨款结余性质的项目余额 662 000 元转入财政拨款结余。

11. 年末，某事业单位将“事业预算收入——专项资金收入”85 000 000 元、“上级补助预算收入——专项资金收入”5 000 000 元、“附属单位上缴预算收入——专项资金收入”200 000 元、“非同级财政拨款预算收入——专项资金收入”6 000 000 元、“债务预算收入——专项资金收入”1 000 000 元、“其他预算收入——专项资金收入”77 000 元转入“非财政拨款结转——本年收支结转”科目。

12. 年末，某事业单位将“事业支出——非财政专项资金支出”84 491 000 元、“其他支出——非财政专项资金支出”543 000 元转入“非财政拨款结转——本年收支结转”科目。

13. 年末，某事业单位将非财政拨款结转科目的缴回资金借方余额 1 000 000 元、本年收支结转贷方余额 12 243 000 元转入“非财政拨款结转——累计结转”。

14. 年末，某行政单位将“其他结余”科目借方余额 519 000 元转入非财政拨款结余。

第八章

行政事业单位财务报表编审

行政事业单位会计包括财务会计和预算会计，因此，行政事业单位会计年末转账包括行政事业单位财务会计年末转账和行政事业单位预算会计年末转账；行政事业单位会计报表的编审包括行政事业单位财务会计报表的编审和行政事业单位预算会计报表的编审。

第一节　行政事业单位财务会计年末转账

由于行政单位和事业单位的业务特点不同，行政单位财务会计年末转账和事业单位财务会计年末转账差别较大，我们将分别介绍。

一、事业单位财务会计年末转账

与企业财务会计相似，事业单位财务会计年末转账分为收入费用结转、盈余分配和专用基金提取等环节，参见图 8－1。

【例 8－1】 2019 年 12 月 31 日，省物理研究所财务会计结账前收入费用账户余额见表 8－1，请进行年末结转。(年末按本年盈余的 10％计提职工福利基金。)

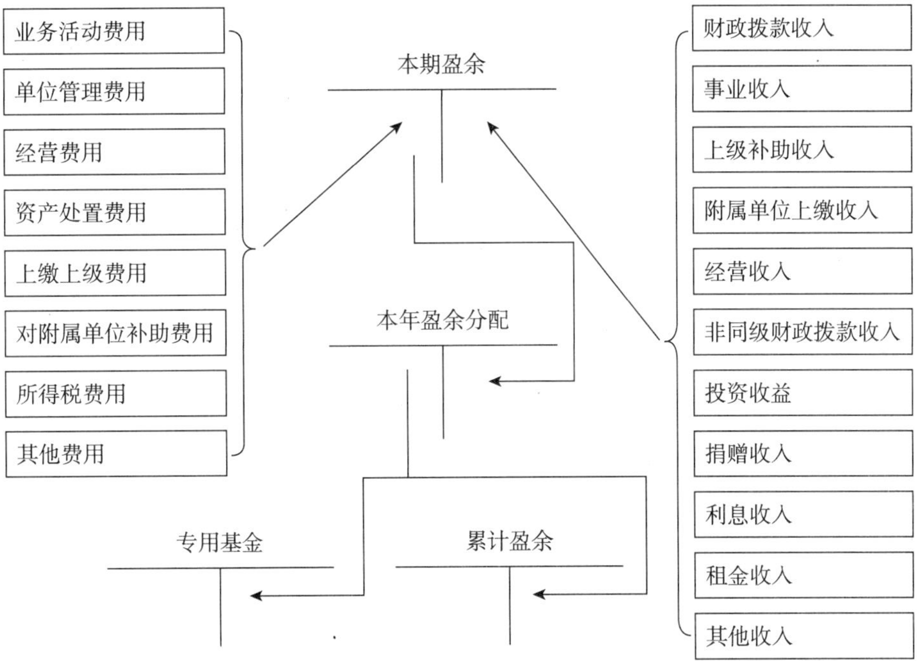

图 8-1　事业单位财务会计年末转账示意图

表 8-1　省物理研究所财务会计结账前收入费用账户余额　　单位：元

费用	金额	收入	金额
业务活动费用	32 215 000	财政拨款收入	15 000 000
单位管理费用	2 298 000	事业收入	10 420 000
经营费用	6 500 000	上级补助收入	100 000
资产处置费用	150 000	附属单位上缴收入	300 000
上缴上级费用	500 000	经营收入	9 600 000
对附属单位补助费用	200 000	非同级财政拨款收入	5 300 000
所得税费用	21 000	投资收益	1 260 000
其他费用	50 000	捐赠收入	3 000 000
		利息收入	50 000
		租金收入	62 000
		其他收入	7 000
合计	41 934 000	合计	45 099 000

(1) 将各收入科目的贷方余额转入“本期盈余”科目的贷方。

借：财政拨款收入　　15 000 000
　　事业收入　　10 420 000
　　上级补助收入　　100 000

附属单位上缴收入　　　300 000
经营收入　　　9 600 000
非同级财政拨款收入　　　5 300 000
投资收益　　　1 260 000
捐赠收入　　　3 000 000
利息收入　　　50 000
租金收入　　　62 000
其他收入　　　7 000
贷：本期盈余　　　45 099 000

(2) 将各费用科目的借方余额转入“本期盈余”科目的借方。

借：本期盈余　　　41 934 000
贷：业务活动费用　　　32 215 000
单位管理费用　　　2 298 000
经营费用　　　6 500 000
资产处置费用　　　150 000
上缴上级费用　　　500 000
对附属单位补助费用　　　200 000
所得税费用　　　21 000
其他费用　　　50 000

(3) 将“本期盈余”科目贷方余额 3 165 000 元转入“本年盈余分配”科目。

借：本期盈余　　　3 165 000
贷：本年盈余分配　　　3 165 000

(4) 年末，按本年盈余的 10%计提职工福利基金。

3 165 000×10%=316 500（元）

借：本年盈余分配　　　316 500
贷：专用基金　　　316 500

(5) 将“本年盈余分配”科目贷方余额 2 848 500 元转入“累计盈余”科目。

借：本年盈余分配　　　2 848 500
贷：累计盈余　　　2 848 500

二、行政单位财务会计年末转账

与事业单位类似，行政单位财务会计年末转账也分为收入费用结转、盈余分配和专用基金提取等环节，只是涉及的科目较少，业务相对简单，参见图 8-2。

【例 8-2】 2019 年 12 月 31 日，市卫生局财务会计结账前收入费用账户余额见表 8-2，请进行年末结转。

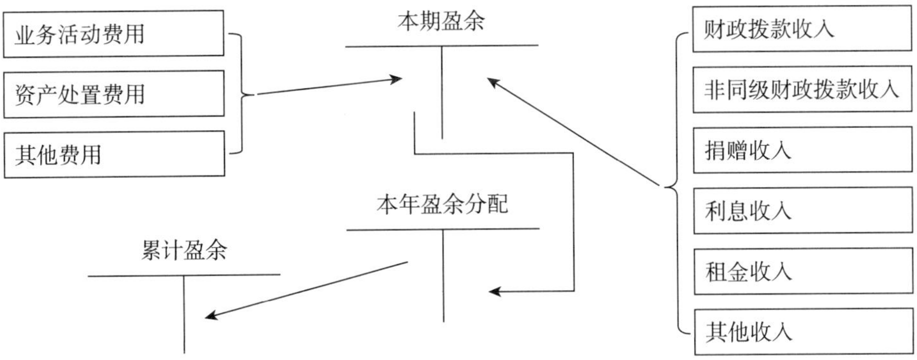

图 8-2 行政单位财务会计年末转账示意图

表 8-2 市卫生局财务会计结账前收入费用账户余额 单位：元

费用	金额	收入	金额
业务活动费用	5 640 000	财政拨款收入	5 600 000
资产处置费用	57 000	非同级财政拨款收入	200 000
其他费用	60 000	捐赠收入	20 000
		利息收入	200
		租金收入	10 000
		其他收入	4 000
合计	5 757 000	合计	5 834 200

(1) 将各收入科目贷方余额转入“本期盈余”科目。

借：财政拨款收入 5 600 000
　　非同级财政拨款收入 200 000
　　捐赠收入 20 000
　　利息收入 200
　　租金收入 10 000
　　其他收入 4 000
　贷：本期盈余 5 834 200

(2) 将各支出科目借方余额转入“本期盈余”科目。

借：本期盈余 5 757 000
　贷：业务活动费用 5 640 000
　　　资产处置费用 57 000
　　　其他费用 60 000

(3) 将“本期盈余”科目贷方余额 77 200 元转入“本年盈余分配”科目。

借：本期盈余 77 200
　贷：本年盈余分配 77 200

（4）将“本年盈余分配”科目贷方余额 77 200 元转入“累计盈余”科目。

借：本年盈余分配　　77 200

　贷：累计盈余　　77 200

第二节　行政事业单位预算会计的年末转账

年末，行政事业单位预算会计需要对财政预算资金和非财政预算资金进行分别核算，并结算出财政拨款结余资金和非财政拨款结余资金，便于部门预算管理。

一、事业单位预算会计年末转账

事业单位预算会计年末转账需要先对财政拨款资金进行结转，并对出财政拨款资金结余。对非财政资金，则需要区分经营性活动的收支和事业性活动的收支，并通过结余分配计提专用基金，最终结出非财政拨款资金结余，见图 8－3。

【例 8－3】 2019 年 12 月 31 日，省物理研究所预算会计结账前收入费用账户余额见表 8－3，并且：（1）年末计提职工福利基金 316 500 元；（2）项目尚未完工的财政拨款专项资金结余 80 000 元；（3）按照规定，已完工非财政拨款专项有 10 000 元资金留归本单位使用。

请进行年末结转。

表 8－3　省物理研究所预算会计结账前收入费用账户余额　　单位：元

费用	金额	收入	金额
事业支出	34 413 000	财政拨款预算收入	15 000 000
财政拨款支出	14 853 000	事业预算收入	10 420 000
非财政专项资金支出	16 065 000	专项资金收入	10 000 000
其他资金支出	3 495 000	非专项资金收入	420 000
经营支出	6 500 000	上级补助预算收入	100 000
上缴上级支出	500 000	专项资金收入	100 000
对附属单位补助支出	200 000	附属单位上缴预算收入	300 000
投资支出	1 000 000	非专项资金收入	300 000
债务还本支出	4 600 000	经营预算收入	9 600 000
其他支出	221 000	债务预算收入	5 000 000
财政拨款支出	56 000	非专项资金收入	5 000 000
非财政专项资金支出	52 000	非同级财政拨款预算收入	5 300 000
其他资金支出	113 000	专项资金收入	5 300 000
		投资预算收益	1 260 000
		其他预算收入	3 119 000

续表

费用	金额	收入	金额
		专项资金收入	1 000 000
		非专项资金收入	2 119 000
合计	47 434 000	合计	50 099 000

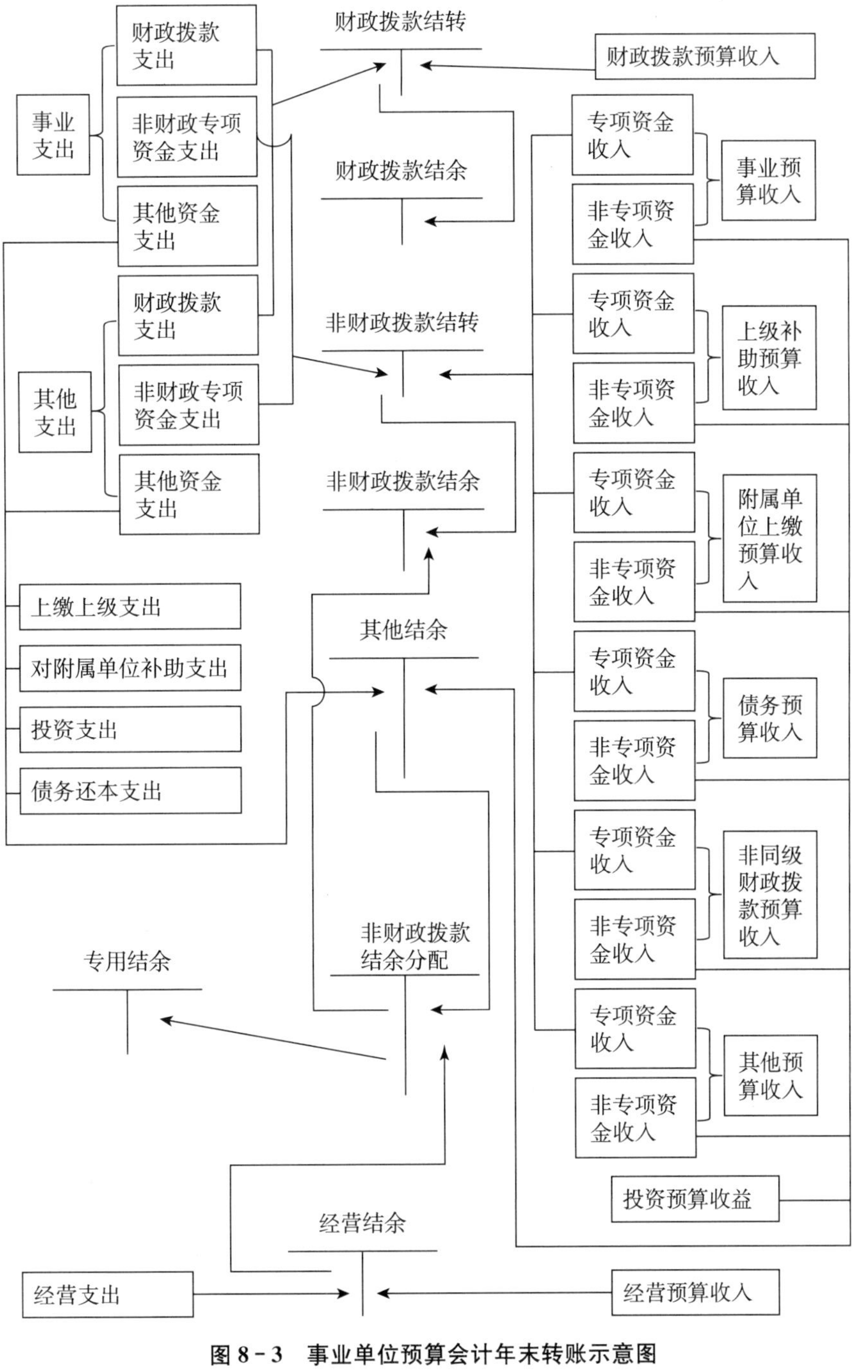

图 8-3　事业单位预算会计年末转账示意图

（1）将“财政拨款预算收入”科目贷方余额 15 000 000 元转入“财政拨款结转”科目。

借：财政拨款预算收入　　　　　　　　15 000 000
　贷：财政拨款结转　　　　　　　　　　15 000 000

（2）将“事业支出——财政拨款支出”科目借方余额 14 853 000 元、“其他支出——财政拨款支出”科目借方余额 56 000 元转入“财政拨款结转”科目。

借：财政拨款结转　　　　　　　　　　14 909 000
　贷：事业支出——财政拨款支出　　　　14 853 000
　　　其他支出——财政拨款支出　　　　　　56 000

（3）单位尚未完工的财政拨款专项项目资金结余 80 000 元，现将基本预算结余资金 11 000（＝15 000 000－14 909 000－80 000）元转入“财政拨款结余”科目。

借：财政拨款结转　　　　　　　　　　　　11 000
　贷：财政拨款结余　　　　　　　　　　　　11 000

（4）将“事业预算收入——专项资金收入”科目贷方余额 10 000 000 元、“上级补助预算收入——专项资金收入”科目贷方余额 100 000 元、“非同级财政拨款预算收入——专项资金收入”科目贷方余额 5 300 000 元、“其他预算收入——专项资金收入”科目贷方余额 1 000 000 元转入“非财政拨款结转”科目。

借：事业预算收入——专项资金收入　　　　10 000 000
　　上级补助预算收入——专项资金收入　　　　100 000
　　非同级财政拨款预算收入——专项资金收入　5 300 000
　　其他预算收入——专项资金收入　　　　　1 000 000
　贷：非财政拨款结转　　　　　　　　　　　　16 400 000

（5）将“事业支出——非财政专项资金支出”科目借方余额 16 065 000 元、“其他支出——非财政专项资金支出”科目借方余额 52 000 元转入“非财政拨款结转”科目。

借：非财政拨款结转　　　　　　　　　16 117 000
　贷：事业支出——非财政专项资金支出　　16 065 000
　　　其他支出——非财政专项资金支出　　　　52 000

（6）按照规定，已完工非财政拨款专项有 10 000 元资金留归本单位使用，转入“非财政拨款结余”科目。

借：非财政拨款结转　　　　　　　　　　　10 000
　贷：非财政拨款结余　　　　　　　　　　　10 000

（7）将“事业预算收入——非专项资金收入”科目贷方余额 420 000 元、“附属单位上缴预算收入——非专项资金收入”科目贷方余额 300 000 元、“债务预算收入——非专项资金收入”科目贷方余额 5 000 000 元、“其他预算收入—— 非专项资金收入”科目贷方余额 2 119 000 元、“投资预算收益”科目贷方余额 1 260 000 元转入“其他结余”科目。

借：事业预算收入——非专项资金收入　　　　　420 000
　　附属单位上缴预算收入——非专项资金收入　　300 000

债务预算收入——非专项资金收入 5 000 000
其他预算收入—— 非专项资金收入 2 119 000
投资预算收益 1 260 000
贷：其他结余 9 099 000

(8) 将“事业支出——其他资金支出”科目借方余额 3 495 000 元、“上缴上级支出”科目借方余额 500 000 元、“对附属单位补助支出”科目借方余额 200 000 元、“投资支出”科目借方余额 1 000 000 元、“债务还本支出”科目借方余额 4 600 000 元、“其他支出——其他资金支出”科目借方余额 113 000 元转入“其他结余”科目。

借：其他结余 9 908 000
贷：事业支出——其他资金支出 3 495 000
上缴上级支出 500 000
对附属单位补助支出 200 000
投资支出 1 000 000
债务还本支出 4 600 000
其他支出——其他资金支出 113 000

(9) 将“其他结余”科目借方余额 809 000 元转入“本年盈余分配”科目。

借：本年盈余分配 809 000
贷：其他结余 809 000

(10) 将“经营预算收入”科目贷方余额 9 600 000 元转入“经营结余”科目。

借：经营预算收入 9 600 000
贷：经营结余 9 600 000

(11) 将“经营支出”科目借方余额 6 500 000 元转入“经营结余”科目。

借：经营结余 6 500 000
贷：经营支出 6 500 000

(12) 将“经营结余”科目贷方余额 3 100 000 元转入“本年盈余分配”科目。

借：经营结余 3 100 000
贷：本年盈余分配 3 100 000

(13) 年末，计提职工福利基金 316 500 元。

借：本年盈余分配 316 500
贷：专用基金 316 500

(14) 将“本年盈余分配”科目贷方余额 1 974 500 元转入“非财政拨款结余”科目。

借：本年盈余分配 1 974 500
贷：非财政拨款结余 1 974 500

二、行政单位预算会计年末转账

行政单位预算会计年末转账的程序较事业单位简单，但也需要区分财政拨款和非财政拨款、专项收入和非专项收入，参见图 8-4。

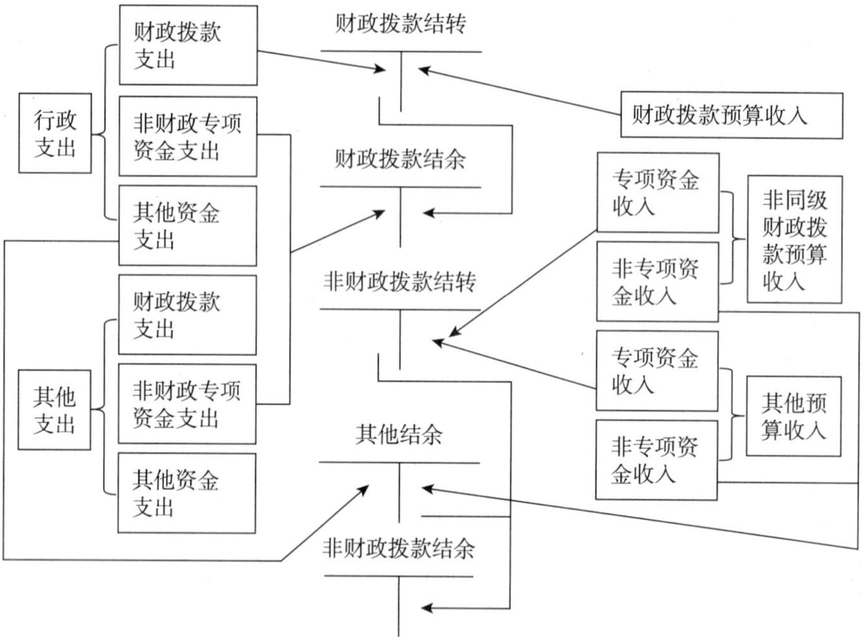

图 8-4 行政单位预算会计年末转账示意图

【例 8-4】2019 年 12 月 31 日，市卫生局预算会计结账前收入费用账户余额见表 8-4，并且：(1) 单位的财政拨款全部为基本预算拨款；(2) 单位只有一项非财政拨款专项工程，工程已完成，剩余资金全部留归单位使用。请进行年末结转。

表 8-4 市卫生局预算会计结账前收入费用账户余额 单位：元

费用	金额	收入	金额
行政支出	5 610 000	财政拨款预算收入	5 600 000
财政拨款支出	4 964 000	非同级财政拨款预算收入	200 000
非财政专项资金支出	204 000	专项资金收入	200 000
其他资金支出	442 000	其他预算收入	54 200
其他支出	117 000	专项资金收入	40 200
财政拨款支出	50 000	非专项资金收入	14 000
非财政专项资金支出	27 000		
其他资金支出	40 000		
合计	5 727 000	合计	5 854 200

(1) 将“财政拨款预算收入”科目贷方余额 5 600 000 元转入“财政拨款结转”科目。

借：财政拨款预算收入 5 600 000

　贷：财政拨款结转 5 600 000

（2）将“行政支出——财政拨款支出”科目借方余额 4 964 000 元、“其他支出——财政拨款支出”科目借方余额 50 000 元转入“财政拨款结转”科目。

借：财政拨款结转　　5 014 000
　贷：行政支出——财政拨款支出　　4 964 000
　　其他支出——财政拨款支出　　50 000

（3）将“财政拨款结转”科目贷方余额 586 000 元转入“财政拨款结余”科目。

借：财政拨款结转　　586 000
　贷：财政拨款结余　　586 000

（4）将“非同级财政拨款预算收入——专项资金收入”科目贷方余额 200 000 元、“其他预算收入——专项资金收入”科目贷方余额 40 200 元转入“非财政拨款结转”科目。

借：非同级财政拨款预算收入——专项资金收入　　200 000
　其他预算收入——专项资金收入　　40 200
　贷：非财政拨款结转　　240 200

（5）将“行政支出——非财政专项资金支出”科目借方余额 204 000 元、“其他支出——非财政专项资金支出”科目借方余额 27 000 元转入“非财政拨款结转”科目。

借：非财政拨款结转　　231 000
　贷：行政支出——非财政专项资金支出　　204 000
　　其他支出——非财政专项资金支出　　27 000

（6）将“非财政拨款结转”科目贷方余额 9 200 元转入“非财政拨款结余”科目。

借：非财政拨款结转　　9 200
　贷：非财政拨款结余　　9 200

（7）将“其他预算收入——非专项资金收入”科目贷方余额 14 000 元转入“其他结余”科目。

借：其他预算收入——非专项资金收入　　14 000
　贷：其他结余　　14 000

（8）将“行政支出——其他资金支出”科目借方余额 442 000 元、“其他支出——其他资金支出”科目借方余额 40 000 元转入“其他结余”科目。

借：其他结余　　482 000
　贷：行政支出——其他资金支出　　442 000
　　其他支出——其他资金支出　　40 000

（9）将“其他结余”科目借方余额 468 000 元转入“非财政拨款结余”科目。

借：非财政拨款结余　　468 000
　贷：其他结余　　468 000

第三节　行政事业单位财务报表的分类和编制报表应当遵守的规定

一、行政事业单位财务报表的分类

财务报表是对行政事业单位财务状况、运行情况和现金流量等信息的结构性表述。财务报表包括会计报表和附注。会计报表至少应当包括资产负债表、收入费用表和现金流量表，单位应当根据相关规定编制合并财务报表。资产负债表是反映单位在某一特定日期的财务状况的报表。收入费用表是反映单位在一定会计期间的运行情况的报表。现金流量表是反映单位在一定会计期间现金及现金等价物流入和流出情况的报表。附注是对在资产负债表、收入费用表、现金流量表等报表中列示项目所作的进一步说明，以及对未能在这些报表中列示项目的说明。行政事业单位财务报表的种类参见表 8－5。

表 8－5　行政事业单位财务报表的种类

编号	报表名称	编制期
财务报表		
会政财 01 表	资产负债表	月度、年度
会政财 02 表	收入费用表	月度、年度
会政财 03 表	净资产变动表	年度
会政财 04 表	现金流量表	年度
	附注	年度
预算会计报表		
会政预 01 表	预算收入支出表	年度
会政预 02 表	预算结转结余变动表	年度
会政预 03 表	财政拨款预算收入支出表	年度

政府决算报告的编制主要以收付实现制为基础，以预算会计核算生成的数据为准。政府财务报告的编制主要以权责发生制为基础，以财务会计核算生成的数据为准。

二、行政事业单位编制报表应当遵守的规定

1. 财务报表的编制主要以权责发生制为基础，以单位财务会计核算生成的数据为准；预算会计报表的编制主要以收付实现制为基础，以单位预算会计核算生成的数据为准。

2. 财务报表由会计报表及其附注构成。会计报表一般包括资产负债表、收入费用表

和净资产变动表。单位可根据实际情况自行选择编制现金流量表。

3. 预算会计报表至少包括预算收入支出表、预算结转结余变动表和财政拨款预算收入支出表。

4. 单位应当至少按照年度编制财务报表和预算会计报表。

5. 单位应当根据《政府会计制度——行政事业单位会计科目和报表》的规定编制真实、完整的财务报表和预算会计报表，不得违反该制度规定随意改变财务报表和预算会计报表的编制基础、编制依据、编制原则和方法，不得随意改变该制度规定的财务报表和预算会计报表有关数据的会计口径。

6. 财务报表和预算会计报表应当根据登记完整、核对无误的账簿记录和其他有关资料编制，做到数字真实、计算准确、内容完整、编报及时。

7. 财务报表和预算会计报表应当由单位负责人和主管会计工作的负责人、会计机构负责人（会计主管人员）签名并盖章。

三、单位应当重视并不断推进会计信息化的应用

行政事业单位应开展会计信息化工作，应当符合财政部制定的相关会计信息化工作规范和标准，确保利用现代信息技术手段开展会计核算及生成的会计信息符合政府会计准则和会计制度的规定。

第四节　行政事业单位财务会计报表的编审

一、资产负债表的编审

资产负债表是反映单位在某一特定日期的财务状况的报表，格式参见表 8－6。

表 8－6　资产负债表

会政财 01 表

编制单位：________　　　　______年____月____日　　　　单位：元

资产	期末余额	年初余额	负债和净资产	期末余额	年初余额
流动资产：			**流动负债：**		
货币资金			短期借款		
短期投资			应交增值税		
财政应返还额度			其他应交税费		
应收票据			应缴财政款		
应收账款净额			应付职工薪酬		

续表

资产	期末余额	年初余额	负债和净资产	期末余额	年初余额
预付账款			应付票据		
应收股利			应付账款		
应收利息			应付政府补贴款		
其他应收款净额			应付利息		
存货			预收账款		
待摊费用			其他应付款		
一年内到期的非流动资产			预提费用		
其他流动资产			一年内到期的非流动负债		
流动资产合计			其他流动负债		
非流动资产：			**流动负债合计**		
长期股权投资			**非流动负债：**		
长期债券投资			长期借款		
固定资产原值			长期应付款		
减：固定资产累计折旧			预计负债		
固定资产净值			其他非流动负债		
工程物资			**非流动负债合计**		
在建工程			受托代理负债		
无形资产原值			**负债合计**		
减：无形资产累计摊销					
无形资产净值					
研发支出					
公共基础设施原值					
减：公共基础设施累计折旧（摊销）					
公共基础设施净值					
政府储备物资					
文物文化资产					
保障性住房原值					
减：保障性住房累计折旧			**净资产：**		
保障性住房净值			累计盈余		
长期待摊费用			专用基金		
待处理财产损溢			权益法调整		

续表

资产	期末余额	年初余额	负债和净资产	期末余额	年初余额
其他非流动资产			无偿调拨净资产 *		——
非流动资产合计			本期盈余 *		——
受托代理资产			**净资产合计**		
资产总计			**负债和净资产总计**		

注：“*”表示项目为月报项目，年报中不需列示。

资产负债表的编制说明如下：

（1）本表反映单位在某一特定日期全部资产、负债和净资产的情况。

（2）本表“年初余额”栏内各项数字，应当根据上年年末资产负债表“期末余额”栏内数字填列。

如果本年度资产负债表规定的项目的名称和内容同上年度不一致，应当对上年年末资产负债表项目的名称和数字按照本年度的规定进行调整，将调整后数字填入本表“年初余额”栏内。

如果本年度单位发生了因前期差错更正、会计政策变更等调整以前年度盈余的事项，还应当对“年初余额”栏中的有关项目金额进行相应调整。

（3）本表中“资产总计”项目期末（年初）余额应当与“负债和净资产总计”项目期末（年初）余额相等。

本表“期末余额”栏各项目的内容和填列方法如下所示。

1. 资产类项目。

（1）“货币资金”项目，反映单位期末库存现金、银行存款、零余额账户用款额度、其他货币资金的合计数。本项目应当根据“库存现金”“银行存款”“零余额账户用款额度”“其他货币资金”科目的期末余额的合计数填列；若单位存在通过“库存现金”“银行存款”科目核算的受托代理资产，还应当按照前述合计数扣减“库存现金”“银行存款”科目下“受托代理资产”明细科目的期末余额后的金额填列。

（2）“短期投资”项目，反映事业单位期末持有的短期投资账面余额。本项目应当根据“短期投资”科目的期末余额填列。

（3）“财政应返还额度”项目，反映单位期末财政应返还额度的金额。本项目应当根据“财政应返还额度”科目的期末余额填列。

（4）“应收票据”项目，反映事业单位期末持有的应收票据的票面金额。本项目应当根据“应收票据”科目的期末余额填列。

（5）“应收账款净额”项目，反映单位期末尚未收回的应收账款减去已计提的坏账准备后的净额。本项目应当根据“应收账款”科目的期末余额，减去“坏账准备”科目中对应收账款计提的坏账准备的期末余额后的金额填列。

（6）“预付账款”项目，反映单位期末预付给商品或者劳务供应单位的款项。本项目应当根据“预付账款”科目的期末余额填列。

（7）“应收股利”项目，反映事业单位期末因股权投资而应收取的现金股利或应当分得的利润。本项目应当根据“应收股利”科目的期末余额填列。

（8）“应收利息”项目，反映事业单位期末因债券投资等而应收取的利息。事业单位购入的到期一次还本付息的长期债券投资持有期间应收的利息，不包括在本项目内。本项目应当根据“应收利息”科目的期末余额填列。

（9）“其他应收款净额”项目，反映单位期末尚未收回的其他应收款减去已计提的坏账准备后的净额。本项目应当根据“其他应收款”科目的期末余额减去“坏账准备”科目中对其他应收款计提的坏账准备的期末余额后的金额填列。

（10）“存货”项目，反映单位期末存储的存货的实际成本。本项目应当根据“在途物品”“库存物品”“加工物品”科目的期末余额的合计数填列。

（11）“待摊费用”项目，反映单位期末已经支出，但应当由本期和以后各期负担的分摊期在 1 年以内（含 1 年）的各项费用。本项目应当根据“待摊费用”科目的期末余额填列。

（12）“一年内到期的非流动资产”项目，反映单位期末非流动资产项目中将在 1 年内（含 1 年）到期的金额，如事业单位将在 1 年内（含 1 年）到期的长期债券投资金额。本项目应当根据“长期债券投资”等科目的明细科目的期末余额分析填列。

（13）“其他流动资产”项目，反映单位期末除本表中上述各项之外的其他流动资产的合计金额。本项目应当根据有关科目期末余额的合计数填列。

（14）“流动资产合计”项目，反映单位期末流动资产的合计数。本项目应当根据本表中“货币资金”“短期投资”“财政应返还额度”“应收票据”“应收账款净额”“预付账款”“应收股利”“应收利息”“其他应收款净额”“存货”“待摊费用”“一年内到期的非流动资产”“其他流动资产”项目金额的合计数填列。

（15）“长期股权投资”项目，反映事业单位期末持有的长期股权投资的账面余额。本项目应当根据“长期股权投资”科目的期末余额填列。

（16）“长期债券投资”项目，反映事业单位期末持有的长期债券投资的账面余额。本项目应当根据“长期债券投资”科目的期末余额减去其中将于 1 年内（含 1 年）到期的长期债券投资余额后的金额填列。

（17）“固定资产原值”项目，反映单位期末固定资产的原值。本项目应当根据“固定资产”科目的期末余额填列。

“固定资产累计折旧”项目，反映单位期末固定资产已计提的累计折旧金额。本项目应当根据“固定资产累计折旧”科目的期末余额填列。

“固定资产净值”项目，反映单位期末固定资产的账面价值。本项目应当根据“固定资产”科目期末余额减去“固定资产累计折旧”科目期末余额后的金额填列。

（18）“工程物资”项目，反映单位期末为在建工程准备的各种物资的实际成本。本项目应当根据“工程物资”科目的期末余额填列。

（19）“在建工程”项目，反映单位期末所有的建设项目工程的实际成本。本项目应当根据“在建工程”科目的期末余额填列。

（20）“无形资产原值”项目，反映单位期末无形资产的原值。本项目应当根据“无形资产”科目的期末余额填列。

“无形资产累计摊销”项目，反映单位期末无形资产已计提的累计摊销金额。本项目应当根据“无形资产累计摊销”科目的期末余额填列。

“无形资产净值”项目，反映单位期末无形资产的账面价值。本项目应当根据“无形资产”科目期末余额减去“无形资产累计摊销”科目期末余额后的金额填列。

（21）“研发支出”项目，反映单位期末正在进行的无形资产开发项目开发阶段发生的累计支出数。本项目应当根据“研发支出”科目的期末余额填列。

（22）“公共基础设施原值”项目，反映单位期末控制的公共基础设施的原值。本项目应当根据“公共基础设施”科目的期末余额填列。

“公共基础设施累计折旧（摊销）”项目，反映单位期末控制的公共基础设施已计提的累计折旧和累计摊销金额。本项目应当根据“公共基础设施累计折旧（摊销）”科目的期末余额填列。

“公共基础设施净值”项目，反映单位期末控制的公共基础设施的账面价值。本项目应当根据“公共基础设施”科目期末余额减去“公共基础设施累计折旧（摊销）”科目期末余额后的金额填列。

（23）“政府储备物资”项目，反映单位期末控制的政府储备物资的实际成本。本项目应当根据“政府储备物资”科目的期末余额填列。

（24）“文物文化资产”项目，反映单位期末控制的文物文化资产的成本。本项目应当根据“文物文化资产”科目的期末余额填列。

（25）“保障性住房原值”项目，反映单位期末控制的保障性住房的原值。本项目应当根据“保障性住房”科目的期末余额填列。

“保障性住房累计折旧”项目，反映单位期末控制的保障性住房已计提的累计折旧金额。本项目应当根据“保障性住房累计折旧”科目的期末余额填列。

“保障性住房净值”项目，反映单位期末控制的保障性住房的账面价值。本项目应当根据“保障性住房”科目期末余额减去“保障性住房累计折旧”科目期末余额后的金额填列。

（26）“长期待摊费用”项目，反映单位期末已经支出，但应由本期和以后各期负担的分摊期限在1年以上（不含1年）的各项费用。本项目应当根据“长期待摊费用”科目的期末余额填列。

（27）“待处理财产损溢”项目，反映单位期末尚未处理完毕的各种资产的净损失或净溢余。本项目应当根据“待处理财产损溢”科目的期末借方余额填列；如“待处理财产损溢”科目期末为贷方余额，以“－”号填列。

（28）“其他非流动资产”项目，反映单位期末除本表中上述各项之外的其他非流动资产的合计数。本项目应当根据有关科目的期末余额合计数填列。

（29）“非流动资产合计”项目，反映单位期末非流动资产的合计数。本项目应当根据本表中“长期股权投资”“长期债券投资”“固定资产净值”“工程物资”“在建工程”“无形资产净值”“研发支出”“公共基础设施净值”“政府储备物资”“文物文化资产”“保障性住房净值”“长期待摊费用”“待处理财产损溢”“其他非流动资产”项目金额的合计数填列。

（30）“受托代理资产”项目，反映单位期末受托代理资产的价值。本项目应当根据“受托代理资产”科目的期末余额与“库存现金”“银行存款”科目下“受托代理资产”明细科目的期末余额的合计数填列。

（31）“资产总计”项目，反映单位期末资产的合计数。本项目应当根据本表中“流动资产合计”“非流动资产合计”“受托代理资产”项目金额的合计数填列。

2. 负债类项目。

（32）“短期借款”项目，反映事业单位期末短期借款的余额。本项目应当根据“短期借款”科目的期末余额填列。

（33）“应交增值税”项目，反映单位期末应缴未缴的增值税税额。本项目应当根据“应交增值税”科目的期末余额填列；如“应交增值税”科目期末为借方余额，以“－”号填列。

（34）“其他应交税费”项目，反映单位期末应缴未缴的除增值税以外的税费金额。本项目应当根据“其他应交税费”科目的期末余额填列；如“其他应交税费”科目期末为借方余额，以“－”号填列。

（35）“应缴财政款”项目，反映单位期末应当上缴财政但尚未缴纳的款项。本项目应当根据“应缴财政款”科目的期末余额填列。

（36）“应付职工薪酬”项目，反映单位期末按有关规定应付给职工及为职工支付的各种薪酬。本项目应当根据“应付职工薪酬”科目的期末余额填列。

（37）“应付票据”项目，反映事业单位期末应付票据的金额。本项目应当根据“应付票据”科目的期末余额填列。

（38）“应付账款”项目，反映单位期末应当支付但尚未支付的偿还期限在 1 年以内（含 1 年）的应付账款的金额。本项目应当根据“应付账款”科目的期末余额填列。

（39）“应付政府补贴款”项目，反映负责发放政府补贴的行政单位期末按照规定应当支付给政府补贴接受者的各种政府补贴款余额。本项目应当根据“应付政府补贴款”科目的期末余额填列。

（40）“应付利息”项目，反映事业单位期末按照合同约定应支付的借款利息。事业单位到期一次还本付息的长期借款利息不包括在本项目内。本项目应当根据“应付利息”科目的期末余额填列。

（41）“预收账款”项目，反映事业单位期末预先收取但尚未确认收入和实际结算的款项余额。本项目应当根据“预收账款”科目的期末余额填列。

（42）“其他应付款”项目，反映单位期末其他各项偿还期限在 1 年内（含 1 年）的应付及暂收款项余额。本项目应当根据“其他应付款”科目的期末余额填列。

（43）“预提费用”项目，反映单位期末已预先提取的已经发生但尚未支付的各项费用。本项目应当根据“预提费用”科目的期末余额填列。

（44）“一年内到期的非流动负债”项目，反映单位期末将于 1 年内（含 1 年）偿还的非流动负债的余额。本项目应当根据“长期应付款”“长期借款”等科目的明细科目的期末余额分析填列。

(45)“其他流动负债”项目，反映单位期末除本表中上述各项之外的其他流动负债的合计数。本项目应当根据有关科目的期末余额的合计数填列。

(46)“流动负债合计”项目，反映单位期末流动负债合计数。本项目应当根据本表“短期借款”“应交增值税”“其他应交税费”“应缴财政款”“应付职工薪酬”“应付票据”“应付账款”“应付政府补贴款”“应付利息”“预收账款”“其他应付款”“预提费用”“一年内到期的非流动负债”“其他流动负债”项目金额的合计数填列。

(47)“长期借款”项目，反映事业单位期末长期借款的余额。本项目应当根据“长期借款”科目的期末余额减去其中将于1年内(含1年)到期的长期借款余额后的金额填列。

(48)“长期应付款”项目，反映单位期末长期应付款的余额。本项目应当根据“长期应付款”科目的期末余额减去其中将于1年内(含1年)到期的长期应付款余额后的金额填列。

(49)“预计负债”项目，反映单位期末已确认但尚未偿付的预计负债的余额。本项目应当根据“预计负债”科目的期末余额填列。

(50)“其他非流动负债”项目，反映单位期末除本表中上述各项之外的其他非流动负债的合计数。本项目应当根据有关科目的期末余额合计数填列。

(51)“非流动负债合计”项目，反映单位期末非流动负债合计数。本项目应当根据本表中“长期借款”“长期应付款”“预计负债”“其他非流动负债”项目金额的合计数填列。

(52)“受托代理负债”项目，反映单位期末受托代理负债的金额。本项目应当根据“受托代理负债”科目的期末余额填列。

(53)“负债合计”项目，反映单位期末负债的合计数。本项目应当根据本表中“流动负债合计”“非流动负债合计”“受托代理负债”项目金额的合计数填列。

3. 净资产类项目。

(54)“累计盈余”项目，反映单位期末未分配盈余(或未弥补亏损)以及无偿调拨净资产变动的累计数。本项目应当根据“累计盈余”科目的期末余额填列。

(55)“专用基金”项目，反映事业单位期末累计提取或设置但尚未使用的专用基金余额。本项目应当根据“专用基金”科目的期末余额填列。

(56)“权益法调整”项目，反映事业单位期末在被投资单位除净损益和利润分配以外的所有者权益变动中累积享有的份额。本项目应当根据“权益法调整”科目的期末余额填列。如“权益法调整”科目期末为借方余额，以“一”号填列。

(57)“无偿调拨净资产”项目，反映单位本年度截至报告期期末无偿调入的非现金资产价值扣减无偿调出的非现金资产价值后的净值。本项目仅在月度报表中列示，年度报表中不列示。月度报表中本项目应当根据“无偿调拨净资产”科目的期末余额填列；“无偿调拨净资产”科目期末为借方余额时，以“一”号填列。

(58)“本期盈余”项目，反映单位本年度截至报告期期末实现的累计盈余或亏损。本项目仅在月度报表中列示，年度报表中不列示。月度报表中本项目应当根据“本期盈余”科目的期末余额填列；“本期盈余”科目期末为借方余额时，以“一”号填列。

(59)“净资产合计”项目，反映单位期末净资产合计数。本项目应当根据本表中

“累计盈余”、“专用基金”、“权益法调整”、“无偿调拨净资产”［月度报表］、“本期盈余”［月度报表］项目金额的合计数填列。

（60）“负债和净资产总计”项目，应当按照本表中“负债合计”“净资产合计”项目金额的合计数填列。

二、收入费用表的编审

收入费用表是反映单位在一定会计期间的运行情况的报表，格式参见表8-7。

表8-7 收入费用表

会政财02表

编制单位：________ ______年____月 单位：元

项目	本月数	本年累计数
一、本期收入		
（一）财政拨款收入		
其中：政府性基金收入		
（二）事业收入		
（三）上级补助收入		
（四）附属单位上缴收入		
（五）经营收入		
（六）非同级财政拨款收入		
（七）投资收益		
（八）捐赠收入		
（九）利息收入		
（十）租金收入		
（十一）其他收入		
二、本期费用		
（一）业务活动费用		
（二）单位管理费用		
（三）经营费用		
（四）资产处置费用		
（五）上缴上级费用		
（六）对附属单位补助费用		
（七）所得税费用		
（八）其他费用		
三、本期盈余		

收入费用表的编制说明如下：

（1）本表反映单位在某一会计期间内发生的收入、费用及当期盈余情况。

（2）本表“本月数”栏反映各项目的本月实际发生数。编制年度收入费用表时，应当将本栏改为“本年数”，反映本年度各项目的实际发生数。

本表“本年累计数”栏反映各项目自年初至报告期期末的累计实际发生数。编制年度收入费用表时，应当将本栏改为“上年数”，反映上年度各项目的实际发生数，“上年数”栏应当根据上年年度收入费用表中“本年数”栏内所列数字填列。

如果本年度收入费用表规定的项目的名称和内容同上年度不一致，应当对上年度收入费用表项目的名称和数字按照本年度的规定进行调整，将调整后的金额填入本年度收入费用表的“上年数”栏内。

如果本年度单位发生了因前期差错更正、会计政策变更等调整以前年度盈余的事项，还应当对年度收入费用表中“上年数”栏中的有关项目金额进行相应调整。

本表“本月数”栏各项目的内容和填列方法如下所示。

1. 本期收入。

（1）“本期收入”项目，反映单位本期收入总额。本项目应当根据本表中“财政拨款收入”“事业收入”“上级补助收入”“附属单位上缴收入”“经营收入”“非同级财政拨款收入”“投资收益”“捐赠收入”“利息收入”“租金收入”“其他收入”项目金额的合计数填列。

（2）“财政拨款收入”项目，反映单位本期从同级政府财政部门取得的各类财政拨款。本项目应当根据“财政拨款收入”科目的本期发生额填列。

“政府性基金收入”项目，反映单位本期取得的财政拨款收入中属于政府性基金预算拨款的金额。本项目应当根据“财政拨款收入”相关明细科目的本期发生额填列。

（3）“事业收入”项目，反映事业单位本期开展专业业务活动及其辅助活动实现的收入。本项目应当根据“事业收入”科目的本期发生额填列。

（4）“上级补助收入”项目，反映事业单位本期从主管部门和上级单位收到或应收的非财政拨款收入。本项目应当根据“上级补助收入”科目的本期发生额填列。

（5）“附属单位上缴收入”项目，反映事业单位本期收到或应收的独立核算的附属单位按照有关规定上缴的收入。本项目应当根据“附属单位上缴收入”科目的本期发生额填列。

（6）“经营收入”项目，反映事业单位本期在专业业务活动及其辅助活动之外开展非独立核算经营活动实现的收入。本项目应当根据“经营收入”科目的本期发生额填列。

（7）“非同级财政拨款收入”项目，反映单位本期从非同级政府财政部门取得的财政拨款，不包括事业单位因开展科研及其辅助活动从非同级财政部门取得的经费拨款。本项目应当根据“非同级财政拨款收入”科目的本期发生额填列。

（8）“投资收益”项目，反映事业单位本期股权投资和债券投资所实现的收益或发生的损失。本项目应当根据“投资收益”科目的本期发生额填列；如为投资净损失，以“—”号填列。

（9）“捐赠收入”项目，反映单位本期接受捐赠取得的收入。本项目应当根据“捐赠收入”科目的本期发生额填列。

（10）“利息收入”项目，反映单位本期取得的银行存款利息收入。本项目应当根据“利息收入”科目的本期发生额填列。

（11）“租金收入”项目，反映单位本期经批准利用国有资产出租取得并按规定纳入本单位预算管理的租金收入。本项目应当根据“租金收入”科目的本期发生额填列。

（12）“其他收入”项目，反映单位本期取得的除以上收入项目外的其他收入的总额。本项目应当根据“其他收入”科目的本期发生额填列。

2. 本期费用。

（13）“本期费用”项目，反映单位本期费用总额。本项目应当根据本表中“业务活动费用”“单位管理费用”“经营费用”“资产处置费用”“上缴上级费用”“对附属单位补助费用”“所得税费用”“其他费用”项目金额的合计数填列。

（14）“业务活动费用”项目，反映单位本期为实现其职能目标，依法履职或开展专业业务活动及其辅助活动所发生的各项费用。本项目应当根据“业务活动费用”科目本期发生额填列。

（15）“单位管理费用”项目，反映事业单位本期本级行政及后勤管理部门开展管理活动发生的各项费用，以及由单位统一负担的离退休人员经费、工会经费、诉讼费、中介费等。本项目应当根据“单位管理费用”科目的本期发生额填列。

（16）“经营费用”项目，反映事业单位本期在专业业务活动及其辅助活动之外开展非独立核算经营活动发生的各项费用。本项目应当根据“经营费用”科目的本期发生额填列。

（17）“资产处置费用”项目，反映单位本期经批准处置资产时转销的资产价值以及在处置过程中发生的相关费用或者处置收入小于处置费用形成的净支出。本项目应当根据“资产处置费用”科目的本期发生额填列。

（18）“上缴上级费用”项目，反映事业单位按照规定上缴上级单位款项发生的费用。本项目应当根据“上缴上级费用”科目的本期发生额填列。

（19）“对附属单位补助费用”项目，反映事业单位用财政拨款收入之外的收入对附属单位补助发生的费用。本项目应当根据“对附属单位补助费用”科目的本期发生额填列。

（20）“所得税费用”项目，反映有企业所得税缴纳义务的事业单位本期计算应交纳的企业所得税。本项目应当根据“所得税费用”科目的本期发生额填列。

（21）“其他费用”项目，反映单位本期发生的除以上费用项目外的其他费用的总额。本项目应当根据“其他费用”科目的本期发生额填列。

3. 本期盈余。

（22）“本期盈余”项目，反映单位本期收入扣除本期费用后的净额。本项目应当根据本表中“本期收入”项目金额减去“本期费用”项目金额后的金额填列；如为负数，以“－”号填列。

三、净资产变动表的编审

净资产变动表是反映单位净资产变动数额及其因素的报表，格式参见表 8-8。

表 8-8 净资产变动表

会政财 03 表

编制单位：________ ______年 单位：元

项目	本年数				上年数			
	累计盈余	专用基金	权益法调整	净资产合计	累计盈余	专用基金	权益法调整	净资产合计
一、上年年末余额								
二、以前年度盈余调整(减少以“—”号填列)		—	—			—	—	
三、本年年初余额								
四、本年变动金额（减少以“—”号填列）								
（一）本年盈余		—	—			—	—	
（二）无偿调拨净资产		—	—			—	—	
（三）归集调整预算结转结余		—	—			—	—	
（四）提取或设置专用基金			—				—	
其中：从预算收入中提取	—		—		—		—	
从预算结余中提取			—				—	
设置的专用基金	—		—		—		—	
（五）使用专用基金			—				—	
（六）权益法调整	—	—			—	—		
五、本年年末余额								

注：“—”表示单元格无须填列。

净资产变动表的编制说明如下：

（1）本表反映单位在某一会计年度内净资产项目的变动情况。

（2）本表“本年数”栏反映本年度各项目的实际变动数。本表“上年数”栏反映上年度各项目的实际变动数，应当根据上年度净资产变动表中“本年数”栏内所列数字填列。

如果上年度净资产变动表规定的项目的名称和内容与本年度不一致，应对上年度净资产变动表项目的名称和数字按照本年度的规定进行调整，将调整后金额填入本年度净资产变动表“上年数”栏内。

本表“本年数”栏各项目的内容和填列方法如下所示。

1. “上年年末余额”行，反映单位净资产各项目上年年末的余额。本行各项目应当根据“累计盈余”“专用基金”“权益法调整”科目上年年末余额填列。

2. “以前年度盈余调整”行，反映单位本年度调整以前年度盈余的事项对累计盈余进行调整的金额。本行“累计盈余”项目应当根据本年度“以前年度盈余调整”科目转入“累计盈余”科目的金额填列；如调整减少累计盈余，以“—”号填列。

3. “本年年初余额”行，反映经过以前年度盈余调整后，单位净资产各项目的本年年初余额。本行“累计盈余”“专用基金”“权益法调整”项目应当根据其各自在“上年年末余额”和“以前年度盈余调整”行对应项目金额的合计数填列。

4. “本年变动金额”行，反映单位净资产各项目本年变动总金额。本行“累计盈余”“专用基金”“权益法调整”项目应当根据其各自在“本年盈余”“无偿调拨净资产”“归集调整预算结转结余”“提取或设置专用基金”“使用专用基金”“权益法调整”行对应项目金额的合计数填列。

5. “本年盈余”行，反映单位本年发生的收入、费用对净资产的影响。本行“累计盈余”项目应当根据年末由“本期盈余”科目转入“本年盈余分配”科目的金额填列；如转入时借记“本年盈余分配”科目，则以“—”号填列。

6. “无偿调拨净资产”行，反映单位本年无偿调入、调出非现金资产事项对净资产的影响。本行“累计盈余”项目应当根据年末由“无偿调拨净资产”科目转入“累计盈余”科目的金额填列；如转入时借记“累计盈余”科目，则以“—”号填列。

7. “归集调整预算结转结余”行，反映单位本年财政拨款结转结余资金归集调入、归集上缴或调出，以及非财政拨款结转资金缴回对净资产的影响。本行“累计盈余”项目应当根据“累计盈余”科目明细账记录分析填列；如归集调整减少预算结转结余，则以“—”号填列。

8. “提取或设置专用基金”行，反映单位本年提取或设置专用基金对净资产的影响。本行“累计盈余”项目应当根据“从预算结余中提取”行“累计盈余”项目的金额填列。本行“专用基金”项目应当根据“从预算收入中提取”“从预算结余中提取”“设置的专用基金”行“专用基金”项目金额的合计数填列。

“从预算收入中提取”行，反映单位本年从预算收入中提取专用基金对净资产的影响。本行“专用基金”项目应当通过对“专用基金”科目明细账记录的分析，根据本年按有关规定从预算收入中提取基金的金额填列。

“从预算结余中提取”行，反映单位本年根据有关规定从本年度非财政拨款结余或经营结余中提取专用基金对净资产的影响。本行“累计盈余”“专用基金”项目应当通过对“专用基金”科目明细账记录的分析，根据本年按有关规定从本年度非财政拨款结余或经营结余中提取专用基金的金额填列；本行“累计盈余”项目以“—”号填列。

“设置的专用基金”行，反映单位本年根据有关规定设置的其他专用基金对净资产的影响。本行“专用基金”项目应当通过对“专用基金”科目明细账记录的分析，根据本年按有关规定设置的其他专用基金的金额填列。

9. “使用专用基金”行，反映单位本年按规定使用专用基金对净资产的影响。本行“累计盈余”“专用基金”项目应当通过对“专用基金”科目明细账记录的分析，根据本年按规定使用专用基金的金额填列；本行“专用基金”项目以“－”号填列。

10. “权益法调整”行，反映单位本年按照被投资单位除净损益和利润分配以外的所有者权益变动份额而调整长期股权投资账面余额对净资产的影响。本行“权益法调整”项目应当根据“权益法调整”科目本年发生额填列；本年净发生额为借方时，以“－”号填列。

11. “本年年末余额”行，反映单位本年各净资产项目的年末余额。

本行“累计盈余”“专用基金”“权益法调整”项目应当根据其各自在“本年年初余额”“本年变动金额”行对应项目金额的合计数填列。

12. 本表各行“净资产合计”项目，应当根据所在行“累计盈余”“专用基金”“权益法调整”项目金额的合计数填列。

四、现金流量表的编审

现金流量表是反映单位在一定会计期间现金及现金等价物流入和流出情况的报表，格式参见表 8－9。

表 8－9　现金流量表

会政财 04 表

编制单位：________　　　　______年　　　　单位：元

项目	本年金额	上年金额
一、日常活动产生的现金流量：		
财政基本支出拨款收到的现金		
财政非资本性项目拨款收到的现金		
事业活动收到的除财政拨款以外的现金		
收到的其他与日常活动有关的现金		
日常活动的现金流入小计		
购买商品、接受劳务支付的现金		
支付给职工以及为职工支付的现金		
支付的各项税费		
支付的其他与日常活动有关的现金		
日常活动的现金流出小计		
日常活动产生的现金流量净额		
二、投资活动产生的现金流量：		
收回投资收到的现金		
取得投资收益收到的现金		
处置固定资产、无形资产、公共基础设施等收回的现金净额		

续表

项目	本年金额	上年金额
收到的其他与投资活动有关的现金		
投资活动的现金流入小计		
购建固定资产、无形资产、公共基础设施等支付的现金		
对外投资支付的现金		
上缴处置固定资产、无形资产、公共基础设施等净收入支付的现金		
支付的其他与投资活动有关的现金		
投资活动的现金流出小计		
投资活动产生的现金流量净额		
三、筹资活动产生的现金流量：		
财政资本性项目拨款收到的现金		
取得借款收到的现金		
收到的其他与筹资活动有关的现金		
筹资活动的现金流入小计		
偿还借款支付的现金		
偿还利息支付的现金		
支付的其他与筹资活动有关的现金		
筹资活动的现金流出小计		
筹资活动产生的现金流量净额		
四、汇率变动对现金的影响额		
五、现金净增加额		

现金流量表的编制说明如下：

（1）本表反映单位在某一会计年度内现金流入和流出的信息。

（2）本表所指的现金是指单位的库存现金以及其他可以随时用于支付的款项，包括库存现金、可以随时用于支付的银行存款、其他货币资金、零余额账户用款额度、财政应返还额度，以及通过财政直接支付方式支付的款项。

（3）现金流量表应当按照日常活动、投资活动、筹资活动的现金流量分别反映。本表所指的现金流量是指现金的流入和流出。

（4）本表“本年金额”栏反映各项目的本年实际发生数。本表“上年金额”栏反映各项目的上年实际发生数，应当根据上年现金流量表中“本年金额”栏内所列数字填列。

（5）单位应当采用直接法编制现金流量表。

本表“本年金额”栏各项目的填列方法如下所示。

1. 日常活动产生的现金流量。

（1）“财政基本支出拨款收到的现金”项目，反映单位本年接受财政基本支出拨款取得的现金。本项目应当根据“零余额账户用款额度”“财政拨款收入”“银行存款”等科目及其所属明细科目的记录分析填列。

（2）“财政非资本性项目拨款收到的现金”项目，反映单位本年接受除用于购建固定资产、无形资产、公共基础设施等资本性项目以外的财政项目拨款取得的现金。本项目应当根据“银行存款”“零余额账户用款额度”“财政拨款收入”等科目及其所属明细科目的记录分析填列。

（3）“事业活动收到的除财政拨款以外的现金”项目，反映事业单位本年开展专业业务活动及其辅助活动取得的除财政拨款以外的现金。本项目应当根据“库存现金”“银行存款”“其他货币资金”“应收账款”“应收票据”“预收账款”“事业收入”等科目及其所属明细科目的记录分析填列。

（4）“收到的其他与日常活动有关的现金”项目，反映单位本年收到的除以上项目之外的与日常活动有关的现金。本项目应当根据“库存现金”“银行存款”“其他货币资金”“上级补助收入”“附属单位上缴收入”“经营收入”“非同级财政拨款收入”“捐赠收入”“利息收入”“租金收入”“其他收入”等科目及其所属明细科目的记录分析填列。

（5）“日常活动的现金流入小计”项目，反映单位本年日常活动产生的现金流入的合计数。本项目应当根据本表中“财政基本支出拨款收到的现金”“财政非资本性项目拨款收到的现金”“事业活动收到的除财政拨款以外的现金”“收到的其他与日常活动有关的现金”项目金额的合计数填列。

（6）“购买商品、接受劳务支付的现金”项目，反映单位本年在日常活动中用于购买商品、接受劳务支付的现金。本项目应当根据“库存现金”“银行存款”“财政拨款收入”“零余额账户用款额度”“预付账款”“在途物品”“库存物品”“应付账款”“应付票据”“业务活动费用”“单位管理费用”“经营费用”等科目及其所属明细科目的记录分析填列。

（7）“支付给职工以及为职工支付的现金”项目，反映单位本年支付给职工以及为职工支付的现金。本项目应当根据“库存现金”“银行存款”“零余额账户用款额度”“财政拨款收入”“应付职工薪酬”“业务活动费用”“单位管理费用”“经营费用”等科目及其所属明细科目的记录分析填列。

（8）“支付的各项税费”项目，反映单位本年用于缴纳日常活动相关税费而支付的现金。本项目应当根据“库存现金”“银行存款”“零余额账户用款额度”“应交增值税”“其他应交税费”“业务活动费用”“单位管理费用”“经营费用”“所得税费用”等科目及其所属明细科目的记录分析填列。

（9）“支付的其他与日常活动有关的现金”项目，反映单位本年支付的除上述项目之外与日常活动有关的现金。本项目应当根据“库存现金”“银行存款”“零余额账户用款额度”“财政拨款收入”“其他应付款”“业务活动费用”“单位管理费用”“经营费用”“其他费用”等科目及其所属明细科目的记录分析填列。

（10）“日常活动的现金流出小计”项目，反映单位本年日常活动产生的现金流出的合计数。本项目应当根据本表中“购买商品、接受劳务支付的现金”“支付给职工以及为职工支付的现金”“支付的各项税费”“支付的其他与日常活动有关的现金”项目金额的合计数填列。

（11）“日常活动产生的现金流量净额”项目，应当按照本表中“日常活动的现金流入小计”项目金额减去“日常活动的现金流出小计”项目金额后的金额填列；如为负数，以“—”号填列。

2. 投资活动产生的现金流量。

（12）“收回投资收到的现金”项目，反映单位本年出售、转让或者收回投资收到的现金。本项目应该根据“库存现金”“银行存款”“短期投资”“长期股权投资”“长期债券投资”等科目的记录分析填列。

（13）“取得投资收益收到的现金”项目，反映单位本年因对外投资而收到被投资单位分配的股利或利润，以及收到投资利息而取得的现金。本项目应当根据“库存现金”“银行存款”“应收股利”“应收利息”“投资收益”等科目的记录分析填列。

（14）“处置固定资产、无形资产、公共基础设施等收回的现金净额”项目，反映单位本年处置固定资产、无形资产、公共基础设施等非流动资产所取得的现金，减去为处置这些资产而支付的有关费用之后的净额。由于自然灾害所造成的固定资产等长期资产损失而收到的保险赔款收入，也在本项目反映。本项目应当根据“库存现金”“银行存款”“待处理财产损溢”等科目的记录分析填列。

（15）“收到的其他与投资活动有关的现金”项目，反映单位本年收到的除上述项目之外与投资活动有关的现金。对于金额较大的现金流入，应当单列项目反映。本项目应当根据“库存现金”“银行存款”等有关科目的记录分析填列。

（16）“投资活动的现金流入小计”项目，反映单位本年投资活动产生的现金流入的合计数。本项目应当根据本表中“收回投资收到的现金”“取得投资收益收到的现金”“处置固定资产、无形资产、公共基础设施等收回的现金净额”“收到的其他与投资活动有关的现金”项目金额的合计数填列。

（17）“购建固定资产、无形资产、公共基础设施等支付的现金”项目，反映单位本年购买和建造固定资产、无形资产、公共基础设施等非流动资产所支付的现金；融资租入固定资产支付的租赁费不在本项目反映，在筹资活动的现金流量中反映。本项目应当根据“库存现金”“银行存款”“固定资产”“工程物资”“在建工程”“无形资产”“研发支出”“公共基础设施”“保障性住房”等科目的记录分析填列。

（18）“对外投资支付的现金”项目，反映单位本年为取得短期投资、长期股权投资、长期债券投资而支付的现金。本项目应当根据“库存现金”“银行存款”“短期投资”“长期股权投资”“长期债券投资”等科目的记录分析填列。

（19）“上缴处置固定资产、无形资产、公共基础设施等净收入支付的现金”项目，反映本年单位将处置固定资产、无形资产、公共基础设施等非流动资产所收回的现金净额予以上缴财政所支付的现金。本项目应当根据“库存现金”“银行存款”“应缴财政款”等科目的记录分析填列。

（20）“支付的其他与投资活动有关的现金”项目，反映单位本年支付的除上述项目之外与投资活动有关的现金。对于金额较大的现金流出，应当单列项目反映。本项目应当根据“库存现金”“银行存款”等有关科目的记录分析填列。

（21）“投资活动的现金流出小计”项目，反映单位本年投资活动产生的现金流出的合计数。本项目应当根据本表中“购建固定资产、无形资产、公共基础设施等支付的现金”“对外投资支付的现金”“上缴处置固定资产、无形资产、公共基础设施等净收入支付的现金”“支付的其他与投资活动有关的现金”项目金额的合计数填列。

(22)“投资活动产生的现金流量净额”项目，应当按照本表中“投资活动的现金流入小计”项目金额减去“投资活动的现金流出小计”项目金额后的金额填列；如为负数，以“—”号填列。

3. 筹资活动产生的现金流量。

(23)“财政资本性项目拨款收到的现金”项目，反映单位本年接受用于购建固定资产、无形资产、公共基础设施等资本性项目的财政项目拨款取得的现金。本项目应当根据“银行存款”“零余额账户用款额度”“财政拨款收入”等科目及其所属明细科目的记录分析填列。

(24)“取得借款收到的现金”项目，反映事业单位本年举借短期、长期借款所收到的现金。本项目应当根据“库存现金”“银行存款”“短期借款”“长期借款”等科目记录分析填列。

(25)“收到的其他与筹资活动有关的现金”项目，反映单位本年收到的除上述项目之外与筹资活动有关的现金。对于金额较大的现金流入，应当单列项目反映。本项目应当根据“库存现金”“银行存款”等有关科目的记录分析填列。

(26)“筹资活动的现金流入小计”项目，反映单位本年筹资活动产生的现金流入的合计数。本项目应当根据本表中“财政资本性项目拨款收到的现金”“取得借款收到的现金”“收到的其他与筹资活动有关的现金”项目金额的合计数填列。

(27)“偿还借款支付的现金”项目，反映事业单位本年偿还借款本金所支付的现金。本项目应当根据“库存现金”“银行存款”“短期借款”“长期借款”等科目的记录分析填列。

(28)“偿付利息支付的现金”项目，反映事业单位本年支付的借款利息等。本项目应当根据“库存现金”“银行存款”“应付利息”“长期借款”等科目的记录分析填列。

(29)“支付的其他与筹资活动有关的现金”项目，反映单位本年支付的除上述项目之外与筹资活动有关的现金，如融资租入固定资产所支付的租赁费。本项目应当根据“库存现金”“银行存款”“长期应付款”等科目的记录分析填列。

(30)“筹资活动的现金流出小计”项目，反映单位本年筹资活动产生的现金流出的合计数。本项目应当根据本表中“偿还借款支付的现金”“偿付利息支付的现金”“支付的其他与筹资活动有关的现金”项目金额的合计数填列。

(31)“筹资活动产生的现金流量净额”项目，应当按照本表中“筹资活动的现金流入小计”项目金额减去“筹资活动的现金流出小计”项目金额后的金额填列；如为负数，以“—”号填列。

4. “汇率变动对现金的影响额”项目，反映单位本年外币现金流量折算为人民币时所采用的现金流量发生日的汇率折算的人民币金额与外币现金流量净额按期末汇率折算的人民币金额之间的差额。

5. “现金净增加额”项目，反映单位本年现金变动的净额。本项目应当根据本表中

“日常活动产生的现金流量净额”“投资活动产生的现金流量净额”“筹资活动产生的现金流量净额”“汇率变动对现金的影响额”项目金额的合计数填列；如为负数，以“－”号填列。

第五节　行政事业单位预算会计报表的编审

一、预算收入支出表的编审

预算收入支出表是反映单位在一定会计期间的运行情况的报表，格式参见表 8－10。

表 8－10　预算收入支出表

会政预 01 表

编制单位：________　　　　______年　　　　单位：元

项目	本年数	上年数
一、本年预算收入		
（一）财政拨款预算收入		
其中：政府性基金收入		
（二）事业预算收入		
（三）上级补助预算收入		
（四）附属单位上缴预算收入		
（五）经营预算收入		
（六）债务预算收入		
（七）非同级财政拨款预算收入		
（八）投资预算收益		
（九）其他预算收入		
其中：利息预算收入		
捐赠预算收入		
租金预算收入		
二、本年预算支出		
（一）行政支出		
（二）事业支出		
（三）经营支出		
（四）上缴上级支出		
（五）对附属单位补助支出		
（六）投资支出		

续表

项目	本年数	上年数
（七）债务还本支出		
（八）其他支出		
其中：利息支出		
捐赠支出		
三、本年预算收支差额		

预算收入支出表的编制说明如下：

（1）本表反映单位在某一会计年度内各项预算收入、预算支出和预算收支差额的情况。

（2）本表“本年数”栏反映各项目的本年实际发生数。本表“上年数”栏反映各项目上年度的实际发生数，应当根据上年度预算收入支出表中“本年数”栏内所列数字填列。

如果本年度预算收入支出表规定的项目的名称和内容同上年度不一致，应当对上年度预算收入支出表项目的名称和数字按照本年度的规定进行调整，将调整后金额填入本年度预算收入支出表的“上年数”栏。

本表“本年数”栏各项目的内容和填列方法如下所示。

1. 本年预算收入。

（1）“本年预算收入”项目，反映单位本年预算收入总额。本项目应当根据本表中“财政拨款预算收入”“事业预算收入”“上级补助预算收入”“附属单位上缴预算收入”“经营预算收入”“债务预算收入”“非同级财政拨款预算收入”“投资预算收益”“其他预算收入”项目金额的合计数填列。

（2）“财政拨款预算收入”项目，反映单位本年从同级政府财政部门取得的各类财政拨款。本项目应当根据“财政拨款预算收入”科目的本年发生额填列。

“政府性基金收入”项目，反映单位本年取得的财政拨款收入中属于政府性基金预算拨款的金额。本项目应当根据“财政拨款预算收入”相关明细科目的本年发生额填列。

（3）“事业预算收入”项目，反映事业单位本年开展专业业务活动及其辅助活动取得的预算收入。本项目应当根据“事业预算收入”科目的本年发生额填列。

（4）“上级补助预算收入”项目，反映事业单位本年从主管部门和上级单位取得的非财政补助预算收入。本项目应当根据“上级补助预算收入”科目的本年发生额填列。

（5）“附属单位上缴预算收入”项目，反映事业单位本年收到的独立核算的附属单位按照有关规定上缴的预算收入。本项目应当根据“附属单位上缴预算收入”科目的本年发生额填列。

（6）“经营预算收入”项目，反映事业单位本年在专业业务活动及其辅助活动之外开展非独立核算经营活动取得的预算收入。本项目应当根据“经营预算收入”科目的本年发生额填列。

（7）“债务预算收入”项目，反映事业单位本年按照规定从金融机构等借入的、纳入部门预算管理的债务预算收入。本项目应当根据“债务预算收入”的本年发生额填列。

（8）“非同级财政拨款预算收入”项目，反映单位本年从非同级政府财政部门取得的财政拨款。本项目应当根据“非同级财政拨款预算收入”科目的本年发生额填列。

（9）“投资预算收益”项目，反映事业单位本年取得的按规定纳入单位预算管理的投资收益。本项目应当根据“投资预算收益”科目的本年发生额填列。

（10）“其他预算收入”项目，反映单位本年取得的除上述收入以外的纳入单位预算管理的各项预算收入。本项目应当根据“其他预算收入”科目的本年发生额填列。

“利息预算收入”项目，反映单位本年取得的利息预算收入。本项目应当根据“其他预算收入”科目的明细记录分析填列。单位单设“利息预算收入”科目的，应当根据“利息预算收入”科目的本年发生额填列。

“捐赠预算收入”项目，反映单位本年取得的捐赠预算收入。本项目应当根据“其他预算收入”科目明细账记录分析填列。单位单设“捐赠预算收入”科目的，应当根据“捐赠预算收入”科目的本年发生额填列。

“租金预算收入”项目，反映单位本年取得的租金预算收入。本项目应当根据“其他预算收入”科目明细账记录分析填列。单位单设“租金预算收入”科目的，应当根据“租金预算收入”科目的本年发生额填列。

2. 本年预算支出。

（11）“本年预算支出”项目，反映单位本年预算支出总额。本项目应当根据本表中“行政支出”“事业支出”“经营支出”“上缴上级支出”“对附属单位补助支出”“投资支出”“债务还本支出”“其他支出”项目金额的合计数填列。

（12）“行政支出”项目，反映行政单位本年履行职责实际发生的支出。本项目应当根据“行政支出”科目的本年发生额填列。

（13）“事业支出”项目，反映事业单位本年开展专业业务活动及其辅助活动发生的支出。本项目应当根据“事业支出”科目的本年发生额填列。

（14）“经营支出”项目，反映事业单位本年在专业业务活动及其辅助活动之外开展非独立核算经营活动发生的支出。本项目应当根据“经营支出”科目的本年发生额填列。

（15）“上缴上级支出”项目，反映事业单位本年按照财政部门和主管部门的规定上缴上级单位的支出。本项目应当根据“上缴上级支出”科目的本年发生额填列。

（16）“对附属单位补助支出”项目，反映事业单位本年用财政拨款收入之外的收入对附属单位补助发生的支出。本项目应当根据“对附属单位补助支出”科目的本年发生额填列。

（17）“投资支出”项目，反映事业单位本年以货币资金对外投资发生的支出。本项目应当根据“投资支出”科目的本年发生额填列。

（18）“债务还本支出”项目，反映事业单位本年偿还自身承担的纳入预算管理的从金融机构举借的债务本金的支出。本项目应当根据“债务还本支出”科目的本年发生额填列。

（19）“其他支出”项目，反映单位本年除以上支出以外的各项支出。本项目应当根据“其他支出”科目的本年发生额填列。

“利息支出”项目，反映单位本年发生的利息支出。本项目应当根据“其他支出”科目明细账记录分析填列。单位单设“利息支出”科目的，应当根据“利息支出”科目的本年发生额填列。“捐赠支出”项目，反映单位本年发生的捐赠支出。本项目应当根据“其他支出”科目明细账记录分析填列。单位单设“捐赠支出”科目的，应当根据“捐赠支出”科目的本年发生额填列。

3. 本年预算收支差额。

(20)“本年预算收支差额”项目，反映单位本年各项预算收支相抵后的差额。本项目应当根据本表中“本期预算收入”项目金额减去“本期预算支出”项目金额后的金额填列；如相减后金额为负数，以“—”号填列。

二、预算结转结余变动表的编审

预算结转结余变动表是反映单位财政拨款结转结余和其他资金结转结余及其变化情况的报表，格式参见表 8-11。

预算结转结余变动表的编制说明如下：

(1) 本表反映单位在某一会计年度内预算结转结余的变动情况。

(2) 本表“本年数”栏反映各项目的本年实际发生数。本表“上年数”栏反映各项目的上年实际发生数，应当根据上年度预算结转结余变动表中“本年数”栏内所列数字填列。

表 8-11　预算结转结余变动表

会政预 02 表

编制单位：________　　　　______年　　　　单位：元

项目	本年数	上年数
一、年初预算结转结余		
(一) 财政拨款结转结余		
(二) 其他资金结转结余		
二、年初余额调整（减少以“—”号填列）		
(一) 财政拨款结转结余		
(二) 其他资金结转结余		
三、本年变动金额（减少以“—”号填列）		
(一) 财政拨款结转结余		
1. 本年收支差额		
2. 归集调入		
3. 归集上缴或调出		
(二) 其他资金结转结余		
1. 本年收支差额		

续表

项目	本年数	上年数
2. 缴回资金		
3. 使用专用结余		
4. 支付所得税		
四、年末预算结转结余		
（一）财政拨款结转结余		
1. 财政拨款结转		
2. 财政拨款结余		
（二）其他资金结转结余		
1. 非财政拨款结转		
2. 非财政拨款结余		
3. 专用结余		
4. 经营结余（如有余额，以“—”号填列）		

如果本年度预算结转结余变动表规定的项目的名称和内容同上年度不一致，应当对上年度预算结转结余变动表项目的名称和数字按照本年度的规定进行调整，将调整后金额填入本年度预算结转结余变动表的“上年数”栏。

（3）本表中“年末预算结转结余”项目金额等于“年初预算结转结余”“年初余额调整”“本年变动金额”三个项目的合计数。

本表“本年数”栏各项目的内容和填列方法如下所示。

1. “年初预算结转结余”项目，反映单位本年预算结转结余的年初余额。本项目应当根据本项目下“财政拨款结转结余”“其他资金结转结余”项目金额的合计数填列。

（1）“财政拨款结转结余”项目，反映单位本年财政拨款结转结余资金的年初余额。本项目应当根据“财政拨款结转”“财政拨款结余”科目本年年初余额合计数填列。

（2）“其他资金结转结余”项目，反映单位本年其他资金结转结余的年初余额。本项目应当根据“非财政拨款结转”“非财政拨款结余”“专用结余”“经营结余”科目本年年初余额的合计数填列。

2. “年初余额调整”项目，反映单位本年预算结转结余年初余额调整的金额。本项目应当根据本项目下“财政拨款结转结余”“其他资金结转结余”项目金额的合计数填列。

（1）“财政拨款结转结余”项目，反映单位本年财政拨款结转结余资金的年初余额调整金额。本项目应当根据“财政拨款结转”“财政拨款结余”科目下“年初余额调整”明细科目的本年发生额的合计数填列；如调整减少年初财政拨款结转结余，以“—”号填列。

（2）“其他资金结转结余”项目，反映单位本年其他资金结转结余的年初余额调整金额。本项目应当根据“非财政拨款结转”“非财政拨款结余”科目下“年初余额调整”明细科目的本年发生额的合计数填列；如调整减少年初其他资金结转结余，以“－”号填列。

3.“本年变动金额”项目，反映单位本年预算结转结余变动的金额。本项目应当根据本项目下“财政拨款结转结余”“其他资金结转结余”项目金额的合计数填列。

（1）“财政拨款结转结余”项目，反映单位本年财政拨款结转结余资金的变动。本项目应当根据本项目下“本年收支差额”“归集调入”“归集上缴或调出”项目金额的合计数填列。

①“本年收支差额”项目，反映单位本年财政拨款资金收支相抵后的差额。本项目应当根据“财政拨款结转”科目下“本年收支结转”明细科目本年转入的预算收入与预算支出的差额填列；差额为负数的，以“－”号填列。

②“归集调入”项目，反映单位本年按照规定从其他单位归集调入的财政拨款结转资金。本项目应当根据“财政拨款结转”科目下“归集调入”明细科目的本年发生额填列。

③“归集上缴或调出”项目，反映单位本年按照规定上缴的财政拨款结转结余资金及按照规定向其他单位调出的财政拨款结转资金。本项目应当根据“财政拨款结转”“财政拨款结余”科目下“归集上缴”明细科目，以及“财政拨款结转”科目下“归集调出”明细科目本年发生额的合计数填列，以“－”号填列。

（2）“其他资金结转结余”项目，反映单位本年其他资金结转结余的变动。本项目应当根据本项目下“本年收支差额”“缴回资金”“使用专用结余”“支付所得税”项目金额的合计数填列。

①“本年收支差额”项目，反映单位本年除财政拨款外的其他资金收支相抵后的差额。本项目应当根据“非财政拨款结转”科目下“本年收支结转”明细科目、“其他结余”科目、“经营结余”科目本年转入的预算收入与预算支出的差额的合计数填列；如为负数，以“－”号填列。

②“缴回资金”项目，反映单位本年按照规定缴回的非财政拨款结转资金。本项目应当根据“非财政拨款结转”科目下“缴回资金”明细科目本年发生额的合计数填列，以“－”号填列。

③“使用专用结余”项目，反映本年事业单位根据规定使用从非财政拨款结余或经营结余中提取的专用基金的金额。本项目应当根据“专用结余”科目明细账中本年使用专用结余业务的发生额填列，以“－”号填列。

④“支付所得税”项目，反映有企业所得税缴纳义务的事业单位本年实际缴纳的企业所得税金额。本项目应当根据“非财政拨款结余”明细账中本年实际缴纳企业所得税业务的发生额填列，以“－”号填列。

4.“年末预算结转结余”项目，反映单位本年预算结转结余的年末余额。本项目应当根据本项目下“财政拨款结转结余”“其他资金结转结余”项目金额的合计数填列。

（1）“财政拨款结转结余”项目，反映单位本年财政拨款结转结余的年末余额。本项目应当根据本项目下“财政拨款结转”“财政拨款结余”项目金额的合计数填列。

本项目下“财政拨款结转”“财政拨款结余”项目，应当分别根据“财政拨款结转”

“财政拨款结余”科目的本年年末余额填列。

（2）“其他资金结转结余”项目，反映单位本年其他资金结转结余的年末余额。本项目应当根据本项目下“非财政拨款结转”“非财政拨款结余”“专用结余”“经营结余”项目金额的合计数填列。

本项目下“非财政拨款结转”“非财政拨款结余”“专用结余”“经营结余”项目，应当分别根据“非财政拨款结转”“非财政拨款结余”“专用结余”“经营结余”科目的本年年末余额填列。

三、财政拨款预算收入支出表的编审

财政拨款预算收入支出表是反映单位本年财政拨款预算资金收入、支出及相关变动的报表，格式参见表 8－12。

表 8－12 财政拨款预算收入支出表

会政预 03 表

编制单位：________ ______年 单位：元

项目	年初财政拨款结转结余		调整年初财政拨款结转结余	本年归集调入	本年归集上缴或调出	单位内部调剂		本年财政拨款收入	本年财政拨款支出	年末财政拨款结转结余	
	结转	结余				结转	结余			结转	结余
一、一般公共预算财政拨款											
（一）基本支出											
1. 人员经费											
2. 日常公用经费											
（二）项目支出											
1. ××项目											
2. ××项目											
……											
二、政府性基金预算财政拨款											
（一）基本支出											
1. 人员经费											
2. 日常公用经费											
（二）项目支出											
1. ××项目											
2. ××项目											
……											
总计											

财政拨款预算收入支出表的编制说明如下：

（1）本表反映单位本年财政拨款预算资金收入、支出及相关变动的具体情况。

（2）本表“项目”栏内各项目，应当根据单位取得的财政拨款种类分项设置。其中“项目支出”项目下，根据每个项目设置；单位取得除一般公共财政预算拨款和政府性基金预算拨款以外的其他财政拨款的，应当按照财政拨款种类增加相应的资金项目及其明细项目。

本表各栏及其对应项目的内容和填列方法如下所示。

1.“年初财政拨款结转结余”栏中各项目，反映单位年初各项财政拨款结转结余的金额。各项目应当根据“财政拨款结转”“财政拨款结余”及其明细科目的年初余额填列。本栏中各项目的数额应当与上年度财政拨款预算收入支出表中“年末财政拨款结转结余”栏中各项目的数额相等。

2.“调整年初财政拨款结转结余”栏中各项目，反映单位对年初财政拨款结转结余的调整金额。各项目应当根据“财政拨款结转”“财政拨款结余”科目下“年初余额调整”明细科目及其所属明细科目的本年发生额填列；如调整减少年初财政拨款结转结余，以“－”号填列。

3.“本年归集调入”栏中各项目，反映单位本年按规定从其他单位调入的财政拨款结转资金金额。各项目应当根据“财政拨款结转”科目下“归集调入”明细科目及其所属明细科目的本年发生额填列。

4.“本年归集上缴或调出”栏中各项目，反映单位本年按规定实际上缴的财政拨款结转结余资金，及按照规定向其他单位调出的财政拨款结转资金金额。各项目应当根据“财政拨款结转”“财政拨款结余”科目下“归集上缴”科目和“财政拨款结转”科目下“归集调出”明细科目，及其所属明细科目的本年发生额填列，以“－”号填列。

5.“单位内部调剂”栏中各项目，反映单位本年财政拨款结转结余资金在单位内部不同项目等之间的调剂金额。各项目应当根据“财政拨款结转”和“财政拨款结余”科目下的“单位内部调剂”明细科目及其所属明细科目的本年发生额填列；对单位内部调剂减少的财政拨款结余金额，以“－”号填列。

6.“本年财政拨款收入”栏中各项目，反映单位本年从同级财政部门取得的各类财政预算拨款金额。各项目应当根据“财政拨款预算收入”科目及其所属明细科目的本年发生额填列。

7.“本年财政拨款支出”栏中各项目，反映单位本年发生的财政拨款支出金额。各项目应当根据“行政支出”“事业支出”等科目及其所属明细科目本年发生额中的财政拨款支出数的合计数填列。

8.“年末财政拨款结转结余”栏中各项目，反映单位年末财政拨款结转结余的金额。各项目应当根据“财政拨款结转”“财政拨款结余”科目及其所属明细科目的年末余额填列。

四、附注

附注是对在会计报表中列示的项目所作的进一步说明，以及对未能在会计报表中列示项目的说明。附注是财务报表的重要组成部分。凡对报表使用者的决策有重要影响的会计信息，不论《政府会计制度——行政事业单位会计科目和报表》是否有明确规定，单位均应当充分披露。

附注主要包括下列内容：

（1）单位的基本情况。单位应当简要披露其基本情况，包括单位主要职能、主要业务活动、所在地、预算管理关系等。

（2）会计报表编制基础。

（3）遵循政府会计准则、制度的声明。

（4）重要会计政策和会计估计。

单位应当采用与其业务特点相适应的具体会计政策，并充分披露报告期内采用的重要会计政策和会计估计。主要包括以下内容：

1）会计期间。

2）记账本位币，外币折算汇率。

3）坏账准备的计提方法。

4）存货类别、发出存货的计价方法、存货的盘存制度，以及低值易耗品和包装物的摊销方法。

5）长期股权投资的核算方法。

6）固定资产分类、折旧方法、折旧年限和年折旧率；融资租入固定资产的计价和折旧方法。

7）无形资产的计价方法；使用寿命有限的无形资产，其使用寿命估计情况；使用寿命不确定的无形资产，其使用寿命不确定的判断依据；单位内部研究开发项目划分研究阶段和开发阶段的具体标准。

8）公共基础设施的分类、折旧（摊销）方法、折旧（摊销）年限，以及其确定依据。

9）政府储备物资分类，以及确定其发出成本所采用的方法。

10）保障性住房的分类、折旧方法、折旧年限。

11）其他重要的会计政策和会计估计。

12）本期发生重要会计政策和会计估计变更的，变更的内容和原因、受其重要影响的报表项目名称和金额、相关审批程序，以及会计估计变更开始适用的时点。

（5）会计报表重要项目说明。

单位应当按照资产负债表和收入费用表项目列示顺序，采用文字和数据描述相结合的方式披露重要项目的明细信息。报表重要项目的明细金额合计，应当与报表项目金额相衔接。报表重要项目说明应包括但不限于下列内容：

1）货币资金的披露格式如下：

项目	期末余额	年初余额
库存现金		
银行存款		

续表

项目	期末余额	年初余额
其他货币资金		
合计		

2）应收账款按照债务人类别披露的格式如下：

债务人类别	期末余额	年初余额
政府会计主体：		
部门内部单位		
单位 1		
……		
部门外部单位		
单位 1		
……		
其他：		
单位 1		
……		
合计		

注：(1)“部门内部单位”是指纳入单位所属部门财务报告合并范围的单位（下同）。

(2) 有应收票据、预付账款、其他应收款的，可比照应收账款进行披露。

3）存货的披露格式如下：

存货种类	期末余额	年初余额
1.		
……		
合计		

4）其他流动资产的披露格式如下：

项目	期末余额	年初余额
1.		
……		
合计		

注：有长期待摊费用、其他非流动资产的，可比照其他流动资产进行披露。

5）长期投资。

①长期债券投资的披露格式如下：

债券发行主体	年初余额	本期增加额	本期减少额	期末余额
1.				
……				
合计				

注：有短期投资的，可比照长期债券投资进行披露。

②长期股权投资的披露格式如下：

被投资单位	核算方法	年初余额	本期增加额	本期减少额	期末余额
1.					
……					

6）固定资产。

①固定资产的披露格式如下：

项目	年初余额	本期增加额	本期减少额	期末余额
一、原值合计				
其中：房屋及构筑物				
通用设备				
专用设备				
文物和陈列品				
图书、档案				
家具、用具、装具及动植物				
二、累计折旧合计				
其中：房屋及构筑物				
通用设备				
专用设备				
家具、用具、装具				
三、账面价值合计				
其中：房屋及构筑物				
通用设备				
专用设备				
文物和陈列品				
图书、档案				
家具、用具、装具及动植物				

②已提足折旧的固定资产名称、数量等情况。

③出租、出借固定资产以及固定资产对外投资等情况。

7）在建工程的披露格式如下：

项目	年初余额	本期增加额	本期减少额	期末余额
1.				
……				
合计				

8）无形资产。

①各类无形资产的披露格式如下：

项目	年初余额	本期增加额	本期减少额	期末余额
一、原值合计				
1.				
……				
二、累计摊销合计				
1.				
……				
三、账面价值合计				
1.				
……				

②计入当期损益的研发支出金额、确认为无形资产的研发支出金额。

③无形资产出售、对外投资等处置情况。

9）公共基础设施。

①公共基础设施的披露格式如下：

项目	年初余额	本期增加额	本期减少额	期末余额
原值合计				
市政基础设施				
1.				
……				
交通基础设施				
1.				
……				
水利基础设施				
1.				
……				
其他				

续表

项目	年初余额	本期增加额	本期减少额	期末余额
……				
累计折旧合计				
市政基础设施				
1.				
……				
交通基础设施				
1.				
……				
水利基础设施				
1.				
……				
其他				
……				
账面价值合计				
市政基础设施				
1.				
……				
交通基础设施				
1.				
……				
水利基础设施				
1.				
……				
其他				
……				

②确认为公共基础设施的单独计价入账的土地使用权的账面余额、累计摊销额及变动情况。

③已提取折旧继续使用的公共基础设施的名称、数量等。

10）政府储备物资的披露格式如下：

物资类别	年初余额	本期增加额	本期减少额	期末余额
1.				
……				

注：如单位有因动用而发出需要收回或者预期可能收回、但期末尚未收回的政府储备物资，应当单独披露其期末账面余额。

11）受托代理资产的披露格式如下：

资产类别	年初余额	本期增加额	本期减少额	期末余额
货币资金				
受托转赠物资				
受托存储保管物资				
罚没物资				
其他				
合计				

12）应付账款按照债权人类别披露的格式如下：

债权人类别	期末余额	年初余额
政府会计主体：		
部门内部单位		
单位 1		
……		
部门外部单位		
单位 1		
……		
其他：		
单位 1		
……		
合计		

注：有应付票据、预收账款、其他应付款、长期应付款的，可比照应付账款进行披露。

13）其他流动负债的披露格式如下：

项目	期末余额	年初余额
1.		
……		
合计		

注：有预计负债、其他非流动负债的，可比照其他流动负债进行披露。

14）长期借款。

①长期借款按照债权人披露的格式如下：

债权人	期末余额	年初余额
1.		
……		

续表

债权人	期末余额	年初余额
合计		

注：有短期借款的，可比照长期借款进行披露。

②单位有基建借款的，应当分基建项目披露长期借款年初数、本年变动数、年末数及到期期限。

15）事业收入按照收入来源的披露格式如下：

收入来源	本期发生额	上期发生额
来自财政专户管理资金		
本部门内部单位		
单位 1		
……		
本部门以外同级政府单位		
单位 1		
……		
其他		
单位 1		
……		
合计		

16）非同级财政拨款收入按收入来源的披露格式如下：

收入来源	本期发生额	上期发生额
本部门以外同级政府单位		
单位 1		
……		
本部门以外非同级政府单位		
单位 1		
……		
合计		

17）其他收入按照收入来源的披露格式如下：

收入来源	本期发生额	上期发生额
本部门内部单位		
单位 1		

续表

收入来源	本期发生额	上期发生额
……		
本部门以外同级政府单位		
单位 1		
……		
本部门以外非同级政府单位		
单位 1		
……		
其他		
单位 1		
……		
合计		

18）业务活动费用。

①按经济分类的披露格式如下：

项目	本期发生额	上期发生额
工资福利费用		
商品和服务费用		
对个人和家庭的补助费用		
对企业补助费用		
固定资产折旧费		
无形资产摊销费		
公共基础设施折旧（摊销）费		
保障性住房折旧费		
计提专用基金		
……		

注：有单位管理费用、经营费用的，可比照（业务活动费用）此表进行披露。

②按支付对象的披露格式如下：

支付对象	本期发生额	上期发生额
本部门内部单位		
单位 1		
……		
本部门以外同级政府单位		

续表

支付对象	本期发生额	上期发生额
单位 1		
……		
其他		
单位 1		
……		
合计		

注：有单位管理费用、经营费用的，可比照（业务活动费用）此表进行披露。

19）其他费用按照类别披露的格式如下：

费用类别	本期发生额	上期发生额
利息费用		
坏账损失		
罚没支出		
……		
合计		

20）本期费用按照经济分类的披露格式如下：

项目	本年数	上年数
工资福利费用		
商品和服务费用		
对个人和家庭的补助费用		
对企业补助费用		
固定资产折旧费		
无形资产摊销费		
公共基础设施折旧（摊销）费		
保障性住房折旧费		
计提专用基金		
所得税费用		
资产处置费用		
上缴上级费用		
对附属单位补助费用		
其他费用		
本期费用合计		

注：单位在按照《政府会计制度——行政事业单位会计科目和报表》规定编制收入费用表的基础上，可以根据需要按照此表披露的内容编制收入费用表。

（6）本年盈余与预算结余的差异情况说明。

为了反映单位财务会计和预算会计因核算基础和核算范围不同所产生的本年盈余数与本年预算结余数之间的差异，单位应当按照重要性原则，对本年度发生的各类影响收入（预算收入）和费用（预算支出）的业务进行适度归并和分析，披露将年度预算收入支出表中“本年预算收支差额”调节为年度收入费用表中“本期盈余”的信息，有关披露格式如下：

项目	金额
一、本年预算结余（本年预算收支差额）	
二、差异调节	—
（一）重要事项的差异	
加：1. 当期确认为收入但没有确认为预算收入	
（1）应收款项、预收账款确认的收入	
（2）接受非货币性资产捐赠确认的收入	
2. 当期确认为预算支出但没有确认为费用	
（1）支付应付款项、预付账款的支出	
（2）为取得存货、政府储备物资等计入物资成本的支出	
（3）为购建固定资产等的资本性支出	
（4）偿还借款本息支出	
减：1. 当期确认为预算收入但没有确认为收入	
（1）收到应收款项、预收账款确认的预算收入	
（2）取得借款确认的预算收入	
2. 当期确认为费用但没有确认为预算支出	
（1）发出存货、政府储备物资等确认的费用	
（2）计提的折旧费用和摊销费用	
（3）确认的资产处置费用（处置资产价值）	
（4）应付款项、预付账款确认的费用	
（二）其他事项差异	
三、本年盈余（本年收入与费用的差额）	

（7）其他重要事项说明。

①资产负债表日存在的重要或有事项说明。没有重要或有事项的，也应说明。

②以名义金额计量的资产名称、数量等情况，以及以名义金额计量理由的说明。

③通过债务资金形成的固定资产、公共基础设施、保障性住房等资产的账面价值、使用情况、收益情况及与此相关的债务偿还情况等的说明。

④重要资产置换、无偿调入（出）、捐入（出）、报废、重大毁损等情况的说明。

⑤事业单位将单位内部独立核算单位的会计信息纳入本单位财务报表情况的说明。

⑥政府会计具体准则中要求附注披露的其他内容。

⑦有助于理解和分析单位财务报表需要说明的其他事项。

概念题

1. 财务报表
2. 资产负债表
3. 收入费用表
4. 现金流量表
5. 附注

简述题

1. 行政事业单位的财务报表包括哪些？
2. 行政事业单位编制报表应当遵守哪些规定？

PART THREE

3

| 第三篇 |

财政总预算会计

第九章

财政总预算会计概述

第一节　财政总预算会计及其任务

一、什么是财政总预算会计

财政总预算会计（简称总会计）是各级政府财政核算、反映、监督政府一般公共预算资金、政府性基金预算资金、国有资本经营预算资金、社会保险基金预算资金以及财政专户管理资金、专用基金资金和代管资金等资金活动的专业会计。

财政总预算会计的会计主体是各级政府。《中华人民共和国预算法》（以下简称《预算法》）规定，国家实行一级政府一级预算，设立中央，省、自治区、直辖市，设区的市、自治州，县、自治县、不设区的市、市辖区，乡、民族乡、镇五级预算。全国预算由中央预算和地方预算组成。地方预算由各省、自治区、直辖市总预算组成。地方各级总预算由本级预算和汇总的下一级总预算组成；下一级只有本级预算的，下一级总预算即指下一级的本级预算。没有下一级预算的，总预算即指本级预算。因此，财政总预算会计的会计主体包括中央、省（自治区、直辖市）、设区的市（自治州）、县（自治县、不设区的市、市辖区）、乡（民族乡、镇）等。

《预算法》规定，预算包括一般公共预算、政府性基金预算、国有资本经营预算、社会保险基金预算。各预算应当保持完整、独立，相互衔接。由于我国目前社会保险基金管理主要由人力资源和社会保障部门负责，尚未纳入财政部门统一管理，因此，社会保险基金预算资金会计核算不适用本篇介绍的《财政总预算会计制度》，而是由财政部另行规定。

《财政总预算会计制度》规定，各级政府财政部门应当根据工作需要，配备一定数量的专职会计人员，负责总会计工作，并保持相对稳定。总会计的会计核算应当以本级政府财政业务活动持续正常地进行为前提。总会计应当划分会计期间，分期结算账目和编制会计报表。会计期间至少分为年度和月度。会计年度、月度等会计期间的起讫日期采用公历日期。年度终了后，可根据工作特殊需要设置一定期限的上年决算清理期。

总会计应当以人民币作为记账本位币，以元为金额单位，元以下记至角、分。发生外币业务，在登记外币金额的同时，一般应当按照业务发生当日中国人民银行公布的汇率中间价，将有关外币金额折算为人民币金额记账。期末，各种以外币计价或结算的资产负债项目，应当按照期末中国人民银行公布的汇率中间价进行折算。其中，货币资金项目因汇率变动产生的差额计入有关支出等科目；其他资产负债项目因汇率变动产生的差额计入有关净资产等科目。

总会计应当按照业务或事项的经济特征确定会计要素。会计要素包括资产、负债、净资产、收入和支出。总会计的会计核算一般采用收付实现制，以资金收到或付出为标准来记录收入的实现和费用的发生；部分经济业务或者事项应当按照规定采用权责发生制核算，以资金应收到或应付出为标准来记录收入的实现和费用的发生。

总会计应当采用借贷记账法记账。总会计的会计记录应当使用中文，少数民族地区可以同时使用本民族文字。

二、财政总预算会计的工作任务

财政总预算会计的主要职责是进行会计核算，反映预算执行，实行会计监督，参与预算管理，合理调度资金。其工作任务具体如下：

（1）进行会计核算。办理政府财政各项收支、资产负债的会计核算工作，反映政府财政预算执行情况和财务状况。财政总预算会计对各项预算收支、资金调拨和往来款项都要进行核算和记载，做到正确、及时、日清月结。

（2）严格财政资金收付调度管理。组织办理财政资金的收付、调拨，在确保资金安全性、规范性、流动性的前提下，合理调度管理资金，提高资金使用效益。财政总预算会计为了保证按照核定的预算及时供应好资金，要合理调度好各项财政资金，妥善解决财政资金库存和用款单位资金需求的矛盾，提高财政资金的使用效益。

（3）规范账户管理。加强对国库单一账户、财政专户、零余额账户和预算单位银行账户等的管理。依据各类账户的管理要求，规范账户管理。

（4）实行会计监督，参与预算管理。通过会计核算和反映，进行预算执行情况分析，并对总预算、部门预算和单位预算执行实行会计监督。

（5）协调预算收入征收部门、国家金库、国库集中收付代理银行、财政专户开户银行和其他有关部门之间的业务关系。共同做好预算执行的核算、反映和监督工作。

（6）组织本地区财政总决算、部门决算编审和汇总工作。各级财政总预算会计要指导和组织核查本行政区域内所属财政总预算会计及同级事业、行政单位的部门预算、决算编审和汇总工作，组织好财政总决算编审和汇总工作，发现问题及时改进。

（7）组织和指导下级政府总会计工作。

三、财政总预算会计核算的信息质量要求

总会计的核算目标是向会计信息使用者提供政府财政预算执行情况、财务状况等会计信息，反映政府财政受托责任履行情况。总会计的会计信息使用者包括人民代表大会、政府及其有关部门、政府财政部门自身和其他会计信息使用者。

《财政总预算会计制度》对总会计信息质量要求如下：

（1）总会计应当以实际发生的经济业务或者事项为依据进行会计核算，如实反映各项会计要素的情况和结果，保证会计信息真实可靠，全面反映政府财政的预算执行情况和财务状况等。

（2）总会计提供的会计信息应当与政府财政受托责任履行情况的反映、会计信息使用者的监督、决策和管理需要相关，有助于会计信息使用者对政府财政过去、现在或者未来的情况作出评价或者预测。

（3）总会计对于已经发生的经济业务或者事项应当及时进行会计核算。

（4）总会计提供的会计信息应当具有可比性。同一政府财政不同时期发生的相同或者相似的经济业务或者事项，应当采用一致的会计政策，不得随意变更。确需变更的，应当将变更的内容、理由和对政府财政预算执行情况、财务状况的影响在附注中予以说明。不同政府财政发生的相同或者相似的经济业务或者事项，应当采用统一的会计政策，确保不同政府财政的会计信息口径一致、相互可比。

（5）总会计提供的会计信息应当清晰明了，便于会计信息使用者理解和使用。

第二节　财政总预算会计的科目设置

一、会计科目设置原则

财政总预算会计依据下列原则设置会计科目：

（1）各级总会计应当对有关法律、法规允许进行的经济活动按照制度的规定使用会计科目进行核算；不得以《财政总预算会计制度》规定的会计科目及使用说明作为进行有关经济活动的依据。

（2）各级总会计应当按照《财政总预算会计制度》的规定设置和使用会计科目，不需使用的总账科目可以不用；在不影响会计处理和编报会计报表的前提下，各级总会计可以根据实际情况自行增设该制度规定以外的明细科目，或者自行减少、合并该制度规定的明细科目。

（3）各级总会计应当使用《财政总预算会计制度》统一规定的会计科目编号，不得随意打乱重编。

二、会计科目设置情况

财政总预算会计共有59个会计科目，其中有15个资产类科目、11个负债类科目、9个净资产类科目、12个收入类科目和12个支出类科目，详见表9-1。

表9-1 财政总预算会计科目及核算内容

序号	科目编号	会计科目名称	核算内容
一、资产类			
1	1001	国库存款	核算政府财政存放在国库单一账户的款项。
2	1003	国库现金管理存款	核算政府财政实行国库现金管理业务存放在商业银行的款项。
3	1004	其他财政存款	核算政府财政未列入“国库存款”“国库现金管理存款”科目的各项存款。
4	1005	财政零余额账户存款	核算财政国库支付执行机构在代理银行办理财政直接支付的业务。财政国库支付执行机构未单设的地区不使用该科目。
5	1006	有价证券	核算政府财政按照有关规定取得并持有的有价证券金额。
6	1007	在途款	核算决算清理期和库款报解整理期内发生的需要通过本科目过渡处理的属于上年度收入、支出等业务的资金数。
7	1011	预拨经费	核算政府财政预拨给预算单位尚未列为预算支出的款项。
8	1021	借出款项	核算政府财政按照对外借款管理相关规定借给预算单位临时急需的，并需按期收回的款项。
9	1022	应收股利	核算政府因持有股权投资应当收取的现金股利或利润。
10	1031	与下级往来	核算本级政府财政与下级政府财政的往来待结算款项。
11	1036	其他应收款	核算政府财政临时发生的其他应收、暂付、垫付款项。项目单位拖欠外国政府和国际金融组织贷款本息和相关费用导致相关政府财政履行担保责任，代偿的贷款本息费，也通过本科目核算。
12	1041	应收地方政府债券转贷款	核算本级政府财政转贷给下级政府财政的地方政府债券资金的本金及利息。
13	1045	应收主权外债转贷款	核算本级政府财政转贷给下级政府财政的外国政府和国际金融组织贷款等主权外债资金的本金及利息。
14	1071	股权投资	核算政府持有的各类股权投资，包括国际金融组织股权投资、投资基金股权投资和企业股权投资等。
15	1081	待发国债	核算为弥补中央财政预算收支差额，中央财政预计发行国债与实际发行国债之间的差额。
二、负债类			
16	2001	应付短期政府债券	核算政府财政部门以政府名义发行的期限不超过1年（含1年）的国债和地方政府债券的应付本金和利息。

续表

序号	科目编号	会计科目名称	核算内容
17	2011	应付国库集中支付结余	核算政府财政采用权责发生制列支，预算单位尚未使用的国库集中支付结余资金。
18	2012	与上级往来	核算本级政府财政与上级政府财政的往来待结算款项。
19	2015	其他应付款	核算政府财政临时发生的暂收、应付和收到的不明性质款项。税务机关代征入库的社会保险费、项目单位使用并承担还款责任的外国政府和国际金融组织贷款，也通过本科目核算。
20	2017	应付代管资金	核算政府财政代为管理的、使用权属于被代管主体的资金。
21	2021	应付长期政府债券	核算政府财政部门以政府名义发行的期限超过 1 年的国债和地方政府债券的应付本金和利息。
22	2022	借入款项	核算政府财政部门以政府名义向外国政府和国际金融组织等借入的款项，以及经国务院批准的以其他方式借入的款项。
23	2026	应付地方政府债券转贷款	核算地方政府财政从上级政府财政借入的地方政府债券转贷款的本金和利息。
24	2027	应付主权外债转贷款	核算本级政府财政从上级政府财政借入的主权外债转贷款的本金和利息。
25	2045	其他负债	核算政府财政因有关政策明确要求其承担支出责任的事项而形成的应付未付款项。
26	2091	已结报支出	核算政府财政国库支付执行机构已清算的国库集中支付支出数额。财政国库支付执行机构未单设的地区，不使用该科目。
三、净资产类			
27	3001	一般公共预算结转结余	核算政府财政纳入一般公共预算管理的收支相抵形成的结转结余。
28	3002	政府性基金预算结转结余	核算政府财政纳入政府性基金预算管理的收支相抵形成的结转结余。
29	3003	国有资本经营预算结转结余	核算政府财政纳入国有资本经营预算管理的收支相抵形成的结转结余。
30	3005	财政专户管理资金结余	核算政府财政纳入财政专户管理的教育收费等资金收支相抵后形成的结余。
31	3007	专用基金结余	核算政府财政管理的专用基金收支相抵形成的结余。
32	3031	预算稳定调节基金	核算政府财政设置的用于弥补以后年度预算资金不足的储备资金。
33	3033	预算周转金	核算政府财政设置的用于调剂预算年度内季节性收支差额周转使用的资金。
34	3081 308101 308102 308103 308104	资产基金 应收地方政府债券转贷款 应收主权外债转贷款 股权投资 应收股利	核算政府财政持有的应收地方政府债券转贷款、应收主权外债转贷款、股权投资和应收股利等资产（与其相关的资金收支纳入预算管理）在净资产中占用的金额。

续表

序号	科目编号	会计科目名称	核算内容
35	3082 308201 308202 308203 308204 308205 308206	待偿债净资产 应付短期政府债券 应付长期政府债券 借入款项 应付地方政府债券转贷款 应付主权外债转贷款 其他负债	核算政府财政因发生应付政府债券、借入款项、应付地方政府债券转贷款、应付主权外债转贷款、其他负债等负债（与其相关的资金收支纳入预算管理）相应需在净资产中冲减的金额。
四、收入类			
36	4001	一般公共预算本级收入	核算政府财政筹集的纳入本级一般公共预算管理的税收收入和非税收入。
37	4002	政府性基金预算本级收入	核算政府财政筹集的纳入本级政府性基金预算管理的非税收入。
38	4003	国有资本经营预算本级收入	核算政府财政筹集的纳入本级国有资本经营预算管理的非税收入。
39	4005	财政专户管理资金收入	核算政府财政纳入财政专户管理的教育收费等资金收入。
40	4007	专用基金收入	核算政府财政按照法律法规和国务院、财政部规定设置或取得的粮食风险基金等专用基金收入。
41	4011	补助收入	核算上级政府财政按照财政体制规定或因专项需要补助给本级政府财政的款项，包括税收返还、转移支付等。
42	4012	上解收入	核算按照体制规定由下级政府财政上交给本级政府财政的款项。
43	4013	地区间援助收入	核算受援方政府财政收到援助方政府财政转来的可统筹使用的各类援助、捐赠等资金收入。
44	4021	调入资金	核算政府财政为平衡某类预算收支、从其他类型预算资金及其他渠道调入的资金。
45	4031	动用预算稳定调节基金	核算政府财政为弥补本年度预算资金的不足，调用的预算稳定调节基金。
46	4041	债务收入	核算政府财政按照国家法律、国务院规定以发行债券等方式取得的，以及向外国政府、国际金融组织等机构借款取得的纳入预算管理的债务收入。
47	4042	债务转贷收入	核算省级以下（不含省级）政府财政收到上级政府财政转贷的债务收入。
五、支出类			
48	5001	一般公共预算本级支出	核算政府财政管理的由本级政府使用的列入一般公共预算的支出。
49	5002	政府性基金预算本级支出	核算政府财政管理的由本级政府使用的列入政府性基金预算的支出。

续表

序号	科目编号	会计科目名称	核算内容
50	5003	国有资本经营预算本级支出	核算政府财政管理的由本级政府使用的列入国有资本经营预算的支出。
51	5005	财政专户管理资金支出	核算政府财政用纳入财政专户管理的教育收费等资金安排的支出。
52	5007	专用基金支出	核算政府财政用专用基金收入安排的支出。
53	5011	补助支出	核算本级政府财政按财政体制规定或因专项需要补助给下级政府财政的款项，包括对下级的税收返还、转移支付等。
54	5012	上解支出	核算本级政府财政按照财政体制规定上交给上级政府财政的款项。
55	5013	地区间援助支出	核算援助方政府财政安排用于受援方政府财政统筹使用的各类援助、捐赠等资金支出。
56	5021	调出资金	核算政府财政为平衡预算收支、从某类资金向其他类型预算调出的资金。
57	5031	安排预算稳定调节基金	核算政府财政按照有关规定安排的预算稳定调节基金。
58	5041	债务还本支出	核算政府财政偿还本级政府财政承担的纳入预算管理的债务本金支出。
59	5042	债务转贷支出	核算本级政府财政向下级政府财政转贷的债务支出。

从会计科目的设置情况来看，财政总预算会计所核算的资金有一般公共预算资金、政府性基金预算资金、国有资本经营预算资金、财政专户管理资金、专用基金资金。前三项与《预算法》规定的“预算包括一般公共预算、政府性基金预算、国有资本经营预算、社会保险基金预算”的前三项一致，社会保险基金预算实行另外一种会计制度，所以不在本制度中核算。

一般公共预算资金是财政资金的主体部分，狭义上的财政资金就是指一般预算资金；政府性基金预算资金是政府收取的土地出让金等非税收入资金，是地方政府预算资金的重要来源；国有资本经营预算资金是政府以所有者身份取得的国有资本收益资金；财政专户管理资金是指财政部门为履行财政管理职能，在银行业金融机构开设用于管理核算特定资金的银行结算账户，如社会保险基金、国际金融组织和外国政府贷款赠款、偿债准备金、待缴国库单一账户的非税收入、教育收费、彩票发行机构和销售机构业务费、代管预算单位资金等；专用基金资金则是有专门用途的基金资金，如粮食风险基金。

在各级财政总会计的业务中，一般预算资金核算是最主要的部分；政府性基金则视非税收入的情况而定；国有资本经营预算资金核算业务量与该级政府所管理的国有企业数量、国有企业上缴股利的方式与数额关系密切；财政专户管理资金的核算业务相对烦琐，与专户管理资金种类和数额相关；专用基金资金业务目前较少。

概念题

1. 财政总预算会计
2. 收付实现制
3. 权责发生制

简述题

1. 简述财政总预算会计的工作任务。
2. 简述《财政总预算会计制度》对总会计信息质量的要求。
3. 简述财政总预算会计科目的设置依据。
4. 简述财政总预算会计的会计主体。

第十章

财政总预算资产的核算

财政总预算会计核算的资产是指政府财政占有或控制的、能以货币计量的经济资源。其分类与会计科目设置参见表 10－1。

表 10－1　财政总预算资产的分类与会计科目设置

资产分类		会计科目设置
货币资金	财政性存款	国库存款、国库现金管理存款、其他财政存款、财政零余额账户存款、在途款
债权资金	有价证券	有价证券
	暂付及应收款项	应收股利、借出款项、与下级往来、其他应收款、预拨经费
	应收转贷款	应收地方政府债券转贷款、应收主权外债转贷款、待发国债
股权资金	股权投资	股权投资

第一节　财政性存款的核算

财政总预算货币资金的表现形式即财政性存款。财政性存款是指政府财政部门代表政府管理的国库存款、国库现金管理存款、其他财政存款、财政零余额账户存款、在途款等。财政性存款的支配权属于同级政府财政部门，并由总会计负责管理，统一在国库或选定的银行开立存款账户，统一收付，不得透支，不得提取现金。

各级总预算会计的财政性存款，包括国库存款、国库现金管理存款、其他财政存款、财政零余额账户存款以及在决算清理期和库款报解整理期内发生的在途款。

财政总预算会计对符合资产定义的经济资源，应当在取得对其相关的权利并且能够可靠地进行货币计量时确认。符合资产定义并确认的资产项目，应当列入资产负债表，应当按照取得或发生时的实际金额进行计量。

一、国库存款的核算

“国库存款”（1001）是资产类科目，用于核算政府财政存放在国库单一账户的款项，期末借方余额反映政府财政国库存款的结存数，其主要账务处理如下所示。

（一）国库存款增加的核算

（1）收到预算收入时，借记本科目，贷记有关预算收入科目。当日收入数为负数时，以红字记入（采用计算机记账的，用负数反映）。

【例 10－1】中央财政收到国库报来的一般公共预算本级收入日报表，当日一般公共预算本级收入为 175 万元，为国内集体企业消费税收入。

借：国库存款　　1 750 000

　贷：一般公共预算本级收入——税收收入——消费税——国内消费税——集体企业消费税　　1 750 000

【例 10－2】某市财政收到国库报来的政府性基金预算本级收入日报表，所列转让政府还贷公路收费权收入 85 万元。

借：国库存款　　850 000

　贷：政府性基金预算本级收入——政府还贷道路收费权收入——政府还贷公路收费权收入　　850 000

（2）收到国库存款利息收入时，借记本科目，贷记“一般公共预算本级收入”科目。

【例 10－3】某市财政收到本月国库存款利息收入 5 000 元。

借：国库存款　　5 000

　贷：一般公共预算本级收入　　5 000

（3）收到缴入国库的来源不清的款项时，借记本科目，贷记“其他应付款”等科目。

【例 10－4】某市财政收到一笔 2 万元款项，性质不清，记入“其他应付款”科目。

借：国库存款　　20 000

　贷：其他应付款　　20 000

（二）国库存款减少的核算

国库存款减少时，按照实际支付的金额，借记有关科目，贷记本科目。

【例 10－5】某市财政向市监狱拨付一般行政管理费 65 万元。

借：一般公共预算本级支出——公共安全支出——监狱——一般行政管理事务　　650 000

　贷：国库存款　　650 000

二、国库现金管理存款的核算

"国库现金管理存款"（1003）是资产类科目，用于核算政府财政实行国库现金管理业务存放在商业银行的款项。本科目期末借方余额反映政府财政实行国库现金管理业务持有的存款。

财政部和中国人民银行于2014年颁发《地方国库现金管理试点办法》，在预算管理水平高、财政专户清理力度大、政府债务约束考评机制相对完善的省（区、市）试点地方国库现金管理办法。地方国库现金管理是指在确保国库现金安全和资金支付需要的前提下，为提高财政资金使用效益，运用金融工具有效运作库款的管理活动，其主要账务处理如下所示。

（一）转存商业银行

按照国库现金管理有关规定，将库款转存商业银行时，按照存入商业银行的金额，借记本科目，贷记"国库存款"科目。

【例10-6】某省财政结余资金较多，为提高资金使用效益，将3.5亿元资金转存到商业银行，定期存款12个月。

借：国库现金管理存款　　　　350 000 000

　贷：国库存款　　　　　　　　350 000 000

（二）收回国库

国库现金管理存款收回国库时，按照实际收回的金额，借记"国库存款"科目，按照原存入商业银行的存款本金金额，贷记本科目，按照两者的差额，贷记"一般公共预算本级收入"科目。

【例10-7】接例10-6，存款到期收回国库。本金为3.5亿元，利息为2 350万元。

借：国库存款　　　　　　　　373 500 000

　贷：国库现金管理存款　　　　350 000 000

　　　一般公共预算本级收入　　 23 500 000

三、其他财政存款的核算

"其他财政存款"（1004）是资产类科目，用于核算政府财政未列入"国库存款""国库现金管理存款"科目反映的各项存款。本科目期末借方余额反映政府财政持有的其他财政存款。

在财政总会计业务中，大部分财政性存款为国库存款。但在有些时候，财政需要将款项转存到商业银行办理一些特殊的财政业务，如财政专户、未设国库的乡（镇）财政预算存款，由此就有了其他财政存款形式。

本科目应当按照资金性质和存款银行等进行明细核算，主要账务处理如下所示。

（一）其他财政存款增加的核算

1. 收到财政专户款。

财政专户收到款项时，按照实际收到的金额，借记本科目，贷记有关科目。

【例 10－8】某县财政收到上级拨来的粮食风险基金 260 万元，存入商业银行。

借：其他财政存款　　2 600 000

　贷：专用基金收入　　2 600 000

【例 10－9】某县财政收到国土部门缴来的应缴入国库单一账户的土地租金收入 38 万元。

借：其他财政存款　　380 000

　贷：政府性基金收入——国有土地使用权出让收入——其他土地出让收入　380 000

2. 利息收入。

其他财政存款产生的利息收入，除规定作为专户资金收入外，其他利息收入都应缴入国库，纳入一般公共预算管理。取得其他财政存款利息收入时，按照实际获得的利息金额，根据以下情况分别处理。

（1）按规定作为专户资金收入的，借记本科目，贷记“应付代管资金”或有关收入科目。

【例 10－10】县财政收到代管的教育收费的利息收入 300 元。

借：其他财政存款　　300

　贷：应付代管资金　　300

（2）按规定应缴入国库的，借记本科目，贷记“其他应付款”科目。将其他财政存款利息收入缴入国库时，借记“其他应付款”科目，贷记本科目；同时，借记“国库存款”科目，贷记“一般公共预算本级收入”科目。

【例 10－11】接例 10－10，县财政将代管的教育收费的利息收入 300 元缴入国库。

借：其他应付款　　300

　贷：其他财政存款　　300

借：国库存款　　300

　贷：一般公共预算本级收入——非税收入——国有资源（资产）有偿使用收入——利息收入——其他利息收入　　300

（二）其他财政存款减少的核算

其他财政存款减少时，按照实际支付的金额，借记有关科目，贷记本科目。

【例 10－12】接例 10－9，县财政将国土部门缴来的土地租金收入 38 万元缴入国库。

借：国库存款　　380 000

　贷：其他财政存款　　380 000

四、财政零余额账户存款的核算

“财政零余额账户存款”（1005）是资产类科目，用于核算财政国库支付执行机构在代理银行办理财政直接支付的业务。本科目当日资金结算后一般应无余额。财政国库支付执行机构未单设的地区不使用该科目。

财政零余额账户是财政部门开设在代理银行，主要用于办理财政直接支付业务，并与国库单一账户进行清算的账户。该账户不得提取现金。在开户时，财政部门向财政直接支付业务代理银行发出开设财政零余额账户的书面通知，代理银行依据《人民币银行结算账户管理办法》的规定，为财政部门开设财政零余额账户。财政零余额账户每日发生的支付，于当日营业终了前由代理银行与国库单一账户清算。财政零余额账户由国库支付执行机构负责管理，并签发支付指令。财政零余额账户存款的主要账务处理如下所示。

（一）为预算单位直接支付款项

财政国库支付执行机构为预算单位直接支付款项时，借记有关预算支出科目，贷记本科目。

【例 10-13】某市财政局为市司法局支付办公材料购置款项，总金额为 6 万元，从财政零余额账户中支付。

财政国库支付执行机构的会计处理为：

借：一般公共预算本级支出——公共安全支出——司法一般行政管理事务　60 000

　贷：财政零余额账户存款　60 000

（二）每日结算

财政国库支付执行机构每日将按部门分类、款、项汇总的预算支出结算清单等结算单与中国人民银行国库划款凭证核对无误后，送总预算会计结算资金，按照结算的金额，借记本科目，贷记“已结报支出”科目。

【例 10-14】接例 10-13，当日资金支付业务终了后，市财政局国库处将当日的支出业务汇总，与国库划款凭证核对无误后，送总预算会计结算资金，当日的一般公共预算本级支出为 6 万元。

财政国库支付执行机构的会计处理为：

借：财政零余额账户存款　60 000

　贷：已结报支出　60 000

五、在途款的核算

“在途款”（1007）是资产类科目，用于核算决算清理期和库款报解整理期内发生的需要通过本科目过渡处理的属于上年度收入、支出等业务的资金数。本科目期末借方余额反映政府财政持有的在途款。

在途款是指在途未到达的款项。财政总预算会计的在途款是指在规定的决算清理期内，收到应属于上年度收入的款项和收回上年不应列支的款项，或需要通过“在途款”科目过渡处理的资金数。这些款项在发生时虽然款已收到，但是属于上年度的，从上年度的角度来看，这些款尚未到达，需要用“在途款”作过渡性核算。在途款的主要账务处理如下所示。

决算清理期和库款报解整理期内收到属于上年度收入的款项时，在上年度账务中，借记本科目，贷记有关收入科目；收回属于上年度拨款或支出的款项时，在上年度账务中，借记本科目，贷记“预拨经费”或有关支出科目。冲转在途款时，在本年度账务中，借记“国库存款”科目，贷记本科目。

【例 10-15】在决算清理期中，某省收到国库报来的一般公共预算本级收入日报表，收到属于上年度的一般公共预算本级收入 36 万元。

在上年度账上记：

借：在途款　　　　360 000

　贷：一般预算收入　　　　360 000

在本年度新账上记：

借：国库存款　　　　360 000

　贷：在途款　　　　360 000

【例 10-16】在决算清理期中，收回上年度多拨经费 1.6 万元。

在上年度账上记：

借：在途款　　　　16 000

　贷：预拨经费　　　　16 000

在本年度新账上记：

借：国库存款　　　　16 000

　贷：在途款　　　　16 000

第二节　债权资金的核算

财政总预算会计核算的债权资金包括有价证券、暂付及应收款项、应收转贷款等。

一、有价证券的核算

有价证券是指政府财政按照有关规定取得并持有的政府债券。

“有价证券”（1006）是资产类科目，用于核算政府财政按照有关规定取得并持有的有价证券金额。本科目期末借方余额，反映政府财政持有的有价证券金额。

本科目应当按照有价证券种类和资金性质进行明细核算，主要账务处理如下所示。

（一）购入有价证券的核算

当购入有价证券时，按照实际支付的金额，借记本科目，贷记“国库存款”“其他财政存款”等科目。

【例 10-17】某市财政局用一般公共预算结余资金 1 000 万元购买国库券。

借：有价证券——国库券　　10 000 000
　贷：国库存款　　10 000 000

（二）转让或到期兑付有价证券的核算

转让或到期兑付有价证券时，按照实际收到的金额，借记“国库存款”“其他财政存款”等科目，按照该有价证券的账面余额，贷记本科目，按其差额，贷记“一般公共预算本级收入”等科目。

【例 10－18】接例 10－17，购入的国库券到期兑付，收到本金 1 000 万元和利息收入 11 万元。

借：国库存款　　10 110 000
　贷：有价证券——国库券　　10 000 000
　　　一般公共预算本级收入　　110 000

二、暂付及应收款项的核算

暂付及应收款项是指政府财政业务活动中形成的债权。暂付及应收款项应当及时清理结算，不得长期挂账。

（一）应收股利的核算

应收股利是指政府因持有股权投资应当收取的现金股利或利润。

“应收股利”（1022）是资产类科目，用于核算政府因持有股权投资应当收取的现金股利或利润。本科目期末借方余额反映政府尚未收回的现金股利或利润。

本科目应当按照被投资主体进行明细核算，主要账务处理如下所示。

1. 被投资主体宣告发放现金股利或利润时的核算。

持有股权投资期间被投资主体宣告发放现金股利或利润的，按应上缴政府财政的部分，借记本科目，贷记“资产基金——应收股利”科目；按照相同的金额，借记“资产基金——股权投资”科目，贷记“股权投资——损益调整”科目。

【例 10－19】某市财政局通过市建设投资公司以政府性基金预算结余资金投资 A 公司，现 A 公司宣告发放股利，政府投资份额应得股利 500 万元，按照协议，市建设投资公司可提成 3%，应上缴政府财政的部分为 485 万元。

借：应收股利——A 公司　　4 850 000
　贷：资产基金——应收股利　　4 850 000
借：资产基金——股权投资　　4 850 000
　贷：股权投资——损益调整　　4 850 000

2. 实际收到现金股利或利润时的核算。

实际收到现金股利或利润，借记“国库存款”等科目，贷记有关收入科目；按照相同的金额，借记“资产基金——应收股利”科目，贷记本科目。

【例 10－20】接例 10－19，市财政局收到市建设投资公司转缴的 A 公司发放的股利

485 万元。

借：国库存款　　　　　　　　　　　　4 850 000
　贷：政府性基金预算本级收入　　　　　　4 850 000
借：资产基金——应收股利　　　　　　4 850 000
　贷：应收股利——A 公司　　　　　　　　4 850 000

（二）借出款项的核算

借出款项是指政府财政按照对外借款管理相关规定借给预算单位用于临时急需，并需按期收回的款项。

“借出款项”（1021）是资产类科目，用于核算政府财政按照对外借款管理相关规定借给预算单位临时急需的，并需按期收回的款项。本科目期末借方余额反映政府财政借给预算单位尚未收回的款项。

本科目应当按照借款单位等进行明细核算，主要账务处理如下所示。

1. 将款项借出的核算。

将款项借出时，按照实际支付的金额，借记本科目，贷记“国库存款”等科目。

【例 10－21】市环保局向市财政局借款 100 万元，用于紧急治霾需要。

借：借出款项——市环保局　　　　　　1 000 000
　贷：国库存款　　　　　　　　　　　　1 000 000

2. 收回借款的核算。

当收回借款时，按照实际收到的金额，借记“国库存款”等科目，贷记本科目。

【例 10－22】经批准，将市环保局的借款 100 万元转作经费拨款。

借：一般预算支出——节能环保支出——污染防治——大气　　　1 000 000
　贷：借出款项——市环保局　　　　　　　　　　　　　　　　　1 000 000

（三）与下级往来的核算

“与下级往来”（1031）是双重性质的科目，用于核算本级政府财政与下级政府财政的往来待结算款项。本科目期末借方余额反映下级政府财政欠本级政府财政的款项；期末贷方余额反映本级政府财政欠下级政府财政的款项。

上下级财政之间的资金往来非常频繁，由上解、补助、往来借垫等多种业务引起，而且由于体制性上解和专项上解、体制性补助和专项补助并存，上下级财政之间的资金往来错综交织，需要有专门的账户进行核算。本科目应当按照下级政府财政、资金性质等进行明细核算，其主要账务处理如下所示。

1. 借出和收回款项的核算。

借给下级政府财政款项时，借记本科目，贷记“国库存款”科目。

【例 10－23】某市财政局借给所属 A 县临时周转金 35 万元。

借：与下级往来——A 县　　　　　　　350 000
　贷：国库存款　　　　　　　　　　　　350 000

【例 10－24】接例 10－23，A 县根据库款情况归还市财政局 25 万元。

借：国库存款 250 000

  贷：与下级往来——A 县 250 000

2. 体制结算时的核算。

上下级财政之间的体制结算业务主要有两类：一是下级政府财政对上级上解收入；二是上级政府财政对下级补助支出。

（1）下级政府财政对上级上解收入。

A. 体制结算中应当由下级政府财政上交的收入数，借记本科目，贷记“上解收入”科目。

【例 10－25】年末经结算，乙县应上解市财政局 800 万元，实际已上解 650 万元。余款 150 万元暂作往来处理。

借：与下级往来——乙县 1 500 000

  贷：上解收入 1 500 000

B. 发生上解多交应当退回的，按照应当退回的金额，借记“上解收入”科目，贷记本科目。

【例 10－26】接例 10－25，经核查，乙县应上解市财政局 800 万元，实际已上解 750 万元，应解未解款为 50 万元，退回 100 万元。

借：上解收入 1 000 000

  贷：与下级往来——乙县 1 000 000

（2）上级政府财政对下级补助支出。

A. 借款转作补助支出或体制结算应当补助下级政府财政的支出，借记“国库存款”“补助支出”等有关科目，贷记本科目。

【例 10－27】接例 10－23 和例 10－24，经批准，将 A 县尚未归还的 10 万元转作市财政局对 A 县的补助款。

借：补助支出 100 000

  贷：与下级往来——A 县 100 000

B. 发生补助多补应当退回的，按照应当退回的金额，借记本科目，贷记“补助支出”科目。

【例 10－28】年末体制结算，市财政局对 C 县多补助 9 万元，予以收回。

借：与下级往来——C 县 90 000

  贷：补助支出 90 000

（四）其他应收款的核算

“其他应收款”（1036）是资产类科目，用于核算政府财政临时发生的其他应收、暂付、垫付款项。项目单位拖欠外国政府和国际金融组织贷款本息和相关费用导致相关政府财政履行担保责任代偿的贷款本息费，也通过本科目核算。本科目应及时清理结算。年终，原则上应无余额。

本科目应当按照资金性质、债务单位等进行明细核算，主要账务处理如下所示。

（1）发生其他应收款项时，借记本科目，贷记“国库存款”“其他财政存款”等科目。

【例 10－29】县农业局经费紧张，县财政局用一般公共预算资金为其垫付垦区公检法人员经费 6 万元。

借：其他应收款——农业局　　60 000

　贷：国库存款　　60 000

（2）收回或转作预算支出时，借记“国库存款”“其他财政存款”或有关支出科目，贷记本科目。

【例 10－30】接例 10－29，下月，县财政局将为县农业局垫付的经费 6 万元转为预算支出。

借：一般公共预算本级支出——农林水支出——农业——农垦运行　　60 000

　贷：其他应收款——农业局　　60 000

（3）政府财政对使用外国政府和国际金融组织贷款资金的项目单位履行担保责任，代偿贷款本息费时，借记本科目，贷记“国库存款”“其他财政存款”等科目。政府财政行使追索权，收回项目单位贷款本息费时，借记“国库存款”“其他财政存款”等科目，贷记本科目。政府财政最终未收回项目单位贷款本息费，经核准列支时，借记“一般公共预算本级支出”等科目，贷记本科目。

【例 10－31】某省政府财政为省建委所属省建设投资公司投资地铁项目的世界银行贷款担保，贷款到期，因省建设投资公司经营资金困难，财政代为偿还本息，本金 5 亿元，利息 5 000 万元，共计 5.5 亿元。

借：其他应收款——省建设投资公司　　550 000 000

　贷：国库存款　　550 000 000

【例 10－32】接例 10－31，省建设投资公司依据财务情况，归还省政府财政垫付资金 2 亿元。

借：国库存款　　200 000 000

　贷：其他应收款——省建设投资公司　　200 000 000

【例 10－33】接例 10－31 和例 10－32，经批准，将省建设投资公司欠款 3.5 亿元转为基本建设拨款支出。

借：一般公共预算本级支出——城乡社区支出——城乡社区公共设施　　350 000 000

　贷：其他应收款　　350 000 000

（五）预拨经费的核算

预拨经费是指政府财政在年度预算执行中预拨出应在以后各月列支以及会计年度终了前根据“二上”预算预拨出的下年度预算资金。预拨经费（不含预拨下年度预算资金）应在年终前转列支出或清理收回。

“预拨经费”（1011）是资产类科目，用于核算政府财政预拨给预算单位尚未列为预算支出的款项。本科目借方余额反映政府财政年末尚未转列支出或尚待收回的预拨经费数。

本科目应当按照预拨经费种类、预算单位等进行明细核算，主要账务处理如下所示。

1. 拨出款项的核算。

当拨出款项时，借记本科目，贷记“国库存款”科目。

【例 10－34】某市财政局向市文体局预拨下季度经费 64 万元。

借：预拨经费　　640 000

　贷：国库存款　　640 000

2. 转列支出或收回预拨款项的核算。

当转列支出或收回预拨款项时，借记“一般公共预算本级支出”“政府性基金预算本级支出”“国库存款”等科目，贷记本科目。

【例 10－35】接例 10－34，市财政局核转市文体局本月经费 64 万元。

借：一般公共预算本级支出——文化体育与传媒支出——文化——行政运行　640 000

　贷：预拨经费　　640 000

三、应收转贷款的核算

应收转贷款是指政府财政将借入的资金转贷给下级政府财政的款项，包括应收地方政府债券转贷款、应收主权外债转贷款等。

（一）应收地方政府债券转贷款的核算

“应收地方政府债券转贷款”（1041）是资产类科目，用于核算本级政府财政转贷给下级政府财政的地方政府债券资金的本金及利息。本科目期末借方余额，反映政府财政应收未收的地方政府债券转贷款本金和利息。

本科目下应当设置“应收地方政府一般债券转贷款”和“应收地方政府专项债券转贷款”明细科目，其下分别设置“应收本金”和“应收利息”两个明细科目，并按照转贷对象进行明细核算。应收地方政府债券转贷款的主要账务处理如下所示。

1. 向下级政府财政转贷时的核算。

向下级政府财政转贷地方政府债券资金时，按照转贷的金额，借记“债务转贷支出”科目，贷记“国库存款”科目；根据债务管理部门转来的相关资料，按照到期应收回的转贷本金金额，借记本科目，贷记“资产基金——应收地方政府债券转贷款”科目。

【例 10－36】中央财政为 A 省的某建设项目发行专项债券，金额为 16 亿元，现向 A 省转贷。

借：债务转贷支出　　1 600 000 000

　贷：国库存款　　1 600 000 000

借：应收地方政府债券转贷款——应收本金——A 省　　1 600 000 000

　贷：资产基金——应收地方政府债券转贷款　　1 600 000 000

2. 期末确认地方政府债券转贷款的应收利息时的核算。

期末确认地方政府债券转贷款的应收利息时，根据债务管理部门计算出的转贷款本期应收未收利息金额，借记本科目，贷记“资产基金——应收地方政府债券转贷款”科目。

【例 10－37】接例 10－36，季末，总会计收到债务管理部门资料，计算出的 A 省转贷款本期应收未收利息金额为 50 万元。

借：应收地方政府债券转贷款——应收利息　　　　500 000

　贷：资产基金——应收地方政府债券转贷款　　　　500 000

3. 收回下级政府财政偿还的转贷款本息时的核算。

收回下级政府财政偿还的转贷款本息时，按照收回的金额，借记“国库存款”等科目，贷记“其他应付款”或“其他应收款”科目；根据债务管理部门转来的相关资料，按照收回的转贷款本金及已确认的应收利息金额，借记“资产基金——应收地方政府债券转贷款”科目，贷记本科目。

【例 10－38】 接例 10－36 和例 10－37，A 省偿还转贷款本息共计 10 亿元。债务管理部门转来的相关资料显示，收回的转贷款本金为 9.2 亿元，应收利息为 0.8 亿元。

借：国库存款　　　　1 000 000 000

　贷：其他应付款　　　　1 000 000 000

借：资产基金——应收地方政府债券转贷款　　　　1 000 000 000

　贷：应收地方政府债券转贷款——应收本金——A 省　　　　920 000 000

　　　　——应收利息　　　　80 000 000

4. 扣缴下级政府财政的转贷款本息时的核算。

扣缴下级政府财政的转贷款本息时，按照扣缴的金额，借记“与下级往来”科目，贷记“其他应付款”或“其他应收款”科目；根据债务管理部门转来的相关资料，按照扣缴的转贷款本金及已确认的应收利息金额，借记“资产基金——应收地方政府债券转贷款”科目，贷记本科目。

【例 10－39】 接例 10－36 至例 10－38，年末体制结算，中央财政从对 A 省的补助中扣缴转贷款 7.5 亿元，债务管理部门转来的相关资料显示，扣缴的转贷款本金为 6.8 亿元，应收利息为 0.7 亿元。

借：与下级往来　　　　750 000 000

　贷：其他应付款　　　　750 000 000

借：资产基金——应收地方政府债券转贷款　　　　750 000 000

　贷：应收地方政府债券转贷款——应收本金　　　　680 000 000

　　　　——应收利息　　　　70 000 000

（二）应收主权外债转贷款的核算

“应收主权外债转贷款”（1045）是资产类科目，用于核算本级政府财政转贷给下级政府财政的外国政府和国际金融组织贷款等主权外债资金的本金及利息。本科目期末借方余额，反映政府财政应收未收的主权外债转贷款本金和利息。

本科目下应当设置“应收本金”和“应收利息”两个明细科目，并按照转贷对象进行明细核算，主要账务处理如下所示。

1. 向下级政府财政转贷主权外债资金时的核算。

本级政府财政向下级政府财政转贷主权外债资金，且主权外债最终还款责任由下级政府财政承担的，相关账务处理如下所示。

（1）本级政府财政支付转贷资金时，根据转贷资金支付相关资料，借记“债务转贷支出”科目，贷记“其他财政存款”科目；根据债务管理部门转来的相关资料，按照实际持有的债权金额，借记本科目，贷记“资产基金——应收主权外债转贷款”科目。

【例 10-40】某省政府财政获得德国政府贷款，在本省投资燃气设施改造，现将部分贷款转贷给所属的 L 市，用于 L 市的燃气设施改造，金额为 1 亿元。

借：债务转贷支出　　100 000 000

　贷：其他财政存款　　100 000 000

借：应收主权外债转贷款——应收本金——L 市　　100 000 000

　贷：资产基金——应收主权外债转贷款　　100 000 000

（2）外方将贷款资金直接支付给用款单位或供应商时，本级政府财政根据转贷资金支付相关资料，借记“债务转贷支出”科目，贷记“债务收入”或“债务转贷收入”科目；根据债务管理部门转来的相关资料，按照实际持有的债权金额，借记本科目，贷记“资产基金——应收主权外债转贷款”科目；同时，借记“待偿债净资产”科目，贷记“借入款项”或“应付主权外债转贷款”科目。

【例 10-41】接例 10-40，省政府对 L 市追加转贷支出，并由德国政府贷款机构直接支付给设施改造施工单位，金额为 0.6 亿元。

借：债务转贷支出　　60 000 000

　贷：债务收入　　60 000 000

借：应收主权外债转贷款——应收本金——L 市　　60 000 000

　贷：资产基金——应收主权外债转贷款　　60 000 000

借：待偿债净资产　　60 000 000

　贷：借入款项　　60 000 000

2. 期末确认主权外债转贷款的应收利息时的核算。

期末确认主权外债转贷款的应收利息时，根据债务管理部门计算出转贷款的本期应收未收利息金额，借记本科目，贷记“资产基金——应收主权外债转贷款”科目。

【例 10-42】接例 10-40 和例 10-41，年末，债务管理部门转来的相关资料显示，L 市的主权外债转贷款的应收未收利息为 100 万元。

借：应收主权外债转贷款——应收利息——L 市　　1 000 000

　贷：资产基金——应收主权外债转贷款　　1 000 000

3. 收回转贷给下级政府财政主权外债的本息时的核算。

收回转贷给下级政府财政主权外债的本息时，按照收回的金额，借记“其他财政存款”科目，贷记“其他应付款”或“其他应收款”科目；根据债务管理部门转来的相关资料，按照实际收回的转贷款本金及已确认的应收利息金额，借记“资产基金——应收主权外债转贷款”科目，贷记本科目。

【例 10-43】接例 10-40 至例 10-42，省财政收回转贷给 L 市的主权外债转贷款，本金 1.4 亿元，利息 0.1 亿元，共计 1.5 亿元。

借：其他财政存款　　150 000 000

　贷：其他应付款　　150 000 000

借：资产基金——应收主权外债转贷款　　150 000 000

贷：应收主权外债转贷款——应收本金——L市　　140 000 000
——应收利息——L市　　10 000 000

4. 扣缴下级政府财政的转贷款本息时的核算。

扣缴下级政府财政的转贷款本息时，按照扣缴的金额，借记“与下级往来”科目，贷记“其他应付款”或“其他应收款”科目；根据债务管理部门转来的相关资料，按照扣缴的转贷款本金及已确认的应收利息金额，借记“资产基金——应收主权外债转贷款”科目，贷记本科目。

【例10-44】接例10-40至例10-43，年末体制结算，省财政扣缴L市的转贷款本息0.3亿元，其中，本金0.2亿元，利息0.1亿元。

借：与下级往来　　30 000 000
　贷：其他应付款　　30 000 000
借：资产基金——应收主权外债转贷款　　30 000 000
　贷：应收主权外债转贷款——应收本金——L市　　20 000 000
——应收利息——L市　　10 000 000

（三）待发国债的核算

财政总预算会计核算的资产还有待发国债等其他负债。

“待发国债”（1081）是资产类科目，用于核算为弥补中央财政预算收支差额，中央财政预计发行国债与实际发行国债之间的差额。本科目期末借方余额，反映中央财政尚未使用的国债发行额度，主要账务处理如下所示。

年度终了，实际发行国债收入用于债务还本支出后，小于为弥补中央财政预算收支差额中央财政预计发行的国债时，按两者的差额，借记本科目，贷记相关科目；实际发行国债收入用于债务还本支出后，大于为弥补中央财政预算收支差额中央财政预计发行国债时，按两者的差额，借记相关科目，贷记本科目。

【例10-45】年度终了，中央财政本年度实际发行国债收入用于债务还本支出后，小于为弥补中央财政预算收支差额中央财政预计发行的国债，待发国债250亿元记入待发国债账户。

借：待发国债　　25 000 000 000
　贷：债务收入　　25 000 000 000

第三节　股权资金的核算

股权投资是指政府持有的各类股权投资资产，包括国际金融组织股权投资、投资基金股权投资、企业股权投资等。

“股权投资”（1071）是资产类科目，用于核算政府持有的各类股权投资，包括国际金融组织股权投资、投资基金股权投资和企业股权投资等。本科目期末借方余额，反映政府持有的各种股权投资金额。

股权投资一般采用权益法进行核算。

本科目应当按照“国际金融组织股权投资”“投资基金股权投资”“企业股权投资”设置一级明细科目，在一级明细科目下，可根据管理需要，按照被投资主体进行明细核算。对每一被投资主体还可按“投资成本”“收益转增投资”“损益调整”“其他权益变动”进行明细核算，主要账务处理如下所示。

一、国际金融组织股权投资的核算

（一）政府财政代表政府认缴国际金融组织股本时的核算

政府财政代表政府认缴国际金融组织股本时，按照实际支付的金额，借记“一般公共预算本级支出”等科目，贷记“国库存款”科目；根据股权投资确认相关资料，按照确定的股权投资成本，借记本科目，贷记“资产基金——股权投资”科目。

【例 10－46】中央财政代表中华人民共和国政府认缴亚洲基础设施投资银行（简称亚投行）股本，首期支付 100 亿美元，折合人民币 668 亿元，并以一般公共预算资金支付（设实际投资即为投资成本）。

借：一般公共预算本级支出　　66 800 000 000

　贷：国库存款　　66 800 000 000

借：股权投资——国际金融组织股权投资——亚投行——投资成本　66 800 000 000

　贷：资产基金——股权投资　　66 800 000 000

（二）从国际金融组织撤出股本时的核算

从国际金融组织撤出股本时，按照收回的金额，借记“国库存款”科目，贷记“一般公共预算本级支出”科目；根据股权投资清算相关资料，按照实际撤出的股本，借记“资产基金——股权投资”科目，贷记本科目。

【例 10－47】接例 10－46，经亚投行初始成员协商，中国减少亚投行股本 10 亿美元，折合人民币 66.8 亿元，并收款存入国库（设实际投资即为投资成本）。

借：国库存款　　6 680 000 000

　贷：一般公共预算本级支出　　6 680 000 000

借：资产基金——股权投资　　6 680 000 000

　贷：股权投资——国际金融组织股权投资——亚投行——投资成本　6 680 000 000

二、投资基金股权投资的核算

（一）政府财政对投资基金进行股权投资时的核算

政府财政对投资基金进行股权投资时，按照实际支付的金额，借记“一般公共预算本级支出”等科目，贷记“国库存款”等科目；根据股权投资确认相关资料，按照实际支付的金额，借记本科目（投资成本），按照确定的在被投资基金中占有的权益金额与实际支付金额的差额，借记或贷记本科目（其他权益变动），按照确定的在被投资基金中占有的权益金额，贷记“资产基金——股权投资”科目。

【例 10－48】 某省政府财政向 H 基金公司投资，以 1.95 亿元购入该基金公司面值 2 亿元的股权，用一般公共预算资金支付。

借：一般公共预算本级支出——其他支出——其他支出　　195 000 000
　贷：国库存款　　195 000 000
借：股权投资——投资基金股权——投资成本　　195 000 000
　　　　　　——其他权益变动　　5 000 000
　贷：资产基金——股权投资　　200 000 000

（二）年末损益的核算

年末，根据政府财政在被投资基金当期净利润或净亏损中占有的份额，借记或贷记本科目（损益调整），贷记或借记“资产基金——股权投资”科目。

【例 10－49】 接例 10－48，年末，省政府财政投资于 H 基金公司所获净利润为 1 500 万元。

借：股权投资——投资基金股权——损益调整　　15 000 000
　贷：资产基金——股权投资　　15 000 000

（三）将归属财政的收益留作基金滚动使用时的核算

政府财政将归属财政的收益留作基金滚动使用时，借记本科目（收益转增投资），贷记本科目（损益调整）。

【例 10－50】 接例 10－48 和例 10－49，经批准，将 H 基金公司归属财政的收益 1 500 万元留作基金滚动使用。

借：股权投资——投资基金股权——收益转增投资　　15 000 000
　贷：股权投资——投资基金股权——损益调整　　15 000 000

（四）被投资基金宣告发放现金股利或利润时的核算

被投资基金宣告发放现金股利或利润时，按照应上缴政府财政的部分，借记“应收股利”科目，贷记“资产基金——应收股利”科目；同时，按照相同的金额，借记“资产基金——股权投资”科目，贷记本科目（损益调整）。

【例 10－51】 接例 10－48 至例 10－50，H 基金公司宣告发放现金股利，应上缴政府财政的金额为 1 亿元。

借：应收股利　　100 000 000
　贷：资产基金——应收股利　　100 000 000
借：资产基金——股权投资　　100 000 000
　贷：股权投资——投资基金股权——损益调整　　100 000 000

（五）被投资基金发生除净损益以外的其他权益变动时的核算

被投资基金发生除净损益以外的其他权益变动时，按照政府财政持股比例计算应享有的部分，借记或贷记本科目（其他权益变动），贷记或借记“资产基金——股权投资”科目。

【例 10－52】 接例 10－48 至例 10－51，受股灾影响，H 基金公司股本权益受损，政府财政所持股份权益损失 5 000 万元。

借：资产基金——股权投资　　50 000 000

　贷：股权投资——投资基金股权——其他权益变动　　50 000 000

（六）政府财政从投资基金退出时的核算

投资基金存续期满、清算或政府财政从投资基金退出需收回出资时，政府财政按照实际收回的资金，借记“国库存款”等科目，按照收回的原实际出资部分，贷记“一般公共预算本级支出”等科目，按照超出原实际出资的部分，贷记“一般公共预算本级收入”等科目；根据股权投资清算相关资料，按照因收回股权投资而减少在被投资基金中占有的权益金额，借记“资产基金——股权投资”科目，贷记本科目。

【例 10－53】 接例 10－48 至例 10－52，按照协议，政府投资 H 基金公司的存续期满，从 H 公司收回资金 2 亿元，收款入账。当年的实际支出为 1.95 亿元，收益为 0.05 亿元。

借：国库存款　　200 000 000

　贷：一般公共预算本级支出　　195 000 000

　　　一般公共预算本级收入　　5 000 000

减少的权益金额：

$$2+0.15-1-0.5=0.65(\text{亿元})$$

借：资产基金——股权投资　　65 000 000

　　股权投资——投资基金股权——其他权益变动　　45 000 000

　　　　　　　　　　　　　　——损益调整　　100 000 000

　贷：股权投资——投资基金股权投资——投资成本　　195 000 000

　　　　　　　　　　　　　　　　——收益转赠投资　　15 000 000

三、企业股权投资的核算

企业股权投资的账务处理，根据管理条件和管理需要，参照投资基金股权投资的账务处理。

概念题

1. 财政性存款
2. 待发国债
3. 预拨经费

4. 应收转贷款

简述题

1. 依据业务性质，财政总预算会计核算的资产有哪些类型?
2. 简述财政总预算会计对资产的确认和计量。
3. 简述预拨经费及其管理。

会计分录题

1. A县政府财政收到国库报来的一般公共预算本级收入日报表，当日的一般公共预算本级收入为5万元，为国内私营企业增值税分成收入。

2. Z县财政局收到国库报来的政府性基金预算本级收入日报表，所列基金为25万元，其中，育林基金收入为18万元，公租房租金收入为7万元。

3. W市财政用政府性基金预算资金补助被征地农民500万元。

4. 广东省财政将10亿元一般公共预算结余资金转存到商业银行，定期存款6个月。

5. Z县政府财政收到代管的教育收费的利息收入160元。

6. L市财政为市卫生部门支付购置疫苗的款项，总金额为61万元，以财政直接支付方式支付。

7. 在决算清理期中，A县财政收到上年度的政府性基金预算本级收入12万元。

8. L市财政所购买的C公司股份宣告发放股利，政府投资份额应得股利30万元。

9. L市财政借给教育局款项60万元。

10. L市财政收到下级甲县还款27万元。

11. G省政府财政代省建投公司偿还国外主体贷款本息共计2亿元。

12. 中央财政发行专项债券，向G省转贷50亿元。

13. 中央财政获得世界银行贷款，向M省转贷110亿元。

14. G省政府财政用一般公共预算资金向某基金公司投资2亿元，股权面值与投资成本一致。

第十一章
财政总预算负债的核算

负债是指政府财政承担的能以货币计量、需以资产偿付的债务。财政总预算负债的分类与会计科目设置参见表 11－1。

表 11－1　财政总预算负债的分类与会计科目设置

负债分类		会计科目设置
流动负债	短期债券	应付短期政府债券
	暂收及应付款项	应付国库集中支付结余、与上级往来、其他应付款
	其他负债	其他负债、已结报支出
非流动负债	长期债券和贷款	应付长期政府债券、借入款项
	应付转贷款	应付地方政府债券转贷款、应付主权外债转贷款
	代管资金	应付代管资金

第一节　流动负债的核算

流动负债是指预计在 1 年内（含 1 年）偿还的负债，主要有应付短期政府债券、应付国库集中支付结余、与上级往来、其他应付款、其他负债和已结报支出等科目。

一、应付短期政府债券的核算

应付短期政府债券是指政府财政采用发行政府债券方式筹集资金而形成的短期负债。

“应付短期政府债券”（2001）是负债类科目，用于核算政府财政部门以政府名义发行的期限不超过1年（含1年）的国债和地方政府债券的应付本金和利息。本科目期末贷方余额，反映政府财政尚未偿还的短期政府债券本金和利息。

本科目下应当设置“应付国债”“应付地方政府一般债券”“应付地方政府专项债券”等一级明细科目，在一级明细科目下，再分别设置“应付本金”“应付利息”明细科目，分别核算政府债券的应付本金和利息。债务管理部门应当设置相应的辅助账，详细记录每期政府债券金额、种类、期限、发行日、到期日、票面利率、偿还本金及付息情况等。本科目的主要账务处理如下所示。

（一）实际收到短期政府债券发行收入时的核算

实际收到短期政府债券发行收入时，按照实际收到的金额，借记“国库存款”科目，按照短期政府债券实际发行额，贷记“债务收入”科目，按照发行收入和发行额的差额，借记或贷记有关支出科目；根据债券发行确认文件等相关债券管理资料，按照到期应付的短期政府债券本金金额，借记“待偿债净资产——应付短期政府债券”科目，贷记本科目。

【例11-1】某省财政发行为期9个月的专项短期政府债券，面额为8亿元，实际收到的发行收入为7.88亿元。

借：国库存款　788 000 000
　　一般公共预算本级支出——其他支出——其他支出　12 000 000
　贷：债务收入　800 000 000
借：待偿债净资产——应付短期政府债券　800 000 000
　贷：应付短期政府债券——应付地方政府专项债券——应付本金　800 000 000

（二）期末确认短期政府债券的应付利息时的核算

期末确认短期政府债券的应付利息时，根据债务管理部门计算出的本期应付未付利息金额，借记“待偿债净资产——应付短期政府债券”科目，贷记本科目。

【例11-2】接例11-1，月末，确认本月短期政府债券的应付利息为3 100万元。

借：待偿债净资产——应付短期政府债券　31 000 000
　贷：应付短期政府债券——应付地方政府专项债券——应付利息　31 000 000

（三）实际支付本级政府财政承担的短期政府债券利息时的核算

实际支付本级政府财政承担的短期政府债券利息时，借记“一般公共预算本级支出”或“政府性基金预算本级支出”科目，贷记“国库存款”等科目；实际支付利息金额中属于已确认的应付利息部分，还应根据债券兑付确认文件等相关债券管理资料，借记本科目，贷记“待偿债净资产——应付短期政府债券”科目。

【例11-3】接例11-1和例11-2，实际支付上月末确认的短期政府债券应付利息3 100万元。

借：一般公共预算本级支出　31 000 000
　贷：国库存款　31 000 000

借：应付短期政府债券——应付地方政府专项债券——应付利息　　31 000 000
　贷：待偿债净资产——应付短期政府债券　　31 000 000

（四）实际偿还本级政府财政承担的短期政府债券本金时的核算

实际偿还本级政府财政承担的短期政府债券本金时，借记“债务还本支出”科目，贷记“国库存款”等科目；根据债券兑付确认文件等相关债券管理资料，借记本科目，贷记“待偿债净资产——应付短期政府债券”科目。

【例 11-4】 接例 11-1 至例 11-3，发行的短期政府债券到期，现偿还本金 8 亿元。

借：债务还本支出　　800 000 000
　贷：国库存款　　800 000 000
借：应付短期政府债券——应付地方政府专项债券——应付本金　　800 000 000
　贷：待偿债净资产——应付短期政府债券　　800 000 000

（五）省级财政部门采用定向承销方式发行短期地方政府债券置换存量债务的核算

省级财政部门采用定向承销方式发行短期地方政府债券置换存量债务时，根据债权债务确认相关资料，按照置换本级政府存量债务的额度，借记“债务还本支出”科目，贷记“债务收入”科目；根据债务管理部门转来的相关资料，按照置换本级政府存量债务的额度，借记“待偿债净资产——应付短期政府债券”科目，贷记本科目。

【例 11-5】 某省财政厅采用定向承销方式发行短期地方政府债券，用于置换存量债务。置换的本级政府存量债务额度为 200 亿元。

借：债务还本支出　　20 000 000 000
　贷：债务收入　　20 000 000 000
借：待偿债净资产——应付短期政府债券　　20 000 000 000
　贷：应付短期政府债券——应付地方政府专项债券——应付本金　　20 000 000 000

二、暂收及应付款项的核算

暂收及应付款项是指政府财政业务活动中形成的债务。暂收及应付款项应当及时清理结算。

（一）应付国库集中支付结余的核算

应付国库集中支付结余是指在国库集中支付中，按照财政部门批复的部门预算，当年未支而需结转下一年度支付的款项采用权责发生制列支后形成的债务。

“应付国库集中支付结余”（2011）是负债类科目，用于核算政府财政采用权责发生制列支，预算单位尚未使用的国库集中支付结余资金。本科目期末贷方余额，反映政府财政尚未支付的国库集中支付结余。

本科目应当根据管理需要，按照政府收支分类科目等进行相应的明细核算，主要账务处理如下所示。

1. 年末确认国库集中支付结余的核算。

年末，对当年形成的国库集中支付结余采用权责发生制列支时，借记有关支出科目，贷记本科目。

【例 11－6】某市财政实行国库集中支付制度。年末，按照权责发生制列支一般公共预算本级支出，并形成 2.6 亿元的国库集中支付结余，记入应付国库集中支付结余账户。其中，教育经费结余 0.8 亿元，公检法经费结余 1.8 亿元。

借：一般公共预算本级支出——教育经费　　80 000 000
　　　　　　　　　　　　——公检法经费　　180 000 000
　贷：应付国库集中支付结余——教育经费结余　　80 000 000
　　　　　　　　　　　　　——公检法经费结余　　180 000 000

2. 实际支付国库集中支付结余资金的核算。

以后年度实际支付国库集中支付结余资金时，分以下情况处理：

（1）按原结转预算科目支出的，借记本科目，贷记“国库存款”科目。

【例 11－7】接例 11－6，市教育学院用上年的教育经费结余购买一批教学设备，价款为 10.5 万元，向市财政申请国库集中支付。市财政通过国库集中支付将款项直接支付给设备的供货商。

借：应付国库集中支付结余——教育经费结余　　105 000
　贷：国库存款　　105 000

（2）调整支出预算科目的，应当按原结转预算科目作冲销处理，借记本科目，贷记有关支出科目；同时，按实际支出预算科目作列支账务处理，借记有关支出科目，贷记“国库存款”科目。

【例 11－8】接例 11－6 和例 11－7，经批准，市教育学院将教育经费结余的 20 万元改为科研经费，并购买科研实验用材料。由市财政直接支付材料款项。

借：应付国库集中支付结余——教育经费结余　　200 000
　贷：一般公共预算本级支出——教育经费　　200 000
借：一般公共预算本级支出——科研经费　　200 000
　贷：国库存款　　200 000

（二）与上级往来的核算

“与上级往来”（2012）是双重性质的科目，用于核算本级政府财政与上级政府财政的往来待结算款项。本科目期末贷方余额反映本级政府财政欠上级政府财政的款项；借方余额反映上级政府财政欠本级政府财政的款项。

本科目应当按照往来款项的类别和项目等进行明细核算，主要账务处理如下所示。

（1）本级政府财政从上级政府财政借入款或体制结算中发生应上交上级政府财政款项时，借记“国库存款”“上解支出”等科目，贷记本科目。

【例 11－9】某县财政因资金困难，向市财政借款 400 万元。

借：国库存款　　4 000 000
　贷：与上级往来　　4 000 000

（2）本级政府财政归还借款、转作上级补助收入或体制结算中应由上级补给款项时，借记本科目，贷记“国库存款”“补助收入”等科目。

【例 11－10】 接例 11－9，县财政归还市财政借款 200 万元，市财政将剩余的 200 万元转作对县的补助。

借：与上级往来　　4 000 000
　贷：国库存款　　2 000 000
　　　补助收入　　2 000 000

（三）其他应付款的核算

“其他应付款”（2015）是负债类科目，用于核算政府财政临时发生的暂收、应付和收到的不明性质款项。税务机关代征入库的社会保险费、项目单位使用并承担还款责任的外国政府和国际金融组织贷款，也通过本科目核算。本科目期末贷方余额反映政府财政尚未结清的其他应付款项。

本科目应当按照债权单位或资金来源等进行明细核算，主要账务处理如下所示。

（1）收到暂存款项时，借记“国库存款”“其他财政存款”等科目，贷记本科目。

【例 11－11】 某市财政收到一笔款项 11 万元，不明性质，暂时存入国库。

借：国库存款　　110 000
　贷：其他应付款　　110 000

（2）将暂存款项清理退还或转作收入时，借记本科目，贷记“国库存款”“其他财政存款”或有关收入科目。

【例 11－12】 接例 11－11，经确认，已入账的不明性质款项为应缴入财政专户的政府性基金收入，予以调整。

借：其他应付款　　110 000
　贷：国库存款　　110 000
借：其他财政存款　　110 000
　贷：政府性基金本级收入　　110 000

（3）社会保险费代征入库时，借记“国库存款”科目，贷记本科目。社会保险费国库缴存社保基金财政专户时，借记本科目，贷记“国库存款”科目。

【例 11－13】 某省实行税务机关代征社会保险费，省财政现收到 530 万元社会保险费，缴入国库。

借：国库存款　　5 300 000
　贷：其他应付款　　5 300 000

【例 11－14】 接例 11－13，将社会保险费由国库缴存社保基金财政专户。

借：其他应付款　　5 300 000
　贷：国库存款　　5 300 000

（4）收到项目单位承担还款责任的外国政府和国际金融组织贷款资金时，借记“其他财政存款”科目，贷记本科目；付给项目单位时，借记本科目，贷记“其他财政存款”科目。收到项目单位偿还贷款资金时，借记“其他财政存款”科目，贷记本科目；付给外国政府和国际金融组织项目单位还款资金时，借记本科目，贷记“其他财政存款”科目。

【例 11－15】某市财政收到法国政府贷款资金 350 亿元，该笔贷款由地铁建设单位承担还款责任。

借：其他财政存款　　　　　　　　　　35 000 000 000

　贷：其他应付款　　　　　　　　　　　35 000 000 000

【例 11－16】接例 11－15，将资金付给地铁建设单位。

借：其他应付款　　　　　　　　　　35 000 000 000

　贷：其他财政存款　　　　　　　　　　35 000 000 000

【例 11－17】接例 11－15 和例 11－16，收到地铁建设单位偿还的贷款本金和利息资金 365 亿元。

借：其他财政存款　　　　　　　　　　36 500 000 000

　贷：其他应付款　　　　　　　　　　　36 500 000 000

【例 11－18】接例 11－15 至例 11－17，付给法国政府还款资金。

借：其他应付款　　　　　　　　　　36 500 000 000

　贷：其他财政存款　　　　　　　　　　36 500 000 000

三、其他负债的核算

其他负债是指政府财政因有关政策明确要求其承担支出责任的事项而形成的应付未付款项。在财政总预算会计中，其他负债的科目有“其他负债”和“已结报支出”。

（一）“其他负债”科目

“其他负债”（2045）是负债类科目，用于核算政府财政因有关政策明确要求其承担支出责任的事项而形成的应付未付款项。本科目贷方余额，反映政府财政承担的尚未支付的其他负债余额。

本科目应当按照债权单位和项目等进行明细核算，主要账务处理如下所示。

（1）有关政策已明确政府财政承担的支出责任，按照确定应承担的负债金额，借记“待偿债净资产”科目，贷记本科目。

【例 11－19】接例 11－15 至例 11－18，市财政应该对地铁建设承担部分责任，地铁建设单位的法国政府贷款所欠尾款 2 000 万元由市财政偿还。

借：待偿债净资产　　　　　　　　　　20 000 000

　贷：其他负债　　　　　　　　　　　　20 000 000

（2）当实际偿还负债时，借记有关支出等科目，贷记“国库存款”等科目，同时，按照相同的金额，借记本科目，贷记“待偿债净资产”科目。

【例 11－20】接例 11－19，市财政偿还地铁建设项目法国政府贷款尾款 2 000 万元。

借：政府性基金预算本级支出——城乡社区支出——城市基础设施配套安排的支出——城市公共设施　　　　　　　　　　20 000 000

　　贷：国库存款　　20 000 000
借：其他负债　　20 000 000
　　贷：待偿债净资产　　20 000 000

(二)“已结报支出”科目

“已结报支出”(2091)是单设国库支付执行机构使用的会计科目，用于核算政府财政国库支付执行机构已清算的国库集中支付支出数额。财政国库支付执行机构未单设的地区，不使用该科目。本科目年终转账后无余额。

已结报支出的主要账务处理如下所示。

(1)每日汇总清算后，财政国库支付执行机构会计根据有关划款凭证回执联和按部门分“类”“款”“项”汇总的《预算支出结算清单》，对于财政直接支付，借记“财政零余额账户存款”科目，贷记本科目；对于财政授权支付，借记“一般公共预算本级支出”“政府性基金预算本级支出”“国有资本经营预算本级支出”等科目，贷记本科目。

【例11-21】某市实行国库集中支付制度，单设财政国库支付执行机构。收到当日预算支出结算清单，清单显示当日财政直接支付的一般公共预算本级支出为2亿元，政府性基金预算本级支出为0.6亿元，共计2.6亿元；财政授权支付的一般公共预算本级支出为0.6亿元，国有资本经营预算本级支出为0.2亿元。

借：财政零余额账户存款　　260 000 000
　　贷：已结报支出　　260 000 000
借：一般公共预算本级支出　　60 000 000
　　国有资本经营预算本级支出　　20 000 000
　　贷：已结报支出　　80 000 000

(2)年终，财政国库支付执行机构按照累计结清的支出金额，与有关方面核对一致后转账时，借记本科目，贷记“一般公共预算本级支出”“政府性基金预算本级支出”“国有资本经营预算本级支出”等科目。

【例11-22】年终，财政国库支付执行机构与有关方面核对，已结报支出累计2 640亿元，其中，一般公共预算本级支出1 865亿元，政府性基金预算本级支出760亿元，国有资本经营预算本级支出15亿元。

借：已结报支出　　264 000 000 000
　　贷：一般公共预算本级支出　　186 500 000 000
　　　　政府性基金预算本级支出　　76 000 000 000
　　　　国有资本经营预算本级支出　　1 500 000 000

第二节　非流动负债的核算

非流动负债是指流动负债以外的负债。在财政总预算会计中，主要有应付长期政府债券、借入款项、应付地方政府债券转贷款、应付主权外债转贷款和应付代管资金等科目。

一、长期债券和贷款的核算

（一）应付长期政府债券的核算

应付政府债券是指政府财政采用发行政府债券方式筹集资金而形成的负债，包括应付短期政府债券和应付长期政府债券。

“应付长期政府债券”（2021）是负债类科目，用于核算政府财政部门以政府名义发行的期限超过1年的国债和地方政府债券的应付本金和利息。本科目期末贷方余额反映政府财政尚未偿还的长期政府债券本金和利息。

本科目下应当设置“应付国债”“应付地方政府一般债券”“应付地方政府专项债券”等一级明细科目，在一级明细科目下，再分别设置“应付本金”“应付利息”明细科目，分别核算政府债券的应付本金和利息。债务管理部门应当设置相应的辅助账，详细记录每期政府债券金额、种类、期限、发行日、到期日、票面利率、偿还本金及付息情况等。本科目的主要账务处理如下所示。

1. 实际收到长期政府债券发行收入时的核算。

实际收到长期政府债券发行收入时，按照实际收到的金额，借记“国库存款”科目，按照长期政府债券实际发行额，贷记“债务收入”科目，按照发行收入和发行额的差额，借记或贷记有关支出科目；根据债券发行确认文件等相关债券管理资料，按照到期应付的长期政府债券本金金额，借记“待偿债净资产——应付长期政府债券”科目，贷记本科目。

【例11-23】某省财政收到政府发行长期债券收入101亿元，该批债券的面值是100亿元，为溢价发行。

借：国库存款　　10 100 000 000
　贷：债务收入　　10 000 000 000
　　一般公共预算本级支出　　100 000 000
借：待偿债净资产——应付长期政府债券　　10 000 000 000
　贷：应付长期政府债券——应付地方政府一般债券——应付本金　10 000 000 000

2. 期末确认长期政府债券的应付利息时的核算。

期末确认长期政府债券的应付利息时，根据债务管理部门计算出的本期应付未付利息金额，借记“待偿债净资产——应付长期政府债券”科目，贷记本科目。

【例11-24】接例11-23，期末，确认本期长期政府债券的应付利息为1 400万元。

借：待偿债净资产——应付长期政府债券　　14 000 000
　贷：应付长期政府债券——应付地方政府一般债券——应付利息　　14 000 000

3. 实际支付本级政府财政承担的长期政府债券利息时的核算。

实际支付本级政府财政承担的长期政府债券利息时，借记“一般公共预算本级支出”或“政府性基金预算本级支出”科目，贷记“国库存款”等科目；实际支付利息金额中属于已确认的应付利息部分，还应根据债券兑付确认文件等相关债券管理资料，借记本科目，贷记“待偿债净资产——应付长期政府债券”科目。

【例 11-25】 接例 11-23 和例 11-24，实际支付本期本级政府财政承担的长期政府债券利息 1 400 万元。

借：一般公共预算本级支出　　14 000 000
　贷：国库存款　　14 000 000
借：应付长期政府债券——应付地方政府一般债券——应付利息　　14 000 000
　贷：待偿债净资产——应付长期政府债券　　14 000 000

4. 实际偿还本级政府财政承担的长期政府债券本金时的核算。

实际偿还本级政府财政承担的长期政府债券本金时，借记“债务还本支出”科目，贷记“国库存款”等科目；根据债券兑付确认文件等相关债券管理资料，借记本科目，贷记“待偿债净资产——应付长期政府债券”科目。

【例 11-26】 接例 11-23 至例 11-25，省财政偿还长期政府债券本金 100 亿元。

借：债务还本支出　　10 000 000 000
　贷：国库存款　　10 000 000 000
借：应付长期政府债券——应付地方政府一般债券——应付本金 10 000 000 000
　贷：待偿债净资产——应付长期政府债券　　10 000 000 000

5. 本级政府财政偿还下级政府财政承担的地方政府债券本息时的核算。

本级政府财政偿还下级政府财政承担的地方政府债券本息时，借记“其他应付款”或“其他应收款”科目，贷记“国库存款”科目；根据债券兑付确认文件等相关债券管理资料，按照实际偿还的长期政府债券本金及已确认的应付利息金额，借记本科目，贷记“待偿债净资产——应付长期政府债券”科目。

【例 11-27】 某市财政偿还所属 C 县政府财政承担的地方政府长期债券本息，本金 1.5 亿元，利息 3 000 万元，共计 1.8 亿元。

借：其他应收款——C 县　　180 000 000
　贷：国库存款　　180 000 000
借：应付长期政府债券——应付地方政府一般债券——应付本金　　150 000 000
　　　　　　　　　　　　　　　　　　　　　　——应付利息　　30 000 000
　贷：待偿债净资产——应付长期政府债券　　180 000 000

6. 省级财政部门采用定向承销方式发行长期地方政府债券置换存量债务时的核算。

省级财政部门采用定向承销方式发行长期地方政府债券置换存量债务时，根据债权债务确认相关资料，按照置换本级政府存量债务的额度，借记“债务还本支出”科目，按照置换下级政府存量债务的额度，借记“债务转贷支出”科目，按照置换存量债务的总额度，贷记“债务收入”科目；根据债务管理部门转来的相关资料，按照置换存量债务的总额度，借记“待偿债净资产——应付长期政府债券”科目，贷记本科目。同时，按照置换下级政府存量债务额度，借记“应收地方政府债券转贷款”科目，贷记“资产基金——应收地方政府债券转贷款”科目。

【例 11-28】 某省级财政部门以定向承销方式发行长期地方政府债券，用于置换本级政府存量债务 1 800 亿元，下级政府存量债务 500 亿元。

借：债务还本支出　　180 000 000 000
　　债务转贷支出　　50 000 000 000
　贷：债务收入　　230 000 000 000
借：待偿债净资产——应付长期政府债券　　230 000 000 000
　贷：应付长期政府债券——应付地方政府一般债券——应付本金　230 000 000 000
借：应收地方政府债券转贷款　　50 000 000 000
　贷：资产基金——应收地方政府债券转贷款　　50 000 000 000

（二）借入款项的核算

借入款项是指政府财政部门以政府名义向外国政府、国际金融组织等借入的款项，以及通过经国务院批准的其他方式借款形成的负债。

“借入款项”（2022）是负债类科目，用于核算政府财政部门以政府名义向外国政府和国际金融组织等借入的款项，以及通过经国务院批准的其他方式借入的款项。本科目期末贷方余额，反映本级政府财政尚未偿还的借入款项本金和利息。

本科目下应当设置“应付本金”“应付利息”明细科目，分别对借入款项的应付本金和利息进行明细核算，还应当按照债权人进行明细核算。债务管理部门应当设置相应的辅助账，详细记录每笔借入款项的期限、借入日期、偿还及付息情况等。本科目的主要账务处理如下所示。

1. 借入主权外债的账务处理。

（1）本级政府财政收到借入的主权外债资金时，借记“其他财政存款”科目，贷记“债务收入”科目；根据债务管理部门转来的相关资料，按照实际承担的债务金额，借记“待偿债净资产——借入款项”科目，贷记本科目。

【例 11 - 29】中央财政从以色列政府借入外债资金，折合人民币 1 385 亿元，借款存入商业银行。

借：其他财政存款　　138 500 000 000
　贷：债务收入　　138 500 000 000
借：待偿债净资产——借入款项　　138 500 000 000
　贷：借入款项——应付本金　　138 500 000 000

（2）本级政府财政借入主权外债，且由外方将贷款资金直接支付给用款单位或供应商时，应根据以下情况分别处理：

①本级政府财政承担还款责任，贷款资金由本级政府财政同级部门（单位）使用的，本级政府财政部门根据贷款资金支付相关资料，借记“一般公共预算本级支出”等科目，贷记“债务收入”科目；根据债务管理部门转来的相关资料，按照实际承担的债务金额，借记“待偿债净资产——借入款项”科目，贷记本科目。

【例 11 - 30】某省财政借入一笔美国政府贷款用于改建排水系统，资金由省城建公司使用，贷款资金由外方直接支付给用款单位。贷款折合人民币 150 亿元。

借：一般公共预算本级支出　　15 000 000 000

贷：债务收入 15 000 000 000

借：待偿债净资产——借入款项 15 000 000 000

贷：借入款项——应付本金 15 000 000 000

②本级政府财政承担还款责任，贷款资金由下级政府财政同级部门（单位）使用的，本级政府财政部门根据贷款资金支付相关资料及预算指标文件，借记“补助支出”科目，贷记“债务收入”科目；根据债务管理部门转来的相关资料，按照实际承担的债务金额，借记“待偿债净资产——借入款项”科目，贷记本科目。

【例 11-31】某市财政借入法国政府贷款折合人民币 110 亿元，下发 A 市的环境保护研究所使用，贷款资金由外方直接支付给用款单位。

借：补助支出 11 000 000 000

贷：债务收入 11 000 000 000

借：待偿债净资产——借入款项 11 000 000 000

贷：借入款项——应付本金 11 000 000 000

③下级政府财政承担还款责任，贷款资金由下级政府财政同级部门（单位）使用的，本级政府财政部门根据贷款资金支付相关资料，借记“债务转贷支出”科目，贷记“债务收入”科目；根据债务管理部门转来的相关资料，按照实际承担的债务金额，借记“待偿债净资产——借入款项”科目，贷记本科目；同时，借记“应收主权外债转贷款”科目，贷记“资产基金——应收主权外债转贷款”科目。

【例 11-32】某市政府财政借入意大利政府贷款，其中 1.8 亿元贷款由下属 Y 县政府财政同级的城建部门使用，由 Y 县政府财政承担还款责任，由外方将贷款资金直接支付给用款单位。

借：债务转贷支出 180 000 000

贷：债务收入 180 000 000

借：待偿债净资产——借入款项 180 000 000

贷：借入款项——应付本金 180 000 000

借：应收主权外债转贷款 180 000 000

贷：资产基金——应收主权外债转贷款 180 000 000

（3）期末确认借入主权外债的应付利息时，根据债务管理部门计算出的本期应付未付利息金额，借记“待偿债净资产——借入款项”科目，贷记本科目。

【例 11-33】接例 11-32，期末，市政府财政确认借入的主权外债本期应付利息为 16 万元。

借：待偿债净资产——借入款项 160 000

贷：借入款项——应付利息 160 000

（4）偿还本级政府财政承担的借入主权外债本金时，借记“债务还本支出”科目，贷记“国库存款”“其他财政存款”等科目；根据债务管理部门转来的相关资料，按照实际偿还的本金金额，借记本科目，贷记“待偿债净资产——借入款项”科目。

【例 11-34】接例 11-29，中央财政偿还从以色列政府借入的外债资金本金 1 385 亿元。

借：债务还本支出　　138 500 000 000
　贷：其他财政存款　　138 500 000 000
借：借入款项——应付本金　　138 500 000 000
　贷：待偿债净资产——借入款项　　138 500 000 000

（5）偿还本级政府财政承担的借入主权外债利息时，借记“一般公共预算本级支出”等科目，贷记“国库存款”“其他财政存款”等科目；实际偿还利息金额中属于已确认的应付利息部分，还应根据债务管理部门转来的相关资料，借记本科目，贷记“待偿债净资产——借入款项”科目。

【例 11-35】中央财政偿还从意大利政府借入的外债资金利息 3 亿元。

借：一般公共预算本级支出　　300 000 000
　贷：其他财政存款　　300 000 000
借：借入款项——应付利息　　300 000 000
　贷：待偿债净资产——借入款项　　300 000 000

（6）偿还下级政府财政承担的借入主权外债的本息时，借记“其他应付款”或“其他应收款”科目，贷记“国库存款”“其他财政存款”等科目；根据债务管理部门转来的相关资料，按照实际偿还的本金及已确认的应付利息金额，借记本科目，贷记“待偿债净资产——借入款项”科目。

【例 11-36】市政府财政偿还由 D 县承担偿还责任的意大利政府债务本息，本金 1.8 亿元，利息 0.3 亿元，共计 2.1 亿元。

借：其他应付款　　210 000 000
　贷：其他财政存款　　210 000 000
借：借入款项——应付本金　　180 000 000
　　　　　——应付利息　　30 000 000
　贷：待偿债净资产——借入款项　　210 000 000

（7）被上级政府财政扣缴借入主权外债的本息时，借记“其他应收款”科目，贷记“与上级往来”科目；根据债务管理部门转来的相关资料，按照实际扣缴的本金及已确认的应付利息金额，借记本科目，贷记“待偿债净资产——借入款项”科目。列报支出时，对应由本级政府财政承担的还本支出，借记“债务还本支出”科目，贷记“其他应收款”科目；对应由本级政府财政承担的利息支出，借记“一般公共预算本级支出”等科目，贷记“其他应收款”科目。

【例 11-37】接例 11-36，因资金困难，在 D 县偿还意大利政府债务本息的 2.1 亿元中，有 1 亿元是市政府财政代为偿付的，本金 0.9 亿元，利息 0.1 亿元。在年末，被市政府财政扣缴。

被扣缴时：

借：其他应收款　　100 000 000
　贷：与上级往来　　100 000 000
借：借入款项——应付本金　　90 000 000
　　　　　——应付利息　　10 000 000

贷：待偿债净资产——借入款项 100 000 000

列支时：

借：债务还本支出 90 000 000

贷：其他应收款 90 000 000

借：一般公共预算本级支出 10 000 000

贷：其他应收款 10 000 000

（8）债权人豁免本级政府财政承担偿还责任的借入主权外债本息时，根据债务管理部门转来的相关资料，按照被豁免的本金及已确认的应付利息金额，借记本科目，贷记“待偿债净资产——借入款项”科目。

【例 11－38】接例 11－29，以色列政府豁免中央政府财政承担偿还责任的借款本息，本金 1 385 亿元，利息 11 亿元。

借：借入款项——应付本金 138 500 000 000

——应付利息 1 100 000 000

贷：待偿债净资产——借入款项 139 600 000 000

（9）债权人豁免下级政府财政承担偿还责任的借入主权外债本息时，根据债务管理部门转来的相关资料，按照被豁免的本金及已确认的应付利息金额，借记本科目，贷记“待偿债净资产——借入款项”科目；同时，借记“资产基金——应收主权外债转贷款”科目，贷记“应收主权外债转贷款”科目。

【例 11－39】意大利政府豁免市政府财政借入的应由 D 县承担偿还责任的贷款本息，本金 1.8 亿元，利息 0.3 亿元，共计 2.1 亿元。

借：借入款项——应付本金 180 000 000

——应付利息 30 000 000

贷：待偿债净资产——借入款项 210 000 000

借：资产基金——应收主权外债转贷款 210 000 000

贷：应收主权外债转贷款 210 000 000

2. 其他借入款项的账务处理。

其他借入款项的账务处理参照本科目使用说明中借入主权外债业务的账务处理。

二、应付转贷款的核算

应付转贷款是指地方政府财政向上级政府财政借入转贷资金而形成的负债，包括应付地方政府债券转贷款和应付主权外债转贷款等。

（一）应付地方政府债券转贷款的核算

“应付地方政府债券转贷款”（2026）是负债类科目，用于核算地方政府财政从上级政府财政借入的地方政府债券转贷款的本金和利息。本科目期末贷方余额，反映本级政府财政尚未偿还的地方政府债券转贷款的本金和利息。

本科目下应当设置“应付地方政府一般债券转贷款”和“应付地方政府专项债券转

贷款”一级明细科目，在一级明细科目下再分别设置“应付本金”和“应付利息”两个明细科目，分别对应付本金和利息进行明细核算，主要账务处理如下所示。

（1）收到上级政府财政转贷的地方政府债券资金时，借记“国库存款”科目，贷记“债务转贷收入”科目；根据债务管理部门转来的相关资料，按照到期应偿还的转贷款本金金额，借记“待偿债净资产——应付地方政府债券转贷款”科目，贷记本科目。

【例 11－40】某省财政通过中央财政发行新能源发展专项债券 20 亿元，发行完毕，收到中央财政转来的债券资金，存入国库。

借：国库存款　　2 000 000 000

　贷：债务转贷收入　　2 000 000 000

借：待偿债净资产——应付地方政府债券转贷款　　2 000 000 000

　贷：应付地方政府债券转贷款——应付地方政府专项债券转贷款——应付本金

　　2 000 000 000

（2）期末确认地方政府债券转贷款的应付利息时，根据债务管理部门计算出的本期应付未付利息金额，借记“待偿债净资产——应付地方政府债券转贷款”科目，贷记本科目。

【例 11－41】接例 11－40，期末确认债券转贷款的应付利息，本期应付未付利息金额为 680 万元。

借：待偿债净资产——应付地方政府债券转贷款　　6 800 000

　贷：应付地方政府债券转贷款——应付地方政府专项债券转贷款——应付利息

　　6 800 000

（3）偿还本级政府财政承担的地方政府债券转贷款本金时，借记“债务还本支出”科目，贷记“国库存款”等科目；根据债务管理部门转来的相关资料，按照实际偿还的本金金额，借记本科目，贷记“待偿债净资产——应付地方政府债券转贷款”科目。

【例 11－42】接例 11－40 和例 11－41，省财政偿还新能源发展专项债券本金 20 亿元。

借：债务还本支出　　2 000 000 000

　贷：国库存款　　2 000 000 000

借：应付地方政府债券转贷款——应付地方政府专项债券转贷款——应付本金

　　2 000 000 000

　贷：待偿债净资产——应付地方政府债券转贷款　　2 000 000 000

（4）偿还本级政府财政承担的地方政府债券转贷款的利息时，借记“一般公共预算本级支出”或“政府性基金预算本级支出”科目，贷记“国库存款”等科目；实际支付利息金额中属于已确认的应付利息部分，还应根据债务管理部门转来的相关资料，借记本科目，贷记“待偿债净资产——应付地方政府债券转贷款”科目。

【例 11－43】接例 11－40 至例 11－42，省财政偿还新能源发展专项债券利息 3 432 万元。

借：一般公共预算本级支出　　34 320 000

　贷：国库存款　　34 320 000

借：应付地方政府债券转贷款——应付地方政府专项债券转贷款——应付利息　34 320 000

　贷：待偿债净资产——应付地方政府债券转贷款　34 320 000

（5）偿还下级政府财政承担的地方政府债券转贷款的本息时，借记“其他应付款”或“其他应收款”科目，贷记“国库存款”等科目；根据债务管理部门转来的相关资料，按照实际偿还的本金及已确认的应付利息金额，借记本科目，贷记“待偿债净资产——应付地方政府债券转贷款”科目。

【例 11-44】某市财政获得省级财政转贷，该贷款由所属 R 县财政使用并承担债券转贷款本息。现偿还转贷款本金 1.3 亿元，利息 0.2 亿元，共计 1.5 亿元。

借：其他应付款　150 000 000

　贷：国库存款　150 000 000

借：应付地方政府债券转贷款——应付地方政府专项债券转贷款——应付本金　130 000 000

——应付利息　20 000 000

　贷：待偿债净资产——应付地方政府债券转贷款　150 000 000

（6）被上级政府财政扣缴地方政府债券转贷款本息时，借记“其他应收款”科目，贷记“与上级往来”科目；根据债务管理部门转来的相关资料，按照实际扣缴的本金及已确认的应付利息金额，借记本科目，贷记“待偿债净资产——应付地方政府债券转贷款”科目。列报支出时，对本级政府财政承担的还本支出，借记“债务还本支出”科目，贷记“其他应收款”科目；对本级政府财政承担的利息支出，借记“一般公共预算本级支出”或“政府性基金预算本级支出”科目，贷记“其他应收款”科目。

【例 11-45】接例 11-44，某市财政所属的 R 县财政，因资金困难，在偿还的 1.5 亿元中有 0.5 亿元是由市财政垫付的，年末，被市财政扣缴。经确认，0.5 亿元中本金为 0.42 亿元，利息为 0.08 亿元。

借：其他应收款　50 000 000

　贷：与上级往来　50 000 000

借：应付地方政府债券转贷款——应付本金　42 000 000

——应付利息　8 000 000

　贷：待偿债净资产——应付地方政府债券转贷款　50 000 000

列报支出时：

借：债务还本支出　42 000 000

　一般公共预算本级支出　8 000 000

　贷：其他应收款　50 000 000

（7）采用定向承销方式发行地方政府债券置换存量债务时，省级以下（不含省级）财政部门根据上级财政部门提供的债权债务确认相关资料，按照置换本级政府存量债务的额度，借记“债务还本支出”科目，按照置换下级政府存量债务的额度，借记“债务转贷支出”科目，按照置换存量债务的总额度，贷记“债务转贷收入”科目；根据债务管理部门转来的相关资料，按照置换存量债务的总额度，借记“待偿债净资产——应付地方政府债券转贷款”科目，贷记本科目。同时，按照置换下级政府存量债务额度，借记“应收地方政府债券转贷款”科目，贷记“资产基金——应收地方政府债券转贷款”科目。

【例 11－46】某市财政采用定向承销方式发行地方政府债券置换存量债务，省财政提供的债权债务确认相关资料显示置换本级政府存量债务的额度为 5 000 万元。其中，市本级置换债务 4 000 万元，置换下级政府存量债务的额度为 1 000 万元。

借：债务还本支出　　40 000 000
　　债务转贷支出　　10 000 000
　贷：债务转贷收入　　50 000 000

借：待偿债净资产——应付地方政府债券转贷款　　50 000 000
　贷：应付地方政府债券转贷款　　50 000 000

借：应收地方政府债券转贷款　　10 000 000
　贷：资产基金——应收地方政府债券转贷款　　10 000 000

（二）应付主权外债转贷款的核算

“应付主权外债转贷款”（2027）是负债类科目，用于核算本级政府财政从上级政府财政借入的主权外债转贷款的本金和利息。本科目期末贷方余额反映本级政府财政尚未偿还的主权外债转贷款本金和利息。

本科目下应当设置“应付本金”和“应付利息”两个明细科目，分别对应付本金和利息进行明细核算，主要账务处理如下所示。

（1）收到上级政府财政转贷的主权外债资金时，借记“其他财政存款”科目，贷记“债务转贷收入”科目；根据债务管理部门转来的相关资料，按照实际承担的债务金额，借记“待偿债净资产——应付主权外债转贷款”科目，贷记本科目。

【例 11－47】S 省收到中央政府财政转贷的主权外债资金 80 亿元。

借：其他财政存款　　8 000 000 000
　贷：债务转贷收入　　8 000 000 000

借：待偿债净资产——应付主权外债转贷款　　8 000 000 000
　贷：应付主权外债转贷款——应付本金　　8 000 000 000

（2）从上级政府财政借入主权外债转贷款，且由外方将贷款资金直接支付给用款单位或供应商时，应根据以下情况分别处理：

①本级政府财政承担还款责任，贷款资金由本级政府财政同级部门（单位）使用的，本级政府财政根据贷款资金支付相关资料，借记“一般公共预算本级支出”等科目，贷记“债务转贷收入”科目；根据债务管理部门转来的相关资料，按照实际承担的债务金额，借记“待偿债净资产——应付主权外债转贷款”科目，贷记本科目。

【例 11－48】W 省从中央政府财政借入主权外债转贷款，且由外方将贷款资金直接支付给用款单位或供应商，资金总额为 1 000 亿元。其中，本级政府财政承担还款责任，贷款资金由本级政府财政同级部门单位使用的资金额度为 600 亿元。

借：一般公共预算本级支出　　60 000 000 000

贷：债务转贷收入　　60 000 000 000

借：待偿债净资产——应付主权外债转贷款　　60 000 000 000

贷：应付主权外债转贷款——应付本金　　60 000 000 000

②本级政府财政承担还款责任，贷款资金由下级政府财政同级部门（单位）使用的，本级政府财政部门根据贷款资金支付相关资料及预算指标文件，借记“补助支出”科目，贷记“债务转贷收入”科目；根据债务管理部门转来的相关资料，按照实际承担的债务金额，借记“待偿债净资产——应付主权外债转贷款”科目，贷记本科目。

【例 11－49】 接例 11－48，W 省从中央政府财政借入主权外债转贷款，且由外方将贷款资金直接支付给用款单位或供应商，资金总额为 1 000 亿元。其中，本级政府财政承担还款责任，贷款资金由下级政府财政同级部门单位使用的资金额度为 250 亿元。

借：补助支出　　25 000 000 000

贷：债务转贷收入　　25 000 000 000

借：待偿债净资产——应付主权外债转贷款　　25 000 000 000

贷：应付主权外债转贷款——应付本金　　25 000 000 000

③下级政府财政承担还款责任，贷款资金由下级政府财政同级部门（单位）使用的，本级政府财政部门根据贷款资金支付相关资料，借记“债务转贷支出”科目，贷记“债务转贷收入”科目；根据债务管理部门转来的相关资料，按照实际承担的债务金额，借记“待偿债净资产——应付主权外债转贷款”科目，贷记本科目；同时，借记“应收主权外债转贷款”科目，贷记“资产基金——应收主权外债转贷款”科目。

【例 11－50】 接例 11－48 和例 11－49，W 省从中央政府财政借入主权外债转贷款，且由外方将贷款资金直接支付给用款单位或供应商，资金总额为 1 000 亿元。其中，下级 A 市政府财政承担还款责任，贷款资金由下级政府财政同级部门单位使用的资金额度为 150 亿元。

借：债务转贷支出　　15 000 000 000

贷：债务转贷收入　　15 000 000 000

借：待偿债净资产——应付主权外债转贷款　　15 000 000 000

贷：应付主权外债转贷款——应付本金　　15 000 000 000

借：应收主权外债转贷款——应付本金　　15 000 000 000

贷：资产基金——应收主权外债转贷款　　15 000 000 000

（3）期末确认主权外债转贷款的应付利息时，按照债务管理部门计算出的本期应付未付利息金额，借记“待偿债净资产——应付主权外债转贷款”科目，贷记本科目。

【例 11－51】 接例 11－47，S 省确认从中央政府财政转贷的主权外债资金的应付利息，本期应付未付利息额为 1 000 万元。

借：待偿债净资产——应付主权外债转贷款　　10 000 000

贷：应付主权外债转贷款——应付利息　　10 000 000

（4）偿还本级政府财政承担的借入主权外债转贷款的本金时，借记“债务还本支出”科目，贷记“其他财政存款”等科目；根据债务管理部门转来的相关资料，按照实际偿还的本金金额，借记本科目，贷记“待偿债净资产——应付主权外债转贷款”

科目。

【例 11－52】接例 11－47 和例 11－51，S 省偿还本级政府财政承担的借入主权外债转贷款的本金 80 亿元。

借：债务还本支出　　8 000 000 000
　贷：其他财政存款　　8 000 000 000
借：应付主权外债转贷款——应付本金　　8 000 000 000
　贷：待偿债净资产——应付主权外债转贷款　　8 000 000 000

（5）偿还本级政府财政承担的借入主权外债转贷款的利息时，借记“一般公共预算本级支出”等科目，贷记“其他财政存款”等科目；实际偿还利息金额中属于已确认的应付利息部分，还应根据债务管理部门转来的相关资料，借记本科目，贷记“待偿债净资产——应付主权外债转贷款”科目。

【例 11－53】接例 11－47、例 11－51 和例 11－52，S 省偿还本级政府财政承担的借入主权外债转贷款的利息 1.8 亿元。

借：一般公共预算本级支出　　180 000 000
　贷：其他财政存款　　180 000 000
借：应付主权外债转贷款——应付利息　　180 000 000
　贷：待偿债净资产——应付主权外债转贷款　　180 000 000

（6）偿还下级政府财政承担的借入主权外债转贷款的本息时，借记“其他应付款”或“其他应收款”科目，贷记“其他财政存款”等科目；根据债务管理部门转来的相关资料，按照实际偿还的本金及已确认的应付利息金额，借记本科目，贷记“待偿债净资产——应付主权外债转贷款”科目。

【例 11－54】接例 11－50，W 省偿还下级政府财政承担的借入主权外债转贷款的本息 152 亿元，其中，本金 150 亿元，利息 2 亿元。

借：其他应付款　　15 200 000 000
　贷：其他财政存款　　15 200 000 000
借：应付主权外债转贷款——应付本金　　15 000 000 000
　　　　　　　　　　　——应付利息　　200 000 000
　贷：待偿债净资产——应付主权外债转贷款　　15 200 000 000

（7）被上级政府财政扣缴借入主权外债转贷款的本息时，借记“其他应收款”科目，贷记“与上级往来”科目；根据债务管理部门转来的相关资料，按照被扣缴的本金及已确认的应付利息金额，借记本科目，贷记“待偿债净资产——应付主权外债转贷款”科目。列报支出时，对本级政府财政承担的还本支出，借记“债务还本支出”科目，贷记“其他应收款”科目；对本级政府财政承担的利息支出，借记“一般公共预算本级支出”等科目，贷记“其他应收款”科目。

【例 11－55】接例 11－54，因资金困难，W 省的下级 A 市政府财政偿还主权外债转贷款的本息中有 10 亿元由省政府财政垫付。年末，被省政府财政扣回。在 10 亿元扣款中，应付本金 9.5 亿元，应付利息 0.5 亿元。

借：其他应收款　　1 000 000 000

贷：与上级往来　　1 000 000 000

借：应付主权外债转贷款——应付本金　　950 000 000

——应付利息　　50 000 000

贷：待偿债净资产——应付主权外债转贷款　　1 000 000 000

列报支出时：

借：债务还本支出　　950 000 000

贷：其他应收款　　950 000 000

借：一般公共预算本级支出　　50 000 000

贷：其他应收款　　50 000 000

（8）上级政府财政豁免主权外债转贷款本息时，根据以下情况分别处理：

①豁免本级政府财政承担偿还责任的主权外债转贷款本息时，根据债务管理部门转来的相关资料，按照豁免转贷款的本金及已确认的应付利息金额，借记本科目，贷记“待偿债净资产——应付主权外债转贷款”科目。

【例 11－56】 接例 11－55，A 市政府财政偿还主权外债转贷款的本息中有 10 亿元是由省政府财政垫付的，其中，应付本金 9.5 亿元，应付利息 0.5 亿元。经省领导研究，豁免该笔资金。

借：应付主权外债转贷款——应付本金　　950 000 000

——应付利息　　50 000 000

贷：待偿债净资产——应付主权外债转贷款　　1 000 000 000

②豁免下级政府财政承担偿还责任的主权外债转贷款本息时，根据债务管理部门转来的相关资料，按照豁免转贷款的本金及已确认的应付利息金额，借记本科目，贷记“待偿债净资产——应付主权外债转贷款”科目；同时，借记“资产基金——应收主权外债转贷款”科目，贷记“应收主权外债转贷款”科目。

【例 11－57】 接例 11－56，A 市政府财政偿还主权外债转贷款的本息中有 10 亿元是由省政府财政垫付的，其中，应付本金 9.5 亿元，应付利息 0.5 亿元。经省领导研究，豁免该笔资金。W 省财政的账务处理如下：

借：应付主权外债转贷款——应付本金　　950 000 000

——应付利息　　50 000 000

贷：待偿债净资产——应付主权外债转贷款　　1 000 000 000

借：资产基金——应收主权外债转贷款　　1 000 000 000

贷：应收主权外债转贷款　　1 000 000 000

三、代管资金的核算

应付代管资金是指政府财政代为管理的、使用权属于被代管主体的资金。

“应付代管资金”（2017）是负债类科目，用于核算政府财政代为管理的、使用权属于被代管主体的资金。本科目期末贷方余额反映政府财政尚未支付的代管资金。

本科目应当根据管理需要进行相关明细核算，主要账务处理如下所示。

（一）收到代管资金时的核算

收到代管资金时，借记“其他财政存款”等科目，贷记本科目。

【例 11－58】某市财政收到天使投资基金托管资金 5 100 万元。

借：其他财政存款　　　　　　　　51 000 000

　贷：应付代管资金　　　　　　　　51 000 000

（二）支付代管资金时的核算

支付代管资金时，借记本科目，贷记“其他财政存款”等科目。

【例 11－59】接例 11－58，依照天使投资基金的托管要求，向某项目支付代管资金资助 350 万元。

借：应付代管资金　　　　　　　　3 500 000

　贷：其他财政存款　　　　　　　　3 500 000

（三）代管资金产生的利息收入的核算

代管资金产生的利息收入按照相关规定仍属于代管资金的，借记“其他财政存款”等科目，贷记本科目。

【例 11－60】接例 11－58 和例 11－59，代管资金产生利息收入 210 元。

借：其他财政存款　　　　　　　　210

　贷：应付代管资金　　　　　　　　210

概念题

1. 已结报支出
2. 应付转贷款
3. 应付代管资金

简述题

1. 简述财政总预算会计负债的内容。
2. 简述应付政府债券的核算。
3. 简述应付国库集中支付结余的核算。

会计分录题

1. N 省财政发行为期 10 个月的短期政府债券，面额为 10 亿元，实际收到的发行收入为 10 亿元。
2. 月末，N 省财政确认本月短期政府债券的应付利息为 400 万元。

3. 年末，N 省财政按照权责发生制列支一般公共预算本级支出，人大事务经费结余 0.4 亿元，发展与改革事务经费结余 0.5 亿元，共计 0.9 亿元。

4. N 省人大用上年的经费结余购买一批办公用品，价款为 3 万元，由省财政通过国库集中支付款项给供货商。

5. C 县财政因资金困难，向 L 市财政借款 30 万元。

6. L 市财政收到一笔 5 万元的款项，不明性质，暂时存入国库。

7. N 省偿还长期政府债券，本金为 12 亿元，利息为 0.8 亿元，共计 12.8 亿元。

8. 中央财政借入主权外债资金折合人民币 150 亿元，借款存入商业银行。

9. 中央财政确认借入的主权外债本期应付利息为 21 万元。

10. L 市财政采用定向承销方式发行地方政府债券置换存量债务 10 亿元。

11. L 市财政收到国外某基金托管资金 2 000 万元。

第十二章

财政总预算净资产的核算

净资产是指政府财政资产减去负债的差额。财政总预算净资产的分类与会计科目设置参见表 12－1。各项结转结余应每年结算一次。

表 12－1 财政总预算净资产的分类与会计科目设置

<table>
<tr><th colspan="2">净资产分类</th><th>会计科目设置</th></tr>
<tr><td rowspan="3">基本预算净资产</td><td>一般公共预算</td><td>一般公共预算结转结余</td></tr>
<tr><td>政府性基金预算</td><td>政府性基金预算结转结余</td></tr>
<tr><td>国有资本经营预算</td><td>国有资本经营预算结转结余</td></tr>
<tr><td rowspan="6">其他净资产</td><td rowspan="2">专户管理资金和专用基金</td><td>财政专户管理资金结余</td></tr>
<tr><td>专用基金结余</td></tr>
<tr><td rowspan="2">周转金</td><td>预算稳定调节基金</td></tr>
<tr><td>预算周转金</td></tr>
<tr><td rowspan="2">资产基金和待偿债净资产</td><td>资产基金</td></tr>
<tr><td>待偿债净资产</td></tr>
</table>

第一节　基本预算净资产的核算

在本节，我们将介绍一般公共预算结转结余、政府性基金预算结转结余、国有资本经营预算结转结余的核算。

一、一般公共预算结转结余的核算

一般公共预算结转结余是指一般公共预算收支的执行结果。

"一般公共预算结转结余"（3001）是净资产科目，用于核算政府财政纳入一般公共预算管理的收支相抵形成的结转结余。本科目年终贷方余额，反映一般公共预算收支相抵后的滚存结转结余。

一般公共预算结转结余的主要账务处理如下所示。

（一）年终转账的核算

年终转账时，将一般公共预算的有关收入科目贷方余额转入本科目的贷方，借记"一般公共预算本级收入""补助收入——一般公共预算补助收入""上解收入——一般公共预算上解收入""地区间援助收入""调入资金——一般公共预算调入资金""债务收入——一般债务收入""债务转贷收入——地方政府一般债务转贷收入""动用预算稳定调节基金"等科目，贷记本科目；将一般公共预算的有关支出科目借方余额转入本科目的借方，借记本科目，贷记"一般公共预算本级支出""上解支出——一般公共预算上解支出""补助支出——一般公共预算补助支出""地区间援助支出""调出资金——一般公共预算调出资金""安排预算稳定调节基金""债务转贷支出——地方政府一般债务转贷支出""债务还本支出——一般债务还本支出"等科目。

【例 12-1】 年终，某市财政进行年终转账，将一般公共预算的有关收入科目贷方余额转入"一般公共预算结转结余"科目的贷方。"一般公共预算本级收入"科目贷方余额 1 360 亿元，"补助收入——一般公共预算补助收入"科目贷方余额 20 亿元，"上解收入——一般公共预算上解收入"科目贷方余额 480 亿元，"地区间援助收入"科目贷方余额 2 亿元，"调入资金——一般公共预算调入资金"科目贷方余额 26 亿元，"债务收入——一般债务收入"科目贷方余额 583 亿元，"债务转贷收入——地方政府一般债务转贷收入"科目贷方余额 70 亿元，"动用预算稳定调节基金"科目贷方余额 1 亿元。

借：一般公共预算本级收入	136 000 000 000	
补助收入——一般公共预算补助收入	2 000 000 000	
上解收入——一般公共预算上解收入	48 000 000 000	
地区间援助收入	200 000 000	
调入资金——一般公共预算调入资金	2 600 000 000	
债务收入——一般债务收入	58 300 000 000	
债务转贷收入——地方政府一般债务转贷收入	7 000 000 000	
动用预算稳定调节基金	100 000 000	
贷：一般公共预算结转结余		254 200 000 000

【例 12-2】 年终，某市财政进行年终转账，将一般公共预算的有关收入科目借方余额转入"一般公共预算结转结余"科目的借方。"一般公共预算本级支出"科目借方余额 1 606 亿元，"上解支出——一般公共预算上解支出"科目借方余额 325 亿元，"补助支

出——一般公共预算补助支出”科目借方余额 50 亿元，“地区间援助支出”科目借方余额 10 亿元，“调出资金——一般公共预算调出资金”科目借方余额 2 亿元，“安排预算稳定调节基金”科目借方余额 3 亿元，“债务转贷支出——地方政府一般债务转贷支出”科目借方余额 70 亿元，“债务还本支出——一般债务还本支出”科目借方余额 480 亿元。

借：一般公共预算结转结余	254 600 000 000	
贷：一般公共预算本级支出		160 600 000 000
上解支出——一般公共预算上解支出		32 500 000 000
补助支出——一般公共预算补助支出		5 000 000 000
地区间援助支出		1 000 000 000
调出资金——一般公共预算调出资金		200 000 000
安排预算稳定调节基金		300 000 000
债务转贷支出——地方政府一般债务转贷支出		7 000 000 000
债务还本支出——一般债务还本支出		48 000 000 000

（二）设置和补充预算周转金的核算

设置和补充预算周转金时，借记本科目，贷记“预算周转金”科目。

【例 12－3】年终，某市财政依据财政结余情况补充预算周转金 1.5 亿元。

借：一般公共预算结转结余	150 000 000	
贷：预算周转金		150 000 000

二、政府性基金预算结转结余的核算

政府性基金预算结转结余是指政府性基金预算收支的执行结果。

“政府性基金预算结转结余”（3002）是净资产类科目，用于核算政府财政纳入政府性基金预算管理的收支相抵形成的结转结余。本科目年终贷方余额，反映政府性基金预算收支相抵后的滚存结转结余。

本科目应当根据管理需要，按照政府性基金的种类进行明细核算，主要账务处理如下所示。

年终转账时，应将政府性基金预算的有关收入科目贷方余额按照政府性基金种类分别转入本科目下相应明细科目的贷方，借记“政府性基金预算本级收入”“补助收入——政府性基金预算补助收入”“上解收入——政府性基金预算上解收入”“调入资金——政府性基金预算调入资金”“债务收入——专项债务收入”“债务转贷收入——地方政府专项债务转贷收入”等科目，贷记本科目；将政府性基金预算的有关支出科目借方余额按照政府性基金种类分别转入本科目下相应明细科目的借方，借记本科目，贷记“政府性基金预算本级支出”“上解支出——政府性基金预算上解支出”“补助支出——政府性基金预算补助支出”“调出资金——政府性基金预算调出资金”“债务还本支出——专项债务还本支出”“债务转贷支出——地方政府专项债务转贷支出”等科目。

【例 12－4】年终，某市将政府性基金预算的有关收入科目贷方余额按照政府性基金种类分别转入“政府性基金预算结转结余”科目下相应明细科目的贷方。“政府性基金预算本级收入”科目贷方余额350亿元，“补助收入——政府性基金预算补助收入”科目贷方余额20亿元，“上解收入——政府性基金预算上解收入”科目贷方余额30亿元，“调入资金——政府性基金预算调入资金”科目贷方余额1亿元，“债务收入——专项债务收入”科目贷方余额100亿元，“债务转贷收入——地方政府专项债务转贷收入”科目贷方余额80亿元。

借：政府性基金预算本级收入　35 000 000 000
　　补助收入——政府性基金预算补助收入　2 000 000 000
　　上解收入——政府性基金预算上解收入　3 000 000 000
　　调入资金——政府性基金预算调入资金　100 000 000
　　债务收入——专项债务收入　10 000 000 000
　　债务转贷收入——地方政府专项债务转贷收入　8 000 000 000
　贷：政府性基金预算结转结余　58 100 000 000

【例12-5】年终，某县财政将政府性基金预算的有关支出科目借方余额按照政府性基金种类分别转入“政府性基金预算结转结余”科目下相应明细科目的借方。“政府性基金预算本级支出”科目借方余额21亿元，“上解支出——政府性基金预算上解支出”科目借方余额6亿元，“补助支出——政府性基金预算补助支出”科目借方余额2亿元，“调出资金——政府性基金预算调出资金”科目借方余额0.5亿元，“债务还本支出——专项债务还本支出”科目借方余额5亿元，“债务转贷支出——地方政府专项债务转贷支出”科目借方余额3亿元。

借：政府性基金预算结转结余　3 750 000 000
　贷：政府性基金预算本级支出　2 100 000 000
　　　上解支出——政府性基金预算上解支出　600 000 000
　　　补助支出——政府性基金预算补助支出　200 000 000
　　　调出资金——政府性基金预算调出资金　50 000 000
　　　债务还本支出——专项债务还本支出　500 000 000
　　　债务转贷支出——地方政府专项债务转贷支出　300 000 000

三、国有资本经营预算结转结余的核算

国有资本经营预算结转结余是指国有资本经营预算收支的执行结果。

“国有资本经营预算结转结余”（3003）是净资产类科目，用于核算政府财政纳入国有资本经营预算管理的收支相抵形成的结转结余。本科目年终贷方余额，反映国有资本经营预算收支相抵后的滚存结转结余。

国有资本经营预算结转结余的主要账务处理如下所示。

年终转账时，应将国有资本经营预算的有关收入科目贷方余额转入本科目贷方，借记“国有资本经营预算本级收入”等科目，贷记本科目；将国有资本经营预算的有关支出科目借方余额转入本科目借方，借记本科目，贷记“国有资本经营预算本级支出”“调出资金——国有资本经营预算调出资金”等科目。

【例 12－6】年终，某省将“国有资本经营预算本级收入”科目贷方余额 156 亿元转入“国有资本经营预算结转结余”科目贷方。

借：国有资本经营预算本级收入　　15 600 000 000

　贷：国有资本经营预算结转结余　　15 600 000 000

【例 12－7】年终，某省将“国有资本经营预算本级支出”科目借方余额 156 亿元和“调出资金——国有资本经营预算调出资金”科目借方余额 5 亿元转入“国有资本经营预算结转结余”科目借方。

借：国有资本经营预算结转结余　　161 00 000 000

　贷：国有资本经营预算本级支出　　15 600 000 000

　　调出资金——国有资本经营预算调出资金　　500 000 000

第二节　其他净资产的核算

一、财政专户管理资金结余的核算

财政专户管理资金结余是指纳入财政专户管理的教育收费等资金收支的执行结果。

“财政专户管理资金结余”（3005）是净资产类科目，用于核算政府财政纳入财政专户管理的教育收费等资金收支相抵后形成的结余。本科目年终贷方余额，反映政府财政纳入财政专户管理的资金收支相抵后的滚存结余。

本科目应当根据管理需要，按照部门（单位）等进行明细核算。

年终转账时，将财政专户管理资金的有关收入科目贷方余额转入本科目贷方，借记“财政专户管理资金收入”等科目，贷记本科目；将财政专户管理资金的有关支出科目借方余额转入本科目借方，借记本科目，贷记“财政专户管理资金支出”等科目。

【例 12－8】年终，某县财政将“财政专户管理资金收入”科目贷方余额 16 万元转入“财政专户管理资金结余”科目贷方。

借：财政专户管理资金收入　　160 000

　贷：财政专户管理资金结余　　160 000

【例 12－9】年终，某县财政将“财政专户管理资金支出”科目借方余额 15 万元转入“财政专户管理资金结余”科目借方。

借：财政专户管理资金结余　　150 000

　贷：财政专户管理资金支出　　150 000

二、专用基金结余的核算

专用基金结余是指专用基金收支的执行结果。

“专用基金结余”（3007）是净资产类科目，用于核算政府财政管理的专用基金收支相抵形成的结余。本科目年终贷方余额，反映政府财政管理的专用基金收支相抵后的滚存结余。

本科目应当根据专用基金的种类进行明细核算。

年终转账时，将专用基金的有关收入科目贷方余额转入本科目贷方，借记“专用基金收入”等科目，贷记本科目；将专用基金的有关支出科目借方余额转入本科目借方，借记本科目，贷记“专用基金支出”等科目。

【例 12-10】年终，某县财政将“专用基金收入”科目贷方余额 310 万元转入“专用基金结余”科目贷方。

借：专用基金收入　　3 100 000

　贷：专用基金结余　　3 100 000

【例 12-11】年终，某县财政将“专用基金支出”科目借方余额 310 万元转入“专用基金结余”科目借方。

借：专用基金结余　　3 100 000

　贷：专用基金支出　　3 100 000

三、预算稳定调节基金的核算

预算稳定调节基金是指政府财政安排用于弥补以后年度预算资金不足的储备资金。

“预算稳定调节基金”（3031）是净资产类科目，用于核算政府财政设置的用于弥补以后年度预算资金不足的储备资金。本科目期末贷方余额，反映预算稳定调节基金的规模。

预算稳定调节基金的主要账务处理如下所示。

（一）补充预算稳定调节基金的核算

使用超收收入或一般公共预算结余补充预算稳定调节基金时，借记“安排预算稳定调节基金”科目，贷记本科目。

【例 12-12】某省财政使用超收收入补充预算稳定调节基金 600 万元。

借：安排预算稳定调节基金　　6 000 000

　贷：预算稳定调节基金　　6 000 000

（二）将预算周转金调入预算稳定调节基金的核算

将预算周转金调入预算稳定调节基金时，借记“预算周转金”科目，贷记本科目。

【例 12-13】某县财政一般公共预算资金紧张，动用预算周转金 20 万元，调入预算稳定调节基金。

借：预算周转金　　200 000

　贷：预算稳定调节基金　　200 000

（三）调用预算稳定调节基金的核算

调用预算稳定调节基金时，借记本科目，贷记“动用预算稳定调节基金”科目。

四、预算周转金的核算

预算周转金是指政府财政为调剂预算年度内季节性收支差额，保证及时用款而设置的库款周转资金。

“预算周转金”（3033）是净资产类科目，用于核算政府财政设置的用于调剂预算年度内季节性收支差额周转使用的资金。本科目期末贷方余额，反映预算周转金的规模。

预算周转金应根据《预算法》的要求设置，主要账务处理如下所示。

（一）设置和补充预算周转金的核算

设置和补充预算周转金时，借记“一般公共预算结转结余”科目，贷记本科目。

【例 12－14】某省依据一般公共预算结转结余情况，补充预算周转金 500 万元。

借：一般公共预算结转结余　　　　5 000 000
　贷：预算周转金　　　　　　　　　5 000 000

（二）将预算周转金调入预算稳定调节基金的核算

将预算周转金调入预算稳定调节基金时，借记本科目，贷记“预算稳定调节基金”科目。

【例 12－15】某市将预算周转金 160 万元调入预算稳定调节基金。

借：预算周转金　　　　1 600 000
　贷：预算稳定调节基金　　　　1 600 000

五、资产基金的核算

资产基金是指政府财政持有的债权和股权投资等资产（与其相关的资金收支纳入预算管理）在净资产中占用的金额。

“资产基金”（3081）是净资产类科目，用于核算政府财政持有的应收地方政府债券转贷款、应收主权外债转贷款、股权投资和应收股利等资产（与其相关的资金收支纳入预算管理）在净资产中占用的金额。本科目期末贷方余额，反映政府财政持有应收地方政府债券转贷款、应收主权外债转贷款、股权投资和应收股利等资产（与其相关的资金收支纳入预算管理）在净资产中占用的金额。

本科目下应当设置“应收地方政府债券转贷款”“应收主权外债转贷款”“股权投资”“应收股利”等明细科目，进行明细核算。

资产基金的账务处理参见“应收地方政府债券转贷款”“应收主权外债转贷款”“股权投资”“应收股利”等科目的使用说明。

六、待偿债净资产的核算

待偿债净资产是指政府财政承担应付短期政府债券、应付长期政府债券、借入款项、应付地方政府债券转贷款、应付主权外债转贷款、其他负债等负债（与其相关的资金收支纳入预算管理）而相应需在净资产中冲减的金额。

“待偿债净资产”（3082）是净资产类科目，用于核算政府财政因发生应付政府债券、借入款项、应付地方政府债券转贷款、应付主权外债转贷款、其他负债等负债（与其相关的资金收支纳入预算管理）相应需在净资产中冲减的金额。本科目期末借方余额，反映政府财政承担应付政府债券、借入款项、应付地方政府债券转贷款、应付主权外债转贷款和其他负债等负债（与其相关的资金收支纳入预算管理）而相应需冲减净资产的金额。

本科目下应当设置“应付短期政府债券”“应付长期政府债券”“借入款项”“应付地方政府债券转贷款”“应付主权外债转贷款”“其他负债”等明细科目，进行明细核算。

待偿债净资产的账务处理参见“应付短期政府债券”“应付长期政府债券”“借入款项”“应付地方政府债券转贷款”“应付主权外债转贷款”“其他负债”等科目的使用说明。

概念题

1. 资产基金
2. 预算周转金
3. 预算稳定调节基金

简述题

1. 简述财政总预算会计核算的净资产类型。
2. 简述一般公共预算结转结余的核算。
3. 简述政府性基金预算结转结余的核算。
4. 简述国有资本经营预算结转结余的核算。

会计分录题

1. 年终，Z县财政进行年终转账，将一般公共预算的有关收入科目贷方余额转入“一般公共预算结转结余”科目的贷方。“一般公共预算本级收入”科目贷方余额52万元，“补助收入——一般公共预算补助收入”科目贷方余额16万元，“上解收入——一般公共预算上解收入”科目贷方余额8万元，“地区间援助收入”科目贷方余额5万元，“调入资金——一般公共预算调入资金”科目贷方余额4万元，“债务转贷收入——地方政府一般债务转贷收入”科目贷方余额 25 万元，“动用预算稳定调节基金”科目贷方余额 6 万元。

2. 年终，L 市财政将政府性基金预算的有关支出科目借方余额按照政府性基金种类分别转入“政府性基金预算结转结余”科目下相应明细科目的借方。“政府性基金预算本级支出”科目借方余额 28 642 万元，“上解支出——政府性基金预算上解支出”科目借方余额 400 万元，“补助支出——政府性基金预算补助支出”科目借方余额 150 万元，“调出资金——政府性基金预算调出资金”科目借方余额 1 亿元，“债务还本支出——专项债务还本支出”科目借方余额 1.5 亿元，“债务转贷支出——地方政府专项债务转贷支出”科目借方余额 3 000 万元。

3. 年终，N 省将“国有资本经营预算本级支出”科目借方余额 6 500 万元和“调出资金——国有资本经营预算调出资金”科目借方余额 5 000 万元转入“国有资本经营预算结转结余”科目借方。

4. 年终，Z 县财政将“财政专户管理资金收入”科目贷方余额 11 万元转入“财政专户管理资金结余”科目贷方。

5. 年终，Y 市财政将“专用基金支出”科目借方余额 500 万元转入“专用基金结余”科目借方。

6. N 省财政一般公共预算资金紧张，动用预算周转金 5 000 万元，调入预算稳定调节基金。

7. L 市将预算周转金 200 万元调入预算稳定调节基金。

第十三章

财政总预算收入的核算

收入是指政府财政为实现政府职能，根据法律法规等所筹集的资金。财政总预算收入的分类与会计科目设置参见表 13－1。

表 13－1　财政总预算收入的分类与会计科目设置

收入分类		会计科目设置
基本预算收入	一般公共预算	一般公共预算本级收入
	政府性基金预算	政府性基金预算本级收入
	国有资本经营预算	国有资本经营预算本级收入
专户资金和专用基金收入	财政专户管理资金	财政专户管理资金收入
	专用基金	专用基金收入
转移性收入	补助	补助收入
	上解	上解收入
	地区间援助	地区间援助收入
	调拨资金	调入资金
	预算稳定调节基金	动用预算稳定调节基金
债务收入	债务	债务收入
	债务转贷	债务转贷收入

第一节　基本预算收入的核算

本节主要介绍一般公共预算本级收入、政府性基金预算本级收入和国有资本经营预算本级收入的核算。

一般公共预算本级收入、政府性基金预算本级收入、国有资本经营预算本级收入应当按照实际收到的金额入账。

已建乡（镇）国库的地区，乡（镇）财政的本级收入以乡（镇）国库收到数为准。县（含县本级）以上各级财政的各项预算收入（含固定收入与共享收入）以缴入基层国库数额为准；未建乡（镇）国库的地区，乡（镇）财政的本级收入以乡（镇）总会计收到的县级财政返回数额为准。

一、一般公共预算本级收入的核算

一般公共预算本级收入是指政府财政筹集的纳入本级一般公共预算管理的税收收入和非税收入。

“一般公共预算本级收入”（4001）是收入类科目，用于核算政府财政筹集的纳入本级一般公共预算管理的税收收入和非税收入。本科目平时贷方余额反映一般公共预算本级收入的累计数。

本科目应当根据《政府收支分类科目》中“一般公共预算收入科目”的规定进行明细核算，主要账务处理如下所示。

（一）收到款项时的核算

收到款项时，根据当日预算收入日报表所列一般公共预算本级收入数，借记“国库存款”等科目，贷记本科目。

【例 13－1】某市财政收到当日预算收入日报表，所列一般公共预算本级收入数为 335 万元，为私营企业城市维护建设税。

借：国库存款　　　　　　　　　　3 350 000

　贷：一般公共预算本级收入——税收收入——城市维护建设税——私营企业城市维护建设税　　　　　　　　　　3 350 000

（二）年终转账时的核算

年终转账时，本科目贷方余额全数转入“一般公共预算结转结余”科目，借记本科目，贷记“一般公共预算结转结余”科目。结转后，本科目无余额。

【例 13－2】年终，某市的“一般公共预算本级收入”科目贷方余额 229 亿元全数转入“一般公共预算结转结余”科目。

借：一般公共预算本级收入　　　　22 900 000 000

贷：一般公共预算结转结余　　　　　　22 900 000 000

二、政府性基金预算本级收入的核算

政府性基金预算本级收入是指政府财政筹集的纳入本级政府性基金预算管理的非税收入。

“政府性基金预算本级收入”（4002）是收入类科目，用于核算政府财政筹集的纳入本级政府性基金预算管理的非税收入。本科目平时贷方余额，反映政府性基金预算本级收入的累计数。

本科目应当根据《政府收支分类科目》中“政府性基金预算收入科目”的规定进行明细核算，主要账务处理如下所示。

（一）收到款项时的核算

收到款项时，根据当日预算收入日报表所列政府性基金预算本级收入数，借记“国库存款”等科目，贷记本科目。

【例 13－3】某省收到当日预算收入日报表，所列政府性基金预算本级收入数为 250 亿元，为土地出让价款收入。

借：国库存款　　　　　　　　　　25 000 000 000

贷：政府性基金预算本级收入——非税收入——国有土地使用权出让收入——土地出让价款收入　　　　　　25 000 000 000

（二）年终转账时的核算

年终转账时，本科目贷方余额全数转入“政府性基金预算结转结余”科目，借记本科目，贷记“政府性基金预算结转结余”科目。结转后，本科目无余额。

【例 13－4】年终，某市财政的“政府性基金预算本级收入”科目贷方余额 82 亿元，全数转入“政府性基金预算结转结余”科目。

借：政府性基金预算本级收入　　　　8 200 000 000

贷：政府性基金预算结转结余　　　　8 200 000 000

三、国有资本经营预算本级收入的核算

国有资本经营预算本级收入是指政府财政筹集的纳入本级国有资本经营预算管理的非税收入。

“国有资本经营预算本级收入”（4003）是收入类科目，用于核算政府财政筹集的纳入本级国有资本经营预算管理的非税收入。本科目平时贷方余额，反映国有资本经营预算本级收入的累计数。

本科目应当根据《政府收支分类科目》中“国有资本经营预算收入科目”的规定进行明细核算，主要账务处理如下所示。

（一）收到款项时的核算

收到款项时，根据当日预算收入日报表所列国有资本经营预算本级收入数，借记“国库存款”等科目，贷记本科目。

【例 13－5】某市收到当日预算收入日报表，所列国有资本经营预算本级收入数为 36 万元，为商业企业利润收入。

借：国库存款　　360 000

贷：国有资本经营预算本级收入——非税收入——国有资本经营收入——利润收入——商业企业利润收入　　360 000

（二）年终转账时的核算

年终转账时，本科目贷方余额全数转入“国有资本经营预算结转结余”科目，借记本科目，贷记“国有资本经营预算结转结余”科目。结转后，本科目无余额。

【例 13－6】年终，某省“国有资本经营预算本级收入”科目的贷方余额 160 亿元全数转入“国有资本经营预算结转结余”科目。

借：国有资本经营预算本级收入　　16 000 000 000

　贷：国有资本经营预算结转结余　　16 000 000 000

第二节　专户资金和专用基金收入的核算

在财政总预算会计中，在基本预算收入、转移性收入和债务收入之外的其他收入主要有财政专户管理资金收入和专用基金收入。财政专户管理资金收入和专用基金收入应当按照实际收到的金额入账。

一、财政专户管理资金收入的核算

财政专户管理资金收入是指政府财政纳入财政专户管理的教育收费等资金收入。

“财政专户管理资金收入”（4005）是收入类科目，用于核算政府财政纳入财政专户管理的教育收费等资金收入。本科目平时贷方余额，反映财政专户管理资金收入的累计数。

本科目应当按照《政府收支分类科目》中收入分类科目的规定进行明细核算，同时，根据管理需要，按部门（单位）等进行明细核算，主要账务处理如下所示。

（一）收到财政专户管理资金时的核算

收到财政专户管理资金时，借记“其他财政存款”科目，贷记本科目。

【例 13－7】某市财政收到待缴国库单一账户的教育收费收入 27 万元，存入财政专户。

借：其他财政存款　　　　　　　　　270 000
　贷：财政专户管理资金收入　　　　　　270 000

（二）年终转账时的核算

年终转账时，本科目贷方余额全数转入“财政专户管理资金结余”科目，借记本科目，贷记“财政专户管理资金结余”科目。结转后，本科目无余额。

【例 13-8】年终，某市财政“财政专户管理资金收入”科目贷方余额 863 万元，全数转入“财政专户管理资金结余”科目。

借：财政专户管理资金收入　　　　　8 630 000
　贷：财政专户管理资金结余　　　　　　8 630 000

二、专用基金收入的核算

专用基金收入是指政府财政根据法律法规等规定设立的各项专用基金（包括粮食风险基金等）取得的资金收入。

“专用基金收入”（4007）是收入类科目，用于核算政府财政按照法律法规和国务院、财政部规定设置或取得的粮食风险基金等专用基金收入。本科目平时贷方余额，反映取得专用基金收入的累计数。

本科目应当按照专用基金的种类进行明细核算，主要账务处理如下所示。

（一）取得专用基金收入转入财政专户的核算

通过预算支出安排取得专用基金收入转入财政专户的，借记“其他财政存款”科目，贷记本科目；同时，借记“一般公共预算本级支出”等科目，贷记“国库存款”“补助收入”等科目。退回专用基金收入时，借记本科目，贷记“其他财政存款”科目。

【例 13-9】某市通过预算支出安排取得粮食风险基金收入 200 万元，并转入财政专户。

借：其他财政存款　　　　　　　　2 000 000
　贷：专用基金收入　　　　　　　　　2 000 000
借：一般公共预算本级支出　　　　2 000 000
　贷：国库存款　　　　　　　　　　　2 000 000

（二）安排取得的专用基金收入仍存在国库的核算

通过预算支出安排取得专用基金收入仍存在国库的，借记“一般公共预算本级支出”等科目，贷记“专用基金收入”科目。

【例 13-10】某省通过预算支出安排取得粮食风险基金收入 390 万元，资金仍存在国库。

借：一般公共预算本级支出　　　　3 900 000
　贷：专用基金收入　　　　　　　　　3 900 000

（三）年终转账的核算

年终转账时，本科目贷方余额全数转入“专用基金结余”科目，借记本科目，贷记“专用基金结余”科目。结转后，本科目无余额。

【例 13－11】年终，某省财政“专用基金收入”科目贷方余额 3 800 万元，全数转入“专用基金结余”科目。

借：专用基金收入　　　　　　　　　38 000 000

　贷：专用基金结余　　　　　　　　　38 000 000

第三节　转移性收入的核算

转移性收入是指在各级政府财政之间进行资金调拨以及在本级政府财政不同类型资金之间调剂所形成的收入，会计科目设置包括补助收入、上解收入、地区间援助收入、调入资金和动用预算稳定调节基金等。

转移性收入应当按照财政体制的规定或实际发生的金额入账。

一、补助收入的核算

补助收入是指上级政府财政按照财政体制规定或因专项需要补助给本级政府财政的款项，包括上级税收返还、转移支付等。

“补助收入”（4011）是收入类科目，用于核算上级政府财政按照财政体制规定或因专项需要补助给本级政府财政的款项，包括税收返还、转移支付等。本科目平时贷方余额，反映补助收入的累计数。

本科目下应当按照不同的资金性质设置“一般公共预算补助收入”“政府性基金预算补助收入”等明细科目，主要账务处理如下所示。

（一）收到上级政府财政拨入的补助款的核算

收到上级政府财政拨入的补助款时，借记“国库存款”“其他财政存款”等科目，贷记本科目。

【例 13－12】某县财政收到市财政拨入的政府性基金预算补助款 43 万元，存入国库。

借：国库存款　　　　　　　　　　　　　　430 000

　贷：补助收入——政府性基金预算补助收入　　　430 000

（二）专项转移支付资金实行特设专户管理的核算

专项转移支付资金实行特设专户管理的，政府财政应当根据上级政府财政下达的预算文件确认补助收入。年度当中收到资金时，借记“其他财政存款”科目，贷记“与上级往来”等科目；年度终了，根据专项转移支付资金预算文件，借记“与上级往来”科目，贷记本科目。

【例 13-13】 L 市获得“风能科技创新发展”专项转移支付资金 860 万元，并按省的要求存入特设专户。该专项转移支付资金由省政府性基金预算收入设立。

借：其他财政存款　　8 600 000

　贷：与上级往来　　8 600 000

年度终了，根据专项转移支付资金预算文件确认收入：

借：与上级往来　　8 600 000

　贷：补助收入——政府性基金预算补助收入　　8 600 000

（三）从“与上级往来”科目转入时的核算

从“与上级往来”科目转入本科目时，借记“与上级往来”科目，贷记本科目。

【例 13-14】 某县财政因资金周转困难向市财政借款 180 万元记入“与上级往来”科目，经省领导批准，该笔借款转为省对市的补助。

借：与上级往来　　1 800 000

　贷：补助收入——一般公共预算补助收入　　1 800 000

（四）主权外债业务的核算

有主权外债业务的财政部门，贷款资金由本级政府财政同级部门（单位）使用，且贷款的最终还款责任由上级政府财政承担的，本级政府财政部门收到贷款资金时，借记“其他财政存款”科目，贷记本科目；外方将贷款资金直接支付给供应商或用款单位时，借记“一般公共预算本级支出”，贷记本科目。

【例 13-15】 F 市有两笔主权外债业务，均是贷款资金由本级政府财政同级单位使用，且贷款的最终还款责任由省政府财政承担。第一笔主权外债业务是收到贷款资金 536 万元；第二笔主权外债业务是外方将贷款资金直接支付给用款单位，金额为 2 400 万元。

第一笔主权外债，财政部门收到贷款资金：

借：其他财政存款　　5 360 000

　贷：补助收入　　5 360 000

第二笔主权外债，外方将贷款资金直接支付给用款单位：

借：一般公共预算本级支出　　24 000 000

　贷：补助收入　　24 000 000

（五）年终结算

年终与上级政府财政结算时，根据预算文件，按照尚未收到的补助款金额，借记“与上级往来”科目，贷记本科目。退还或核减补助收入时，借记本科目，贷记“国库存款”“与上级往来”等科目。

【例 13-16】 年终与省财政结算，F 市应收但尚未收到补助款 260 万元；H 市应退还补助收入 50 万元。

F 市：

借：与上级往来　　　　　　　　　　　　　2 600 000

　贷：补助收入　　　　　　　　　　　　　　2 600 000

H 市：

借：补助收入　　　　　　　　　　　　　　500 000

　贷：与上级往来　　　　　　　　　　　　　500 000

（六）年终转账

年终转账时，本科目贷方余额应根据不同资金性质分别转入对应的结转结余科目，借记本科目，贷记“一般公共预算结转结余”“政府性基金预算结转结余”等科目。结转后，本科目无余额。

【例 13－17】年终，F 市财政“补助收入——一般公共预算补助收入”科目贷方余额 736 万元，“补助收入——政府性基金预算补助收入”科目贷方余额 200 万元，分别转入“一般公共预算结转结余”和“政府性基金预算结转结余”科目。

借：补助收入——一般公共预算补助收入　　　　7 360 000

　贷：一般公共预算结转结余　　　　　　　　　7 360 000

借：补助收入——政府性基金预算补助收入　　　2 000 000

　贷：政府性基金预算结转结余　　　　　　　　2 000 000

二、上解收入的核算

上解收入是指按照财政体制规定由下级政府财政上交给本级政府财政的款项。

“上解收入”（4012）是收入类科目，用于核算按照体制规定由下级政府财政上交给本级政府财政的款项。本科目平时贷方余额，反映上解收入的累计数。

本科目下应当按照不同资金性质设置“一般公共预算上解收入”“政府性基金预算上解收入”等明细科目，同时，还应当按照上解地区进行明细核算，主要账务处理如下所示。

（一）收到下级政府财政上解款的核算

收到下级政府财政的上解款时，借记“国库存款”等科目，贷记本科目。

【例 13－18】某市财政收到所属 C 县的一般公共预算上解款 46 万元，存入国库。

借：国库存款　　　　　　　　　　　　　　　　　　　460 000

　贷：上解收入——一般公共预算上解收入——C 县　　　　460 000

（二）年终财政结算的核算

年终与下级政府财政结算时，根据预算文件，按照尚未收到的上解款金额，借记“与下级往来”科目，贷记本科目。退还或核减上解收入时，借记本科目，贷记“国库存款”“与下级往来”等科目。

【例 13-19】年终，某市财政与C县财政结算，C县应上解未上解一般公共预算资金收入金额是50万元，作往来处理。

借：与下级往来　　500 000

　贷：上解收入——一般公共预算上解收入——C县　　500 000

（三）年终转账的核算

年终转账时，本科目贷方余额应根据不同资金性质分别转入对应的结转结余科目，借记本科目，贷记“一般公共预算结转结余”“政府性基金预算结转结余”等科目。结转后，本科目无余额。

【例 13-20】年终，某市财政“上解收入——一般公共预算上解收入”科目贷方余额846万元，“上解收入——政府性基金预算上解收入”科目贷方余额91万元，分别转入“一般公共预算结转结余”和“政府性基金预算结转结余”科目。

借：上解收入——一般公共预算上解收入　　8 460 000

　贷：一般公共预算结转结余　　8 460 000

借：上解收入——政府性基金预算上解收入　　910 000

　贷：政府性基金预算结转结余　　910 000

三、地区间援助收入的核算

地区间援助收入是指受援方政府财政收到援助方政府财政转来的可统筹使用的各类援助、捐赠等资金收入。

“地区间援助收入”（4013）是收入类科目，用于核算受援方政府财政收到援助方政府财政转来的可统筹使用的各类援助、捐赠等资金收入。本科目平时贷方余额，反映地区间援助收入的累计数。

本科目应当按照援助地区及管理需要进行相应的明细核算，主要账务处理如下所示。

（一）收到援助资金的核算

收到援助方政府财政转来的资金时，借记“国库存款”科目，贷记本科目。

【例 13-21】X自治区收到广东省政府财政转来的援助资金2亿元，存入国库。

借：国库存款　　200 000 000

　贷：地区间援助收入　　200 000 000

（二）年终转账的核算

年终转账时，本科目贷方余额全数转入“一般公共预算结转结余”科目，借记本科目，贷记“一般公共预算结转结余”科目。结转后，本科目无余额。

【例 13-22】年终，X自治区财政“地区间援助收入”科目贷方余额2.5亿元，全数转入“一般公共预算结转结余”科目。

借：地区间援助收入　　250 000 000

贷：一般公共预算结转结余　　　　　　　　250 000 000

四、调入资金的核算

调入资金是指政府财政为平衡某类预算收支，从其他类型预算资金及其他渠道调入的资金。

“调入资金”（4021）是收入类科目，用于核算政府财政为平衡某类预算收支，从其他类型预算资金及其他渠道调入的资金。本科目平时贷方余额，反映调入资金的累计数。

本科目下应当按照不同资金性质设置“一般公共预算调入资金”“政府性基金预算调入资金”等明细科目，主要账务处理如下所示。

（一）调入一般公共预算的核算

从其他类型预算资金及其他渠道调入一般公共预算时，按照调入的资金金额，借记“调出资金——政府性基金预算调出资金”“调出资金——国有资本经营预算调出资金”“国库存款”等科目，贷记本科目（一般公共预算调入资金）。

【例 13－23】某省从国有资本经营预算调入一般公共预算 0.5 亿元，用于平衡一般公共预算。

借：调出资金——国有资本经营预算调出资金　　　　50 000 000

　贷：调入资金——一般公共预算调入资金　　　　　　50 000 000

（二）调入政府性基金预算的核算

从其他类型预算资金及其他渠道调入政府性基金预算时，按照调入的资金金额，借记“调出资金——一般公共预算调出资金”“国库存款”等科目，贷记本科目（政府性基金预算调入资金）。

【例 13－24】某市从一般公共预算调入政府性基金预算 420 万元，用于平衡政府性基金预算。

借：调出资金——一般公共预算调出资金　　　　　　4 200 000

　贷：调入资金——政府性基金预算调入资金　　　　　　4 200 000

（三）年终转账的核算

年终转账时，本科目贷方余额分别转入相应的结转结余科目，借记本科目，贷记“一般公共预算结转结余”“政府性基金预算结转结余”等科目。结转后，本科目无余额。

【例 13－25】年终，某县财政“调入资金——一般公共预算调入资金”科目贷方余额 376 万元，全数转入“一般公共预算结转结余”科目。

借：调入资金——一般公共预算调入资金　　　　　　3 760 000

　贷：一般公共预算结转结余　　　　　　　　　　　　3 760 000

五、动用预算稳定调节基金的核算

“动用预算稳定调节基金”（4031）是收入类科目，用于核算政府财政为弥补本年度预算资金的不足而调用的预算稳定调节基金。本科目平时贷方余额，反映动用预算稳定调节基金的累计数。

动用预算稳定调节基金的主要账务处理如下所示。

（一）调用预算稳定调节基金的核算

调用预算稳定调节基金时，借记“预算稳定调节基金”科目，贷记本科目。

【例 13-26】 某省调用预算稳定调节基金 2 000 万元，用于弥补本年度预算资金的不足。

借：预算稳定调节基金　　　　20 000 000
　贷：动用预算稳定调节基金　　　　20 000 000

（二）年终转账的核算

年终转账时，本科目贷方余额全数转入“一般公共预算结转结余”科目，借记本科目，贷记“一般公共预算结转结余”科目。结转后，本科目无余额。

【例 13-27】 接例 13-26，年终，该省“动用预算稳定调节基金”科目贷方余额 2 000 万元全数转入“一般公共预算结转结余”科目。

借：动用预算稳定调节基金　　　　20 000 000
　贷：一般公共预算结转结余　　　　20 000 000

第四节　债务收入的核算

债务收入是指政府财政根据法律法规等规定，通过发行债券、向外国政府和国际金融组织借款等方式筹集的纳入预算管理的资金收入。

债务收入应当按照实际发行额或借入的金额入账，债务转贷收入应当按照实际收到的转贷金额入账。

一、“债务收入”科目

“债务收入”（4041）是收入类科目，用于核算政府财政按照国家法律、国务院规定以发行债券等方式取得的，以及向外国政府、国际金融组织等机构借款取得的纳入预算管理的债务收入。本科目平时贷方余额，反映债务收入的累计数。

本科目应当按照《政府收支分类科目》中“债务收入”科目的规定进行明细核算，主要账务处理如下所示。

（一）收到政府债券发行收入的核算

省级以上政府财政收到政府债券发行收入时，按照实际收到的金额，借记“国库存款”科目，按照政府债券实际发行额，贷记本科目，按照发行收入和发行额的差额，借记或贷记有关支出科目；根据债务管理部门转来的债券发行确认文件等相关资料，按照到期应付的政府债券本金金额，借记“待偿债净资产——应付短期政府债券/应付长期政府债券”科目，贷记“应付短期政府债券”“应付长期政府债券”等科目。

【例 13-28】中央财政发行短期政府债券收入 200 亿元，款项存入国库。

借：国库存款	20 000 000 000	
贷：债务收入		20 000 000 000
借：待偿债净资产——应付短期政府债券	20 000 000 000	
贷：应付短期政府债券		20 000 000 000

（二）向外国政府、国际金融组织等机构借款的核算

政府财政向外国政府、国际金融组织等机构借款时，按照借入的金额，借记“国库存款”“其他财政存款”等科目，贷记本科目；根据债务管理部门转来的相关资料，按照实际承担的债务金额，借记“待偿债净资产——借入款项”科目，贷记“借入款项”科目。

【例 13-29】中央财政向国际金融组织借款 60 亿元，款项存入国库。

借：国库存款	6 000 000 000	
贷：债务收入		6 000 000 000
借：待偿债净资产——借入款项	6 000 000 000	
贷：借入款项		6 000 000 000

（三）本级政府财政借入主权外债，且由外方将贷款资金直接支付给用款单位或供应商的核算

本级政府财政借入主权外债，且由外方将贷款资金直接支付给用款单位或供应商时，应根据以下情况分别处理：

（1）本级政府财政承担还款责任，贷款资金由本级政府财政同级部门（单位）使用的，本级政府财政根据贷款资金支付相关资料，借记“一般公共预算本级支出”科目，贷记本科目；根据债务管理部门转来的相关资料，按照实际承担的债务金额，借记“待偿债净资产——借入款项”科目，贷记“借入款项”科目。

【例 13-30】某省财政借入法国政府贷款 20 亿元，贷款资金由外方直接支付给用款单位，本级政府财政承担还款责任。

借：一般公共预算本级支出	2 000 000 000	
贷：债务收入		2 000 000 000
借：待偿债净资产——借入款项	2 000 000 000	
贷：借入款项		2 000 000 000

（2）本级政府财政承担还款责任，贷款资金由下级政府财政同级部门（单位）使用

的，本级政府财政根据贷款资金支付相关资料及预算指标文件，借记“补助支出”科目，贷记本科目；根据债务管理部门转来的相关资料，按照实际承担的债务金额，借记“待偿债净资产——借入款项”科目，贷记“借入款项”科目。

【例 13-31】某省级政府财政承担还款责任，贷款资金由下级政府财政同级部门使用，借入荷兰政府贷款，金额为 56 亿元，资金由外方直接支付给用款单位。

借：补助支出　　5 600 000 000
　贷：债务收入　　5 600 000 000
借：待偿债净资产——借入款项　　5 600 000 000
　贷：借入款项　　5 600 000 000

（3）下级政府财政承担还款责任，贷款资金由下级政府财政同级部门（单位）使用的，本级政府财政根据贷款资金支付相关资料，借记“债务转贷支出”科目，贷记本科目；根据债务管理部门转来的相关资料，按照实际承担的债务金额，借记“待偿债净资产——借入款项”科目，贷记“借入款项”科目；同时，借记“应收主权外债转贷款”科目，贷记“资产基金——应收主权外债转贷款”科目。

【例 13-32】M 省获得葡萄牙政府贷款 26 亿元，贷款资金由所属 L 市政府财政同级部门使用，L 市政府财政承担还款责任，资金由外方直接支付给用款单位。

借：债务转贷支出　　2 600 000 000
　贷：债务收入　　2 600 000 000
借：待偿债净资产——借入款项　　2 600 000 000
　贷：借入款项　　2 600 000 000
借：应收主权外债转贷款　　2 600 000 000
　贷：资产基金——应收主权外债转贷款　　2 600 000 000

（四）年终转账的核算

年终转账时，本科目下“专项债务收入”明细科目的贷方余额应按照对应的政府性基金种类分别转入“政府性基金预算结转结余”相应明细科目，借记本科目（专项债务收入明细科目），贷记“政府性基金预算结转结余”科目；本科目下其他明细科目的贷方余额全数转入“一般公共预算结转结余”科目，借记本科目（其他明细科目），贷记“一般公共预算结转结余”科目。结转后，本科目无余额。

【例 13-33】年终，某省财政“债务收入——专项债务收入”科目贷方余额 12 亿元，“债务收入——一般债务收入”科目贷方余额 60 亿元，分别全数转入“政府性基金预算结转结余”和“一般公共预算结转结余”科目。

借：债务收入——专项债务收入　　1 200 000 000
　贷：政府性基金预算结转结余　　1 200 000 000
借：债务收入——一般债务收入　　6 000 000 000
　贷：一般公共预算结转结余　　6 000 000 000

二、“债务转贷收入”科目

债务转贷收入是指本级政府财政收到上级政府财政转贷的债务收入。

“债务转贷收入”（4042）是收入类科目，用于核算省级以下（不含省级）政府财政收到上级政府财政转贷的债务收入。本科目平时贷方余额，反映债务转贷收入的累计数。

本科目下应当设置“地方政府一般债务转贷收入”“地方政府专项债务转贷收入”明细科目。债务转贷收入的主要账务处理如下所示。

（一）收到地方政府债券转贷收入的核算

省级以下（不含省级）政府财政收到地方政府债券转贷收入时，按照实际收到的金额，借记“国库存款”科目，贷记本科目；根据债务管理部门转来的相关资料，按照到期应偿还的转贷款本金金额，借记“待偿债净资产——应付地方政府债券转贷款”科目，贷记“应付地方政府债券转贷款”科目。

【例 13-34】某市财政收到省财政转来的地方政府债券转贷收入 50 亿元，存入国库。

借：国库存款　　5 000 000 000

　贷：债务转贷收入　　5 000 000 000

借：待偿债净资产——应付地方政府债券转贷款

　　5 000 000 000

　贷：应付地方政府债券转贷款　　5 000 000 000

（二）主权外债转贷收入的核算

省级以下（不含省级）政府财政收到主权外债转贷收入的具体账务处理如下：

（1）本级财政收到主权外债转贷资金时，借记“其他财政存款”科目，贷记本科目；根据债务管理部门转来的相关资料，按照实际承担的债务金额，借记“待偿债净资产——应付主权外债转贷款”科目，贷记“应付主权外债转贷款”科目。

【例 13-35】某市财政收到由本级财政承担还款责任的主权外债转贷收入 15 亿元，存入专户。

借：其他财政存款　　1 500 000 000

　贷：债务转贷收入　　1 500 000 000

借：待偿债净资产——应付主权外债转贷款　　1 500 000 000

　贷：应付主权外债转贷款　　1 500 000 000

（2）从上级政府财政借入主权外债转贷款，且由外方将贷款资金直接支付给用款单位或供应商时，应根据以下情况分别处理：

①本级政府财政承担还款责任，贷款资金由本级政府财政同级部门（单位）使用的，本级政府财政根据贷款资金支付相关资料，借记“一般公共预算本级支出”科目，贷记本科目；根据债务管理部门转来的相关资料，按照实际承担的债务金额，借记“待偿债净资产——应付主权外债转贷款”科目，贷记“应付主权外债转贷款”科目。

【例 13 - 36】L 市从省财政借入主权外债转贷款 26 亿元，用于城市发展建设，贷款资金由本级政府财政同级城建单位使用，由外方将贷款资金直接支付给用款单位，L 市政府财政承担还款责任。

借：一般公共预算本级支出　　2 600 000 000
　贷：债务转贷收入　　2 600 000 000
借：待偿债净资产——应付主权外债转贷款　　2 600 000 000
　贷：应付主权外债转贷款　　2 600 000 000

②本级政府财政承担还款责任，贷款资金由下级政府财政同级部门（单位）使用的，本级政府财政根据贷款资金支付相关资料及预算文件，借记“补助支出”科目，贷记本科目；根据债务管理部门转来的相关资料，按照实际承担的债务金额，借记“待偿债净资产——应付主权外债转贷款”科目，贷记“应付主权外债转贷款”科目。

【例 13 - 37】R 市从省财政借入主权外债转贷款 12 亿元，用于所属 F 县农田水利建设。贷款资金由 F 县财政同级的农业局使用，由外方将贷款资金直接支付给用款部门，R 市政府财政承担还款责任。

借：补助支出　　1 200 000 000
　贷：债务转贷收入　　1 200 000 000
借：待偿债净资产——应付主权外债转贷款　　1 200 000 000
　贷：应付主权外债转贷款　　1 200 000 000

③下级政府财政承担还款责任，贷款资金由下级政府财政同级部门（单位）使用的，本级政府财政根据转贷资金支付相关资料，借记“债务转贷支出”科目，贷记本科目；根据债务管理部门转来的相关资料，按照实际承担的债务金额，借记“待偿债净资产——应付主权外债转贷款”科目，贷记“应付主权外债转贷款”科目；同时，借记“应收主权外债转贷款”科目，贷记“资产基金——应收主权外债转贷款”科目。下级政府财政根据贷款资金支付相关资料，借记“一般公共预算本级支出”科目，贷记本科目；根据债务管理部门转来的相关资料，按照实际承担的债务金额，借记“待偿债净资产——应付主权外债转贷款”科目，贷记“应付主权外债转贷款”科目。

【例 13 - 38】S 市从省财政借入主权外债转贷款 10.5 亿元，用于所属 H 县经济技术开发区建设。贷款资金由 H 县财政同级的建委使用，由外方将贷款资金直接支付给用款部门，H 县政府财政承担还款责任。

S 市：

借：债务转贷支出　　1 050 000 000
　贷：债务转贷收入　　1 050 000 000
借：待偿债净资产——应付主权外债转贷款　　1 050 000 000
　贷：应付主权外债转贷款　　1 050 000 000
借：应收主权外债转贷款　　1 050 000 000
　贷：资产基金——应收主权外债转贷款　　1 050 000 000

H 县：

借：一般公共预算本级支出　　1 050 000 000

贷：债务转贷收入　　　　　　　　　　　　　　　1 050 000 000

借：待偿债净资产——应付主权外债转贷款　　1 050 000 000

贷：应付主权外债转贷款　　　　　　　　　　　1 050 000 000

（三）年终转账的核算

年终转账时，本科目下“地方政府一般债务转贷收入”明细科目的贷方余额全数转入“一般公共预算结转结余”科目，借记本科目，贷记“一般公共预算结转结余”科目。本科目下“地方政府专项债务转贷收入”明细科目的贷方余额按照对应的政府性基金种类分别转入“政府性基金预算结转结余”相应明细科目，借记本科目，贷记“政府性基金预算结转结余”科目。结转后，本科目无余额。

【例 13-39】年终，某市“债务转贷收入——地方政府一般债务转贷收入”科目的贷方余额为 26 亿元，“债务转贷收入——地方政府专项债务转贷收入”科目的贷方余额为 19 亿元，分别全数转入“一般公共预算结转结余”和“政府性基金预算结转结余”科目。

借：债务转贷收入——地方政府一般债务转贷收入　　2 600 000 000

贷：一般公共预算结转结余　　　　　　　　　　　　2 600 000 000

借：债务转贷收入——地方政府专项债务转贷收入　　1 900 000 000

贷：政府性基金预算结转结余　　　　　　　　　　　1 900 000 000

概念题

1. 财政专户管理资金收入
2. 债务转贷收入
3. 地区间援助收入
4. 调入资金

简述题

1. 简述财政总预算会计核算的收入的内容。
2. 简述各类收入的确认。
3. 简述一般公共预算本级收入的核算。
4. 简述转移性收入的核算。

会计分录题

1. L 市财政收到当日预算收入日报表，所列一般公共预算本级收入数为 3 万元，为车船税。

2. Z 县财政收到当日基金预算本级收入日报表，所列政府性基金预算本级收入数为

600 万元，为国有土地收益基金收入。

3. N 省收到当日国有资本经营预算本级收入日报表，所列国有资本经营预算本级收入数为 2 万元，为邮政企业利润收入。

4. Z 县财政收到待缴国库单一账户的教育收费收入 1 万元，存入财政专户。

5. 年终，N 省财政“专用基金收入”科目贷方余额 500 万元，全数转入“专用基金结余”科目。

6. Z 县财政收到市财政拨入的一般公共预算补助款 20 万元，存入国库。

7. 年终，L 市财政“上解收入——一般公共预算上解收入”科目贷方余额 310 万元，“上解收入——政府性基金预算上解收入”科目贷方余额 110 万元，分别转入“一般公共预算结转结余”和“政府性基金预算结转结余”科目。

8. L 市从一般公共预算调入政府性基金预算 530 万元，用于平衡政府性基金预算。

9. N 省调用预算稳定调节基金 1 800 万元，用于弥补本年度预算资金的不足。

10. N 省财政向国际金融组织借款 30 亿元，款项存入国库。

11. L 市从省财政获得借入主权外债转贷款 15 亿元，用于所属 Z 县自来水管网改造。贷款资金由 Z 县财政同级的建委使用，由外方将贷款资金直接支付给用款部门，Z 县政府财政承担还款责任。

第十四章
财政总预算支出的核算

支出是指政府财政为实现政府职能，对财政资金的分配和使用。财政总预算支出的分类与会计科目设置参见表 14 - 1。

表 14 - 1　财政总预算支出的分类与会计科目设置

支出分类		会计科目设置
基本预算支出	一般公共预算	一般公共预算本级支出
	政府性基金预算	政府性基金预算本级支出
	国有资本经营预算	国有资本经营预算本级支出
专户资金和专用基金支出	财政专户管理资金	财政专户管理资金支出
	专用基金	专用基金支出
转移性支出	补助	补助支出
	上解	上解支出
	地区间援助	地区间援助支出
	调拨资金	调出资金
	预算稳定调节基金	安排预算稳定调节基金
债务支出	债务转贷	债务转贷支出
	债务还本	债务还本支出

第一节 基本预算支出的核算

一般公共预算本级支出、政府性基金预算本级支出、国有资本经营预算本级支出一般应当按照实际支付的金额入账，年末可采用权责发生制将国库集中支付结余列支入账。

一、一般公共预算本级支出的核算

一般公共预算本级支出是指政府财政管理的、由本级政府使用的、列入一般公共预算的支出。

凡是属于预拨经费的款项，到期转列支出时，都应当按规定列报口径转列支出。对于收回当年已列支出的款项，应冲销当年支出。对于收回以前年度已列支出的款项，除财政部门另有规定外，应冲销当年支出。

“一般公共预算本级支出”（5001）是支出类科目，用于核算政府财政管理的、由本级政府使用的、列入一般公共预算的支出。本科目平时借方余额，反映一般公共预算本级支出的累计数。

本科目应当根据《政府收支分类科目》中支出功能分类科目设置明细科目。同时，根据管理需要，按照支出经济分类科目、部门等进行明细核算，主要账务处理如下所示。

（一）实际发生一般公共预算本级支出的核算

实际发生一般公共预算本级支出时，借记本科目，贷记“国库存款”“其他财政存款”等科目。

【例 14-1】某省财政向省质量技术监督局拨付标准化管理费 20 万元，由国库存款支付。

借：一般公共预算本级支出——一般公共服务支出——质量技术监督与检验检疫事务——标准化管理费　　200 000

　贷：国库存款　　200 000

（二）年终结转国库集中支付结余的核算

年度终了，对纳入国库集中支付管理的、当年未支而需结转下一年度支付的款项（国库集中支付结余），采用权责发生制确认支出时，借记本科目，贷记“应付国库集中支付结余”科目。

【例 14-2】年度终了，A 市财政对纳入国库集中支付管理的、当年未支而需结转下一年度支付的款项采用权责发生制确认支出。经确认，纪委监察局的行政运行费为 16 万元，卫生和计划生育委员会的人口规划与发展战略研究费为 21.3 万元，共计 37.3 万元。

借：一般公共预算本级支出——一般公共服务支出——纪检监察事务——行政运行　　160 000

——卫生和计划生育事务——人口规划与发展战略研究
213 000

贷：应付国库集中支付结余 373 000

（三）年终转账的核算

年终转账时，本科目借方余额应全数转入“一般公共预算结转结余”科目，借记“一般公共预算结转结余”科目，贷记本科目。结转后，本科目无余额。

【例 14－3】年终转账时，A 市财政“一般公共预算本级支出”科目借方余额 6.5 亿元，全数转入“一般公共预算结转结余”科目。

借：一般公共预算结转结余 650 000 000

贷：一般公共预算本级支出 650 000 000

二、政府性基金预算本级支出的核算

政府性基金预算本级支出是指政府财政管理的、由本级政府使用的、列入政府性基金预算的支出。

“政府性基金预算本级支出”（5002）是支出类科目，用于核算政府财政管理的、由本级政府使用的、列入政府性基金预算的支出。本科目平时借方余额，反映政府性基金预算本级支出的累计数。

本科目应当按照《政府收支分类科目》中支出功能分类科目设置明细科目。同时，根据管理需要，按照支出经济分类科目、部门等进行明细核算，主要账务处理如下所示。

（一）实际发生政府性基金预算本级支出的核算

实际发生政府性基金预算本级支出时，借记本科目，贷记“国库存款”科目。

【例 14－4】某省财政向文化事业单位支付精神文明建设费 850 万元。

借：政府性基金预算本级支出——文化体育与传媒支出——文化事业建设费安排的支出——精神文明建设 8 500 000

贷：国库存款 8 500 000

（二）年终结转国库集中支付结余的核算

年度终了，对纳入国库集中支付管理的、当年未支而需结转下一年度支付的款项（国库集中支付结余），采用权责发生制确认支出时，借记本科目，贷记“应付国库集中支付结余”科目。

【例 14－5】Y 市实行国库集中支付。年度终了，对纳入国库集中支付管理的、当年未支而需结转下一年度支付的政府性基金款项，采用权责发生制确认支出。经确认，民政局的残疾人就业和培训费为 300 万元，国土资源和房屋管理局的公共租赁住房费为 2 亿元，共计 2.03 亿元为结余资金。

借：政府性基金预算本级支出——社会保障和就业支出——残疾人就业保障金支

出——就业和培训　　　　　　　　　　　　　　3 000 000

——城乡社区支出——政府住房基金支出——公共租赁住房支出　　　　200 000 000

贷：应付国库集中支付结余　　　　　　　　　　203 000 000

（三）年终转账的核算

年终转账时，本科目借方余额应全数转入“政府性基金预算结转结余”科目，借记“政府性基金预算结转结余”科目，贷记本科目。结转后，本科目无余额。

【例 14－6】 Y 市财政“政府性基金预算本级支出”科目借方余额为 502 亿元，全数转入“政府性基金预算结转结余”科目。

借：政府性基金预算结转结余　　　　50 200 000 000

贷：政府性基金预算本级支出　　　　50 200 000 000

三、国有资本经营预算本级支出的核算

国有资本经营预算本级支出是指政府财政管理的、由本级政府使用的、列入国有资本经营预算的支出。

“国有资本经营预算本级支出”（5003）是支出类科目，用于核算政府财政管理的、由本级政府使用的、列入国有资本经营预算的支出。本科目平时借方余额，反映国有资本经营预算本级支出的累计数。

本科目应当按照《政府收支分类科目》中支出功能分类科目设置明细科目。同时，根据管理需要，按照支出经济分类科目、部门等进行明细核算。

需要说明的是，按照《中共中央关于全面深化改革若干重大问题的决定》和《财政部关于完善政府预算体系有关问题的通知》的要求，国有资本经营预算除继续加大调入一般公共预算用于保障和改善民生支出力度外，主要用于解决国有企业历史遗留问题及相关改革成本支出、对国有企业的资本金注入以及国有企业政策性补贴等方面。

国有资本经营预算本级支出的主要账务处理如下所示。

（一）实际发生国有资本经营预算本级支出的核算

实际发生国有资本经营预算本级支出时，借记本科目，贷记“国库存款”科目。

【例 14－7】 某省财政将国有资本经营预算资金 2.6 亿元安排在“教育支出”类下的“国有经济结构调整支出”项，以国库存款支付。

借：国有资本经营预算本级支出——教育支出——国有资本经营预算本级支出——国有经济结构调整支出　　　　260 000 000

贷：国库存款　　　　260 000 000

（二）年终国库集中支付结余的核算

年度终了，对纳入国库集中支付管理的、当年未支而需结转下一年度支付的款项

(国库集中支付结余)，采用权责发生制确认支出时，借记本科目，贷记“应付国库集中支付结余”科目。

【例 14-8】年终，M 市对纳入国库集中支付管理的、当年未支而需结转下一年度支付的款项采用权责发生制确认支出。经确认，尚有“科学技术支出”类下的“产业升级与发展支出”项 16 亿元结余资金，“城乡社区支出”类下的“境外投资及对外经济技术合作”项 9 亿元结余资金，转入“应付国库集中支付结余”科目。

借：国有资本经营预算本级支出——科学技术支出——国有资本经营预算本级支出——产业升级与发展支出　　1 600 000 000

——城乡社区支出——国有资本经营预算本级支出——境外投资及对外经济技术合作　　900 000 000

贷：应付国库集中支付结余　　2 500 000 000

(三) 年终转账的核算

年终转账时，本科目借方余额应全数转入“国有资本经营预算结转结余”科目，借记“国有资本经营预算结转结余”科目，贷记本科目。结转后，本科目无余额。

【例 14-9】M 市年终转账时，将“国有资本经营预算本级支出——教育支出——国有资本经营预算本级支出——国有经济结构调整支出”科目借方余额 5 亿元和“国有资本经营预算本级支出——城乡社区支出——国有资本经营预算本级支出——产业升级与发展支出”科目借方余额 30 亿元全数转入“国有资本经营预算结转结余”科目。

借：国有资本经营预算结转结余　　3 500 000 000

贷：国有资本经营预算本级支出——教育支出——国有资本经营预算本级支出——国有经济结构调整支出　　500 000 000

——城乡社区支出——国有资本经营预算本级支出——产业升级与发展支出　　3 000 000 000

第二节　专户资金和专用基金支出的核算

在本节，我们将介绍财政专户管理资金支出、专用基金支出科目的核算。财政专户管理资金支出、专用基金支出应当按照实际支付的金额入账。

一、财政专户管理资金支出的核算

财政专户管理资金支出是指政府财政用纳入财政专户管理的教育收费等资金安排的支出。

“财政专户管理资金支出”(5005) 是支出类科目，用于核算政府财政用纳入财政专户管理的教育收费等资金安排的支出。本科目平时借方余额，反映财政专户管理资金支出的累计数。

本科目应当按照《政府收支分类科目》中支出功能分类科目设置相应明细科目。同时，根据管理需要，按照支出经济分类科目、部门（单位）等进行明细核算，主要账务处理如下所示。

（一）发生财政专户管理资金支出的核算

发生财政专户管理资金支出时，借记本科目，贷记“其他财政存款”等有关科目。

【例 14－10】 某市财政动用专户管理的教育收费收入，向教育局拨付小学教育经费 160 万元。

借：财政专户管理资金支出　　　　1 600 000
　贷：其他财政存款　　　　　　　　1 600 000

（二）年终转账的核算

年终转账时，本科目借方余额全数转入“财政专户管理资金结余”科目，借记“财政专户管理资金结余”科目，贷记本科目。结转后，本科目无余额。

【例 14－11】 年终，某县财政“财政专户管理资金支出”科目借方余额 31 万元，全数转入“财政专户管理资金结余”科目。

借：财政专户管理资金结余　　　　310 000
　贷：财政专户管理资金支出　　　　310 000

二、专用基金支出的核算

专用基金支出是指政府财政用专用基金收入安排的支出。

从本级预算支出中安排提取的专用基金，按照实际提取金额列支入账。

“专用基金支出”（5007）是支出类科目，用于核算政府财政用专用基金收入安排的支出。本科目平时借方余额，反映专用基金支出的累计数。

本科目应当根据专用基金的种类设置明细科目。同时，根据管理需要，按部门等进行明细核算，主要账务处理如下所示。

（一）发生专用基金支出的核算

发生专用基金支出时，借记本科目，贷记“其他财政存款”等有关科目。退回专用基金支出时，做相反的会计分录。

【例 14－12】 某市财政用粮食风险基金支出 350 万元，从商业银行专户中支出。

借：专用基金支出　　　　　　　　3 500 000
　贷：其他财政存款　　　　　　　　3 500 000
借：一般公共预算本级支出　　　　3 500 000
　贷：国库存款　　　　　　　　　　3 500 000

（二）年终转账的核算

年终转账时，本科目借方余额全数转入“专用基金结余”科目，借记“专用基金结余”科目，贷记本科目。结转后，本科目无余额。

【例 14－13】年终，某省政府财政“专用基金支出”科目借方余额 840 万元，全数转入“专用基金结余”科目。

借：专用基金结余　　8 400 000

　贷：专用基金支出　　8 400 000

第三节　转移性支出的核算

转移性支出是指在各级政府财政之间进行资金调拨以及在本级政府财政不同类型资金之间调剂所形成的支出，会计科目设置包括补助支出、上解支出、地区间援助支出、调出资金和安排预算稳定调节基金等。

转移性支出应当按照财政体制的规定或实际发生的金额入账。

一、补助支出的核算

补助支出是指本级政府财政按财政体制规定或因专项需要补助给下级政府财政的款项，包括对下级的税收返还、转移支付等。

“补助支出”（5011）是支出类科目，用于核算本级政府财政按财政体制规定或因专项需要补助给下级政府财政的款项，包括对下级的税收返还、转移支付等。本科目平时借方余额，反映补助支出的累计数。

本科目下应当按照不同资金性质设置“一般公共预算补助支出”“政府性基金预算补助支出”等明细科目，同时还应当按照补助地区进行明细核算，主要账务处理如下所示。

（一）发生补助支出的核算

发生补助支出或从“与下级往来”科目转入时，借记本科目，贷记“国库存款”“其他财政存款”“与下级往来”等科目。

【例 14－14】经批准，某市向所属 S 县补助支出 260 万元，将原 S 县借款 120 万元转为补助支出，以国库存款支付 140 万元。

借：补助支出——S 县　　2 600 000

　贷：国库存款　　1 400 000

　　　与下级往来——S 县　　1 200 000

（二）专项转移支付资金实行特设专户管理的核算

专项转移支付资金实行特设专户管理的，本级政府财政应当根据本级政府财政下达的预算文件确认补助支出，借记本科目，贷记“国库存款”“与下级往来”等科目。

【例 14－15】义务教育专项转移支付实行特设专户管理，F 市财政根据本级政府财政下达的预算文件确认对甲县的补助支出为 300 万元，对乙县的补助支出为 210 万元，共计 510 万元。

借：补助支出——甲县　　3 000 000

　　　　　　——乙县　　2 100 000

　贷：国库存款　　5 100 000

（三）有主权外债业务的核算

有主权外债业务的财政部门，贷款资金由下级政府财政同级部门（单位）使用，且贷款最终还款责任由本级政府财政承担的，本级政府财政部门支付贷款资金时，借记本科目，贷记“其他财政存款”科目；外方将贷款资金直接支付给用款单位或供应商时，借记本科目，贷记“债务收入”“债务转贷收入”等科目；根据债务管理部门转来的相关外债转贷管理资料，按照实际支付的金额，借记“待偿债净资产”科目，贷记“借入款项”“应付主权外债转贷款”等科目。

【例 14－16】F 市财政获得由省财政转贷的欧盟贷款，用于支持本市所属甲县和乙县的教育事业发展，贷款最终还款责任由本级政府财政承担，收到欧盟转来的贷款资金 300 万元，并转给甲县 200 万元。

收到款项时：

借：其他财政存款　　3 000 000

　贷：债务收入　　3 000 000

借：待偿债净资产——应付主权外债转贷款

　　　　3 000 000

　贷：应付主权外债转贷款　　3 000 000

转给甲县时：

借：补助支出——甲县　　2 000 000

　贷：其他财政存款　　2 000 000

借：应收主权外债转贷款　　2 000 000

　贷：资产基金——应收主权外债转贷款　　2 000 000

【例 14－17】接例 14－16，F 市财政获得欧盟的主权外债，用于支持本市所属甲县和乙县的教育事业发展，贷款最终还款责任由本级政府财政承担。贷款资金 1 000 万元由欧盟直接支付给乙县。

借：补助支出——乙县　　10 000 000

　贷：债务收入　　10 000 000

借：待偿债净资产　　10 000 000

　贷：借入款项　　10 000 000

（四）年终与下级政府财政结算的核算

年终与下级政府财政结算时，按照尚未拨付的补助金额，借记本科目，贷记“与下级往来”科目。退还或核减补助支出时，借记“国库存款”“与下级往来”等科目，贷记本科目。

【例 14－18】接例 14－16，年终结算时，F 市财政尚未转拨给甲县的 100 万元被转入“与下级往来”科目。

借：补助支出——甲县　　　　1 000 000
　贷：与下级往来　　　　1 000 000

（五）年终转账

年终转账时，本科目借方余额应根据不同资金性质分别转入对应的结转结余科目，借记“一般公共预算结转结余”“政府性基金预算结转结余”等科目，贷记本科目。结转后，本科目无余额。

【例 14－19】年终转账时，F 市财政的“补助支出——甲县”科目借方余额 600 万元、“补助支出——乙县”科目借方余额 1 500 万元，共计 2 100 万元全数转入“一般公共预算结转结余”科目。

借：一般公共预算结转结余　　　　21 000 000
　贷：补助支出——甲县　　　　6 000 000
　　　　　　　——乙县　　　　15 000 000

二、上解支出的核算

上解支出是指按照财政体制规定由本级政府财政上交给上级政府财政的款项。

“上解支出”（5012）是支出类科目，用于核算本级政府财政按照财政体制规定上交给上级政府财政的款项。本科目平时借方余额，反映上解支出的累计数。

本科目下应当按照不同资金性质设置“一般公共预算上解支出”“政府性基金预算上解支出”等明细科目，主要账务处理如下所示。

（一）发生上解支出的核算

发生上解支出时，借记本科目，贷记“国库存款”“与上级往来”等科目。

【例 14－20】F 市财政向省财政上解政府性基金预算资金 500 万元。

借：上解支出——政府性基金预算上解支出　　　　5 000 000
　贷：国库存款　　　　5 000 000

（二）年终与上级政府财政结算的核算

年终与上级政府财政结算时，按照尚未支付的上解金额，借记本科目，贷记“与上级往来”科目。退还或核减上解支出时，借记“国库存款”“与上级往来”等科目，贷记本科目。

【例 14－21】接例 14－20，F 市财政与省财政结算，核减政府性基金预算上解支出 50 万元，记入“与上级往来”科目。

借：与上级往来　　　　500 000
　贷：上解支出——政府性基金预算上解支出　　　　500 000

（三）年终转账时的核算

年终转账时，本科目借方余额应根据不同资金性质分别转入对应的结转结余科目，借记“一般公共预算结转结余”“政府性基金预算结转结余”等科目，贷记本科目。结转后，本科目无余额。

【例 14－22】年终转账时，某市财政的“上解支出——一般公共预算上解支出”科目借方余额 1.1 亿元，“上解支出——政府性基金预算上解支出”0.6 亿元，分别转入对应的结转结余科目。

借：一般公共预算结转结余　　　　110 000 000
　贷：上解支出——一般公共预算上解支出　　　　110 000 000
借：政府性基金预算结转结余　　　　60 000 000
　贷：上解支出——政府性基金预算上解支出　　　　60 000 000

三、地区间援助支出的核算

地区间援助支出是指援助方政府财政安排用于受援方政府财政统筹使用的各类援助、捐赠等资金支出。

“地区间援助支出”（5013）是支出类科目，用于核算援助方政府财政安排用于受援方政府财政统筹使用的各类援助、捐赠等资金支出。本科目平时借方余额，反映地区间援助支出的累计数。

本科目应当按照受援地区及管理需要进行相应明细核算，主要账务处理如下所示。

（一）发生地区间援助支出时的核算

发生地区间援助支出时，借记本科目，贷记“国库存款”科目。

【例 14－23】江苏省对西藏进行地区间援助，支出 2.3 亿元，以国库存款支付。

借：地区间援助支出　　　　230 000 000
　贷：国库存款　　　　230 000 000

（二）年终转账时的核算

年终转账时，本科目借方余额全数转入“一般公共预算结转结余”科目，借记“一般公共预算结转结余”科目，贷记本科目。结转后，本科目无余额。

【例 14－24】年终转账时，山东省将“地区间援助支出”科目借方余额 1 亿元全数转入“一般公共预算结转结余”科目。

借：一般公共预算结转结余　　　　100 000 000
　贷：地区间援助支出　　　　100 000 000

四、调出资金的核算

调出资金是指政府财政为平衡预算收支，从某类资金向其他类型预算调出的资金。

“调出资金”（5021）是支出类科目，用于核算政府财政为平衡预算收支，从某类资金向其他类型预算调出的资金。本科目平时借方余额，反映调出资金的累计数。

本科目下应当设置“一般公共预算调出资金”“政府性基金预算调出资金”“国有资本经营预算调出资金”等明细科目，主要账务处理如下所示。

（一）从一般公共预算调出资金时的核算

从一般公共预算调出资金时，按照调出的金额，借记本科目（一般公共预算调出资金），贷记“调入资金”相关明细科目。

【例 14－25】 某市从一般公共预算调出资金 1 860 万元，用于平衡政府性基金预算。

借：调出资金——一般公共预算调出资金　　18 600 000

　贷：调入资金——政府性基金预算调入资金　　18 600 000

（二）从政府性基金预算调出资金时的核算

从政府性基金预算调出资金时，按照调出的金额，借记本科目（政府性基金预算调出资金），贷记“调入资金”相关明细科目。

【例 14－26】 某省从政府性基金预算调出资金 1.4 亿元，用于一般公共预算。

借：调出资金——政府性基金预算调出资金　　140 000 000

　贷：调入资金——一般公共预算调入资金　　140 000 000

（三）从国有资本经营预算调出资金时的核算

从国有资本经营预算调出资金时，按照调出的金额，借记本科目（国有资本经营预算调出资金），贷记“调入资金”相关明细科目。

【例 14－27】 某市从国有资本经营预算调出资金 850 万元，用于平衡一般公共预算。

借：调出资金——国有资本经营预算调出资金　　8 500 000

　贷：调入资金——一般公共预算调入资金　　8 500 000

（四）年终转账时的核算

年终转账时，本科目借方余额分别转入相应的结转结余科目，借记“一般公共预算结转结余”“政府性基金预算结转结余”“国有资本经营预算结转结余”等科目，贷记本科目。结转后，本科目无余额。

【例 14－28】 年末，省财政“调出资金——政府性基金预算调出资金”科目借方余额 1.5 亿元被全数转入“政府性基金预算结转结余”科目。

借：政府性基金预算结转结余　　150 000 000

　贷：调出资金——政府性基金预算调出资金　　150 000 000

五、安排预算稳定调节基金的核算

预算平衡是财政资金平衡的重要标志，也是防范财政风险的工具。《预算法》第四十一条规定：“各级一般公共预算按照国务院的规定可以设置预算稳定调节基金，用于弥补以后年度预算资金的不足。”

“安排预算稳定调节基金”（5031）是支出类科目，用于核算政府财政按照有关规定安排的预算稳定调节基金。本科目平时借方余额，反映安排预算稳定调节基金的累计数。

安排预算稳定调节基金的主要账务处理如下所示。

（一）补充预算稳定调节基金时的核算

补充预算稳定调节基金时，借记本科目，贷记“预算稳定调节基金”科目。

【例 14-29】某市财政依据一般公共预算结转结余的情况，补充预算稳定调节基金670万元，用于弥补以后年度预算资金的不足。

借：安排预算稳定调节基金　　　　6 700 000

　贷：预算稳定调节基金　　　　　　6 700 000

（二）年终转账时的核算

年终转账时，本科目借方余额全数转入“一般公共预算结转结余”科目，借记“一般公共预算结转结余”科目，贷记本科目。结转后，本科目无余额。

【例 14-30】接例14-29，市财政将“安排预算稳定调节基金”科目借方余额670万元全数转入“一般公共预算结转结余”科目。

借：一般公共预算结转结余　　　　6 700 000

　贷：安排预算稳定调节基金　　　　6 700 000

第四节　债务支出的核算

债务支出有债务转贷支出和债务还本支出两种方式。

一、债务转贷支出的核算

债务转贷支出是指本级政府财政向下级政府财政转贷的债务支出。债务转贷支出应当按照实际转贷的金额入账。

“债务转贷支出”（5042）是支出类科目，用于核算本级政府财政向下级政府财政转贷的债务支出。本科目平时借方余额，反映债务转贷支出的累计数。

本科目下应当设置“地方政府一般债务转贷支出”“地方政府专项债务转贷支出”明细科目，同时还应当按照转贷地区进行明细核算，主要账务处理如下所示。

（一）本级政府财政向下级政府财政转贷地方政府债券资金时的核算

本级政府财政向下级政府财政转贷地方政府债券资金时，借记本科目，贷记“国库存款”科目；根据债务管理部门转来的相关资料，按照到期应收回的转贷款本金金额，借记“应收地方政府债券转贷款”科目，贷记“资产基金——应收地方政府债券转贷款”科目。

【例 14－31】某省政府向所属 A 市政府财政转贷地方政府一般债券资金 2 亿元。

借：债务转贷支出——地方政府一般债务转贷支出　　200 000 000
　贷：国库存款　　200 000 000

（二）本级政府财政向下级政府财政转贷主权外债资金时的核算

本级政府财政向下级政府财政转贷主权外债资金时，主权外债最终还款责任由下级政府财政承担的，相关账务处理如下所示。

（1）本级政府财政支付转贷资金时，根据转贷资金支付相关资料，借记“债务转贷支出”科目，贷记“其他财政存款”科目；根据债务管理部门转来的相关资料，按照实际持有的债权金额，借记“应收主权外债转贷款”科目，贷记“资产基金——应收主权外债转贷款”科目。

【例 14－32】J 省获得俄罗斯政府贷款用于石化产业升级改造，现向所属 D 市财政支付转贷资金 20 亿元，还款责任由 D 市政府财政承担。

借：债务转贷支出——地方政府专项债务转贷支出——D 市　2 000 000 000
　贷：其他财政存款　　2 000 000 000
借：应收主权外债转贷款——俄罗斯政府贷款　　2 000 000 000
　贷：资产基金——应收主权外债转贷款　　2 000 000 000

（2）外方将贷款资金直接支付给用款单位或供应商时，本级政府财政根据转贷资金支付相关资料，借记本科目，贷记“债务收入”“债务转贷收入”科目；根据债务管理部门转来的相关资料，按照实际持有的债权金额，借记“应收主权外债转贷款”科目，贷记“资产基金——应收主权外债转贷款”科目；同时，借记“待偿债净资产”科目，贷记“借入款项”“应付主权外债转贷款”等科目。

【例 14－33】接例 14－32，J 省获得俄罗斯政府贷款用于石化产业升级改造，依据前期的投资情况，现第二批次的资金到位。本次的贷款资金 35 亿元由外方直接支付给用款单位，还款责任由 D 市政府财政承担。

借：债务转贷支出——地方政府专项债务转贷支出——D 市　3 500 000 000
　贷：债务收入　　3 500 000 000
借：应收主权外债转贷款——俄罗斯政府贷款　　3 500 000 000
　贷：资产基金——应收主权外债转贷款　　3 500 000 000
借：待偿债净资产　　3 500 000 000
　贷：借入款项　　3 500 000 000

（三）年终转账时的核算

年终转账时，本科目下“地方政府一般债务转贷支出”明细科目的借方余额全数转入“一般公共预算结转结余”科目，借记“一般公共预算结转结余”科目，贷记“债务转贷支出——地方政府一般债务转贷支出”科目。本科目下“地方政府专项债务转贷支出”明细科目的借方余额全数转入“政府性基金预算结转结余”科目，借记“政府性基金预算结转结余”科目，贷记“债务转贷支出——地方政府专项债务转贷支出”科目。结转后，本科目无余额。

【例 14-34】接例 14-32 和例 14-33，J 省的“债务转贷支出——地方政府专项债务转贷支出——D 市”明细科目的借方余额 55 亿元全数转入“政府性基金预算结转结余”科目。

借：政府性基金预算结转结余　　5 500 000 000
　贷：债务转贷支出——地方政府专项债务转贷支出——D 市　　5 500 000 000

二、债务还本支出的核算

债务还本支出是指政府财政偿还本级政府承担的债务本金支出。债务还本支出应当按照实际偿还的金额入账。

“债务还本支出”（5041）是支出类科目，用于核算政府财政偿还本级政府财政承担的纳入预算管理的债务本金支出。本科目平时借方余额，反映本级政府财政债务还本支出的累计数。

本科目应当根据《政府收支分类科目》中“债务还本支出”有关规定设置明细科目，主要账务处理如下所示。

（一）偿还本级政府财政承担还款责任的债务本金时的核算

偿还本级政府财政承担的政府债券、主权外债等纳入预算管理的债务本金时，借记本科目，贷记“国库存款”“其他财政存款”等科目；根据债务管理部门转来的相关资料，按照实际偿还的本金金额，借记“应付短期政府债券”“应付长期政府债券”“借入款项”“应付地方政府债券转贷款”“应付主权外债转贷款”等科目，贷记“待偿债净资产”科目。

【例 14-35】某省偿还本级政府财政承担的短期政府债券 20 亿元。

借：债务还本支出　　2 000 000 000
　贷：国库存款　　2 000 000 000
借：应付短期政府债券　　2 000 000 000
　贷：待偿债净资产　　2 000 000 000

（二）偿还 2014 年 12 月 31 日以前的存量债务本金时的核算

偿还截至 2014 年 12 月 31 日本级政府财政承担的存量债务本金时，借记本科目，贷记“国库存款”“其他财政存款”等科目。

【例 14-36】 中央财政偿还存量债务本金 310 亿元，该笔债务偿还截止日期为 2014 年 12 月 31 日，借入时仅做了借记“国库存款”“其他财政存款”等科目、贷记“债务收入”等科目的记录。

借：债务还本支出　　　　　　　　31 000 000 000
　贷：国库存款　　　　　　　　　　31 000 000 000

（三）年终转账时的核算

年终转账时，本科目下“专项债务还本支出”明细科目的借方余额应按照对应的政府性基金种类分别转入“政府性基金预算结转结余”相应明细科目，借记“政府性基金预算结转结余”科目，贷记本科目（专项债务还本支出）。本科目下其他明细科目的借方余额全数转入“一般公共预算结转结余”科目，借记“一般公共预算结转结余”科目，贷记本科目（其他明细科目）。结转后，本科目无余额。

【例 14-37】 年终转账时，某市财政将“债务还本支出——一般债务还本支出”明细科目的借方余额 126 亿元、“债务还本支出——专项债务还本支出”明细科目的借方余额 328 亿元，分别转入“一般公共预算结转结余”和“政府性基金预算结转结余”相应明细科目。

借：一般公共预算结转结余　　　　　　　　12 600 000 000
　贷：债务还本支出——一般债务还本支出　　　12 600 000 000
借：政府性基金预算结转结余　　　　　　　32 800 000 000
　贷：债务还本支出——专项债务还本支出　　　32 800 000 000

概念题

1. 一般公共预算本级支出
2. 政府性基金预算本级支出
3. 国有资本经营预算本级支出

简述题

1. 简述财政总预算会计核算的支出内容。
2. 简述财政总预算会计在核算支出时的确认标准。
3. 简述各项支出的账务处理依据。

会计分录题

1. Z 县财政向县教育局拨付小学教育经费 10 万元，由国库存款支付。
2. 年度终了，L 市对纳入国库集中支付管理的、当年未支而需结转下一年度支付的政府性基金款项采用权责发生制确认支出。经确认，太阳能发电补助结余 1.3 亿元，征地和拆迁补偿支出结余 1.6 亿元，共计 2.9 亿元为结余资金。

3. N 省财政将国有资本经营预算资金 0.5 亿元安排在"困难企业职工补助支出"中，以国库存款支付。

4. L 市财政动用专户管理的教育收费收入，向教育局拨付职业教育经费 80 万元。

5. Z 县财政用专用基金收入安排粮食风险基金支出 200 万元，从商业银行专户中支出。

6. L 市向所属 Z 县本年的体制补助支出 150 万元，到年底，实际已补助 120 万元，年终财政结算，应补未补款项 30 万元，记入"与下级往来"科目。

7. L 市财政的"上解支出——一般公共预算上解支出"科目借方余额 0.8 亿元，"上解支出——政府性基金预算上解支出"0.5 亿元，分别转入对应的结转结余科目。

8. N 省对新疆进行地区间援助，支出 1 亿元，以国库存款支付。

9. Z 县财政从政府性基金预算调出资金 20 万元，用于一般公共预算。

10. L 市财政依据一般公共预算结转结余的情况，补充预算稳定调节基金 560 万元，用于弥补以后年度预算资金的不足。

11. N 省以所得国外主权贷款向所属 L 市转贷资金 5 亿元，还款责任由 L 市政府财政承担。

12. L 市偿还本级政府财政承担的短期政府债券 5 亿元。

第十五章

财政总预算年终结账和会计报表编审

第一节　财政总预算年终结账

一、年终清理

财政总预算会计应当按月进行会计结账，具体结账方法按照《会计基础工作规范》办理。

政府财政部门应当及时进行年终清理结算。年终清理结算的主要事项如下：

(1) 核对年度预算。预算是预算执行和办理会计结算的依据。年终前，总会计应配合预算管理部门将本级政府财政全年预算指标与上、下级政府财政总预算和本级各部门预算进行核对，及时办理预算调整和转移支付事项。本年预算调整和对下转移支付一般截止到 11 月底；各项预算拨款一般截止到 12 月 25 日。

(2) 清理本年预算收支。认真清理本年预算收入，督促征收部门和国家金库年终前如数缴库。应在本年预算支领列报的款项，非特殊原因，应在年终前办理完毕。

清理财政专户管理资金和专用基金收支。凡属应列入本年的收入，应及时催收，并缴入国库或指定财政专户。

(3) 组织征收部门和国家金库进行年度对账。

(4) 清理核对当年拨款支出。总会计对本级各单位的拨款支出应与单位的拨款收入核对无误。属于应收回的拨款应及时收回，并按收回数相应冲减预算支出。属于预拨下年度的经费，不得列入当年预算支出。

（5）核实股权、债权和债务。财政部门内部相关资产、债务管理部门应于 12 月 20 日前向总会计提供与股权、债权、债务等核算和反映相关的资料。总会计对股权投资、借出款项、应收股利、应收地方政府债券转贷款、应收主权外债转贷款、借入款项、应付短期政府债券、应付长期政府债券、应付地方政府债券转贷款、应付主权外债转贷款、其他负债等余额应与相关管理部门进行核对，记录不一致的要及时查明原因，按规定调整账务，做到账实相符、账账相符。

（6）清理往来款项。政府财政要认真清理其他应收款、其他应付款等各种往来款项，在年度终了前予以收回或归还。应转作收入或支出的各项款项，要及时转入本年有关收支账。

（7）进行年终财政结算。

二、年终结算和结账

（一）年终结算

财政预算管理部门要在年终清理的基础上，于次年 1 月底前结清上下级政府财政的转移支付收支和往来款项。总会计要按照财政管理体制的规定，根据预算结算单，与年度预算执行过程中已补助和已上解数额进行比较，结合往来款和借垫款情况，计算出全年最后应补或应退数额，填制“年终财政决算结算单”，经核对无误后，作为年终财政结算凭证，据以入账。在某种意义上，年终结算也是财政总预算会计在编制决算前的一项特殊的年终清理工作。

总会计对年终决算清理期内发生的会计事项，应当划清会计年度。属于清理上年度的会计事项，记入上年度会计账；属于新年度的会计事项，记入新年度会计账，防止错记、漏记。

（二）年终结账

经过年终清理和结算，把各项结算收支入账后，即可办理年终结账。年终结账工作一般分为年终转账、结清旧账和记入新账三个步骤，依次做账。

1. 年终转账。

计算出各科目 12 月合计数和全年累计数，结出 12 月末余额，编制结账前的“资产负债表”，再根据收支余额填制记账凭证，将收支分别转入“一般公共预算结转结余”“政府性基金预算结转结余”“国有资本经营预算结转结余”“专用基金结余”“财政专户管理资金结余”等科目冲销。财政总预算会计年终转账示意图见图 15－1。

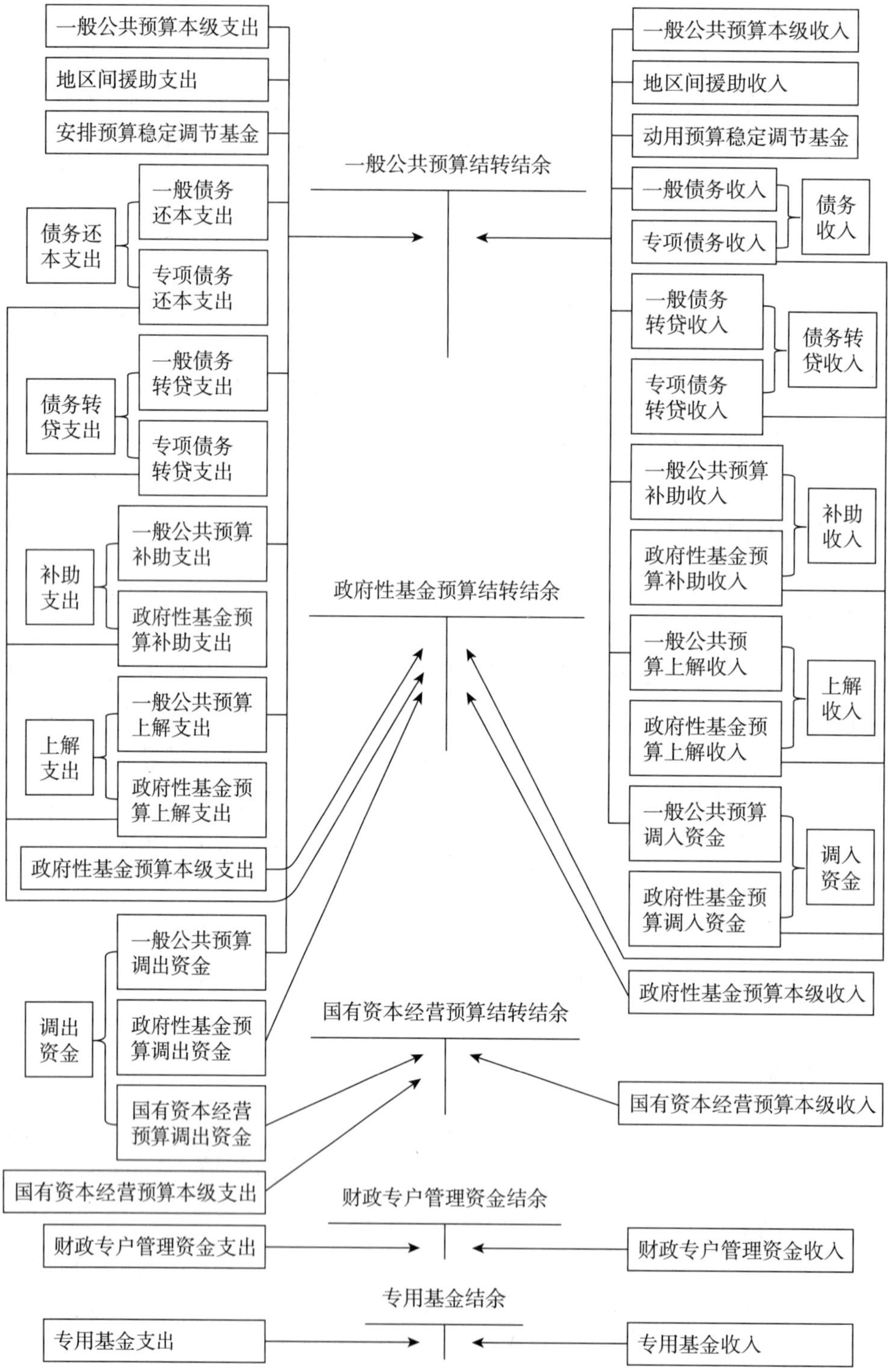

图 15-1　财政总预算会计年终转账示意图

【例 15-1】年终，某市财政在年终清理、年终结算的基础上进行年终转账，转账前的收入类和支出类科目余额如表 15-1 所示。

表 15-1　某市财政转账前收入类和支出类科目余额　　单位：元

科目名称	余额	科目名称	余额
一般公共预算本级支出	36 043 250 632	一般公共预算本级收入	35 326 205 349
政府性基金预算本级支出	2 936 752 334	政府性基金预算本级收入	2 994 333 365
国有资本经营预算本级支出	3 253 661 364	国有资本经营预算本级收入	3 256 810 370
财政专户管理资金支出	195 630 000	财政专户管理资金收入	215 300 000
专用基金支出	600 000 000	专用基金收入	600 000 000
补助支出	21 600 000	补助收入	32 500 000
一般公共预算补助支出	16 240 000	一般公共预算补助收入	32 500 000
政府性基金预算补助支出	5 360 000	政府性基金预算补助收入	
上解支出	97 770 000	上解收入	143 887 100
一般公共预算上解支出	64 270 000	一般公共预算上解收入	67 435 000
政府性基金预算上解支出	33 500 000	政府性基金预算上解收入	76 452 100
地区间援助支出	100 000 000	地区间援助收入	
调出资金	76 340 000	调入资金	76 340 000
一般公共预算调出资金		一般公共预算调入资金	76 340 000
政府性基金预算调出资金	76 340 000	政府性基金预算调入资金	
国有资本经营预算调出资金			
安排预算稳定调节基金	7 000 000	动用预算稳定调节基金	
债务还本支出	6 345 640 000	债务收入	5 645 640 000
一般债务还本支出	2 745 640 000	一般债务收入	2 745 640 000
专项债务还本支出	3 600 000 000	专项债务收入	2 900 000 000
债务转贷支出	29 400 000	债务转贷收入	1 638 000 000
一般债务转贷支出	29 400 000	一般债务转贷收入	
专项债务转贷支出		专项债务转贷收入	1 638 000 000
合　计	49 707 044 330	合　计	49 929 016 184

要求进行年终转账，并结出各预算本年的结转结余资金额。

(1) 将“一般公共预算本级收入”科目及其他收入类科目下的一般公共预算相关明细科目的贷方余额转入“一般公共预算结转结余”科目。

借：一般公共预算本级收入　　35 326 205 349

　　补助收入——一般公共预算补助收入　　32 500 000

　　上解收入——一般公共预算上解收入　　67 435 000

　　调入资金——一般公共预算调入资金　　76 340 000

　　债务收入——一般债务收入　　2 745 640 000

贷：一般公共预算结转结余 38 248 120 349

（2）将“一般公共预算本级支出”科目及其他支出类科目下的一般公共预算相关明细科目的借方余额转入“一般公共预算结转结余”科目。

借：一般公共预算结转结余 38 998 800 632
  贷：一般公共预算本级支出 36 043 250 632
    补助支出——一般公共预算补助支出 16 240 000
    上解支出——一般公共预算上解支出 64 270 000
    地区间援助支出 100 000 000
    债务还本支出——一般债务还本支出 2 745 640 000
    债务转贷支出——一般债务转贷支出 29 400 000

（3）计算本年一般公共预算结转结余额。

收入合计－支出合计＝38 248 120 349－38 998 800 632＝－750 680 283（元）

（4）将“政府性基金预算本级收入”科目及其他收入类科目下的政府性基金预算相关明细科目的贷方余额转入“政府性基金预算结转结余”科目。

借：政府性基金预算本级收入 2 994 333 365
  上解收入——政府性基金预算上解收入 76 452 100
  债务收入——专项债务收入 2 900 000 000
  债务转贷收入——专项债务转贷收入 1 638 000 000
  贷：政府性基金预算结转结余 7 608 785 465

（5）将“政府性基金预算本级支出”科目及其他支出类科目下的政府性基金预算相关明细科目的借方余额转入“政府性基金预算结转结余”科目。

借：政府性基金预算结转结余 6 651 952 334
  贷：政府性基金预算本级支出 2 936 752 334
    补助支出——政府性基金预算补助支出 5 360 000
    上解支出——政府性基金预算上解支出 33 500 000
    调出资金——政府性基金预算调出资金 76 340 000
    债务还本支出——专项债务还本支出 3 600 000 000

（6）计算本年政府性基金预算结转结余额。

收入合计－支出合计＝7 608 785 465－6 651 952 334＝956 833 131（元）

（7）将“国有资本经营预算本级收入”科目贷方余额转入“国有资本经营预算结转结余”科目。

借：国有资本经营预算本级收入 3 256 810 370
  贷：国有资本经营预算结转结余 3 256 810 370

（8）将“国有资本经营预算本级支出”科目借方余额转入“国有资本经营预算结转结余”科目。

借：国有资本经营预算结转结余 3 253 661 364
  贷：国有资本经营预算本级支出 3 253 661 364

(9) 计算本年国有资本经营预算结转结余额。

收入合计－支出合计＝3 256 810 370－3 253 661 364＝3 149 006（元）

(10) 将“财政专户管理资金收入”科目贷方余额转入“财政专户管理资金结余”科目。

借：财政专户管理资金收入　　215 300 000

　贷：财政专户管理资金结余　　215 300 000

(11) 将“财政专户管理资金支出”科目借方余额转入“财政专户管理资金结余”科目。

借：财政专户管理资金结余　　195 630 000

　贷：财政专户管理资金支出　　195 630 000

(12) 计算本年财政专户管理资金结余额。

收入合计－支出合计＝215 300 000－195 630 000＝19 670 000(元)

(13) 将“专用基金收入”科目贷方余额转入“专用基金结余”科目。

借：专用基金收入　　600 000 000

　贷：专用基金结余　　600 000 000

(14) 将“专用基金支出”科目借方余额转入“专用基金结余”科目。

借：专用基金结余　　600 000 000

　贷：专用基金支出　　600 000 000

(15) 计算本年专用基金结余额。

收入合计－支出合计＝600 000 000－600 000 000＝0（元）

(16) 将“安排预算稳定调节基金”科目借方余额转入“预算稳定调节基金”科目。

借：预算稳定调节基金　　7 000 000

　贷：安排预算稳定调节基金　　7 000 000

(17) 计算本年预算稳定调节基金结余额。

收入合计－支出合计＝7 000 000（元）

2. 结清旧账。

将各个收入和支出科目的借方、贷方结出全年总计数。对年终有余额的科目，在“摘要”栏内注明“结转下年”字样，表示转入新账。

3. 记入新账。

根据年终转账后的总账和明细账余额编制年终“资产负债表”和有关明细表（不需填制记账凭证），将表列各科目余额直接记入新年度有关总账和明细账年初余额栏内，并在“摘要”栏注明“上年结转”字样，以区别新年度发生数。

决算经本级人民代表大会常务委员会（或人民代表大会）审查批准后，如需更正原报决算草案收入、支出，则要相应调整有关账目，重新办理结账事项。

第二节　财政总预算会计报表编审

财政总预算会计报表是反映政府财政预算执行结果和财务状况的书面文件，包括资产负债表、收入支出表、一般公共预算执行情况表、政府性基金预算执行情况表、国有资本经营预算执行情况表、财政专户管理资金收支情况表、专用基金收支情况表等会计报表和附注。

一、报表编制规定

总会计应当按照下列规定编制会计报表：

（1）一般公共预算执行情况表、政府性基金预算执行情况表、国有资本经营预算执行情况表应当按旬、月度和年度编制，财政专户管理资金收支情况表和专用基金收支情况表应当按月度和年度编制，收入支出表按月度和年度编制，资产负债表和附注应当至少按年度编制。旬报、月报的报送期限及编报内容应当根据上级政府财政具体要求和本行政区域预算管理的需要办理。

（2）总会计应当根据总预算会计制度编制并提供真实、完整的会计报表，切实做到账表一致，不得估列代编，弄虚作假。

（3）总会计要严格按照统一规定的种类、格式、内容、计算方法和编制口径填制会计报表，以保证全国统一汇总和分析。汇总报表的单位，要把所属单位的报表汇集齐全，防止漏报。

二、资产负债表的编审

资产负债表是反映政府财政在某一特定日期的财务状况的报表。资产负债表应当按照资产、负债和净资产分类、分项列示。报表格式参见表 15－2。

表 15－2　资产负债表

会财政 01 表

编制单位：　　　　年　月　日　　　　单位：元

资产	年初余额	期末余额	负债和净资产	年初余额	期末余额
流动资产：			流动负债：		
国库存款			应付短期政府债券		
国库现金管理存款			应付利息		
其他财政存款			应付国库集中支付结余		
有价证券			与上级往来		
在途款			其他应付款		

续表

资产	年初余额	期末余额	负债和净资产	年初余额	期末余额
预拨经费			应付代管资金		
借出款项			一年内到期的非流动负债		
应收股利			流动负债合计		
应收利息			非流动负债：		
与下级往来			应付长期政府债券		
其他应收款			借入款项		
流动资产合计			应付地方政府债券转贷款		
非流动资产：			应付主权外债转贷款		
应收地方政府债券转贷款			其他负债		
应收主权外债转贷款			非流动负债合计		
股权投资			负债合计		
待发国债			一般公共预算结转结余		
非流动资产合计			政府性基金预算结转结余		
			国有资本经营预算结转结余		
			财政专户管理资金结余		
			专用基金结余		
			预算稳定调节基金		
			预算周转金		
			资产基金		
			减：待偿债净资产		
			净资产合计		
资产总计			负债和净资产总计		

资产负债表的编制说明如下所示。

（一）本表“年初余额”栏内各项数字应当根据上年末资产负债表“期末余额”栏内数字填列

如果本年度资产负债表规定的各个项目的名称和内容同上年度不一致，应对上年年末资产负债表各项目的名称和数字按照本年度的规定进行调整，填入本表“年初余额”栏内。

（二）本表“期末余额”栏各项目的内容和填列方法

1. 资产类项目。

（1）“国库存款”项目，反映政府财政期末存放在国库单一账户的款项金额。本项目应当根据“国库存款”科目的期末余额填列。

（2）“国库现金管理存款”项目，反映政府财政期末实行国库现金管理业务持有的存款金额。本项目应当根据“国库现金管理存款”科目的期末余额填列。

（3）“其他财政存款”项目，反映政府财政期末持有的其他财政存款金额。本项目应当根据“其他财政存款”科目的期末余额填列。

（4）“有价证券”项目，反映政府财政期末持有的有价证券金额。本项目应当根据“有价证券”科目的期末余额填列。

（5）“在途款”项目，反映政府财政期末持有的在途款金额。本项目应当根据“在途款”科目的期末余额填列。

（6）“预拨经费”项目，反映政府财政期末尚未转列支出或尚待收回的预拨经费金额。本项目应当根据“预拨经费”科目的期末余额填列。

（7）“借出款项”项目，反映政府财政期末借给预算单位尚未收回的款项金额。本项目应当根据“借出款项”科目的期末余额填列。

（8）“应收股利”项目，反映政府期末尚未收回的现金股利或利润金额。本项目应当根据“应收股利”科目的期末余额填列。

（9）“应收利息”项目，反映政府财政期末尚未收回应收利息金额。本项目应当根据“应收地方政府债券转贷款”科目和“应收主权外债转贷款”科目下“应收利息”明细科目的期末余额合计数填列。

（10）“与下级往来”项目，正数反映下级政府财政欠本级政府财政的款项金额；负数反映本级政府财政欠下级政府财政的款项金额。本项目应当根据“与下级往来”科目的期末余额填列，期末余额如为借方则以正数填列，如为贷方则以“－”号填列。

（11）“其他应收款”项目，反映政府财政期末尚未收回的其他应收款的金额。本项目应当根据“其他应收款”科目的期末余额填列。

（12）“应收地方政府债券转贷款”项目，反映政府财政期末尚未收回的地方政府债券转贷款的本金金额。本项目应当根据“应收地方政府债券转贷款”科目下“应收本金”明细科目的期末余额填列。

（13）“应收主权外债转贷款”项目，反映政府财政期末尚未收回的主权外债转贷款的本金金额。本项目应当根据“应收主权外债转贷款”科目下的“应收本金”明细科目的期末余额填列。

（14）“股权投资”项目，反映政府期末持有的股权投资的金额。本项目应当根据“股权投资”科目的期末余额填列。

（15）“待发国债”项目，反映中央政府财政期末尚未使用的国债发行额度。本项目应当根据“待发国债”科目的期末余额填列。

2. 负债类项目。

（16）“应付短期政府债券”项目，反映政府财政期末尚未偿还的发行期限不超过1年（含1年）的政府债券的本金金额。本项目应当根据“应付短期政府债券”科目下的“应付本金”明细科目的期末余额填列。

（17）“应付利息”项目，反映政府财政期末尚未支付的应付利息金额。本项目应当根据“应付短期政府债券”“借入款项”“应付地方政府债券转贷款”“应付主权外债转贷款”科目下的“应付利息”明细科目期末余额以及属于分期付息到期还本的“应付长期政府债券”的“应付利息”明细科目期末余额计算填列。

（18）“应付国库集中支付结余”项目，反映政府财政期末尚未支付的国库集中支付结余金额。本项目应当根据“应付国库集中支付结余”科目的期末余额填列。

（19）“与上级往来”项目，正数反映本级政府财政期末欠上级政府财政的款项金额；负数反映上级政府财政欠本级政府财政的款项金额。本项目应当根据“与上级往来”科目的期末余额填列，如为借方余额则以“—”号填列。

（20）“其他应付款”项目，反映政府财政期末尚未支付的其他应付款的金额。本项目应当根据“其他应付款”科目的期末余额填列。

（21）“应付代管资金”项目，反映政府财政期末尚未支付的代管资金金额。本项目应当根据“应付代管资金”科目的期末余额填列。

（22）“一年内到期的非流动负债”项目，反映政府财政期末承担的1年以内（含1年）到偿还期的非流动负债。本项目应当根据“应付长期政府债券”“借入款项”“应付地方政府债券转贷款”“应付主权外债转贷款”“其他负债”等科目的期末余额及债务管理部门提供的资料分析填列。

（23）“应付长期政府债券”项目，反映政府财政期末承担的偿还期限超过1年的长期政府债券的本金金额及到期一次还本付息的长期政府债券的应付利息金额。本项目应当根据“应付长期政府债券”科目的期末余额分析填列。

（24）“借入款项”项目，反映政府财政期末承担的偿还期限超过1年的借入款项的本金金额。本项目应当根据“借入款项”科目下“应付本金”明细科目的期末余额分析填列。

（25）“应付地方政府债券转贷款”项目，反映政府财政期末承担的偿还期限超过1年的地方政府债券转贷款的本金金额。本项目应当根据“应付地方政府债券转贷款”科目下“应付本金”明细科目的期末余额分析填列。

（26）“应付主权外债转贷款”项目，反映政府财政期末承担的偿还期限超过1年的主权外债转贷款的本金金额。本项目应当根据“应付主权外债转贷款”科目下“应付本金”明细科目的期末余额分析填列。

（27）“其他负债”项目，反映政府财政期末承担的偿还期限超过1年的其他负债金额。本项目应当根据“其他负债”科目的期末余额分析填列。

3. 净资产类项目。

（28）“一般公共预算结转结余”项目，反映政府财政期末滚存的一般公共预算结转金额。本项目应当根据“一般公共预算结转结余”科目的期末余额填列。

（29）“政府性基金预算结转结余”项目，反映政府财政期末滚存的政府性基金预算结转结余金额。本项目应当根据“政府性基金预算结转结余”科目的期末余额填列。

（30）“国有资本经营预算结转结余”项目，反映政府财政期末滚存的国有资本经营预算结转结余金额。本项目应当根据“国有资本经营预算结转结余”科目的期末余额填列。

（31）“财政专户管理资金结余”项目，反映政府财政期末滚存的财政专户管理资金结余金额。本项目应当根据“财政专户管理资金结余”科目的期末余额填列。

（32）“专用基金结余”项目，反映政府财政期末滚存的专用基金结余金额。本项目应当根据“专用基金结余”科目的期末余额填列。

（33）“预算稳定调节基金”项目，反映政府财政期末预算稳定调节基金的余额。本项目应当根据“预算稳定调节基金”科目的期末余额填列。

（34）“预算周转金”项目，反映政府财政期末预算周转金的余额。本项目应当根据“预算周转金”科目的期末余额填列。

（35）“资产基金”项目，反映政府财政期末持有的应收地方政府债券转贷款、应收主权外债转贷款、股权投资和应收股利等资产在净资产中占用的金额。本项目应当根据“资产基金”科目的期末余额填列。

（36）“待偿债净资产”项目，反映政府财政期末因承担应付短期政府债券、应付长期政府债券、借入款项、应付地方政府债券转贷款、应付主权外债转贷款、其他负债等负债相应需在净资产中冲减的金额。本项目应当根据“待偿债净资产”科目的期末借方余额以“－”号填列。

三、收入支出表的编审

收入支出表是反映政府财政在某一会计期间各类财政资金收支结余情况的报表。收入支出表根据资金性质按照收入、支出、结转结余的构成分类、分项列示。报表格式参见表 15－3。

表 15－3 收入支出表

会财政 02 表

编制单位： 年 月 单位：元

项目	一般公共预算		政府性基金预算		国有资本经营预算		财政专户管理资金		专用基金	
	本月数	本年累计数	本月数	本年累计数	本月数	本年累计数	本月数	本年累计数	本月数	本年累计数
年初结转结余										
收入合计										
本级收入										
其中：来自预算安排的收入	—	—	—	—	—	—	—	—		
补助收入					—	—	—	—	—	—
上解收入					—	—	—	—	—	—
地区间援助收入			—	—	—	—	—	—	—	—
债务收入					—	—	—	—	—	—
债务转贷收入					—	—	—	—	—	—

续表

项目	一般公共预算		政府性基金预算		国有资本经营预算		财政专户管理资金		专用基金	
	本月数	本年累计数	本月数	本年累计数	本月数	本年累计数	本月数	本年累计数	本月数	本年累计数
动用预算稳定调节基金			—	—	—	—	—	—	—	—
调入资金					—	—	—	—	—	—
支出合计										
本级支出										
其中：权责发生制列支							—	—	—	—
预算安排专用基金的支出			—	—	—	—	—	—	—	—
补助支出					—	—	—	—	—	—
上解支出					—	—	—	—	—	—
地区间援助支出			—	—	—	—	—	—	—	—
债务还本支出					—	—	—	—	—	—
债务转贷支出					—	—	—	—	—	—
安排预算稳定调节基金			—	—	—	—	—	—	—	—
调出资金							—	—	—	—
结余转出			—	—	—	—	—	—	—	—
其中：增设预算周转金			—	—	—	—	—	—	—	—
年末结转结余										

注：表中有“—”的部分不必填列。

收入支出表的编制说明如下：

（一）本表“本月数”栏反映各项目的本月实际发生数

在编制年度收入支出表时，应将“本月数”栏改为“上年数”栏，反映上年度各项目的实际发生数；如果本年度收入支出表规定的各个项目的名称和内容同上年度不一致，应对上年度收入支出表各项目的名称和数字按照本年度的规定进行调整，填入本年度收入支出表的“上年数”栏。

本表“本年累计数”栏反映各项目自年初起至报告期末止的累计实际发生数。编制年度收入支出表时，应当将本栏改为“本年数”。

（二）本表“本月数”栏各项目的内容和填列方法

（1）“年初结转结余”项目，反映政府财政本年初各类资金结转结余的金额。其中，一般公共预算的“年初结转结余”应当根据“一般公共预算结转结余”科目的年初余额填列；政府性基金预算的“年初结转结余”应当根据“政府性基金预算结转结余”科目的年初余额填列；国有资本经营预算的“年初结转结余”应当根据“国有资本经营预算结转结余”科目的年初余额填列；财政专户管理资金的“年初结转结余”应当根据“财政专户管理资金结余”科目的年初余额填列；专用基金的“年初结转结余”应当根据“专用基金结余”科目的年初余额填列。

（2）“收入合计”项目，反映政府财政本期取得的各类资金的收入合计金额。其中，一般公共预算的“收入合计”应当根据属于一般公共预算的“本级收入”“补助收入”“上解收入”“地区间援助收入”“债务收入”“债务转贷收入”“动用预算稳定调节基金”“调入资金”各行项目金额的合计填列；政府性基金预算的“收入合计”应当根据属于政府性基金预算的“本级收入”“补助收入”“上解收入”“债务收入”“债务转贷收入”“调入资金”各行项目金额的合计填列；国有资本经营预算的“收入合计”应当根据属于国有资本经营预算的“本级收入”项目的金额填列；财政专户管理资金的“收入合计”应当根据属于财政专户管理资金的“本级收入”项目的金额填列；专用基金的“收入合计”应当根据属于专用基金的“本级收入”项目的金额填列。

（3）“本级收入”项目，反映政府财政本期取得的各类资金的本级收入金额。其中，一般公共预算的“本级收入”应当根据“一般公共预算本级收入”科目的本期发生额填列；政府性基金预算的“本级收入”应当根据“政府性基金预算本级收入”科目的本期发生额填列；国有资本经营预算的“本级收入”应当根据“国有资本经营预算本级收入”科目的本期发生额填列；财政专户管理资金的“本级收入”应当根据“财政专户管理资金收入”科目的本期发生额填列；专用基金的“本级收入”应当根据“专用基金收入”科目的本期发生额填列。

（4）“补助收入”项目，反映政府财政本期取得的各类资金的补助收入金额。其中，一般公共预算的“补助收入”应当根据“补助收入”科目下的“一般公共预算补助收入”明细科目的本期发生额填列；政府性基金预算的“补助收入”应当根据“补助收入”科目下的“政府性基金预算补助收入”明细科目的本期发生额填列。

（5）“上解收入”项目，反映政府财政本期取得的各类资金的上解收入金额。其中，一般公共预算的“上解收入”应当根据“上解收入”科目下的“一般公共预算上解收入”明细科目的本期发生额填列；政府性基金预算的“上解收入”应当根据“上解收入”科目下的“政府性基金预算上解收入”明细科目的本期发生额填列。

（6）“地区间援助收入”项目，反映政府财政本期取得的地区间援助收入金额。本项目应当根据“地区间援助收入”科目的本期发生额填列。

（7）“债务收入”项目，反映政府财政本期取得的债务收入金额。其中，一般公共预算的“债务收入”应当根据“债务收入”科目下除“专项债务收入”以外的其他明细科目的本期发生额填列；政府性基金预算的“债务收入”应当根据“债务收入”科目下的“专项债务收入”明细科目的本期发生额填列。

（8）“债务转贷收入”项目，反映政府财政本期取得的债务转贷收入金额。其中，一般公共预算的“债务转贷收入”应当根据“债务转贷收入”科目下“地方政府一般债务转贷收入”明细科目的本期发生额填列；政府性基金预算的“债务转贷收入”应当根据“债务转贷收入”科目下的“地方政府专项债务转贷收入”明细科目的本期发生额填列。

(9)“动用预算稳定调节基金”项目，反映政府财政本期调用的预算稳定调节基金金额。本项目应当根据“动用预算稳定调节基金”科目的本期发生额填列。

(10)“调入资金”项目，反映政府财政本期取得的调入资金金额。其中，一般公共预算的“调入资金”应当根据“调入资金”科目下“一般公共预算调入资金”明细科目的本期发生额填列；政府性基金预算的“调入资金”应当根据“调入资金”科目下“政府性基金预算调入资金”明细科目的本期发生额填列。

(11)“支出合计”项目，反映政府财政本期发生的各类资金的支出合计金额。其中，一般公共预算的“支出合计”应当根据属于一般公共预算的“本级支出”“补助支出”“上解支出”“地区间援助支出”“债务还本支出”“债务转贷支出”“安排预算稳定调节基金”“调出资金”各行项目金额的合计填列；政府性基金预算的“支出合计”应当根据属于政府性基金预算的“本级支出”“补助支出”“上解支出”“债务还本支出”“债务转贷支出”“调出资金”各行项目金额的合计填列；国有资本经营预算的“支出合计”应当根据属于国有资本经营预算的“本级支出”和“调出资金”项目金额的合计填列；财政专户管理资金的“支出合计”应当根据属于财政专户管理资金的“本级支出”项目的金额填列；专用基金的“支出合计”应当根据属于专用基金的“本级支出”项目的金额填列。

(12)“补助支出”项目，反映政府财政本期发生的各类资金的补助支出金额。其中，一般公共预算的“补助支出”应当根据“补助支出”科目下的“一般公共预算补助支出”明细科目的本期发生额填列；政府性基金预算的“补助支出”应当根据“补助支出”科目下的“政府性基金预算补助支出”明细科目的本期发生额填列。

(13)“上解支出”项目，反映政府财政本期发生的各类资金的上解支出金额。其中，一般公共预算的“上解支出”应当根据“上解支出”科目下的“一般公共预算上解支出”明细科目的本期发生额填列；政府性基金预算的“上解支出”应当根据“上解支出”科目下的“政府性基金预算上解支出”明细科目的本期发生额填列。

(14)“地区间援助支出”项目，反映政府财政本期发生的地区间援助支出金额。本项目应当根据“地区间援助支出”科目的本期发生额填列。

(15)“债务还本支出”项目，反映政府财政本期发生的债务还本支出金额。其中，一般公共预算的“债务还本支出”应当根据“债务还本支出”科目下除“专项债务还本支出”以外的其他明细科目的本期发生额填列；政府性基金预算的“债务还本支出”应当根据“债务还本支出”科目下的“专项债务还本支出”明细科目的本期发生额填列。

(16)“债务转贷支出”项目，反映政府财政本期发生的债务转贷支出金额。其中，一般公共预算的“债务转贷支出”应当根据“债务转贷支出”科目下“地方政府一般债务转贷支出”明细科目的本期发生额填列；政府性基金预算的“债务转贷支出”应当根据“债务转贷支出”科目下的“地方政府专项债务转贷支出”明细科目的本期发生额填列。

(17)“安排预算稳定调节基金”项目，反映政府财政本期安排的预算稳定调节基金金额。本项目根据“安排预算稳定调节基金”科目的本期发生额填列。

(18)“调出资金”项目，反映政府财政本期发生的各类资金的调出资金金额。其中，一般公共预算的“调出资金”应当根据“调出资金”科目下“一般公共预算调出资金”明细科目的本期发生额填列；政府性基金预算的“调出资金”应当根据“调出资金”科目下“政府性基金预算调出资金”明细科目的本期发生额填列；国有资本经营预算的“调出资金”应当根据“调出资金”科目下“国有资本经营预算调出资金”明细科目的本期发生额填列。

（19）“增设预算周转金”项目，反映政府财政本期设置和补充预算周转金的金额。本项目应当根据“预算周转金”科目的本期贷方发生额填列。

（20）“年末结转结余”项目，反映政府财政本年末的各类资金的结转结余金额。其中，一般公共预算的“年末结转结余”应当根据“一般公共预算结转结余”科目的年末余额填列；政府性基金预算的“年末结转结余”应当根据“政府性基金预算结转结余”科目的年末余额填列；国有资本经营预算的“年末结转结余”应当根据“国有资本经营预算结转结余”科目的年末余额填列；财政专户管理资金的“年末结转结余”应当根据“财政专户管理资金结余”科目的年末余额填列；专用基金的“年末结转结余”应当根据“专用基金结余”科目的年末余额填列。

四、一般公共预算执行情况表的编审

一般公共预算执行情况表是反映政府财政在某一会计期间一般公共预算收支执行结果的报表，按照《政府收支分类科目》中一般公共预算收支科目列示。报表格式参见表 15－4。

表 15－4　一般公共预算执行情况表

会财政 03－1 表

编制单位：　　　　年　月　旬　　　　单位：元

项　目	本月（旬）数	本年（月）累计数
一般公共预算本级收入		
101　税收收入		
10101 增值税		
1010101 国内增值税		
……		
一般公共预算本级支出		
201 一般公共服务支出		
20101 人大事务		
2010101 行政运行		
……		

一般公共预算执行情况表的编制说明如下：

（1）“一般公共预算本级收入”项目及所属各明细项目，应当根据“一般公共预算本级收入”科目及所属各明细科目的本期发生额填列。

（2）“一般公共预算本级支出”项目及所属各明细项目，应当根据“一般公共预算本级支出”科目及所属各明细科目的本期发生额填列。

五、政府性基金预算执行情况表的编审

政府性基金预算执行情况表是反映政府财政在某一会计期间政府性基金预算收支执行结果的报表，按照《政府收支分类科目》中政府性基金预算收支科目列示。报表格式参见表15－5。

表15－5　政府性基金预算执行情况表

会财政03－2表

编制单位：　　　　　　　　　　年　月　旬　　　　　　　　　　单位：元

项　目	本月（旬）数	本年（月）累计数
政府性基金预算本级收入		
10301 政府性基金收入		
1030102 农网还贷资金收入		
103010201 中央农网还贷资金收入		
……		
政府性基金预算本级支出		
206 科学技术支出		
20610 核电站乏燃料处理处置基金支出		
2061001 乏燃料运输		
……		

政府性基金预算执行情况表的编制说明如下：

（1）“政府性基金预算本级收入”项目及所属各明细项目，应当根据“政府性基金预算本级收入”科目及所属各明细科目的本期发生额填列。

（2）“政府性基金预算本级支出”项目及所属各明细项目，应当根据“政府性基金预算本级支出”科目及所属各明细科目的本期发生额填列。

六、国有资本经营预算执行情况表的编审

国有资本经营预算执行情况表是反映政府财政在某一会计期间国有资本经营预算收支执行结果的报表，按照《政府收支分类科目》中国有资本经营预算收支科目列示。报表格式参见表15－6。

表 15－6　国有资本经营预算执行情况表

会财政 03－3 表

编制单位：　　　　　　　　　　　年　月　旬　　　　　　　　　　　单位：元

项　目	本月（旬）数	本年（月）累计数
国有资本经营预算本级收入		
10306 国有资本经营收入		
1030601 利润收入		
103060103 烟草企业利润收入		
……		
国有资本经营预算本级支出		
208 社会保障和就业支出		
20804 补充全国社会保障基金		
2080451 国有资本经营预算补充社保基金支出		
……		

国有资本经营预算执行情况表的编制说明如下：

（1）“国有资本经营预算本级收入”项目及所属各明细项目，应当根据“国有资本经营预算本级收入”科目及所属各明细科目的本期发生额填列。

（2）“国有资本经营预算本级支出”项目及所属各明细项目，应当根据“国有资本经营预算本级支出”科目及所属各明细科目的本期发生额填列。

七、财政专户管理资金收支情况表的核算

财政专户管理资金收支情况表是反映政府财政在某一会计期间纳入财政专户管理的财政专户管理资金全部收支情况的报表，按照相关政府收支分类科目列示。报表格式参见表 15－7。

表 15－7　财政专户管理资金收支情况表

会财政 04 表

编制单位：　　　　　　　　　　　年　月　　　　　　　　　　　单位：元

项　目	本月数	本年累计数
财政专户管理资金收入		

续表

项　目	本月数	本年累计数
财政专户管理资金支出		

财政专户管理资金收支情况表的编制说明如下：

(1)“财政专户管理资金收入”项目及所属各明细项目，应当根据“财政专户管理资金收入”科目及所属各明细科目的本期发生额填列。

(2)“财政专户管理资金支出”项目及所属各明细项目，应当根据“财政专户管理资金支出”科目及所属各明细科目的本期发生额填列。

八、专用基金收支情况表的编审

专用基金收支情况表是反映政府财政在某一会计期间专用基金全部收支情况的报表，按照不同类型的专用基金分别列示。报表格式参见表 15-8。

表 15-8　专用基金收支情况表

会财政 05 表

编制单位：　　　　年　月　　　　单位：元

项　目	本月数	本年累计数
专用基金收入		
粮食风险基金		
……		
专用基金支出		
粮食风险基金		
……		

专用基金收支情况表的编制说明如下：

(1)“专用基金收入”项目及所属各明细项目，应当根据“专用基金收入”科目及所属各明细科目的本期发生额填列。

(2)“专用基金支出”项目及所属各明细项目，应当根据“专用基金支出”科目及所属属各明细科目的本期发生额填列。

九、附注

附注是指对在会计报表中列示项目的文字描述或明细资料以及对未能在会计报表中列示项目的说明。总会计报表附注应当至少披露下列内容：

（1）遵循《财政总预算会计制度》的声明；

（2）本级政府财政预算执行情况和财务状况的说明；

（3）会计报表中列示的重要项目的进一步说明，包括其主要构成、增减变动情况等；

（4）或有负债情况的说明；

（5）有助于理解和分析会计报表的其他需要说明的事项。

十、决算草案编审

财政总预算会计年度报表反映年度预算收支的最终结果和财务状况。总会计参与或具体负责组织下列决算草案编审工作：

（1）参与组织制定决算草案编审办法。根据上级政府财政的统一要求和本行政区域预算管理的需要，提出年终收支清理、数字编列口径、决算审查和组织领导等具体要求，并对财政结算、结余处理等具体问题制定管理办法。

（2）根据上级政府财政的要求，结合本行政区域的具体情况制定本行政区域政府财政总决算统一表格。

（3）办理全年各项收支、预拨款项、往来款项等会计对账、结账工作。

（4）对下级政府财政布置决算草案编审工作，指导、督促其及时汇总报送决算。

（5）审核、汇总所属财政部门总决算草案，向上级政府财政部门报送本辖区汇总的财政总决算草案。

（6）编制决算说明和决算分析报告，向上级政府财政汇报决算编审工作情况，进行上下级政府财政之间的财政体制结算以及财政总决算的文件归档工作。

（7）各级政府财政应将汇总编制的本级决算草案及时报本级政府审定。各级政府财政应按照上级政府财政部门的要求，将经本级人民政府审定的本行政区域决算草案逐级及时报送备案。计划单列市的财政决算，除按规定报送财政部外，应按所在省的规定报送所在省。

具体的决算编审工作，按照财政决算管理部门的相关规定执行。

概念题

1. 财政年终结算
2. 一般公共预算执行情况表
3. 附注

简述题

1. 简述财政总预算年终清理结算的主要事项。
2. 简述财政总预算会计年终转账账务处理。
3. 简述财政总预算会计编制会计报表应当遵循的规定。
4. 简述财政总预算会计资产负债表的编制。
5. 简述财政总预算会计参与或具体负责组织决算草案的编审工作的内容。
6. 简述总会计报表附注应当披露的内容。

主要参考文献

［1］常丽，何东平. 政府与非营利组织会计［M］. 北京：中国人民大学出版社，2021.

［2］丁朝霞，黄亮. 中美非营利组织会计比较分析［J］. 财会通讯：学术版，2006（11）.

［3］何巧白，黄惠青. 企业与非营利组织会计准则"殊途同归"趋势分析［J］. 会计研究，2004（11）.

［4］李春华，严明. 非营利组织会计研究综述［J］. 财会通讯，2004（22）.

［5］李海波，刘学华. 新编预算会计［M］. 10版. 北京：立信会计出版社，2016.

［6］李建发. 规范民间非营利组织会计行为　促进非营利事业蓬勃发展——学习"民间非营利组织会计制度"的几点体会［J］. 会计研究，2004（11）.

［7］林文，李益兰. 预算会计［M］. 北京：科学出版社，2021.

［8］刘志翔. 预算会计［M］. 5版. 北京：首都经济贸易大学出版社，2014.

［9］陆建桥. 我国民间非营利组织会计规范问题［J］. 会计研究，2004（59）.

［10］孟洋，王志军. 预算会计［M］. 上海：上海财经大学出版社，2014.

［11］牛钧. 我国非营利组织的薪酬管理［J］. 商，2016（17）.

［12］卿放. 新编预算会计［M］. 成都：四川大学出版社，2011.

［13］曲远洋. 政府与非营利组织会计［M］. 上海：上海财经大学出版社，2014.

［14］王俊霞，胡克刚. 预算会计［M］. 3版. 西安：西安交通大学出版社，2018.

［15］王名，王超. 非营利组织管理［M］. 北京：中国人民大学出版社，2016.

［16］王筱萍，刘文华，郭凌云. 预算会计［M］. 北京：北京大学出版社，2013.

［17］王银梅. 预算会计［M］. 2版. 大连：东北财经大学出版社，2017.

[18] 王雍君. 政府预算会计问题研究 [M]. 北京：经济科学出版社，2004.

[19] 王悦，张南，焦争昌. 预算会计 [M]. 北京：清华大学出版社，2019.

[20] 威尔逊，等. 政府与非营利组织会计：第 12 版 [M]. 荆新，等，译. 北京：中国人民大学出版社，2004.

[21] 许玉红. 建立我国非营利组织会计体系的构想 [J]. 财务与会计，2004 (10).

[22] 杨洪. 政府与非营利组织会计 [M]. 北京：机械工业出版社，2014.

[23] 杨正清. 中西方非营利组织会计比较及对我国的启示 [J]. 金融经济，2007 (2).

[24] 曾志琳，孟枫平. 民间非营利组织财务绩效评价——基于 48 个样本的实证分析 [J]. 江西理工大学学报，2015 (6).

[25] 张曾莲. 政府与非营利组织会计 [M]. 北京：机械工业出版社，2021.

[26] 赵建勇. 政府与非营利组织会计 [M]. 2 版. 北京：中国人民大学出版社，2015.

[27] 赵璇. 预算会计 [M]. 北京：北京交通大学出版社，2012.

教学支持说明

1. 教辅资源获取方式

为秉承中国人民大学出版社对教材类产品一贯的教学支持，我们将向采纳本书作为教材的教师免费提供丰富的教辅资源。您可直接到中国人民大学出版社官网的教师服务中心注册下载——http://www.crup.com.cn/Teacher。

如遇到注册、搜索等技术问题，可咨询网页右下角在线 QQ 客服，周一到周五工作时间有专人负责处理。

注册成为我社教师会员后，您可长期根据您所属的课程类别申请纸质样书、电子样书和教辅资源，自行完成免费下载。您也可登录我社官网的“教师服务中心”，我们经常举办赠送纸质样书、赠送电子样书、线上直播、资源下载、全国各专业培训及会议信息共享等网上教材进校园活动，期待您的积极参与！

2. 高校教师可加入下述学科教师 QQ 交流群，获取更多教学服务

经济类教师交流群：781029042

财政金融教师交流群：182073309

国际贸易教师交流群：162921240

税收教师交流群：119667851

3. 购书联系方式

网上书店咨询电话：010－82501766

邮购咨询电话：010－62515351

团购咨询电话：010－62513136

中国人民大学出版社经济分社

地址：北京市海淀区中关村大街甲 59 号文化大厦 1506 室　100872

电话：010－62513572　010－62515803

传真：010－62514775

E-mail：jjfs@crup.com.cn